教育研究方法

刘淑杰 主 编
刘彩祥 副主编

图书在版编目(CIP)数据

教育研究方法/刘淑杰主编. —北京:北京大学出版社,2016.9
(21世纪教师教育系列教材)
ISBN 978-7-301-26874-2

Ⅰ.①教… Ⅱ.①刘… Ⅲ.①教育研究—研究方法—师范大学—教材 Ⅳ.①G40-034

中国版本图书馆 CIP 数据核字(2016)第 025299 号

书　　名	教育研究方法
	Jiaoyu Yanjiu Fangfa
著作责任者	刘淑杰 主编　刘彩祥 副主编
丛书主持	李淑方
责任编辑	李淑方
标准书号	ISBN 978-7-301-26874-2
出版发行	北京大学出版社
地　　址	北京市海淀区成府路 205 号　100871
网　　址	http://www.pup.cn　新浪微博:@北京大学出版社
电子信箱	zyl@pup.pku.edu.cn
电　　话	邮购部 62752015　发行部 62750672　编辑部 62767857
印刷者	三河市博文印刷有限公司
经销者	新华书店
	787 毫米×1092 毫米　16 开本　18 印张　460 千字
	2016 年 9 月第 1 版　2021 年 8 月第 3 次印刷
定　　价	45.00 元

未经许可,不得以任何方式复制或抄袭本书之部分或全部内容。
版权所有,侵权必究
举报电话:010-62752024　电子信箱:fd@pup.pku.edu.cn
图书如有印装质量问题,请与出版部联系,电话:010-62756370

前　言

"教育研究方法"是教师教育类课程中的一门必修课程。掌握基本的教育科研方法知识并能够在教育实践中灵活运用是一个新教师必须具备的素质。自2001年基础教育课程改革在全国中小学实施以来,教师的角色有了新的变化。这一变化对教师在教育科研方面提出了前所未有的高要求。新课程要求教师打破过去教师教、学生学的单一教学模式,提倡以学生为中心的多元化教学。教师被定义为课堂的组织者,协作者和参与者。这种新的教学理念和教学模式虽然在很多国家都流行一时,但向在实践操作层面的中小学教师提出了严峻的挑战。在对新课程改革的10年反思中,教育界热烈地讨论了中小学教师"穿新鞋走老路"的问题,即很多教师虽然表面上拥护新课改,但在其实际课堂教学实践中,还是沿用其传统的教学方式进行教学。这一教育现象可能归结为很多因素共同作用的结果。其中之一是教师的教育科研能力普遍偏低,在其运用新的课程理念和模式进行教学探索时,不能创造性地解决问题。例如,当教师运用小组合作学习的模式进行课堂教学时,一个普遍的问题是小组的讨论可能耽误时间从而完不成教学任务。一个教育科研能力低的教师往往因为此问题而回到其过去的教学模式上去。但对一个在教育科研方面训练有素的教师而言,这一问题的出现正是其教育科研实践活动的开始。本书中所介绍的行动研究及其他质化研究方法均可以用于研究这个问题。由此可见掌握教育科研方法对一个教师来说是多么重要。

本教材在编写过程中贯穿了"新"和"实"两个指导思想。"新"即是对目前学术界中正在讨论的教育科研方法的问题进行了大胆的整合和介绍,对于一些有争议的问题本书的作者们给出了自己的看法和处理。"实"是指主要考虑到了实用性问题,即作为本科生学完这本教材如何能迅速掌握基本的教育科研方法的问题。为此,部分章节的作者选取了具体详实的案例进行"手把手"教学,以确保学生能学会实践操作。

本教材的编写者都是经验丰富的教育专家,他们都有过进行教育研究的经历。具体的编写任务分配为:刘淑杰(第一章、第五章、第十一章)、张奎明(第二章)、李方安(第四章、第八章)、刘彩祥(第三章、第九章、第十章)、张宏(第六章、第七章)、孟令奇(第十二章)。最后由刘淑杰和刘彩祥负责统稿和定稿。曲阜师范大学教科院的研究生袁玉青、邹磊、牟菁慧、闫晓菲等同学参与了部分工作,在此向这些同学表示感谢。由于时间和水平的限制,在编写过程中也难免出现误漏,在此表示歉意。

本教材得到曲阜师范大学和北京大学出版社的帮助,在此深表谢意。

编　者
2015年11月24日

目　录

第一章　绪论 ··· 1
　　第一节　教育研究概述 ·· 1
　　第二节　教育研究方法概述 ··· 7
　　第三节　教育研究的基本过程 ·· 14

第二章　教育研究的选题 ··· 20
　　第一节　选题的意义 ·· 20
　　第二节　教育研究课题的类型与来源 ·· 21
　　第三节　教育研究选题的原则、过程与方法 ··· 24

第三章　文献与文献综述 ··· 32
　　第一节　文献的概念与分类 ··· 32
　　第二节　教育文献的检索与阅读 ·· 35
　　第三节　文献综述的含义和目的 ·· 42
　　第四节　文献综述的写作 ··· 44

第四章　教育研究设计 ·· 55
　　第一节　教育研究设计的构成 ·· 55
　　第二节　研究问题与研究设计 ·· 60

第五章　教育问卷调查法 ··· 69
　　第一节　问卷调查法概述 ·· 69
　　第二节　问卷的设计 ·· 73
　　第三节　问卷调查的实施 ·· 76
　　第四节　问卷的信度与效度分析 ·· 78

第六章　教育访谈法 ··· 96
　　第一节　教育访谈法概述 ·· 96
　　第二节　教育访谈法实施过程 ··· 103
　　第三节　教育访谈的技巧 ··· 113

第七章 教育观察法 122
第一节 教育观察法概述 122
第二节 教育观察的常用方法 128
第三节 教育观察法的实施步骤 141

第八章 教育实验研究法 162
第一节 教育实验研究概述 162
第二节 教育实验的基本类型 164
第三节 教育实验研究的效度 165
第四节 教育实验中无关变量的控制 167
第五节 教育实验研究设计格式 169

第九章 个案研究 177
第一节 什么是个案研究 177
第二节 个案研究设计的类型 180
第三节 个案研究的过程 182
第四节 个案研究的信度和效度 187
个案研究举例 189

第十章 行动研究 196
第一节 概述 196
第二节 行动研究的特征 198
第三节 行动研究的模式 201
第四节 行动研究的步骤 204
第五节 行动研究应注意的问题 206
行动研究举例 209

第十一章 SPSS 在教育研究中的应用 219
第一节 SPSS 概述 219
第二节 SPSS 与描述统计 223
第三节 SPSS 与推断统计 244

第十二章 教育研究成果的表述 266
第一节 教育研究成果表述概述 266
第二节 教育研究成果的类型 267
第三节 不同类型教育研究成果表述的规范性 269

第一章 绪 论

学习目标

1. 熟悉教育研究的基本概念及特征。
2. 了解教育研究方法的历史发展及分类。
3. 了解教育研究的过程与步骤。

教育是人类文明发展的重要动力,对教育进行深入研究,发现其中的规律,改进教育实践,是每一个教育理论和实践工作者的使命。而教育研究要取得良好成效,前提是方法。某项教育研究是事半功倍,还是事倍功半,甚至一败涂地,往往取决于教育研究方法。为此,本章首先阐明教育研究的几个基本概念,从特征、意义等方面对教育研究进行相关论述,然后阐述教育研究方法的历史沿革和发展趋势,并对教育研究方法的分类与运用进行分析,最后简述教育研究的基本过程,旨在让读者能从整体上认识教育研究方法之梗概,更好地学习和掌握教育研究方法。

第一节 教育研究概述

什么是教育研究?教育研究有哪些主要特点?教育研究有怎样的意义?这是我们开展教育研究首先要回答的问题。

一、教育研究的基本概念

(一) 什么是研究

在我们的日常生活中经常会听到"请你们认真研究这个问题","我们要开会研究"这样的话。可见,"研究"一词在日常生活中运用得非常广泛。但同时,"研究"通常又显得比较神秘,仿佛是一种高深的学问,一般人往往对此望而却步。那么,究竟什么是"研究"呢?

一般认为,"研究"是一种系统的探究活动,因而它必须包括目的、过程和方法等基本要素。也就是说,"研究"是一种有明确的计划和意图的活动,它通常是以发现事物的规律、解决实际问题或改进现实状况为目的;"研究"有一个严密的实施过程,而不是随意进行的,它通常是按步骤、分阶段进行,有一套严格而系统的操作程序;"研究"总是伴随着方法的选择与运用,它通常是运用特定的方法调节整个活动的开展,方法的选择与运用在很大程度上决定研究的成败。由此可见,"研究"需要具备专门的知识并接受特定的训练。

(二) 什么是教育研究

我国学者裴娣娜教授将教育研究总结如下:教育研究是按照某种途径,有组织、有计划、有系统地认识教育现象和构建教育理论的过程,它是以教育问题为对象,运用科学的研究方法,遵循一定的研究程序,收集、整理和分析有关资料,以获得教育规律为目标的过程。[①] 根据此定义,教育研究具有

---

① 裴娣娜.教育研究方法导论[M].合肥:安徽教育出版社,1997.

以下属性：从研究对象来看，它是以教育问题为研究对象，包括理论问题和实践问题；从研究目的来看，它是以解释教育现象、解决教育问题、揭示教育规律为目的；从研究过程来看，它是有目的、有计划、有系统地开展研究的过程；从活动性质来看，它是一种发现问题、分析问题和解决问题的认识活动。

教育研究属于社会科学研究的范畴，因而与所有研究一样由客观事实、科学理论和方法技术三个基本要素构成，同样以发现规律、探究新知识或寻求实际问题解决策略等为目标，发挥着解释、预测和控制的功能。教育研究的本质是创新。从教育研究与教育研究方法两者之间的关系来看，教育研究方法是达成教育研究目的的桥梁。

二、教育研究的特征

教育研究是一种有目的、有计划、有系统地采用科学的方法去探索未知、认识客观真理的过程。其整个过程不是重复已有的理论，而是进行创新。教育研究具有研究的性质，同时也是一种特殊的研究。因此，教育研究具有研究的基本特征和自己的独特特征。

（一）研究的基本特征

1. 研究是揭示客观规律的过程，具有客观性和实践性

研究是一种在探索中获取新知识的过程，是人们进一步揭示现象的本质和客观规律的活动。研究的目的在于探索规律以解决重要的理论与实践问题。规律是事物发展过程中的本质联系和必然趋势。客观世界中的现象千变万化，但在这纷繁复杂的现象背后所隐藏的规律是稳定的。人们可以发现、认识和利用规律，而不能任意创造、改变和消灭规律，这就是规律的客观性。

研究的对象、过程和结果都具有客观性。研究的对象都源于客观世界有待解决或发展的问题，是客观现实的需要，是客观存在的。为了使研究准确揭示事物的客观规律，就必须在研究过程中克服随意性。这就要求遵循一定的研究规范，如明确的研究目标、科学的研究假设、规范的研究设计、准确的记录分析、可靠的数据处理等。研究本身来源于人们的社会实践活动。它来源于实践，服务于实践。没有实践活动，就不可能发现客观规律，不可能获得系统的认识或产生创造性的成果。没有实践而凭空想象出来的东西不能称之为研究。所以，研究必须在实践中采取严格的客观态度，全面系统地占有资料，最大限度地保证研究过程和研究结果的客观性和准确性。

2. 研究是在前人研究基础上的探索性活动，具有继承性和创造性

研究活动是以人们已经达到的认识水平作为基础，经过科学的研究过程，达到发现和创造的目的。因而研究活动应当了解研究对象的发展状况和人们现有的认识水平，应当明确已经研究了哪些问题，哪些问题已经解决，哪些问题还没有解决或者没有完全解决，应当知道有哪些是已经被证明了的理论，还有哪些理论是需要进一步证明的。已有的研究和认识水平是研究活动的基础，有了这一基础，研究活动就会少走弯路。但同时，研究活动要在已有研究和认识基础上进行新的发现，探索新的规律，寻求新的认识。因而，研究活动必然体现出继承性与创造性的结合。

3. 研究的过程是一种控制过程和验证过程，具有可控制性和可检验性

人们在研究中总是设法控制或排除某些无关的因素，以便着重观察与分析有关对象的关键特征及其影响因素，找出事物发展的因果关系。这与人们的一般认识过程是有明显区别的。在一般认识过程中，人们很少会有意识地控制某些条件和系统解释各种现象。

研究总是预设某些理论假设并通过实际调查与研究，检验理论假设的正确性，解决实践中遇到的各种问题。而人们一般的认识过程，虽然也采用某些概念或假设，但是缺乏系统性和周密性，也不可能严格检验各种观点和想法。研究是一种对已有规律不断进行检验并发现新规律的活动。研究不是发现了一定的规律之后就止步不前或驻足在已发现的规律面前孤芳自赏,而是必须进一步检验这些规律能否应用于解决新问题,探索这些规律如何在解决新问题时得到综合运用。研究的结果也往往是客观真理的真实反映,具有可检验性。研究的方法本身是可以辨认的,运用过程和研究结果也是可检验的。

4. 研究一般有比较系统的理论框架,具有严密的逻辑性和系统性

研究是从确定研究对象的性质和规律这一目标出发,通过观察、调查和实验而得到的有组织的系统的知识。研究是按一系列预定步骤进行的,有明确的目的、周密的计划、科学的方法、严密的组织和合理的安排,具有系统性和严密的逻辑性。其内容是依据系统的、实证的研究方法来获得,是经过实践检验的关于客观世界各个领域中事物现象的本质与特征的知识,或客观世界运动规律的理性认识。无论是以发现或发展一定的原理、原则、方法或理论为目的的探索性研究,还是以寻求解决现实问题答案的对策性研究,都要求作出理论的说明和进行逻辑的论证,而不是简单的资料收集或言论罗列。

研究中总是有意识地、系统地寻求研究对象之间的关系,从而做出严密、深入的分析与解释。这就要求研究有科学的研究设计,准确系统的观察记录和分析,并收集可靠的资料数据。也就是说,要以充分的科学事实和一定的数据作为依据形成结论,防止胡乱抽取个别的典型例子下结论,做出判断。

(二)教育研究的特征

教育研究有别于一般的自然科学研究,是一种有目的、有计划、有系统地采用严格的方法去认识教育现象及其规律的创造性的认识活动,是一种社会活动。在人类社会中不存在永恒的、普遍适应的社会规律,社会规律只适用于一定的历史时期和一定的社会条件。这类情况在教育中同样存在。因此,教育不能完全照搬自然科学方法的所有做法,而是需要建立符合教育本身特性的研究方法。教育研究的对象是人的学习、教育现象、教育过程和教育理论。影响教育的因素不仅包括客观的条件因素,而且还涉及个人的主观心理因素以及人与人之间的社会因素,所以,教育现象之间的因果关系比较复杂。教育研究的目的是促进学生的发展。一切研究都是为了促进学生的健康发展,一切不利于学生身心健康的研究都是不允许的。因此,在进行研究时,不仅要在课题的选择上考虑课题的教育意义,使研究结果有助于教育、教学质量的提高,而且要在研究方案的设计上、在实际进行研究的过程中,以及在研究方法的选择上都要考虑对学生有良好的影响。决不能为了达到某种应当研究目的而采用有损学生身心健康或妨碍学生进步的做法。所以,教育研究具有独特之外,主要表现在:

1. 教育研究具有复杂性和难控性

教育作为一种以培养人为目的的社会活动,受多种因素的制约,不仅涉及教育者、学习者、教育内容、教育手段、教育环境等内部因素,还涉及社会政治、经济、文化、科技、历史传统等外部因素,这些因素相互作用,相互影响,相互制约,并处于动态发展过程中。这使得教育研究变得极其复杂。教育研究往往难以对研究对象进行精确的操控,难以对无关变量实行严密的控制,因此容易出现社会误差、被试误差和主试误差。如研究不同家庭的教育方式对儿童发展的影响,就不能专门设计一组家长进行放任型教育;不能因需要研究中小学生的早恋问题而有意识地营造一种鼓励中小学生早恋的环境与氛围;不能为了保证实验班达到预期效果而不公正地对待对比班,以牺牲一部分学生为代价来研究实验班的效果。所以,教育研究必须做周密的研究设计,必须做深入细致的工作,认真选择研究问题,科学设计研究目的,注重研究方法的科学性、研究条件的可行性、综合分析和整体把握教育现象或问题的因果关联和内在本质,以提高研究的质量和水平。

2. 教育研究具有周期性和迟效性

自然科学研究可以人为缩短实验周期,控制某些条件,出现预期的结果。而所谓"十年树木,百年

树人",教育研究的一个重要对象不是客观的、无意识的物体,而是有思想、可以变化的人或人群。要把受教育者转化成社会所希望的人,必须日积月累地进行培育。不同年龄阶段、不同层次的教育,都有较长的、较稳定的周期。同时,教育效果一般都滞后,具有迟效性。

教育研究的迟效性是指教育研究成果的显现以及在实践中的推广运用,需要有一个过程,不是立竿见影,而是一个长期的显现和持续发挥作用的过程。教育必须以学生的心理发展水平为基础,不能采取强硬措施使其心理早熟,而且心理成熟有其自然规律,教育是建立在遵循这种自然规律的基础之上的。因此,教育研究不是一蹴而就的,而是一个漫长的过程。自然科学中的许多研究,特别是新的发明、革新,只要得到社会承认就会迅速得到推广应用。而教育研究成果则很难立即见到社会成效。一般来说,教育研究从课题的选择、提出并验证假设、形成成果,进而到应用推广实验,经过几轮的实验才能逐步解决实验中的各种问题,得出规律性的结论。这一特性要求教育研究工作者必须准备为此付出艰巨的努力,不能急于求成,而是要在研究实践中不断积累,努力探索,做扎扎实实的工作。

3. 教育研究具有广泛性和反思性

教育研究的广泛性主要表现在三个方面:一是教育研究的对象是非常广泛的,一切教育现象和教育过程以及与教育现象相关的现象与问题,都可以作为教育研究的对象;二是教育研究的队伍来源非常广泛,有专业教育科研人员,有教育行政人员,有广大一线教师,还有政治、经济、文化、科技领域的各界人士,虽然他们选择的研究问题不同,研究的视角和重点也不一样,但他们都会对教育问题或现象进行研究,提出不同的看法和意见;三是社会影响非常广泛,由于教育本身涉及每一个群体、每一个家庭和每一个人,因而总是受到社会各方面的广泛关注和重视,教育研究成果相应地也受到广泛的关注。教育研究成果一旦付诸实施,就会造成广泛的社会影响,对于学生而言,甚至会影响一生的发展。教育研究主要是从实践中发现问题、研究问题,这一方面为广大教师和一线工作者进行教育研究提供了便利,另一方面调动了广大一线教师进行教育研究的积极性。但教育研究是创造性的研究活动,不是一般意义上的认识活动,它既是对教育实践不断地进行审视、反思、探究与评价的过程,也是对教育理论不断进行反思、前瞻与创新的历程,还是对教育信念不断地追寻和确认的过程。

教育研究的反思性主要体现在四个方面:一是对教育现象或教育问题的不断反思,二是对教育研究过程和方法的不断反思,三是对教育研究结果和研究结论的不断反思,四是对整个教育研究活动的不断反思。教育研究的过程就是不断反思的过程。

三、教育研究的意义

教育研究的意义表现为,教育研究能够丰富教育理论,改善教育实践,促进教育改革,提升教师素质。具体来说,教育研究的意义主要体现在两个方面:第一,教育研究对教育本身具有重大的价值,包括教育理论与教育实践两个维度;第二,教育研究对中小学教师本身具有明显的意义。

(一)教育研究对教育本身的作用

1. 教育研究对教育理论的贡献

教育研究对教育理论的贡献,主要体现在它给教育带来了四种类型的知识,即描述性知识、预测性知识、改进性知识和解释性知识。

1)描述性知识

描述性知识是关于自然现象和人为现象的描述。描述性知识一般产生于描述性研究。教育研究中存在着较多的描述性研究,如关于教育教学、学校制度、班级管理等现象的描述,从国际视角对一个国家的教育状况和教育现象进行的描述。这些描述性知识不仅丰富了教育理论知识,而且为教育政策的制定者、教育理论研究工作者和教育实践者提供了诸多相关的教育统计信息。

2) 预测性知识

所谓预测性知识,即通过已有的信息预测未来可能出现某一现象的知识。预测性知识经常源于预测性研究。预测性的教育研究较多。比如,根据学生的智商预测学生的学业发展;根据学生的特长预测其可能在某一特定领域取得成功,等等。预测性知识有两类:第一类,纵向预测性知识,即通过学生当前的学业成绩预测其以后的学业成绩或进入社会之后的工作成就,其又可分为选择性预测知识和淘汰性预测知识;第二类,横向预测性知识,即利用两个因素之间的相关关系,然后用其中一个因素的发展来预测另一个因素的发展。例如,《小学生心理与师生关系的现状调查研究》表明,学生的学习效能感、焦虑程度、师生情感关系、地位关系与学生的学习成绩存在显著的线性关系,它们能很好地预测学业成就状况。

3) 改进性知识

改进性知识是关于提高学生学业成就或其他教育教学效果的一类知识,如通过阅读训练、及时反馈、合作学习、当面辅导等方式改进学生学习成绩的知识。改进性知识主要来自于改进性研究。

4) 解释性知识

这类知识包含了上面所提到的三大类知识,也就是说,如果研究者能够解释某一教育现象,那么意味着他能够描述、预测或干预这一教育现象。这种对被调查现象作出的解释即被称为"理论"。解释性知识主要来源于两种方法:第一种方法为扎根理论法,即从研究者自己所掌握的直接资料中推导出理论的方法,换句话说,理论植根于研究人员已经收集到的特定的资料之中。这种方法经常为质化研究所用。第二种方法由两大步骤构成:第一步是形成某一理论,第二步是收集实验资料来检验该理论的正确性。检验过程分三步走:其一形成假设,其二推演该假设所能导致的可以观察到的后果,其三通过观察(即收集研究资料)来检验假设。这一过程通常被视为科学方法。

2. 教育研究在教育实践中的价值

教育研究除了通过贡献教育知识而影响了教育理论之外,对教育实践也存在诸多影响。

1) 教育研究能够影响政策的制订

教育研究的成果在很大程度上通过教育政策影响了教育实践。但是因为教育政策的制订受到政治的、经济的、社会的和文化的等许多因素的影响,并且政策制订是一个严肃而复杂的过程,有着自己的规则,所以把教育研究的结果应用于教育实践并不是一个简单的过程。教育研究包含价值观,因此,把研究结果应用于实践也就意味着把一系列的价值观融入教育实践。此外,即使研究结果引起了政策制订者的注意,他们在制订政策时也只是会将其看作制订政策时的信息之一。

2) 教育研究能够解决实际中存在的许多问题

通过开发性研究,将教育研究的相关理论成果直接用于解决教育实践中存在的某些问题;通过普适性研究,提出具有普遍意义的问题解决方案;通过开展应用性研究,直接提出某一具体问题的解决方案。

3) 教育研究能够有效增进教育教学效果

通过教育研究,可以总结以往教育教学活动中存在的经验与不足,以便进一步改进教育教学;通过教育研究,可以将成功的教育教学经验进行推广,以此大幅度地提高教育教学效率;通过教育研究,可以积累许多未来能够用于指导一定教育实践的理论。

教育工作充满了复杂性和丰富性,教育工作会因环境和条件的改变而改变。任何一位教育家的成功经验都是有条件的,都是根据特定的对象、特定的要求、特定的内容和特定的自身条件创造出来的。如何根据教育对象、教育要求和教师自身特点，形成自己的教育教学风格，需要每一个地区、每一所学校、每一位教师自己去探索、去研究。教师把自身在教育教学活动中遇到的问题作为研究课题，在研究、探索中学习教育理论，并运用理论分析、解释、解决各种教育现象和问题，在探讨中发现好的教育教学方法，改进不科学的教育教学行为，逐步探索、揭示、掌握教育规律，总结教育教学经验，使之升华为理性知识。在这个过程中教师的理论水平得到提高，实际的教育教学能力得到增强，从而为促进学生发展、提高教育教学质量奠定坚实的基础。

4）教育研究能够发掘深层的教育教学问题

对于教育实践工作者来说，由于长期从事相对稳定的教育教学工作，极可能因循守旧或按部就班而忽视教育实践中存在的许多深层问题。通过教育研究，这些平常不易引起教育实践工作者注意的深层问题就很可能进入他们的视野而成为值得研究的问题，而在进行相应的研究之后，这些深层问题或多或少会得到一定程度的解决。

需要强调的是，教师进行教育研究是适应新一轮基础教育课程改革的需要。中小学教师在新课改的实施过程中必然会遇到一些意想不到的问题，而且许多问题在书本上难以找到答案，因而，教师不能依靠简单模仿，而必须根据问题的实际情况进行探索与研究。此外，新课改特别提倡培养学生的创新精神和创新能力，如果教师没有创新精神和创新能力，就难以培养具有创新精神和创新能力的学生。

（二）教育研究对教师发展的作用

1. 教师从事教育研究可以提高教师的职业地位

一直以来，教师因为极少参与学术研究而被称为"教书匠"，其职业地位偏低。而研究被认为是大学教授、学者或专家的工作，与教师无关，教师只要能接受别人生产的知识，不必也没有能力做研究。但是在今天，"教师即研究者"已成为师范教育中的一个重要理念。教师从事教育研究，意味着教师开始注重自己的亲身体验，意味着教师开始注重自己的发展，同时也意味着教师有能力对自己的教育行为加以反思、研究与改进，提出最贴切的改进建议。此外，教师从事教育研究，可以使教师从无效的知识中解放出来，意味着教师确信自己有能力构建知识和改进实践。

在教育研究中，教师通过不断反思自己从教育教学中得到的经验教训，以研究者的眼光审视已有的教育理论和实际教育问题，使得其才能与潜力得到充分发挥。通过教育研究，教师能够获得本专业的实践性知识，这种实践性知识是建立在系统研究和理论知识基础之上的专门技术和技能，可以把教师这个职业与其他职业区别开来，这是教师专业标准最为显著的特征之一。不难推断，通过教育研究，教师的学术声望得以充分彰显，教师的职业地位得以提升。由此可见，教师从事教育研究，是教师获得"职业解放"（确立教师职业的专业地位，获得教师专业发展的自主权）的必由之路，是教师提升职业地位的重要途径。

2. 教师从事教育研究可以提升教师的教育理念

教育理念是指导教育实践的行动指南。所谓教育理念，即教育理想、教育观念和教育信念的总称，是教师在理解教育本质的基础上，结合自身长期的教育实践而形成的一种具有导向与动力特征的理性系统。不同的教育理念将带来不同的教育实践，从而产生不同的教育教学成效。可见，依据什么样的教育理念去指导具体的教育教学实践，实属教师教育教学成败的关键。

有效教育理念的形成并非一蹴而就，它建立在教师不断研究已有教育理念与不断总结自身教育经验的基础之上。一方面，随着教育科学的不断发展，有关教育教学的理论不仅日益繁多，而且众说纷纭，可谓"仁者见仁，智者见智"。每一种教育理论的提出都有其特殊的背景，其合理性与适用性都存在着不同的局限，因而教师绝不能囫囵吞枣，不能随意选择一种教育理论去指导自身的教学实践。

这就需要教师去研究、体会、探索如何将教育理论与实践结合起来,并形成适合自身教育实践的有效教育理念。换言之,教师从事教育研究,可以对已有的教育理论进行甄别与遴选,从而不断提升自己的教育理念。另一方面,随着教育的国际化与文化的多元化不断发展,先前的教育理念可能遇到挑战,这就需要教师通过反思自身的教育实践、认真总结已有的教育经验,实现教育理念上的自我超越。

3. 教师从事教育研究可以促进教师的专业发展

教师专业发展的过程即在教学职业生涯的每一个阶段,教师掌握良好专业实践所必备的知识与能力的过程。此处的知识主要是指教育教学实践所必需的知识,而能力则主要包括教师的教育专业能力与教育科研能力。

教师从事教育研究,可以促进教师实践知识的发展。所谓教师实践知识,是教师在长期的教育教学实践中逐渐形成的与教育教学有关的个性化知识,它集中体现了教师个性化的教学风格与教学智慧。教师实践知识,是教师专业发展过程中不可或缺的重要组成部分。教师实践知识直接影响教师对教育教学理念、课程教学观念、师生关系、课堂管理等问题的理解。通过教育研究,教师可以不断反思自身的教育教学过程,不断总结自身教育教学过程中失败的教训或成功的经验,从而有效地发展自身的实践性知识。

教师从事教育研究,可以促进教师教育专业能力的发展。教师教育专业能力的发展,不仅建立在学习专业学科知识和教育学科知识的基础之上,也建立在积累教学经验的基础之上,还需要教师在教育教学工作中投入大量的精力进行教育研究。

教师从事教育研究,可以促进教师教育科研能力的发展。在教育研究的过程中,教师需要查阅并整理大量文献资料,搜集诸多相关信息和数据,积极大胆地思考,不断理性地反思,然后才能解决自己想要解决的教育问题。因而,教师必须掌握教育科研的基本理念与基本方法,必须学习撰写专题论文、经验总结、调查报告或实验报告等成果汇报性文章。毫无疑问,在教育研究过程中,教师的教育科研能力会逐渐得到提高。

21世纪的教育研究与学校教育教学结合得越来越紧密,越来越多的学校和教师都提出"向教育科研要质量",要求教师从经验型转向科研型、学者型和专家型。因此,教育研究是新世纪教育工作者的必备素质,是教师专业化和教育创新的要求,是提高教育质量和形成独立教育教学风格的要求。广大教师不仅应该掌握教育规律、教育教学技巧,还应通过教育研究实践,不断取得新知识,探索新领域,在教育研究实践中,不断提高自身素质。通过教育研究,教师的知识能够不断更新,知识结构不断发展并趋向合理,不断提高自己的专业素养。不失时机地抓住前沿课题进行卓有成效的研究有助于科学地总结自己和其他优秀教师的教育经验,使之上升为教育理论,以丰富、充实和发展教育科学。这是包括中小学教师在内的任何一位教师都必须具备的基本功。

第二节 教育研究方法概述

一、教育研究方法的基本概念

(一) 什么是方法

自从人类开始有意识地进行各种各样的活动以寻求解决各种各样问题的途径以来,就有了方法之说。黑格尔认为,方法是认识的工具,是主观方面的某个手段,通过这个手段使主体与客体发生关系。在中文词义学中,方法是指关于解放思想、说话、行动等问题的门路、程序等。就现代科学意义而言,方法是指人们从理论或实践上把握现实,为达到某种目的而采用的途径、手段和工具的总和。

(二)什么是教育研究方法

教育研究方法是解决教育实践问题和发展教育理论的重要工具,其本质特征就是要保证教育研究的正确有序进行,也就是保证所获得的研究结果客观、可靠、准确,能解释和解决所要探讨的教育现象和教育问题。

如果用三个层面来刻画教育研究方法的话,应该是范式(paradigm)—方法论(methodology)—具体方法(method)。范式最早由美国科学哲学家、科学史家库恩(T. Kuhn)在1962年《科学革命的结构》一书中提出。在他看来,科学发展就是从一种科学研究传统过渡到另一种科学研究传统,范式就是科学研究传统中那个公认的理论。范式是一种世界观,它既指研究者的哲学立场,包括本体论、认识论等,也指他们的社会政治倾向,即价值观问题;研究方法论是一种广义的科学探究的方式,它规定着研究问题是什么以及如何回答这些问题,这包括世界观的考虑、对研究设计的一般喜好、抽样的逻辑、数据收集和分析的策略、做出推断的准则等;研究方法包括实施研究设计的具体策略和程序,包括抽样、数据收集、收集分析、结果的解释。特定的方法由研究者的整体方法论倾向决定。

综上所述,范式是一种世界观,包括哲学和社会政治方面的问题;方法论是一般的科学探究的方式;研究方法是进行研究的具体策略。基于此,本文从研究方法论的视角将科研方法分为两大类:一是实证研究(empirical research),包括量化研究、质化研究和混合研究;二是思辨/理论研究(philosophical/theoretical research)。

二、教育研究方法的历史发展

教育研究方法经历了一个孕育、发展和成熟的过程,它始终伴随着人类教育的发展全过程。对这一过程发展变化的考察,将有助于我们进一步把握教育研究方法的基本概念,从而具体揭示教育研究方法发展的基本规律。

(一)教育研究方法的历史沿革

从教育的整个历史发展来看,教育研究方法的发展大致可划分为三个大的历史阶段:古代—近代—现代,基本线索是从经验与定性分析,到定量分析与实验研究,再到现代系统科学方法研究的发展过程。具体来说,教育研究方法的发展经历了以下四个历史发展阶段。

1. 经验主义时期(古希腊—16世纪)

从古代文明的产生至16世纪近代科学产生之前,古代先哲往往依靠不充分的直觉观察,对教育经验进行总结并直观地认识教育现象,因此带有朴素性和自发性的特点。该时期教育研究方法论思想的最高成就主要体现在以孔子为代表的中国古代教育观和以亚里士多德为代表的逻辑学中的方法论思想。这一时期是把教育当做一个整体从总体上进行观察研究的,带有原始的、自发的、朴素的性质。先哲们的研究只是描述整个教育的一般变化,还不能对这种变化的具体过程、原因作出分析,也就不能对教育的一般性质作出完备和清楚的了解。

2. 以分析为主的方法论时期(17世纪—19世纪末20世纪初)

这是从以夸美纽斯《大教学论》教育原理的提出为标志的近代教育科学产生到"新进步主义"教育运动的兴起,以经验论和唯理论两个派别的形成以及实践中重思辨、逻辑和分析为基本特征的教育方法论时期,主要深受培根、洛克、笛卡儿、康德等人的影响。该时期的教育研究方法开始从经验的描述上升到理论的概括,把教育作为一个发展过程来研究,不仅描述现象的特点,而且着重揭示现象间的联系和发展历程;初步形成了以不同哲学理论指导的两种不同的研究方式和研究风格,即归纳法和演绎法,推动了教育研究方法论的发展;心理学思想开始成为教育研究方法论的理论基础;主张教育要适应自然,并倡导从自然科学中移植实验方法。

3. 形成独立学科时期(20世纪初—20世纪50年代)

该时期是随着西欧"新教育"运动的出现以及杜威教育理论的产生并形成实用主义研究方法为主的潮流开始的,这些变化使得该时期的教育研究方法的哲学基础受西方哲学中的非理性主义、唯科学主义及实用主义教育哲学的影响较大,在研究方法的探讨中,明显地表现出实用主义倾向;同时深受马克思主义辩证唯物论和心理学及心理学研究方法的影响;在教育研究方法形成独立学科的同时,教育领域内分科的学科研究方法同时也取得了显著进展。当然,该时期构成教育研究方法体系的大部分方法是从其他学科移植而来的,还未形成教育科学自身发展的内在逻辑结构体系。

4. 现代教育研究方法论的变革(20世纪50年代至今)

西方科学哲学的巨大变革使得人们更多地用动态的、多元互补的思维方式代替了过去那种静止的、单一的观念去把握复杂客体的运动过程。现代科学的发展和方法论的这种深刻变革,给现代教育研究方法论提出了一系列新的亟待解决的问题。比如:现代科学既分化又综合的发展道路,在方法论方面产生了共性与个性的不同要求,如何处理好一般方法与具体方法、共性与个性的关系问题;随着现代科学数学方法的广泛应用,教育研究中不仅要采用定性分析研究,而且要使用定量分析研究手段,随之而来的是处理质与量、观察与实验、科学事实与因果性解释、归纳和演绎、类推与概括、假设和理论的关系问题,等等。

(二)教育研究方法的发展趋势

随着社会的进步和教育研究本身的不断深入和发展,教育研究方法出现了许多新特点、新趋势。作为研究者,若能很好地把握并顺应这些发展趋势,站在教育研究的前沿,将会更有助于教育研究取得良好成效。具体而言,教育研究主要呈现如下发展趋势。

1. 量化研究与质化研究的有机结合

量化研究与质化研究的有机结合这一大趋势主要是从研究的"范式"方面来说的。这是教育研究方法整体思维模式发展的最显著趋势。

一般来说,量化研究方法有如下优点:适合在宏观层面大面积地对社会现象进行统计调查;可以通过一定的研究工具和手段对研究者事先设定的理论假设进行检验;可以使用实验干预的手段对控制组和实验组进行对比研究;通过随机抽样可以获得有代表性的数据和研究结果;研究工具和资料收集标准化;研究的效度和信度可以进行相对准确的测量;适合对事情的因果关系以及相关变量之间的关系进行研究。同时,它也有如下缺点:只能对事物的一些比较表层的、可以量化的部分进行测量,不能获得具体的细节内容;测量的时间往往只是一个或几个凝固的点,无法追踪事件发生的过程;只能对研究者事先预定的一些理论假设进行证实,很难了解当事人自己的视角和想法;研究结果只能代表抽样总体中的平均情况,不能兼顾特殊情况;对变量的控制比较大,很难在自然情境下收集资料。

质化研究方法一般比较适宜于下列情况:在微观层面对社会现象进行比较深入细致的描述和分析,对小样本进行个案调查,研究比较深入,便于了解事物的复杂性;注意从当事人的角度找到某一社会现象的问题所在,用开放的方式收集资料,了解当事人看问题的方式和观点;对研究者不熟悉的现象进行探索性研究;注意事件发生的自然情境,在自然情境下研究生活事件;注重了解事件发展的动态过程;通过归纳的手段自下而上建立理论,可以对理论有所创新;分析资料时注意保存资料的文本性质,叙事的方式更加接近一般人的生活,研究结果容易起到迁移的作用。同时它的缺点是:不适合在宏观层面对规模较大的人群或社会机构进行研究;不擅长对事情的因果关系或相关关系进行直接的辨别;不能像量化的研究那样对研究结果的效度和信度进行工具性的、准确的测量;研究的结果不具备量的研究意义上的代表性,不能推广到其他地点和人群;资料庞杂,没有统一的标准进行整理,给整理和分析资料的工作带来很大的困难;研究没有统一的程序,很难建立公认的质量衡量标准;既费时又费工。

通过以上分析不难看出,量化研究与质化研究正好互通有无、优势互补,把二者在教育研究中有机结合起来,将是教育研究方法最显著的一个发展趋势。

2. 教育研究方法的综合化

综合化趋势主要是从教育研究的方法运用和学科视角方面来说的。教育研究方法多种多样,各种方法有其长亦有其短,而且只使用一种单一的方法的教育研究往往不易取得较好的研究效果。这就要求在具体的研究中,综合运用各种研究方法,从各种不同的角度、不同的层次、不同的侧面获取信息资料,更能够使研究的论据材料丰富而充分,使教育研究取得更好的效果。当然,在这个过程中研究者要根据自己所选的研究对象或研究问题的特性选择与之相适应的研究方法,综合运用不等于牵强滥用。特别是随着数学的发展,教育研究会越来越多地运用主成分分析、聚类分析、多元分析等较高层次的量化方法,这样可以精确地表达事物数量方面特征,更重要的是提高了研究结论的构造性,从而使研究结论具有更高的清晰度和更强的预见性。另一方面,教育的对象决定了教育研究不得不考虑"人"这一复杂的要素,不得不涉及社会学、政治学、经济学及心理学等多方面的问题。因而教育研究不能仅停留在教育学科领域之内,必须从多学科的视角综合考虑和分析。可以预见,综合运用各种研究方法和从多维的学科视角去探讨和解决教育问题将是教育研究方法的一大发展趋势。

3. 教育研究方法的生态化

生态化趋势主要是从教育研究的场景或情景方面来说的。生态化的教育研究方法强调在真实的生活和自然的情景中进行研究,提高教育研究的外部效度及其实际应用价值。但这一趋势直接指出了实验室实验的局限。实验室实验能够按照严格的设计程序,操纵自变量,控制无关变量,观察因变量的反应,以探求自变量与因变量的因果关系,揭示某些教育规律和特点。但是实验室实验由于情境的人为创设,势必会使研究情境失去"自然性"和"现实性"。也就是说,实验室条件与现实生活中的教育环境相脱离,很难真实反映教育现象或问题的本来面目,可能直接影响到研究结果的有效性和普遍性。事实上,现代系统科学方法的发展,也要求教育研究必须在真实的、生态的场景中进行。即使是具体的某一个教育问题也不可能是孤立的,它会受很多因素影响,且各种因素之间又会相互作用、相互影响。因而教育研究中仅仅用实验室实验,操纵有限的变量,很可能会把一些很有价值的变量也排除在外,从而降低研究的外部效度,影响研究结果的真实性和科学性。因而,教育研究不能一直停留在实验室,还必须回到现实生活中。

4. 教育研究方法的现代化

现代化趋势主要是从教育研究的技术设备和手段方面来说的。随着科学技术的突飞猛进,教育研究中已大量采用录音、录像、照相等现代化设备和手段,可以准确记录收集资料,并且可以反复视听,这样获得的资料更为真实客观,分析更为科学准确。又如眼动仪、自然记录仪、多脑仪等一些特殊的现代化设备和装置的出现与运用,也大大地提高了教育研究范围,使教育研究更加实践化和多功能化。尤其是电子计算机的广泛运用,直接推动了教育研究方法的革新,极大地促进了教育研究方法的现代化。它使教育研究的多因素分析得以实现,在短时间能够迅速处理庞大的数据资料,使研究向更高层次发展,还可以使教育研究中大样本、多变量、多层次的研究成为可能。将电子计算机技术应用到思维领域,可以代替人脑的部分功能,这样可以使以往由于计算过于复杂而无法着手的教育科研课题得以进行,并在资料信息的整理、储存、分析、逻辑判断、推理、论证等方面都展示了巨大的潜力和可喜的前景。

5. 教育研究方法的跨文化

跨文化趋势主要是从教育研究的视野方面来说的。跨文化的教育研究方法强调以各种不同的文化为样本,通过比较研究,探索不同文化背景之间的变量关系。它最初为国外人类学家、社会学家广泛应用,后来逐步移植于教育研究方法之中,现已成为教育研究方法的一大趋势。多元化是现代文化发展的基本态势,各种文化之间的相互交流和交融正在不断发展。文化的这种本体变化必将使各种文化特质不断丰富,导致教育的结构、形式和内容的变化与发展,从而扩展教育研究方法的视野。在这样的背景下,越来越多的研究者开始重视不同文化背景对教育本身的影响,进而寻求不同社会文化背景在教育领域中的共通性和差异性。具体而言,就是将同一教育研究课题搁置于不同的社会文化背景之下,以此作为研究的对象,探讨教育与人的发展的共同规律,或从不同社会文化背景的差异之中研究不同的社会文化背景对教育与人的发展的影响。事实上,这是一个在两种或两种以上不同文化背景中进行个体或群体的比较研究的方法。

三、教育研究方法分类

研究方法规定了研究的具体程序和手段,这些程序和手段可以确保研究所获得的信息是可靠的,那么该研究的结论与发现科学的可能性就比较高。关于教育研究方法,很多学者都有自己的见解和分类。在本书中,我们将教育研究方法分为两大类:一类为实证研究,包括量化研究、质化研究和混合研究;一类为思辨/理论研究。本节分别对上述研究方法进行一一说明。

(一)实证研究

实证研究作为一种重要的研究方法,其基本规范就是"用经验材料证明或证伪理论假说"。这些经验材料既可来自研究者的现实观察或实验活动(直接经验),也可来自记录了前人观察或实验结果的历史文献(间接经验);这些经验材料在形式上可以是量化的也可以是非量化的,但都必须是可检验的。由此我们认为,实证研究包括量化研究、质化研究和混合研究。

1. 量化研究

所谓量化研究,就是把教育现象转化为数量,通过数量关系获得精确分析,以检验研究者所作出的某些理论假设的一类研究。

对教育现象进行数量化,是社会科学借鉴自然科学的一个重要举措,主要原因有三个方面:首先,数据具有稳定性,不会因为时过境迁而发生意义上的变换,方便进一步的分析和检验;第二,数据具有客观性,不会受到研究者主观因素的影响;第三,数据具有精确性,可以带来一种确定无疑的结果。正因为如此,量化研究方法得到相当多的学者的追捧,人们视量化研究为教育研究科学化的重要标志之一,在西方的一些学术杂志上,大多数论文都是通过量化方法做出来的。

关于量化研究有两种观点。第一,凡所用数据是以数字形式存在的都是量化研究;第二,那些采用量化资料但没有提出理论假设并进行统计假设检验的研究,不是量化研究。本书采用第二种观点,将量化研究界定为以研究问题(研究假设)为指导,通过对量化数据进行推断统计分析,从而得出统计结论并回答研究问题的一种实证研究。

2. 质化研究

质化研究,就是采用质化方法所进行的教育研究。这类方法虽然在专业学术性杂志上的运用不如量化研究多,但由于其可以提供量化研究所不能提供的有关教育现象的深层意涵,因而受到不少学者的重视。

质化研究就是以研究者本人作为研究工具,在自然情境下采用多种资料收集方法对社会现象进行整体性探究,使用归纳法分析资料和形成理论,通过与研究对象互动对其行为和意义建构获得解释性理解的一种活动。

这一定义揭示了质化研究的大部分秘密,需要我们一一进行分析。

第一,以研究者本人作为研究工具。研究工具是在研究中用来收集数据所采用的工具,比如在量化研究中我们采用问卷、量表或者眼动仪来作为研究工具,这些工具的质量和适用性如何,决定着最后数据的质量。在质化研究中,一般不会应用到这些工具,真正够决定研究质量的是研究者本人的素质。只有研究者本人在知识、能力、经验等方面有充足准备的条件下,才能够很好地收集数据和分析数据,最后获得非常令人信服的研究结论。

第二,从研究环境来说,质化研究有别于量化实验研究,它强调在自然情境下而不是在人工控制的环境中进行研究。这一点同样是针对量化研究而言的,因为后者往往要对研究变量进行一定的处理或控制,因此其所研究的环境就不是"自然"的了。而质化研究则要从原汁原味的教育现象中提取理论的精华,因此必须尽可能在自然情境下进行。

第三,质化研究强调"对社会现象进行整体性探究",之所以如此,原因就在于任何一个具体的行为,必须放到一个整体的背景下,才能够看出它的深层意义。比如在最近,全国不少地方实行"农村户口转为城镇户口",这一具体的社会行动在当下社会情境下可能就被一些农民视为无利可图的事情,但是如果放到30年前,出现这样的事情可是天大的喜事。因此,在质化研究中,通常强调要对事情出现的社会现实进行"深描",原因就在于此。

第四,从收集资料的手段来看,质化研究最后通过多种方法收集资料,以相互验证,收集资料的方法主要包括访谈法、观察法和文件分析法等。

第五,从收集资料的方式来看,研究者和被研究者通过互动而获得的行为和意义是质化研究区别于量化研究的重要方面。在量化研究中,一般情况下研究者是不能和研究对象进行有关研究内容的互动的,因为这样研究对象容易受到研究者主观情感的干扰,从而影响研究的客观性。然而在质化研究中,由于研究者要理解被研究者对行为的"意义"理解,因此必须通过互动才能够获取这样的信息。因此,质化研究并不是十分强调研究的"客观性",反之它对研究者自身的参与十分看重,把研究者的阐释作为研究内容的一部分,从而使研究结果更加丰满。

第六,从结论形成的方式来看,质化研究主要采用归纳的方法,即自下而上在所收集资料的基础上提升、概括出理论来,而这个结论实际上是研究者和研究对象之间的"视界融合",也就是说,这种结论既包括研究对象对某一行为的"理解",同时又融合了研究者对之深入的"解释",因此是一种"解释性理解",融合了研究者和研究对象双方的"视界"。

上述有关质化研究的意涵,实际上已经揭示了质化研究的原理:质化研究就是通过研究者深入教育现场去真切感知教育现象当事人所做出的行为以及行为背后的意义,并利用这些资料来建构有关教育现象的理论。在质化研究中,有两个至关重要的因素。一个就是所谓的主位文化观,也就是说,教育现象意义的建构,不是从研究者的立场出发来进行的,而是从研究对象本身所处的文化情境和立场来进行建构的,比如研究学生,必须真切地理解学生自己对自身行为的界定,而不是用外在的一个界定强加到学生的头上。另一个就是研究者和研究对象之间的互动,只有通过深层的互动,研究对象才可能把心灵深处的秘密暴露出来。从某种意义上来说,上述两个因素,实际上是质化研究的规定性,凡是符合上述两个特征,基本上都可以说是属于这个类别的。

3. 混合研究

混合研究,顾名思义是指采用了一种以上的研究方法或掺和了不同研究策略的研究。它区别于其他两种研究方法的核心在于必须在同一研究中各运用一种或以上量化研究和质化研究的方法与手段。美国教育研究方法专家威廉·维尔斯曼(Wiliam Wiersma)将教育研究分为定性研究和定量研究。定性研究是用文字来描述现象,定量研究则是用数字和量度来描述的。定性研究包括人种学研究和历史研究等方法,定量研究包括实验研究、准实验研究和调查研究等方法。尽管在定量研究和定性研究的概念和方法上存在不同,但是这种区别就实施研究来说不是两分的,而是一个定性定量研究的连续统一体。他把这种既包括定性方法又包含定量方法的研究称作混合方法研究(Mixed Methods Research)。① 教育现象的复杂性和研究课题不断增加的不确定性,客观上要求研究方法的多样化和综合化。因此,包含了量化和质化的混合方法研究正成为世界范围内教育研究方法的发展方向。

(二) 思辨研究

思辨研究并不直接通过系统的研究方法从现实实践中获取信息,而是通过经验总结或者概念推演来完成研究工作。思辨研究着重概念操作而不注重事实操作,其研究对象是不可直接观测或调查的抽象概念,而研究材料大部分来源于学术著作、政策法规、新闻媒体等,研究者通常在书房里或图书馆里获取第二手的材料,进行的是书斋式的研究。在我国现有的教育类学术刊物中,发表最多的就是思辨类的文章。

在现实的教育研究中,思辨研究招致诟病的一个原因是一些研究文本在理论建构上落入了"宏大叙事"的窠臼。社会学家米尔斯批评说:"宏大理论的基本起因是开始思考的层次太一般化,以致它的实践者们无法合乎逻辑地回落到观察上来。作为宏大理论家,他们从来没有从更高的一般性回落在他们所处的历史的、结构性的情境中存在的问题上来。"② 只有从问题出发,注意对特定的"历史的、结构性的情境中存在的问题"的描述和分析,注意对问题的理论解释必须能接受经验的检验,才能避免思辨的空洞和一般化。从具体问题出发的思辨,必然会因寻找解释问题的理论工具而上升到一般性原理,但它并不追求包罗万象、普遍适用的"宏大理论",而是把握好理论抽象的层次,用理论来解释现实。

当然,我们应该清楚,分类不是目的。更重要的是,通过各种分类使我们对每一类教育研究方法的基本特点、适用条件与范围以及它们之间的关系等方面,都能有一个更深层次的把握,加深我们对教育研究方法本身的理解,并能据此综合考虑研究者本人的研究能力、水平、兴趣等以及影响研究活动的各种客观因素,以在教育研究过程中选择最适当的一种研究方法。这样有助于教育研究取得更大的成效。

(三) 我国教育研究方法的特点

海内外许多学者都指出中国大陆教育科研方法的特点:重思辨研究,轻实证研究。例如,中美优质教育研究中心的赵勇等人将中国的《教育研究》和美国的 *American Educational Research Journal* 进行研究方法方面的比较,发现在 2003 年 6 月至 2004 年 12 月间所发表的文章中,大多数美国文章是实证研究,而大多数中国文章是反思或理论性研究。③ 20 世纪 90 年代初,曾任香港大学副校长的程介明(Cheng Kai-Ming)第一次与中国内地的教育机构合作时发现,他与内地同事对于"研究"的理解有明显不同。他将中国内地的教育研究分为四大类别:① 问卷调查;② 实验;③ 专著(collation);④ 反思。④ 程介明总结道,这些研究与西方研究惯例之间的差异不在于方法本身而是在于研究目的。内地学者不习惯做以对教育的一般性理解或者是对教育过程的洞察为目的的描述性(descriptive)研

---

① 威廉·威尔斯曼. 袁振国等 译. 教育研究法导论(第9版)[M]. 北京:教育科学出版社,2010.
② [美] C. 赖特·米尔斯. 社会学的想象力[M]. 北京:生活·读书·新知三联书店,2005:235.
③ Zhao, Y., Zhang, G., Yanga, W., Kirkland, D., Han, X., & Zhang, Z. (2008). A comparative study of educational research in China and the United States. Asia Pacific Journal of Education, 28(1), 1—17.
④ Cheng, K. M. (2000). Understanding basic education policies in China: An ethnographic approach. In J. Liu, H. A. Ross, & D. P. Kelly (Eds.), The ethnographic eye: An interpretive study of education in China (pp. 29—50). New York, NY: Falmer Press.

究。大部分与他合作的机构所进行的是规范性(prescriptive)研究,其目的是获得确切的结论或者是可以对教育政策提出建议的结果,因此提出应该"怎么做"的问题,有时他们试图寻找"什么是正确"的答案。[2] 另一香港学者沃克(Walker)最近在对中国校长的一项研究中也表示,缺乏严谨的实证研究仍然是现今中国教育研究的一个特点。许多研究依赖中国传统的"辩论"的方法,个人反思、解释或者对某项政策阐释等文章都被贴上研究论文的标签,成为普遍被接受的研究标准。① 国内有些方法论研究者持相似观点。不论是在教师评价研究、教育管理研究还是学校效能研究领域,学者们都对这一现象有所意识,并认为需要加以改变。例如,张新平认为,我国的教育管理研究呈现出两条发展很不均衡的套路:居于支配地位的思辨研究与具有陪衬意味的实证研究。②

针对我国"重思辨、轻实证"的现象,学者们探讨了改革的必要性。比如,宋德全认为,我国很多教育原创的概念、理论之所以没有被世界所承认,也没有得到国内学者自己的认可,很大一个原因在于人们所提出的原创性概念没有被进一步验证和研究,因此在很短时间内就销声匿迹。所以说,我们应当对教育研究人员进行研究方法培训,倡导实证研究,提高与国际教育研究者的交流对话能力以及在国际学术圈中的竞争能力。③ 程介明认为必须消除中国研究者与国外研究者在研究方法上的鸿沟,不然,中国研究者就将永远无法用他们丰富的研究产品来充实国际学术界。他进一步指出,尽管我们是本土化研究坚定的支持者,但是事实却是国际话语权仍然继续由西方研究传统和英语这门语言掌控。因此,中国的教育研究要加入到国际家庭中去,所能做的只有采用两方面都认同的同一种研究语言。④ 随着"重思辨轻实证"问题讨论的不断深入,研究者们越来越意识到实证研究的重要性,国内的许多重要教育期刊比如《北京大学教育评论》《清华大学教育研究》《教师教育研究》等也越来越青睐实证研究。

第三节 教育研究的基本过程

对一项教育课题进行研究一般要经过以下几个阶段:第一阶段为确定研究课题;第二阶段为撰写文献综述;第三阶段为进行研究设计;第四阶段为进行数据收集;第五阶段为数据的整理与分析;第六阶段为研究结果的呈现和讨论。

一、确定研究课题

确定研究课题往往比任何其他因素都更能决定某一研究的价值。有鉴于此,研究者应该集中大量时间来选择研究课题。在决定从事哪一课题的研究和确立研究方法之前,需仔细考虑有哪些潜在的课题可以研究,听取他人的意见,并研究相关的文献。要做好这一切,研究者往往需要花上几个月甚至更长的时间,这样的时间投入是值得的。寻找研究课题的过程是研究者走向专业技能成熟的重要步骤。刚开始时,研究者也许什么课题都想不出,或者,在浏览文献之后会得出这样的结论:研究已经解决了教育方面的所有问题。通过接触经验丰富的研究人员所作出的精致入微的理论阐述,研究者也许会发现涌动于心中的某一课题初步思路显得多么幼稚可笑。但是,只要研究者继续研读这些文献,便会进入较高的思维层次并有新的发现。本书的第二章将详细阐述教育研究选题的意义、原

---

① Walker A, Hu R, & Qian H. (2012). Principal leadership in China: an initial review. School Effectiveness and School Improvement, 23(4), 369—399.
② 张新平. 实地研究:教育管理研究的第三条道路[J]. 教育理论与实践,2005(3).
③ 宋德全. 李姗泽. 教育研究方法[M]. 重庆:西南师大出版社,2011.
④ 朱春荣. 要重视教育研究的方法论——程介明博士谈我国的教育研究方法[J]. 开放教育研究,1997(2).

则及课题的来源等内容。这里我们只就选题的途径和要求作一简单概括。

教育研究的课题可以通过教育实践、教育理论、以往研究及课题指南等途径获取。教育实践中存在着大量的教育问题,许多教育问题都可以作为研究课题。对于教师来说,教育实践是最重要、最直接的选题途径,因为教师从事教育研究最迫切的任务就是要解决教育实践中有待攻克的问题。作为基层的中小学教师,常年工作在教育第一线,遇到的教育问题最多,每天甚至每节课都会遇到大量的问题,这些问题其实都是选题的宝贵的原材料。比如学生的学习态度不端正、学习成绩不好、做作业不认真、听课时的表现较为消极,教师想尝试新的教学方法但又怕影响教学质量,教师严格要求学生但没有换来学生的尊敬等,都是教师在教学活动中经常遇到的问题。如果对这些常见问题进行追问与反思,那么这些问题就会转化成有价值的研究课题。

理论不但可以用来解释已有的事物,而且还可以用来预测未来的事物。从一个已有的理论中,教师可以作出很多预测,这些新的预测就有可能成为研究问题的重要来源。比如,在学习相关教育理论或阅读相关教育刊物时,如果多留一份心思,就有可能发现其中蕴含着某些有待解决的问题。从国内外已有研究成果来看,有的教育研究不仅探索了其所要研究问题的相应答案,而且也从其研究问题中导出了不少值得继续研究的问题。这些需要继续研究的问题,有些时候是在回答旧问题的同时直接提出来的新问题,有些是在回答旧问题之后明显表达了尚存的某些不足而暗示需要继续研究的问题。另外,在教育价值越发凸显,教育的科技地位日益加强的当下,各级各类部门每年会下达一定量的课题,研究者尤其是教师完全可以从各级各类部门提供的课题指南中选择自己感兴趣并有能力研究的问题开展研究。此外,研究者尤其是教师还可以在一些合作课题中寻找适合自己研究的子课题。

对于教师来说,他们的工作既处于不断变革的教育大环境之中,又处于复杂的教学情境之中,因此,他们可以把探寻教育的理想与价值作为研究对象,也可以把解决教育教学中的问题作为研究的对象,还可以把教材、班级、学生、家长、课堂、考试及其他教师作为自己的研究对象,甚至可以把自己作为研究对象,继而从中选择适合的研究课题。然而,并非教育中任何问题都可以成为研究课题,有些教育问题虽然也是真问题,但不一定需要研究,或者并不适合某些人研究。显然,要想顺利开展教育研究,必先选择适合的研究课题。对于教师来说,由于时间、精力及工作性质等的限制,他们开展研究的目的主要是提高教育教学质量,因而他们选择的研究课题往往与其教育教学直接相关,为此,教师更应选择合适的课题开展研究。选择课题是进行研究的第一步,而且是关键的一步,因为课题在一定程度上反映了整个研究的价值,它引导着研究的方向,制约着整个研究过程。

选题能力是从事教育研究的基本能力之一。有些教师在学校工作了几十年,虽然积累了十分丰富的教学经验,但由于缺乏问题意识,难以发现身边触手可及的研究课题;有些教师虽然在教育教学中碰到了不少问题与困惑,却不知道怎样将工作中的问题与困惑转化为可以研究的课题。为此,弄清哪些问题可以成为研究课题及怎样合理选择研究课题是十分必要的。一个好的研究课题要具有价值性、科学性、创新性及可行性。作为课题的问题首先应该具有研究价值,即所选择的问题应该具有一定的学术价值(理论意义)或者具有一定的应用价值(实践意义)。所谓理论意义,就是指所研究的问题对于相关领域理论发展的贡献,例如,当下的研究课题与已有同类课题相比增加了什么新内容、有什么新观点;与同时代相比,有什么突破之处;在某个理论体系中起了什么作用;对后来理论发展又有什么意义;为一种理论体系的完善增补了什么;对后人有什么启示等。实践意义是指,所研究的问题对于改革实践具有指导作用,即通过实践能满足人的某种需要,可以帮助他人及自己更好地认识某种关系、认识某种现象、处理某种问题、理解某种存在等。对于中小学教师来说,所选择的课题应该符合社会发展与教育事业发展的需要,应该符合教育改革和提高教育质量的需要,应该符合学生全面发展的需要。

选题的科学性是指选择课题要以科学思想为指导,以事实为依据。以科学思想为指导的目的是为了使所选课题具有理论基础。所选课题不能和已经经过实践检验的科学原理相违背,只有这样,才能保证其科学性。以一定的事实为依据的目的是为了使所选课题具有实践基础。研究就是要研究事实,研究客观实际存在的现象。值得一提的是,传统和常识并不一定是科学的,其背后很可能隐藏着人们还未发现的科学规律,需要随着科学的发展而更新。具体来说,要保证选题的科学性必须做到三点。其一,课题要在充分占有资料的基础上形成。任何一项研究都是在已有研究的基础上进行的,只有了解了课题的研究现状,才能知道现在研究这个问题是否有意义,是否能提出新观点、新方法,这样才能避免简单重复别人的研究。其二,选题要有事实依据,课题不是凭空杜撰出来的,只有在实践经验的支持下,才可以保证课题选择的科学性。对教师来说,选题一定要以教育改革实践和教育教学的经验为基础。其三,选题要以教育科学基本原理为依据,这是选题的理论基础。如果选题没有一定的理论支撑,必然会造成选题的盲目性。

创新是研究的灵魂,是研究应具有的根本属性。选题的创新性是指所要研究的问题应当是前人尚未研究或研究不足的问题。具体来说,选题的创新性是指,被选择作为研究的课题具有一个或多个创新点,这些创新点可以体现在研究方法或分析技术上,也可以体现在研究内容上。为此,只有广泛深入地查阅相关文献资料并进行大量调查之后,才能准确把握他人对该问题的研究状况,从而在他人研究的基础上,确定自己研究的着眼点和切入点。值得一提的是,创新有不同层次及不同水平。讲求创新并非要求一切都是独创的,提出一个别人还没有研究过的课题是创新,将一种理论观点首次应用到实践中去也是创新。此外,创新也不反对验证性的研究,因为研究者从事验证性研究之前在心中便对已有研究结论或已有研究过程或已有研究方法或已有研究视角持有异议,这些异议本身就是创新的开始。

课题的可行性是指研究者具备顺利进行课题研究的条件。一般包括两个方面:一是客观条件,包括与课题相关的资料、设备、时间、经费、技术、人力等,还包括进行课题研究的科学上的可行性;二是主观条件,指研究者所具备的知识、能力、基础、经验、专长及自己的兴趣爱好。对于一线的教育工作者来说,除了客观条件外,其主观条件上的优势表现为实践经验十分丰富,显然,他们适合研究实践性较强的课题,即适当选择与自己的教育教学实践有密切联系的教育问题作为课题。

选题时应注意以下几个问题:第一,课题的大小要适度。课题选得过大,则针对性就差,实施起来难以下手或无法下手,甚至根本没有能力与精力完成;课题选得过小,则研究范围太过狭窄,导致研究的意义十分有限甚至很难有意义。对于教师来说,由于受多种主客观条件的限制,选题时尤其要避免研究宏观层面的问题,比如选择"素质教育的综观认识与实践""学生非智力因素培养研究"等,这些课题的综合性相当强,仅凭教师的力量是明显不够的。第二,课题的难易要适度。并非具有研究意义或研究价值的问题都可作为研究的课题。如果某个课题虽然很有价值,但做起来很难或者耗时太长,则不宜作为首选课题,对于一般教师来说,不宜作为研究课题。此外,如果某些问题属于日常琐碎问题或个别问题,因为没有普遍性,通常也不适合作为研究课题。不过,这类琐碎问题或个别问题可以作为个案进行积累并作为个案研究的资料。第三,课题的目标要明确。选择的问题一定要具体化,界限要清楚,不能太笼统、不着边际或含糊不清。此外,选题时还应注意避免盲从,千万不可盲目跟风,脱离自己的研究实际,人云亦云。对于教师来说,不应脱离自己的教育教学实际而盲目选题。

二、文献综述

研究者要想为所感兴趣的领域增加新知识,就必须首先查阅文献,了解其他研究者的研究成果。文献综述具有多种功能,比如,它有助于界定研究问题。通过查阅文献,研究者能够发现其他研究者是如何在一个他们感兴趣的广泛领域内形成富有成效的调查思路的。当深入考察这些界定的调查思路是如何形成又是如何发展时,研究者将变得更能界定自己的调查问题。另外,研究者经常在他们报告的结尾处附上由他们的研究所引出的需要讨论的问题和其他可以进行的研究建议。这些问题和建议应加以仔细考虑,因为它们代表着研究者对一个特定问题进行大量研究后才获得的洞察力。尽管广泛地对某一领域的文献进行综述十分重要,但是在研究过程中,综述文献阶段往往比其他任何阶段都更容易被忽略。其原因之一是研究者放在文献综述上的时间太少。做好一次文献综述需要几个月甚至更多的时间,尤其在一开始对所研究的问题的文献几乎一无所知时更应如此。这段时间应该好好利用,因为它不仅会帮助研究者更深刻地理解所要研究的问题,而且还可能会大大减少所作研究中其他各阶段的时间。本书的第三章将对文献综述的目的、好的文献综述的标准、文献综述写作的常见问题等方面进行详细阐述。

文献综述常见问题之一就是,在写文献综述时,用同样的方式对不同的研究报告加以评述。例如,一些人每提及一篇文章都要另起一段,无论文章重要不重要,或关系大不大,他们都用同样的篇幅评述各篇文章。这样的综述不仅读起来枯燥乏味,而且难以让读者明白在他们的研究课题中有哪些问题已经得到了解决。此外,如果综述要涉及许多课题或论题相同的研究报告,一种有益的做法是用表格把它们组织起来。首先要决定应该摘录这些报告的哪些特征,例如样本的性质、程度或处理及每一变量的统计结果;其次研究每一篇报告并简述其各个特征;最后,把这些特征组织在表格之中。这一方法具有陈述简洁、易比较等优势。

三、研究设计

研究设计是在提出研究问题之后,正式实施研究之前,根据研究问题的性质和研究目的,对研究什么、如何研究以及可能的研究结果等预先进行总体设想和规划的过程。一般包括提出研究假设、确定研究方法、选择研究对象、分析研究变量和形成研究方案等步骤。研究假设(research hypothesis)是研究者在选定课题后,根据已有理论、经验事实和已有资料对所研究的问题的规律或原因作出的一种推测性论断和假定性解释,是在进行研究之前预先设想的、暂定的理论。简单地说,研究假设即是研究问题的暂时答案。值得指出的是,并非任何教育研究中都提出了明确的研究假设。通常将教育研究中预先提出假设的研究称为"有框架研究",没有明确提出假设的研究称为"无框架研究"。无框架研究并不是意味着没有假设,它只是没有把隐含的假设明确提出来罢了。至于是否需要预先正式提出假设,要视研究的性质来定。一般来说,量化研究、验证性研究、涉及两个变量相互关系的研究,通常要求明确提出假设;而质化研究、描述性研究、单一变量的研究,则不一定要预先提出假设,其假设往往隐含在研究过程之中,或在研究过程中形成。

所谓研究变量,是指研究过程中在质或量上会有变化的、有差异的因素。研究变量有三种:一是自变量,这是引起变化或产生变化的原因,是研究者操纵的假定的原因变量;二是因变量,是通过自变量的作用而发生变化的结果变量;三是无关变量,是指与特定研究目标无关,但因影响研究进程与结果而在研究过程中必须加以控制的一些变量。研究对象是教育研究的主体。由于研究对象的多样性和复杂性,研究者必须对研究对象加以界定。界定研究对象包括两个方面的内容。一是对研究对象的总体范围进行界定。如果研究对象的总体范围不同,那么同一个研究课题所得出的结论就很可能不同。例如研究中学生课业负担过重的问题，以上海市区中学生和济南市区中学生为研究对象所得到的结论就会存在差异。二是对研究对象所涉及的某些模糊性概念进行界定。比如"差生""优秀教师"等。此外，在描述研究对象时，还需要描述研究的样本数量及抽样方法等，必要时还需要提示研究对象的来源和特征。

　　研究方法主要反映一项研究课题"怎样做"的问题，包括研究者采用的研究途径、手段及准备如何开展研究的步骤等方面。研究者应该根据课题研究的具体目标、研究内容和研究对象的性质来考虑选择哪些具体的研究方法，以及在研究中如何科学安排，通过对它们的合理运用来达到研究的目的。一般来说，教育研究中所采用的具体的研究方法主要有调查法、观察法、实验法等。在具体工作中，教师选择研究方法主要应考虑两个因素：所要研究的问题及教师自身的特点。例如，对教师的素质现状进行研究，必然离不开调查法；探讨一种新的教学方法是否优于原有的教学方法，则宜采用实验法。需要特别指出的是，由于研究的对象往往是丰富多彩、复杂多变的教育事实，因此，选择的研究方法不能是单一的，而应该是综合的，特别是一些比较复杂的重大研究课题，常常需要综合地运用多种研究方法。比如，我们所开展的行动研究不仅是一种方法，更是一组方法，可以调查、谈话、讨论，也可以进行理论分析、文献研究。如进行某项调查研究，主要采用问卷调查，可以得到大量数据，但也要辅之以访谈，以使结论更加可靠，材料更加丰富。为了确保研究工作既能有条不紊地展开，又能如期完成，往往需要对整个研究进度进行整体规划。本书的第四章将详细阐述教育研究设计的内容，包括什么是教育研究设计，如何提出研究假设、选择研究对象、分析研究变量、确定研究方法和形成研究方案，以及阐释研究问题的性质与研究设计的关系等方面。

四、收集、分析数据以及结果的呈现

　　在研究方案设计好之后，需要做的就是根据方案用研究工具来收集数据或信息。一般来说，研究所收集的数据或信息往往结构化程度不高，因此要通过一定的工具或者程序对之进行分析，以使之呈现出一定的结构和规律，方便我们对教育现象的理解。量化研究和质化研究对数据分析的方法并不相同。量化研究主要通过一些软件，比如 Excel、SPSS 等进行分析。在分析数据之后，研究者要能够简洁地把结果呈现出来。同时为了让他人对这一研究有比较完整的理解，也需要通过论文、研究报告等形式将研究的过程和成果完整地呈现出来。当然，这一步骤的功能并不仅仅是呈现，也是一个梳理并完善的过程，有不少研究者在这个过程中会产生很多新的发现。由于篇幅关系，这里仅对数据的收集整理和呈现做了简述，具体内容可以参看本书的相应章节。

本章小结

　　教育研究是按照某种途径，有组织、有计划、有系统地认识教育现象和构建教育理论的过程，它是以教育问题为对象，运用科学的研究方法，遵循一定的研究程序，收集、整理和分析有关资料，以获得教育规律为目标的过程。研究的基本特征包括：研究是揭示客观规律的过程，具有客观性和实践性；研究是在前人研究基础上的探索性活动，具有继承性和创造性；研究的过程是一种控制过程和验证过程，具有可控制性和可检验性；研究都有比较系统的理论框架，具有严密的逻辑性和系统性。教育研究有别于一般的自然科学研究，是一种有目的、有计划、有系统地采用严格的方法去认识教育现象及其规律的创造性的认识活动，是一种社会活动。所以，教育研究具有独特性，主要表现在：教育研究具有很强的复杂性和难控性；教育研究具有长周期性和迟效性；教育研究具有广泛性和反思性。教育研究的意义主要体现在两个方面：第一，教育研究对教育本身具有重大的价值，包括教育理论与教育实践两个维度;第二,教育研究对中小学教师本身具有明显的意义。

教育研究方法是解决教育实践问题和发展教育理论的重要工具,其本质特征就是要保证教育研究的正确有序进行,也就是保证所获得的研究结果客观、可靠、准确,能解释和解决所要探讨的教育现象和教育问题。教育研究方法可以从三个层面来刻画:范式是一种世界观,包括哲学和社会政治方面的问题;方法论是一般的科学探究的方式;研究方法是进行研究的具体策略。基于此,本书从研究方法论的视角将科研方法分为两大类:一是实证研究,包括量化研究、质化研究和混合研究;二是思辨/理论研究。教育研究的基本过程包括:确定研究课题;文献综述;研究设计;数据的收集、整理与分析;研究结果的呈现。

思考与练习

1. 简述教育研究的特征。
2. 简述教育研究的意义。
3. 什么是实证研究?
4. 简述教育研究的一般过程。

参考文献

[1] 裴娣娜.教育研究方法导论[M].合肥:安徽教育出版社,2000.

[2] 威廉·威尔斯曼.教育研究法导论(第9版)[M].袁振国等译.北京:教育科学出版社,2010.

[3] Zhao Y., Zhang G., Yanga W., Kirkland D., Han X., & Zhang Z. (2008). A comparative study of educational research in China and the United States. Asia Pacific Journal of Education, 28(1), 1—17.

[4] Cheng K. M. (2000). Understanding basic education policies in China: An ethnographic approach. In J. Liu, H. A. Ross, & D. P. Kelly (Eds.). The ethnographic eye: An interpretive study of education in China (pp. 29—50). New York, NY: Falmer Press.

[5] Walker A., Hu R., & Qian H. (2012). Principal leadership in China: an initial review. School Effectiveness and School Improvement, 23(4), 369—399.

[6] 张新平.实地研究:教育管理研究的第三条道路[J].教育理论与实践,2005(3).

[7] 朱德全.李姗泽.教育研究方法[M].重庆:西南师范大学出版社,2011.

[8] 朱春荣.要重视教育研究的方法论——程介明博士谈我国的教育研究方法[J].开放教育研究,1997(2).

第二章 教育研究的选题

学习目标

1. 了解和掌握教育研究选题的意义。
2. 理解和掌握教育研究选题的来源、途径与方法。
3. 理解教育研究选题的原则。
4. 了解教育研究选题的过程与方法。

教育研究选题,顾名思义,就是研究者选择一个有待于发现、验证、澄清、解决或回答的问题,并将之加以明确化和具体化的过程。开展教育科学研究首先要做的就是选择和确定研究课题,然后才能制订相应的研究计划和依照计划实施研究。选题既是教育研究的起点也是教育研究过程的重要环节,它决定着研究工作的方向、目标、性质及价值,因此全面了解选题的意义和来源,掌握选题的原则与方法等具有重要的意义,是所有教育研究工作者和广大教师所必备的素质。

第一节 选题的意义

科研选题简单地说就是形成、选择和确定所要研究和解决的课题。科研选题是科学研究的重要组成部分,它关系到科学研究的方向、目标和内容,影响着科学研究的途径和方法,决定着科研成果的水平、价值和发展前途。科学奠基人贝尔纳认为,课题的形成和选择,无论作为外部的技术要求,还是作为科学本身的要求,都是研究工作中最复杂的一个阶段。一般来说,提出课题比解决课题更困难。

一、选题决定着研究的意义和价值

科学研究的意义和价值在于实现知识的创新和实践的改善,根据研究问题层次的不同,教育科学研究意义和价值体现在两个层面:一是在一般理论意义和普遍性层面的实践价值,表现为创造新的教育思想和理论,有助于指导和解决教育实践中的一些普遍存在的问题;二是在个体(学校、教师和学生等)实践层面的理论意义和实践价值,包括教育实践理念的更新、观念的变革和实践的改善或革新。任何一项研究要获得上述意义和价值,都离不开正确合理的选题,因为选题是教育研究的第一步,选择了课题也就意味着确定了所研究的问题、目标和基本内容,所选择的问题是否是真问题,是否具有新意,直接决定了课题研究成果的意义和价值。按照吴康宁教授的观点,判断教育问题真假的一种外在的、客观的标准是教育研究能否满足发展教育理论或改善教育实践的迫切需要,能否根据这些需要来确定研究问题,凡是能够从现实迫切需要出发研究的问题是真问题,反之,不从发展教育理论或改善教育实践之迫切需要出发的所谓研究问题都是假问题。[1] 显然这是一种实用主义的标准,依照这种标准,能否选择一个"真问题"作为研究课题决定着研究成果的现实意义和实际应用价值。而要使研究成果具有较大价值,选择研究的问题不但要"真"还要"新",只有选题具有新意,研究的成果才更可能有创新,从而真正地为教育理论的发展和实践的改善作贡献。

---

[1] 吴康宁.教育研究应研究什么样的"问题"——兼谈"真问题"的判断标准[J].教育研究,2002(11):8—11.

二、选题关系到教育研究的成败或能否顺利进行

在申报课题和各种学位论文开题、答辩或论文评审中,我们常常看到或听到这样一些评述:选题陈旧或没有新意,没有研究价值;有人曾对该问题运用同样的方法进行过相同的研究,研究结论与其相比没有什么新意;这个问题是一个假问题,根本没有研究的必要;选题过大,问题界定过于宽泛,不知道要研究什么;选题具有显著意义,但不具备研究的条件等。如果研究者看到自己的课题申请或毕业论文开题或论文评审获得类似的评价,就会清楚这可能意味着什么。如果是课题未获批准可能仅仅意味着研究者没有获得支持;但如果是学位论文,则可能意味着研究者需要重新选题和开题,进而影响到研究者是否能如期毕业或拿到学位。这些例子说明,选题对于能否顺利地开展研究,达到研究的目的至关重要。具体来说,选题对于研究的影响表现在如下一些方面:第一,选题在很大程度上决定着初期的研究是否能得到认可或支持,如前述学位论文的选题好坏决定着是否能得到开题组专家的认可,是否能继续这一问题的研究;如果是申报课题,则关乎是否能得到评审专家的认可和能否获得必要经费的支持。第二,选题影响着研究的过程是否顺利和能否取得如期的成果。一般来说,课题选择得好,可以事半功倍,较迅速地取得丰硕成果;反之,课题选择得不好,往往会使研究工作受到影响,甚至半途而废,造成人力、物力、财力和时间上的浪费。

三、选题关系到研究者研究素质的提升和成就的大小

正确选题有助于研究者确立自身的长期研究方向,形成自身研究特色和优势。在当今这样一个知识高度分化、研究专业化的时代,研究者如果要在学术研究上真正取得成果,并最终获得较大成就,就必须把主要精力集中在一两个方向上。有人将研究方向概括为三个层次:一是总方向,二是某学科领域的方向,三是研究者个人的主攻方向。认为个人研究主攻方向是受前二者制约的,只有把个人的研究纳入某一具有较强生命力的学科系列中,个人的研究才会得到发展。由此,从研究者确立自身的长期研究方向和重点研究领域,形成自身研究特色的角度看,尤其是对于研究领域的后来者来说,如那些初涉教育研究领域的硕士研究生,选择一个研究课题开展研究的过程也是一个选择和确立自身未来主攻研究方向,积累相关专业知识和研究经验的过程。如果研究者能够找到一个适合于长期从事研究课题,对于其研究素质的整体发展和未来研究成就的取得都将具有重要意义。那些在毕业工作以后能够较快取得研究成果,并在职称等方面获得较快提升的大学教师或科学研究人员,往往是那些在研究生阶段选择了好的研究课题并在工作后继续从事相关研究的人。

第二节　教育研究课题的类型与来源

一、研究选题的基本类型

研究课题类型关系着研究过程中搜集材料、整理加工材料的不同要求,只有明确了研究课题的基本类型,才能有目的地搜集资料、分析资料,才能正确地估计研究所需的主客观条件,才能形成恰当的成果形式。按不同标准研究课题可划分为不同类型,最常见的是按研究的目的或目标的不同分为基础性研究和应用性研究两种类型。

(一)基础性研究

基础性研究是旨在揭示教育现象和过程的基本规律与本质联系并探索新的领域的研究。它的目的在于补充、扩展、完善已有的教育理论,或建立新的理论和增进科学知识。基础性研究的课题一般

是比较抽象概括的,是具有较高层次和较广范围的。基础性研究成果一般具有普遍性,但其成果大多不是能立即对教育实践起作用的,只有从长远看才对教育实践有推动作用。例如,"教育本质的研究""高校基本职能研究""高等教育学科建设的逻辑起点研究""高等教育与社会发展的关系研究""主体性教育研究"等都是基础性研究课题。2014年国家教育科学规划项目立项中的"儿童教育的现代立场和现代观念研究""我国中小学教师的社会性格研究""中国建设性后现代教育原理与方法研究""德国教育学在中国的传播和影响研究""生命教育学学科建构研究"等课题都属于基础性研究课题。

(二)应用性研究

应用性研究是指为基础理论寻找各种实际应用可能性和途径的课题,它的目的在于改造或直接改变教育现象和过程。应用性课题一般是较具体的,针对于教育改革和实践中某一独特的问题。相应地,应用性研究的成果不一定具有普遍性,一般只致力于解决一个具体的问题并且直接发挥作用,但也可能有较广的适用范围,有较大的持续推动作用。例如,"中小学教师教学反思的途径与方式研究""关于某后进生教育的行动研究""中小学学生学业评价存在的问题与对策研究"等都是应用性研究课题,2014年国家教育科学规划项目立项中的"教育现代化的动态监测及政策调适研究""推进教育管办评分离研究""职业教育校企合作双主体办学的治理结构、实现途径和政策研究""国际组织人才培养和选送研究"等课题都属于应用性研究。

二、选题的主要来源

所谓选题的来源主要回答的是从什么地方和通过哪些途径去寻找或选择研究课题。从广义上说,任何教育问题和与教育相关的问题都值得关注和研究,都可以成为教育研究的选题,它们广泛存在于教育理论研究、教育实践、教育与外部社会关系等领域之中,因此教育研究选题来源十分广泛,而选题的途径和方式也多种多样。

(一)从何处去寻找和选择选题

1. 从社会变革与发展对教育提出的新要求出发提出问题

教育与社会发展存在复杂的互动关系,教育必须适应经济社会的发展是教育与社会关系的基本原则,通过教育促进社会的和谐发展与全面进步是教育的基本职责和存在合理性的依据。因此,关注社会变革与发展对教育提出的新要求,探寻和解决改革发展中迫切需要解决的重大教育问题、教育事业发展急切需要解决的问题等是教育选题的重要领域。如:在我国由计划经济向市场经济转变的时代背景下,高等教育管理体制的改革问题;高等学校与市场、政府等的关系问题;在由传统经济向知识经济转型的时代背景下,创新型人才的培养问题;各级教育人才培养模式的改革问题等。由于这些领域的问题一般比较宏大,多数研究属于基础性或基础应用型研究,比较适合专门的教育理论研究工作者和高校从事教育理论研究的教师来研究。

2. 从学科理论的深化、拓展或转型中去发现问题

教育问题的高度复杂性、教育实践的丰富性,以及由教育的外部适应性带来的不断变革等特点,决定了教育学科理论是一个持久开放、多元,需要不断更新发展的领域,是教育选题的恒久所在。提出教育学科理论课题,不仅要揭示已有理论同经验事实的矛盾,而且要揭示理论内部的逻辑矛盾;不仅包括学科系统规划建设中的若干未知的研究课题,而且包括对已有教育理论传统观念和结论的批判怀疑,以及学术争论中提出的问题。以德育研究为例,围绕德育本质与功能问题,可以形成一系列研究问题。如:马克思主义德育思想研究,学校德育的社会统一要求与发展个性关系的研究,"德育"与"品德"概念的界定,德育的实体性、社会性、历史性和阶级性;我国德育中的思想教育、政治教育、法制教育、道德教育和心理健康教育;德育对个人发展的工具价值与目的价值;德育方法论

的研究等。

另外,教育学科的发展是建立在不断借鉴和吸收其他学科发展成绩基础上得以实现的,如赫尔巴特将教育学建基于哲学和心理学基础之上,实现了教育学科发展的质的飞跃。在现代科学大综合发展的趋势下,教育科学与哲学、人文科学、社会科学、自然科学等领域渗透交叉中进行多向综合而产生的诸如教育哲学、教育社会学、教育生态学、教育人类学、教育美学、教育法学、教育评价学、教育技术学等新学科研究领域,以教育作为共同的研究对象,运用多学科的理论和方法,使研究得到了有效的深化。

3. 从教育实践中去发现和提出问题

理论来源于实践,教育实践是教育理论的孕育场,是教育理论的最终归宿地,从教育实践中既可以发现值得研究的教育基本理论问题,同时也存在着大量的以提升效能为目标的教育实践改革问题,对这些问题进行适当的筛选、提炼,就可能成为很好的研究课题。如以揭示教育实践的现实状况为目的的研究课题:中小学师生关系的现状研究;中小学生道德发展的状况研究;中小学生学习方式研究;中小学教师专业发展的状况研究;中小学教育评价的现状研究等。以解决教育实践中的问题和改善实践为目标的研究:如减轻中小学生过重课业负担的问题研究;学生思想品德状况、形成原因及对策研究;社会环境对青少年影响的分析和对策研究,品德后进生转化教育的研究等。2014年教育部的一些重大研究课题都来自于教育实践领域,如"初高中学业水平考试和综合素质评价改革研究""高考改革试点方案跟踪与评估研究""义务教育均衡发展监测制度研究"等。除以上两类课题外,还有一类课题是有关具体的教学和管理实践方面的行动研究,这些课题可以是如何上好某一堂课、某一评价学生的方法、某一教学方法的应用等。这些课题的目的在于改善教学和管理实践,问题具体,非常适合一线教师来做。这类课题一般可以由教师在对自己的教学与管理实践的经验反思中提出,但要使课题得到外部的认可和支持,需要选择的问题具有一定的普遍性、代表性。

(二)通过哪些途径来发现课题

1. 通过对已有教育研究文献的分析中获得课题

通过查阅文献、资料,可以了解相关领域的研究成果、现有水平、动向、存在问题和趋势,从中可以发现知识的空白点或矛盾冲突区。另外可从一些学术论文或研究报告的总结、讨论部分中发现值得进一步研究的问题。因为许多学术性论文会在这一部分对自身研究的不足或需要进一步研究的问题做出交代。

2. 从对国外新的教育思想的研究中提出课题

包括对世界教育科学发展潮流及趋势的分析以及引进国外新的教育思想和理论。既有对某学派理论的系统研究,如杜威、皮亚杰、布鲁纳、奥斯贝尔、斯金纳以及赞可夫、巴班斯基等人的教学理论,也有对西方课程理论、伦理学理论、社会学理论等不同观点及研究方法的评价分析。结合中国实际,确定若干专题研究。

3. 通过对教育现象的日常观察与反思中提出课题

日常观察是发现教育问题,提出研究课题的重要途径,尤其是对于广大一线中小学教师而言。教育活动日复一日年复一年地进行着,伴随着一定的变革,但总体处于一种稳定性、重复性的态势,在这种常规性、稳定性的背后实际上隐藏着大量的可供研究的问题,譬如不同班主任所带的班级常常差别很大,有些班主任所带的任何一个班级都会有很好的表现,这些班主任就是很好的进行个案研究的题材;再如,每个班都会有后进生,尽管每个后进生的个人情况不同,但他们都会有一些共同的特点,针对这一现象可以产生两类课题:一类是以每个后进生为研究对象,进行以帮助其改进和提高为目的的行动研究,这类课题尽管研究样本小,研究的措施和手段只是针对某个个体,却意义重大,因为它可能会因此而改变某个已经失去学习兴趣和信心的孩子的一生。如果每个教师都能够注意这样做,那么我国中小学生队伍中的后进生将大大减少,教师队伍的素质也将大大提升。另一类可以是以所有后进生为研究对象,揭示后进生的一些共性特点,以及影响他们进步的共性因素等。在现实的教育实践中类似课题有很多,需要教师拥有问题意识和发现问题、提出问题的能力。

4. 从理论学习和广泛阅读中发现问题

理论学习不仅可以丰富知识,同时也是寻找和发现研究课题的来源。任何一门理论知识都不是尽善尽美的,都存在一些需要完善、充实和发展的地方。因此,人们在学习某一学科的理论或阅读一些研究成果的过程中,就可以受到启发,发现值得进一步研究和思考的问题。对这些问题进行分析和提炼,就可能成为研究的课题。因此,在阅读研究论文时,既抱着学习的态度,又进行批判性的评价,便可以从中发现某些不足或值得进一步探索的问题。有些研究论文本身就在后面提出了一些值得研究的问题。

5. 从学术交往活动中发现课题

一个人的智慧是有限的,一个人所想的问题往往也比较狭窄。在科学研究的过程中,人们有时可以通过某种形式的交往获得一些信息。因此,各种形式的交往也是发现问题的一种途径,如可以从参加学术活动中获得启发。研究者可以通过参加学术会议,从与他人的思想碰撞中,获得启示和灵感。广大教师可以在与同行的交流中获得启发。

6. 从他人的研究成果中提出问题

譬如,可以对他人研究过的课题进行重复性验证研究,如验证一个典型的研究所发现的结果的信度,或是通过不同样本检验研究结果的效度等。对于社会科学研究而言,同一个课题的重复研究不是简单地重复别人的劳动,对同一个课题在不同的样本、不同的地域、不同的文化背景等方面进行研究也是同样有意义的。在教育研究中设计一个操作性很强的研究课题,并不是一件容易的事情,如果选择一项重要的实验课题进行重复性研究,就会省去许多前期的工作,使研究能够顺利地进行。另外可以通过关注、留意他人研究中的"特殊事件""意外事件"获得新的课题研究线索。

7. 可向专家咨询或选择有关部门直接提供的课题

由于专家对教育学科的发展历史、现状、存在的问题和发展趋势有着比较全面的了解,因而向他们咨询有助于获得一些前沿的或有待研究的课题。例如,研究生可直接向导师咨询自己的论文研究课题;在当前中小学与大学关系日益密切的情况下,中小学教师可主动咨询大学的相关专家来获得研究课题。以上途径需要注意的是,研究者首先需要对一些问题进行较为充分地前期研究和思考,这种咨询才会有效,否则即使专家给出了一个好的题目,也不一定适合你。

另外,国家政府有关部门和各级教育协会等也会在一定的时候以一定的方式直接提供教育研究课题,尤其是教育科研领导部门或哲学社会科学的科研领导部门常常以"课题指南"的方式提供教育研究课题。

第三节 教育研究选题的原则、过程与方法

一、教育研究选题的原则

如何选择一个好的教育科学研究课题呢?我们认为,确定教育科学研究选题,要遵循以下原则。

(一) 价值性原则

研究问题的意义和价值是确立选题的重要依据,它制约着选题的根本方向。教育科学研究选题的第一条原则是研究选择的课题要有价值。这包括以下三个方面:

一是具有理论价值(理论意义)。这是指所确定的课题应符合教育科学自身发展的需要,有利于检验、修正和发展教育理论,有利于建立更为科学的教育理论体系。这类课题要求在教育理论上有所突破或者有重要的补充和完善。

二是应用价值(实践意义)。这是指所确定的研究课题应符合社会和教育事业发展的需要,有利于提高教育质量,有利于青少年儿童的发展;应有助于解决教育发展过程中出现的各种问题,研究成果应对教育改革与发展有直接的指导意义。

三是综合价值。即兼具应用价值和理论价值,当然,可以侧重于理论价值,也可以侧重于应用价值。

(二) 科学性原则

所谓科学性原则,即所选课题必须符合最基本的科学原理,遵循客观规律,具有科学性。既要保证研究结果的先进性和实用性,又要保证研究结果的科学性和可重复性。选题的科学性表现在选题要有明确的研究目的和指导思想,要有一定的理论依据和事实或经验支撑。

选题的科学性具体表现在这样几个方面:

一是选题要在充分占有资料的基础上形成。研究者应当充分研究和分析现有的资料,了解与研究课题有关的研究成果,在综合分析这些研究成果的基础上,提出研究问题的思路和重点,明确所要解决的主要问题。

二是选题要有事实依据,这是选题的实践基础。研究课题应具有很强的针对性,以教育改革实践为基础。实践经验或改革需要为课题的形成提供一定的依据,保证课题所研究的问题是一个"真问题",同时有助于课题的合理分解和正确定位。

三是选题要以教育科学理论为依据,这是选题的理论基础。教育科学理论将对选题起到定向、规范、选择和解释作用。没有一定的科学理论为依据,容易造成选定的课题的起点低、盲目性大等问题。

(三) 创新性原则

所谓创新性原则,即要求选题本身具有先进性、新颖性、独创性和突破性。要选择前人未曾解决或没有完全解决的问题,要立足于理论上的创新、方法上的创新,更要善于开展原创性创新。要做到这一点,就要把研究课题的选择放在总结和发展过去有关学科领域的理论和实践成果的基础上,没有这个基础,任何新发展、新突破都是不可能的。科学上的任何重大成果,几乎都是科学工作者在前人、同行工作成就基础上一步步取得的,即使是被人认为非常新的研究成果,第一次开辟的新领域,也仍然有以前或同时代的人的工作提供了条件。因此,要通过广泛深入地查阅文献资料和调查,搞清所要研究的课题在当前国内外已达到的水平和已取得的成果,了解是否有人已经、正在或者将要研究类似的问题。如果要选择同一问题作为研究课题,这就要对已有工作进行认真审视,从理论本身的完备性、研究方法的科学性高度进行评判性分析,在此基础上,重新确定自己研究的着眼点。只有在原有研究成果基础上的突破和创新,才具有研究的意义。

(四) 可行性原则

所谓可行性原则是指研究者选择的课题必须是力所能及的,并拥有研究所必需的客观条件。具体包含以下两个方面:

一是客观条件。研究的客观条件包括与课题相关的资料、设备、时间、经费、测试工具与手段、技术、人力、理论准备、指导等方面的条件,同时也包括进行课题研究的科学上的可能性。选择课题时,在认定研究问题的意义价值的基础上,要充分考虑是否具备或者是否能够获得这些条件,否则可能影响研究的顺利进行或者是根本无法开展研究。

二是主观条件,包括研究者本人的与课题研究相关的理论知识基础、课题研究的能力、经验和专长、已有的研究的基础等。具体来说研究者若想顺利开展课题研究,必须掌握相关的理论与方法;必须保证拥有所需要的时间和精力,必须要有必要的经验积累。总的来说,每个研究者都会有自己的专长领域,最好去选择那些能发挥自己优势特长的课题。奋斗在教育一线的教育工作者具有丰富的经验,适合于进行实践性较强的研究,而对理论性强的基础性研究问题就不一定合适。而擅长于理论思维的工作者,就可能选择理论性较强的问题进行研究。当然在现实的教育改革背景下,更需要不同背景和不同知识结构的人进行合作研究,集体攻关,共同解决较复杂的和综合性的问题。对于研究领域的新手来说,譬如硕士研究生,由于其开展研究的重要目标之一是培养自身的研究专长,提升自身的研究素养,因此可以考虑自己感兴趣的课题,因为兴趣是最好的老师。

二、教育研究选题的过程

教育研究选题的过程,概而言之是一个从初步发现问题,到最后确定为研究课题的过程。最初往往是从阅读、研究有关领域的文献(如教育期刊、研究报告、教育论文索引、相关学科的重要期刊)中,或在教育教学实践过程中,受到某一点的启发,发现某个问题,产生了研究解决这一问题的动机,然后带着这一初步的问题,广泛查阅相关的研究文献,了解有关研究成果、研究方法及该问题目前被关注的程度,通过分析、综合、比较、抽象、概括等方式深入地思考,对问题的研究现状、时代背景以及问题本身形成一个更加全面清晰的认识,在此基础上对问题进行界定,然后依照选题的原则对问题进行全面审查和论证,并确定是否要研究这一课题。下面我们将从提出研究问题、问题领域文献的研究性阅读、聚焦研究问题、问题的界定和课题论证几个环节就这一过程作具体分析。

(一)发现问题、提出问题

发现问题是科学研究的第一步也同样是教育选题的第一步。如前所述,教育研究问题的来源和发现问题的途径多种多样,但对于教育研究领域的新手,如要寻求毕业论文选题的大学毕业生甚至是硕士研究生来说,要发现一个适当的研究问题并不容易,不少学生提出的研究的问题常常被导师否定,其中的根本原因在于学生们把握学科研究前沿问题的能力不强,对社会变革引发的教育问题的关注不够、认识能力欠缺以及研究经验不足等。因为每个人对世界的认识都是基于自身已有的知识和经验,所以每个人感受到的问题是相对于个体的已有知识和经验而言的,如果没有足够的知识和经验,感受到的问题可能仅仅是个体层面的问题,而不是一个学科前沿层面或研究共同体层面的问题,对于学术创新来说,只有后者才具有较大的价值。因此对于从事教育学术研究的新手来说,进行广泛深入的学习,形成系统扎实的教育学科理论基础,熟悉学科发展的前沿,关心社会变革对教育的影响等是提升自身发现问题、提出问题能力的基础和保证。除此之外研究者还要有批判意识,要敢于质疑和善于质疑。其中敢于质疑是一种态度,善于质疑是一种能力和技术。所谓质疑的态度,就是不迷信权威、不盲从习俗、不轻易接受,始终以批判、质疑的眼光去看待事物。可以说,这种态度是科学研究者最重要的学术品质。所谓"机会只给那些有准备的人",是说有了足够的知识和经验积累,有了批判意识和能力,个体感受和发现问题的能力将大大提高,发现一个值得研究的问题将不再是一件难事。尤其是对于那些长期处于研究一线的资深研究者来说,他们不但能敏锐地发现问题,也往往能从一开始就能较为清晰地把握住要研究的问题。而对于多数的研究者则不然,他们在研究之初感受和提出的问题常常是比较笼统的,可能仅仅是一个研究方向或者是某个领域,或者仅仅是一个对研究者个人有意义的问题,要进一步明确和鉴定问题,需要开展下一步工作。

(二) 查阅有关研究文献和资料

带着初步的问题去查阅相关研究文献和资料,把它放在一个更大的领域中去重新审视和考察,看看这一问题是否已经有人研究,都研究了怎样一些问题,研究的背景、目的和理论基础有哪些,研究的方式方法是什么,形成了哪些主要的结论或观点。主要目的在于进一步弄清楚要研究的问题,了解其研究的基本状况,判断其研究的意义和价值,并决定是否要继续研究。如果发现还没有人研究,那么有两个可能的原因:一,这一问题根本不重要;二,这是一个别人还没有发现的新问题。如果是前者,意味着不需要投入时间和精力再继续研究了,如果是后者,则意味着这个问题有较大的研究价值。显然对于教育研究领域的新手来说,要判断自己的问题属于何种情况并不容易,需要在参阅与之相关的其他研究文献的基础上对自己提出的问题全面深入地思考,也可以询问导师或资深研究者。而多数情况是,研究新手发现的问题已经有相关的研究,且研究的文献比较多,甚至有些研究题目与研究者设想的问题是一致的,遇到这种情况不要惊慌,这起码可以说明是一个得到大家普遍认可的问题,并且如果查阅的文献有很多是新近的研究文献,说明这一问题仍是一个热点问题,仍可以继续研究。如果充分检索后看到的文献都是过去的,近几年的文献比较少,这说明这一问题可能是一个老问题和过时的问题,遇到这种情况需要慎重考虑是否继续这一问题的研究,这并不是说一定要放弃,但要继续研究必须建立在有新意(如背景新、观点新、视角新、方法新等)的基础上。

(三) 聚焦研究问题

通过初步的文献查阅和综合考察后,如果确定要继续进行该问题的研究,下一步工作就是要对问题进行聚焦,即把研究的题目明确下来,把研究的主要问题搞清楚。因为初期的问题一般只是一个较为宽泛而粗略的主题,比较笼统抽象,需要进一步对研究的问题进行凝练和进行分解。所谓问题的凝练可以是把问题研究方向变得更为清晰明确,问题的范围限定在一个更为具体的较小的领域之内,而问题分解就是把问题所涉及的主要因素按照其内在的逻辑关系进行分析,分解成相互联系的许多问题,而后逐步缩小研究问题的范围,最后聚焦。譬如初步确定的研究主题是对学生的数学学习效果进行研究,这里的关键主题是数学学习效果,其所涉及的变量范围是很广的,从中可以分解出许多与学生数学学习成就有关的因素,如与学生自身属性相关的年龄、性别、性格、家庭背景等变量,与学生学习相关的学习能力、动机、兴趣、学习策略等变量,与教学资源相关的教师、教材、教学方法、学习环境等变量,与数学科学本身特点相关的数学内容专题、内容的抽象性、内容的实践性等变量,等等。研究者可以将所有这些可能影响学生数学学习的因素尽可能地罗列出来,再从其中选定某一个或某几个因素作为研究的焦点。例如可以研究学生数学学习策略与学习效果的关系,或研究教师采用的教学方法与学生学习效果的关系,或者研究所学内容的实践性与学生学习效果的关系等。这样一来缩小了研究的范围,研究问题也得以聚焦。

(四) 问题的陈述

经过问题的聚焦清楚了要研究的问题之后,还要给予恰当的表述。一般来说对主题标题的陈述要尽量精炼,不能太冗长,表述可以用叙述的方式,也可以用提问的方式,具体采用哪种形式并不重要,重要的是陈述要精确和无可置疑。对其中的关键要素或者是概念的陈述,尤其是在定量研究中,常常采用对其下操作性定义的方式。具体来说,操作性定义就是根据可观察、可测量、可操作的特征来界定变量含义的方法,即从具体的行为、特征、指标上对变量的操作进行描述,将抽象的概念转换成可观测、可检验的项目,从本质上说,操作性定义给出的是详细描述研究变量的操作程序和测量指标。这对于实证研究而言尤为重要,它也是研究是否有价值的重要前提之一。在教育研究中给出操作性定义的目的是为了能客观准确地测量变量,为他人的重复验证提供具体的做法,同时也便于同行之间进行学术交流,避免产生不必要的歧义和争论。

进行操作性定义的方法有很多种。第一种方法是常用于定义自变量的条件描述法。该法是通过陈述测量操作程序界定概念,包括对所解释对象的特征或可能产生的现象进行描述,对要达到某一结果的特定条件作出规定,以及指出用什么样的操作去引出什么样的状态等。例如"有关学生的智力"可定义为学生在"韦克斯勒儿童智力量表"上的测量得分;第二种方法是常用于定义因变量的指标描述法。该法是通过陈述测量操作标准来界定概念,包括对所解释对象的测量手段、测量指标、判断标准作出规定。通常这些指标可进行量化处理,例如"少年"一词可以界定为年龄在5岁以上、13岁以下的人,又如"差生"可以界定为在标准化成就测验中得分低于个人智力所预测的成就分数一个标准差的学生,或者是有两门主课不及格的学生。第三种方法也常用于定义因变量,即行为描述法。该法是通过陈述测量结果界定概念,包括对所解释对象的动作特征进行描述,对可观测的行为结果进行描述等。例如将"旁观"界定为注视别人的活动达10分钟以上而自己未有参与的行为,而"合作"则可定义为对别人的活动予以支持并直接参与活动和成为其中一员的行为等。

下面是一个问题陈述的例子,请仔细比较。①

(1) 原陈述:小学生的创造能力

(2) 修改陈述:发散性思维的得分与所选择的5、6、7年级学生的特点间的关系

(3) 问题陈述:5、6、7年级学生发散性思维的得分与一般智力测量的分数的关系是什么?与阅读成绩测量分数的关系是什么?与动作灵巧测量的关系是什么?

以上对问题的陈述是一个层层递进关系,相对来说,第一个陈述过于宽泛,对问题及范围缺乏必要的界定和限制;第二种修改后的陈述把"创造能力"限定在了"发散性思维"的考察上,并初步限定了研究问题的范围;第三种问题的陈述中给予了发散性思维一个操作性定义——发散性思维测验中的得分,从而可以使问题得到进一步细化和明确。这样的问题描述不仅为研究提供了方向,也说清楚了具体的研究内容,确定了研究活动的关键因素,因而也为进一步提出假设创造了条件。

(五) 课题论证

以上环节工作多数是以研究者本人为主进行的,最后确定的选题到底怎么样、是否能够得到导师组和课题评审组的认可,需要对课题进行最后的全面论证。所谓课题论证就是对课题的分析、评价和预测,包括课题初步论证和正式论证。课题选定后,研究者需要依据课题应具有的特点进行初步论证。初步论证指研究者要依据翔实的资料,以齐全的参考文献和精细的分析来支持自己关于课题的主张。这实际上是一种研究,要求研究者本人对研究课题的目的、意义、内容、方法步骤、与课题有关的研究动态、完成课题的主客观条件、最终成果等进行分析、评价和预测。任何一项教育科研课题的确立都有必要进行初步论证。正式论证则是由研究者本人向有关组织提交论证报告或项目申请书,由一些教育专家、同行、科研管理者对课题进行评审。一般这种论证可以决定是否可以立项或得到经费资助。

进行课题论证的目的在于避免选题中的盲目性,明确研究思路,进一步完善课题方案,创设落实条件。课题论证主要回答以下问题:

(1) 研究问题的性质和类型。即具体要解决什么问题,要达到什么目的,问题的性质是什么,属于什么类型的问题。

(2) 本课题研究的迫切性和针对性,具有的理论价值和实践意义,即课题为什么要研究、为什么值得研究。如果是应用性课题,应着重说明其实践价值;如果是基础性课题,应着重说明学术价值。

(3) 该课题以往研究的水平和动向。包括前人及其他人有关研究的基础,研究已有的结论及争

---

① 转引自:威廉·威尔斯曼.教育研究方法导论[M].北京:教育科学出版社,1997,37.

论等,进而说明该课题研究将在哪方面有所创新和突破。

(4) 本课题的理论、事实依据及限制、研究的可能性,研究的基本条件(包括人员结构、任务分配、物资设备及经费预算等),能否取得实质性进展。

(5) 课题研究策略步骤及成果形式。即要说明采用什么研究方法或手段完成课题研究,并预计课题研究的重难点,以及如何突破。

此外对于重大课题,常常必须写出开题报告,并经过同行专家的审议。开题报告内容一般包括:① 课题名称;② 本课题的研究目的、意义;③ 研究的主要内容;④ 本课题国内外研究现状、预计有哪些突破;⑤ 完成本课题的条件分析。

如果是申报科研项目或研究生准备学位论文课题的研究,课题计划或研究方案完成后,接下来就是对课题的论证和评审立项。课题论证是对所选定的课题是否有价值,是否有新意,是否切实可行等进行实事求是的分析和评价,目的在于避免选题中的盲目性和由于选题不当造成的人力、物力、财力的浪费。

三、教育研究选题的策略与方法

教育研究的选题可以遵循一定的思维策略或方法。人们通常采用的主要有以下几种:

(一) 比较策略与方法

所谓比较策略就是以事物二者之间的相似性为前提,通过比较的视角来发现问题、确定研究课题的思维方法。其中可以是纵向的历史比较,可以是横向的国家之间或国家内部地区之间的比较,也可以是具有相似性的不同类别事物之间的比较(类比策略)等。以上策略运用的例子很多。就纵向的历史比较而言,如可以从中华民族绵延数千年的发展的纵向比较中,提出"中国传统教育在文化传承中的作用"等问题;可以从美国高等教育二百多年发展的纵向比较中提出"美国高等教育持续不衰的秘诀是什么?"等课题。就横向的比较来说,如可以从世界高等教育多个成功经典案例的比较中来提出"成功高等教育管理的必要范畴"等问题,这些经典案例可以是中国历史上的"稷下学宫"、欧洲古代的"亚历山大大学"、德国19世纪初的"柏林大学"等;也可以从各国经济的GDP总量与高等教育规模的比较中探求经济发展与高等教育发展的关系,或者是从儒家文化圈各国的教育比较中去研究分析高等教育管理的有效经验。

类比策略即通过比对两类事物间的异同,或借用其他学科领域中的原理、技术、方法等,以产生本学科研究中的新问题的一种思维策略。此种思维方式的特点是从对其他事物或学科的研究中得到启发,创建新的研究视角。捷克教育家夸美纽斯于17世纪所著的《大教学论》就以类比教育现象和自然现象为基础,根据自然规律提出了一系列的教育原则。在夸美纽斯看来,人类是自然的一部分,因此人类的成长必然遵循自然规律,而作为模仿自然艺术的教育也必将遵循自然的规律。

(二) 批判策略与方法

所谓批判策略亦称为对立思考策略,是指研究者从质疑、批判的态度去重新看待熟识的事物,从相反的方向怀疑它们的合理性,寻找反驳它们的突破口。可以说,对习以为常的现象重新审视、产生怀疑是建构研究问题最为简便、也最为常用的思维策略,它能唤起人们对事物合理性的重新审视和思考,能在原以为看似没有问题的地方发现新问题的存在。运用这种策略所获取的课题往往具有很强的挑战性和颠覆性。然而,批判并不等同于随心所欲地胡乱猜疑,而是需要有所依据,否则提出的问题就不具有研究价值。可以作为批判依据的主要有两个方面,一是事实和经验,二是逻辑依据。前者可以发现与现有结论或常规不一致甚至相左的地方,从而产生进一步的研究方向,比如有关强化和重复对于知识掌握的有效性就源于经验,然而应当如何进行强化和重复,需要强化和重复多少次,何种形式的强化和重复的效果最佳,学习者个体间强化和重复的差异有多大,为何有些知识无需强化和重复便可终身记忆,而有些知识却需要反复强化和重复,诸如此类的问题则都是通过对经验的质疑而产生的。若从逻辑角度出发,则可以对概念表述的科学性及与相关概念的区分性进行推敲,也可以对理论结构在逻辑上是否存在错误或混乱现象进行分析,由此产生出新的研究问题。比如关于教师为主导、学生为主体的逻辑性就值得推敲:若教学双方皆为主,那么哪一方为辅?教学实践究竟应以哪一方为主?若双方都为主,在实际教学中应当如何操作?此种观点是否正确反映了教学中的师生关系?诸如此类的质疑,都可能形成新的研究问题。

(三) 转换策略与方法

转换策略是指研究者从原有结论不同的角度进行思考,或从不同的层面认识原有的研究对象,从而获取新的研究问题的思维策略。不同于批判性思维策略,转换策略不以否定原有结论为前提,而是摆脱以往的思维定势和已有知识的影响,另辟蹊径。正如皮亚杰所指出的,人类认识只能无限接近所反映的事物,但永远无法达到事物本身。人类总是基于某种视角来看待事物,认识的视角不同得出的结论常常也会不同,这些不同的结论并非排他的,非此即彼的,就如盲人摸象中盲人们对大象的认识,它们只是分别反映了事物的某个方面,而将这些不同视角下获得的认识综合起来就更能够获得对事物的全面认识。因此转换不同的视角来提出教育研究问题不仅是可行的而且是必要的。

在教育研究中,通过转换思维角度的方式提出研究问题的例子很多。譬如在师生关系的研究中,初期人们从知识的授受关系的视角看到的是一种主客体的师生关系,教师是雕刻家,学生是要被雕刻的玉,高明的教师拥有金手指,学生是蒙昧的待点化的石头;后来随着视角的转换,学生学习的主体性受到重视,师生关系转变为教师主导和学生主体关系;再后来,人们从交往行为理论中对话交往的视角出发,提出了师生为主体性的关系论题。再如,传统上人们习惯于从单一的视角去看待研究高等教育管理问题,有学者认为高等教育管理活动非常复杂,涉及领域广泛,需要运用多学科的视角来看待高等教育管理问题,以此提出了"多学科视角下的高等教育管理研究"课题等。

(四) 迁移策略与方法

迁移策略,有人亦称为移植思考策略,是指将某个领域的原理、技术、方法引用或渗透到教育领域从而产生新课题的一种思维策略。这一策略在教育问题的研究中运用得非常普遍,赫尔巴特将哲学思想和心理学原理运用到教育问题的研究中初步奠定了教育学的学科基础;杜威基于其实用主义的哲学思想来审视研究教育,产生出了《民主主义与教育》等多部鸿篇巨制;美国学者伯顿克拉克将系统论思想运用到高等教育研究中来,提出了高等教育系统论课题,对高等教育系统进行了全面而深刻的研究,他的研究成果《高等教育系统》一书对世界高等教育的发展产生了深远的影响。当前在教育学科庞大的体系中,教育哲学、教育社会学、教育经济学、教育文化学、教育人类学、教育心理学等分支学科都是通过将相关学科的原理、技术、方法运用到教育领域而建立起来的。

本章小结

本章主要讨论了四个问题,即教育研究选题有什么意义?教育研究选题的来源有哪些?选题的途径与方法是什么?教育研究选题应掌握哪些基本的原则?进行教育研究选题的过程是什么?方法有哪些?从中我们可以了解到,正确的选题是教育研究成功的一半,关乎研究能够顺利开展;教育研究课题主要来源于理论和实践两大领域,要发现研究问题应关注社会改革对教育提出的新要求,应注意观察教育实践中的困境、矛盾和问题,应关注教育理论中的各种冲突与不足;最后,判定一个教育选题是否适当的原则应首先考虑其是否有价值,是否是具有创新性,另外还要考虑是否可行等等。总的来说,本章内容相对抽象,要真正理解和掌握这些内容,需要学习者结合本章的各部分内容开展相应的实践性学习,如尝试去选择一个教育研究问题,并论证它。

思考与练习

1. 教育研究课题的主要来源有哪些?
2. 选题的主要原则有哪些?
3. 选题的意义有哪些?选题对于教育研究的新手来说具有哪些重要的意义?
4. 问题研究要有可行性的含义是什么?可行性主要受哪些条件的限制?
5. 选题的一般过程是怎样的?选题的策略有哪些?请结合实际谈谈如何运用这些策略?

参考文献

[1] 裴娣娜.教育研究方法导论[M].第1版.合肥:安徽教育出版社,2000.
[2] 金哲华,俞爱宗.教育科学研究方法[M].北京:科学出版社,2011:27.
[3] 朱雁.教育研究问题的确立:步骤、策略及标准[J].中学数学月刊,2013(4):1—4.

第三章　文献与文献综述

学习目标

1. 了解文献的概念与分类。
2. 理解文献检索的目的，掌握常用的文献检索的方法和技巧。
3. 理解文献综述概念的含义，体会文献综述的目的。
4. 了解文献综述写作中常见的问题及注意事项。
5. 掌握好的文献综述的标准。

本章共包括四个方面的内容：文献的概念和分类、教育文献的检索与阅读、文献综述的含义和目的、文献综述的写作。前两节主要介绍文献的定义、文献的两种分类方式以及如何检索和阅读教育类学术文献；后两节主要讨论文献综述的重要意义和作用，以及好的文献综述的标准，并列举文献综述写作常见的问题以及注意事项。本章最后提供了文献综述的写作范例。

第一节　文献的概念与分类

本章从文献的概念和分类入手，对文献的来源、检索与阅读，文献综述的概念、目的、写作中常见的问题及写作事项进行阐述。

一、文献的概念

"文献"一词运用比较宽泛，广义的文献是对记录知识的一切载体的统称，包括用来记录人类知识的文字、图像、符号、视频等各种载体。①

文献具有三个基本属性，即知识性、物质性和记录性。首先，文献具有知识性，我们阅读文献可以获得一定的知识；其次，文献具有物质性，文献要依赖于相应的物质载体；最后，文献具有记录性，文献是专门记录下来的。所以，文献具有存贮知识、传递和交流信息的功能。

知识小卡片 3-1

"文献"一词，最早见于《论语·八佾》："子曰，夏礼，吾能言之，杞不足征也。殷礼，吾能言之，宋不足征也。文献不足故也。足，则吾能征之矣。"文指典籍，献指人才。朱熹《论语集注》中解释："文，典籍也。献，贤也。"从学术的角度看，文献是为官方或民间收藏的用来记录群体或个人在政治、经济、军事、文化、科学以及宗教等方面活动的文字或其他载体的材料。《书经》被看做是世界上最早的档案。商代的甲骨文档案是中国目前能见到的最古老的历史档案。

——资料来源：http://zh.wikipedia.org/zh-cn/文献

---

① 辞海编委会. 辞海[M]. 上海：上海辞书出版社，2000：1860.

二、文献的分类

依据不同的标准可以将文献分成不同的种类,常见的分类方法有以下两种。

(一)根据文献的信息记录手段和载体不同划分

1. 印刷型

印刷型文献是以纸张为载体,以手写、印刷的记录手段将知识固化在纸张上而保存下来的文献,包括图书、报纸杂志以及各种印刷资料。印刷型文献是一种传统的文献形式,同时也是目前最主要的文献形式。其优点是可随身携带,便于阅读,缺点是存储密度小、体积大且不便于保存。

2. 缩微型

缩微型文献是以感光材料为载体,以缩微照相为记录手段而形成的一种文献形式。包括缩微胶卷、缩微平片、缩微卡片等。缩微型文献的优点是体积小,便于收藏和保存,价格便宜等,缺点则是需要有较复杂的设备来支持阅读。目前在所有文献中,缩微型文献所占比重较小。

3. 声像型

声像型文献是以磁性和感光材料为介质,以电磁转换或光电转化技术为记录手段,直接记录声音、图像等信息的一种文献形式。如唱片、录像带、电影片、电视片等。这种文献的优点是存取快捷,可闻其声,见其形,内容直观,易于观众理解接受。

4. 机读型

机读型文献又称电子型文献,是伴随计算机技术和网络技术发展而产生的,以计算机处理技术为核心记录信息的一种文献形式。这种文献存贮容量大,检索速度快捷、灵活,使用方便。但对文献查阅者的素质要求也较高,查阅者需要熟练掌握计算机技术且需具备一定的外语水平。

(二)根据文献的出处划分

通常我们说到的"一手文献""二手文献",是根据文献的出处划分的。当然也有很多学者依据此标准将文献划分为一级(次)文献、二级(次)文献、三级(次)文献,这样的分类未必不科学,只是不够清晰。因此,我们简单地将文献分为一手文献和二手文献。

一手文献就是所谓的原始文献,是有关信息的原始出处。二手文献就是别人在使用原始文献的基础上传达的信息。如,我们在阅读某篇文章时发现作者说泰勒在《课程与教学基本原理》一书中提出教育目标的来源有三个,分别是对学习者本身的研究、对校外当代生活的研究、学科专家对目标的建议。这里关于教育目标三个来源的知识就是二手文献,如果我们觉得这三个来源不可靠,就可以找到《课程与教学基本原理》一书,通过阅读此书而获得一手文献。

可以很明显地看到,一手文献比二手文献更可靠。因为二手文献在经过别人的转述后,已经加入了作者的主观想法,还有可能作者在阅读一手文献时漏掉了某些信息,而这些信息可能恰恰就是研究者的研究中所需要的。这就导致了二手文献的价值流失。还有一种常见的现象是作者虽然标注的是一手文献,实际上使用的是二手文献。因此,引用二手文献往往并不牢靠,也不利于研究者对一手文献的精髓进行精确把握。① 当然,很多时候由于一手文献难以获取而必须使用二手文献,这种情况也是不可避免的。

三、文献的来源

文献的来源很广,主要有教育书籍、期刊、报纸、学位论文、会议文献、档案文献、政府出版物等

---

① 朱德全,李姗泽. 教育研究方法[M]. 重庆:西南师范大学出版社,2011:59.

类型。

（一）书籍

教育类书籍主要有经典名著、著作、教科书、资料性工具书等。

经典名著大都是一个时代、一个学科、一个流派的最有影响的权威著作。如我国古代乃至世界上最早论述教育的专著《学记》、西方近代教育的奠基者夸美纽斯的《大教学论》、科学教育学的奠基人赫尔巴特的《普通教育学》、进步主义教育家杜威的《民主主义与教育》等。这些经典著作是研究教育绕不开的书目。

著作又可细分为专著和编著两类。从内容上来说专著是对某一知识领域所做的深入系统的探索，是新的学术研究成果。它是属于作者本人或某一学派的一家之言，以本专业的研究人员及专家学者为主要读者。专著的特点是见解独到、材料新颖、论点鲜明，因此学术价值较高。如叶澜的最新著作《回归突破："生命·实践"教育学论纲》，是其20年"新基础教育"研究、30余年教育学基本理论和方法论研究的集成之作。

而编著指把现成的文字材料经过选择加工而写就的著作。编著与专著相比，不强调创造性，而强调采用最新的研究成果，采用科学的体例编撰成书，它有一定的理论性、学术性，但更强调应用性。①如我们所使用的教科书一般都是编著，是我们了解学科内容结构的入门读物。

资料性工具书主要包括教育辞书、百科全书、年鉴等。教育辞书主要是提供教育科学名词术语的权威解释，规范、准确，以条目形式出现。通常我们在界定概念时会用到。百科全书是对人类一切门类或某一门类知识的完备概述，除了有定义还有原理、方法、历史和现状、统计和书目等多方面的资料，内容注重全、精、新，文字规范、严密、简洁。由众多学者专家撰稿，具有较强的权威性。②

（二）期刊和报纸

期刊和报纸均是连续出版物。期刊种类多，涉及内容广泛且数量大，发行流通面也较广，因此期刊文章最能反映当前社会热点、研究重点及最新的理论前沿问题。是研究者最重视的文献来源之一。目前，教育期刊文章以中文核心期刊为主要权威期刊。主要的教育类报纸有《中国教师报》《中国教育报》《教育文摘周报》等，是研究教育领域内最新动态的重要资料来源之一。

知识小卡片 3-2

《中文核心期刊要目总览》是由北京大学图书馆等多家单位共同主持完成的研究项目，是在深入研究核心期刊评价理论和方法的基础上，采用定量和定性相结合的评价方法选出并收录的该学科论文数量较多，文摘率、引文率、读者利用率相对高，在本学科学术水平较高、影响力较大的期刊。自1992年第一版到目前已出版5版，2008版共收入73个学科的1983种期刊。教育类中文核心期刊主要有：《人民教育》《教育研究》《中国教育学刊》《上海教育》《全球教育展望》《心理发展与教育》《课程·教材·教法》《华东师范大学学报（教育科学版）》《教育研究与实验》《教育学报》《比较教育研究》《电化教育研究》《教育理论与实践》《现代中小学教育》。

——资料来源：http：//baike.haosou.com/doc/1455187.html#1455187-1538447-3

---

① http://www.360doc.com/content/09/0403/11/127036_3007796.shtml
② 杨小微.教育研究的原理和方法[M].上海：华东师范大学出版社，2010：224—225.

(三)学位论文

学位论文指高校的博士研究生、硕士研究生或本科生撰写的申请学位的毕业论文,主要是指博士和硕士学位论文。学位论文是研究生攻读期间最主要的学术成果,是具有一定独创性的学术论文,其中不乏一些选题新颖、文献综述扎实、论证充分、具有较强逻辑性的作品,因此具有较高的学术价值,是学术研究者不能忽视的文献来源之一。尤其在研究生确定学位论文选题时,必须了解相关专题的学位论文的具体情况,因为后期会面临"查重"的检验。中国知网旗下的博硕士论文库,万方数据库以及台湾博硕士论文知识加值系统都是检索博硕士论文的专门数据库。

(四)会议论文

会议论文指在各种专门的会议上参会者发表的论文以及讨论的记录等材料。会议论文往往反映一个学科领域的研究动向和研究成果,代表了国内外教育发展水平,是进行教育研究的重要资料来源。[1] 教育界的会议除了定期举行的各学科年会,如高等教育年会、教育史年会外,还有为讨论某一问题而专门组织的会议。

(五)档案文献

档案文献是人们在各种社会实践活动中形成的具有收藏价值的原始文献资料,包括教育年鉴、教育统计资料、教育法令、调查报告等,如《中国教育统计年鉴》《中国教育年鉴》等都属于这一类。[2]

(六)政府出版物

政府出版物主要指国家、地方政府部门及其所属机构公布的政策文件。教育类主要指各级教育部门公布的教育政策。如《基础教育课程改革纲要(试行)》《课程标准》等。

第二节 教育文献的检索与阅读

一、教育文献的检索

文献检索就是对已出版、发表的各种类型的文献进行系统、深入的检索,以找到尽量多的、高质量的与检索主题相关的文献资料。一项成功的文献检索依赖于最开始时对学术文献的深入了解。无论是进行学术研究,还是在日常工作生活中,高效的文献检索能力都是一项基本的技能。

(一)文献检索的目的

(1)回顾已有的基本观点和理论。
(2)明晰研究现状。
(3)找到可能供自己使用的潜在研究方法或框架。
(4)比较自己的研究与已有研究的不同。

(二)文献检索的步骤

1. 了解背景资料,做好准备

根据自己的研究方向,阅读相关的书籍、期刊文章、学位论文等,以对自己的研究有宏观的把握,了解相关的专业术语。在阅读过程中思考这样几个问题:你将选择哪个具体的点来深入你的研究?当下媒体对相关问题的讨论有哪些?你是否具有一些与话题相关的体验或经历?

例如,某同学想做课程方面的论文,在阅读了相关文献后选择了 Goodlad 的课程理论,即根据开

---

[1] 梁永平,张奎明. 教育研究方法[M]. 济南:山东人民出版社,2008:76.
[2] 庞国彬,刘俊卿. 实用教育科研方法[M]. 北京:北京师范大学出版社,2013:37.

发者的不同将课程分为理想课程、正式课程、领悟课程、运作课程、经验课程。然后,联系到目前大家在讨论的课程改革的成效,以及自己当老师的实习经历,该学生打算研究教师的运作课程。可以看到,该学生通过了解背景资料,逐渐明确了自己的题目,为进一步检索文献做好了准备。

2. 分析题目,确定检索词

为了检索到更全面的文献,在进行检索前要尽可能多地列出与题目相关的检索词。题目中可能会潜藏着不同的信息,例如重要的作家、相关的理论或概念、关键的研究报告或政府文件、主要的流派或运动等。

确定检索词最简单的办法便是思考自己初步拟定题目的每一个词。使用这个方法,任何题目都可能被分成几个核心因素。例如,某同学初步拟定的题目是"小学语文教师运作课程研究——以四年级阅读为例"。这个题目有以下几个核心因素:运作课程(研究的主题)、四年级语文教师(研究的对象)、四年级阅读(研究的视角)。确定检索词后,还要考虑到检索词的同(近)义词和相关的概念。例如,运作课程的近义词就有操作课程、课程实施等。任何搜索引擎、期刊的数据库或网络引擎都是直观的,它们只会严格地匹配你输入的检索词。所以,除非十分确认你的检索词能包含你所需要的所有信息,否则的话就需变换检索词以获得更全面的资料。因此,上述例子中的同学在检索时不仅要检索"运作课程",还应该检索"课程实施"等关键词。

3. 确认资料来源

确认检索词后,接下来的任务就是确认在哪里可以检索到这些文献。可能我们首先想到的是百度,显然这是远远不够的。这时除了大量的纸质资源外,我们最常用的就是专门的数据库,学校图书馆是一个好去处。一般学校图书馆都会购买多种数据库,以提供海量的电子文献。以曲阜师范大学为例,中文数据库有33个,外文数据库31个,特色数据库33个,另外还有51个试用数据库。这些数据库涵盖了文理各科,足够师生使用。在众多的数据库中,以中国知网的使用频率最高。

另外,还有一些其他检索渠道。如维基百科、Google 学术、一些其他高校的图书馆网站等都可以使用。如果中国大陆的读者想选择阅读一些台湾地区的文献,可以通过两个网站获得。一是登录台湾博硕士论文知识加值系统,二是登录 Google 学术,检索时要输入繁体检索词。

知识小卡片 3-3

中国知网期刊库是目前世界上最大的连续动态更新的中国期刊全文数据库,收录国内 8200 多种重要期刊,以学术、技术、政策指导、高等科普及教育类为主,同时收录部分基础教育、大众科普、大众文化和文艺作品类刊物,内容覆盖自然科学、工程技术、农业、哲学、医学、人文社会科学等各个领域,全文文献总量 2200 多万篇。产品分为十大专辑:理工 A、理工 B、理工 C、农业、医药卫生、文史哲、政治军事与法律、教育与社会科学综合、电子技术与信息科学、经济与管理。十大专辑下分为 168 个专题和近 3600 个子栏目。其中教育与社会科学综合专辑下分为:社会科学综合,社会学,民族学,人口学与计划生育,人才学,教育理论,教育管理,幼儿教育,初等教育,中等教育,高等教育,职业教育,继续教育,体育。

4. 使用检索技巧

确定了检索词和资料来源后,为得到尽量全面的资料,还需要掌握一些检索技巧。

1) 明确关键词检索、主题检索的区别

以中国知网期刊库为例,检索条件中包括主题、篇名、关键词、作者、单位、刊名等 14 项。如果你选择的是关键词检索,那么检索结果为关键词中出现你所输入的检索词的所有文章;而主题检索的范围更大一些,只要文章内容与检索词相近就会被检索到。一般情况下,先使用篇名检索,如果检索结果数量过少,则使用关键词检索,然后是主题检索。至于作者、单位、刊名等,一般是用于在知道文章基本信息时检索某一篇具体的文章。

2)学会使用二次检索

当第一次检索出现的文章数量过多时,就可以再次改变检索条件,在已有结果的基础上进行二次检索,以检索到更符合需要的文章。具体检索方法在本节结尾处会详细介绍。

3)学会使用高级检索

一般的数据库都会有"基本检索"和"高级检索"选项,通常情况下我们使用的都是基本检索,但是有些情况下要用到"高级检索",尤其是在英文文献检索过程中。

5. 整理检索结果

在后边的章节中会详细介绍文献整理的方法,因此这里就简单列出几点:

(1)浏览检索到的文献,依重要性分类。

(2)详细记录文献出处。

(3)做好资料备份。

二、教育文献的阅读

阅读文献的主要目的在于获取对研究有参考价值的信息。相较于一般的阅读,阅读文献的目的性更明确、更复杂,所以在阅读教育文献时应掌握正确的阅读方法和步骤。

1. 略读

文献检索工作完成后,面对检索到的所有文献,一篇篇仔细阅读是不科学的。首先应该略读,所谓"略读"就是通过文章的题目、摘要及标题来了解文章的主要内容,获取作者的基本观点、主要事实及研究方法。在略读的过程中,初步筛选出对自己研究有参考价值的文献,做好标记、归档工作,以便后期精读时可以迅速找到需要的文章。

2. 精读

精读是在略读的基础上进行的一种求深、求通、求精、求透、求创新的阅读方式,其目的在于理解、鉴别、评价、质疑和创新。[①] 精读时首先要有认真、严谨的态度,因为不仅要全面理解作者的观点,还需要与其他文献进行对比,发现该文献的独特之处。在实际的阅读过程中,不同类型的文章关注重点会不同。例如,在阅读理论型的文章时就要重点关注主要概念及概念间的关系,作者的理论基础等;实证型的文章就要重点关注研究方法,作者选取的研究对象、研究设计、结果讨论及结论。不论什么类型的文献,精读的目的都在于深入了解文章内容,更精确、透彻的理解文章内涵,以达到对文献融会贯通的效果。

3. 做好笔记

严格来说,做笔记始终伴随着略读和精读过程,尤其是精读过程。做笔记的目的在于保留重点资料,以供后期写作使用。很多人认为做笔记会浪费时间,这是十分不科学的观点。养成做笔记的良好习惯,可以使你后期的写作事半功倍。做笔记要注意如下三个方面:

(1)写文献的基本信息。

(2)写心得体会、所思所想。

(3)画重点词句、段落。

---

① 梁永平,张奎明. 教育研究方法[M]. 济南:山东人民出版社,2008:87.

首先,一定要先记录文献的基本信息(作者、题目、发表的期刊、卷期、出版社、时间),便于使用时迅速找到原文及后期写参考文献。此外,文献的基本信息还包括与自己研究相关的其他信息,如作者的基本观点、研究方法、研究框架等,总之认为有用的东西都应该记下来。

在阅读时要边思考边阅读,及时写下自己的心得体会、所思所想,可能只是一句话,也可能是一段话,一定要写下来。因为做研究也需要灵感,这些心得体会都将是你写文章的一手资料。

画出重点词句、段落,有时甚至要摘抄下来。在实际的阅读过程中,这三个过程没有严格的先后顺序,事实上很多时候它们是联系在一起的。当然,每个人都有自己的阅读习惯,这里只是提供一些基本的参考。

4. 文献整理

在经过了略读和精读两个环节后,研究者已经获得了一定的知识,对自己研究问题的发展历程也有了大概的了解,知道了现有的主要观点和研究重点,以及所用的研究方法等。但是这些知识是零散的、片段式的,不利于从纵向上把握已有研究的情况,也不利于进行横向的比较。因此,还需要对获得的知识进行系统的整理。一般常用到的是表格法,表格的项目标题视情况而定,通常包括以下几项:

表 3-1　文献整理表格

题目和时间	作　者	文章主要内容	文章重点	页码(指书籍的页码)	与自己研究的关系	自己的想法

案例 3-1

以"中国期刊全文数据库"为例,简要介绍一下对数据库的使用。首先,可以通过学校图书馆的相关链接进入数据库,还可以通过输入网址进入。

① 进入初始页面后,首先确定检索范围,在页面的左侧"文献分类目录"中选择学科领域,教育类一般选择"哲学与人文科学""社会科学"。在检索条件下拉列表中可以看到多种检索条件,根据需要选择。如图 3-1 所示:

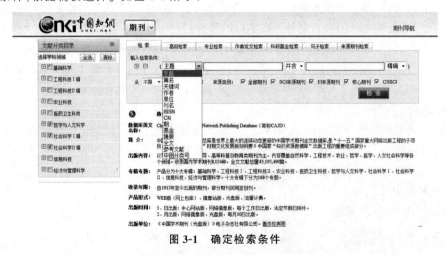

图 3-1　确定检索条件

② 输入检索词,以"课程实施"为篇名进行检索,可以看到检索框下方一栏有"来源类别",检索教育类文献时一般选择"核心期刊"和"CSSCI",如图 3-2 所示。

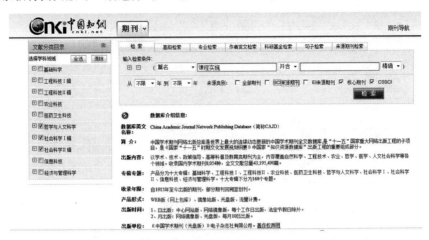

图 3-2 "课程实施"篇名检索

③ 根据需要分类浏览文献。在"分组浏览"一栏可以看到六种分类方法,目前显示的是根据发表年度进行的分组,可以清晰地看到各个年份的论文数量,还可以根据需要进行其他分类,如图 3-3 所示。

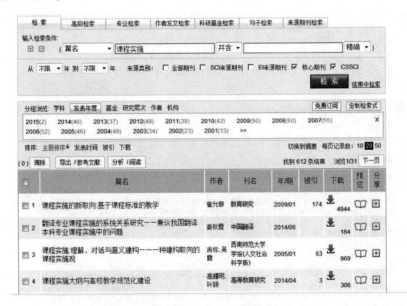

图 3-3 按年份检索

④ 使用"二次检索"。在检索到的文章数量过多时,可以再次输入检索条件进行二次检索,以找到更精确的文章。在检索条件一栏选择"作者",输入检索词"崔允漷",点击蓝色检索按钮后的"结果中检索",就可以得到二次检索的结果,如图 3-4 所示。

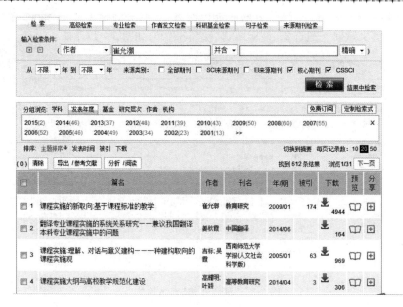

图 3-4 二次检索

⑤ 通过阅读摘要了解文章内容。如图 3-5 所示，在二次检索后得到了四篇文章，这时可以通过点击"切换到摘要"来初步了解文章的内容，如图 3-5 所示。

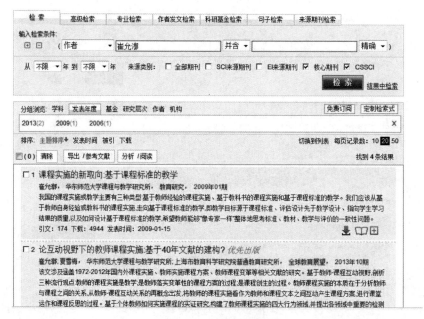

图 3-5 切换到摘要

⑥ 导出文献,生成检索报告。选择要导出的文献,点击论文标题上方一栏的方框即可选中全部文献,然后点击"导出/参考文献",如图3-6所示。

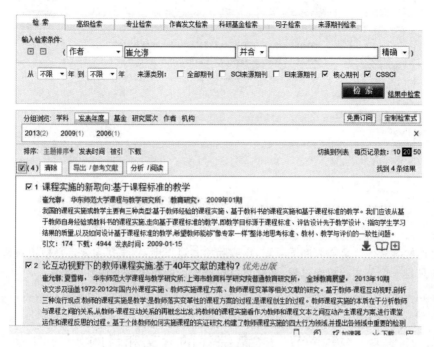

图3-6　导出文献1

⑦ 点击后即可得到下图结果,同样的选中全部文献,再次点击"导出/参考文献",如图3-7所示。

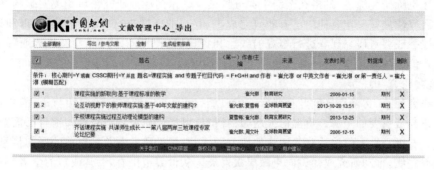

图3-7　导出文献2

⑧ 得到如图结果,选择"xls"或"doc"保存,即完成了文献的导出,如图3-8所示。

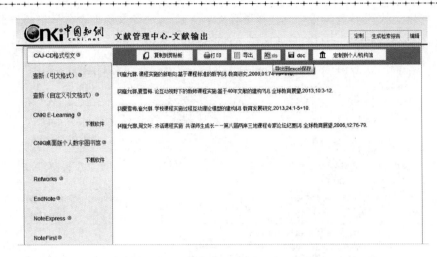

图 3-8 结果图

上述检索条件只是作为例子呈现,在实际检索过程中,应根据需要选择检索条件。以上呈现的只是一个节本的检索过程,我们可以根据自己的检索习惯适当调整。

第三节 文献综述的含义和目的

一、什么是文献综述

文献综述也称研究综述,是指在全面掌握分析某一学术问题或研究领域相关文献的基础上,对该学术问题或研究领域在一定时期内已有的研究成果、存在的问题进行分析、归纳、整理和评述而形成的。文献综述一般要对研究现状进行客观的叙述和评论,以便预测研究的发展趋势或寻求新的研究突破点。[1] 简单说,文献综述是一种对已取得的研究成果或研究文献进行的"再研究",属于"元研究",即"研究之研究"的范畴。

对学术研究而言,文献综述就像是路标,它可以帮助读者识别研究的起源与进程,告诉读者哪些作品是未来研究最重要的根源。重温前人所做的研究,可以使研究者清楚地知道自己需要研究什么,可以研究什么。批判性文献综述犹如清晰的研究地图,它帮助研究者总结以前的研究信息,指导研究者以后的研究路线,推动研究或知识向更深层次发展。从世界范围看,大凡成功的学者都非常重视文献综述,也精于文献综述。[2]

二、文献综述的目的

文献综述是对某个特殊主题之下的学术文献的批判式调查,是研究课题的一个重要组成部分。文献综述至少具有五个主要目的。

---

[1] 王琪. 撰写文献综述的意义、步骤与常见问题[J]. 学位与研究生教育,2010(11),49—52.
[2] 李枭鹰. 文献综述:学术创新的基石[J]. 学位与研究生教育,2011(9),38—41.

（一）对研究问题进行定义并进行限定

任何一个研究问题都是从属于某个研究方向或领域之下的，这正如我们生活中使用的地图一样，当我们需要在地图上寻找并确定我们的方位，我们通常需要先知道一个更大的地区范围。比如到孔子的故乡——曲阜旅游，先要知道它在山东省的济宁市，借助地图知道它处于山东的西南方向，可能还发现它的北方不远就是泰山和济南。进行文献综述的过程，正如在研究地图上为自己要进行的课题寻找位置一样。比如要研究小学生的阅读学习策略，要先知道它是阅读学习研究范畴之下的，在这个范畴之下包括哪些分支研究方向，比如阅读学习的过程、阅读学习的困难、阅读学习的指导、阅读学习的影响因素，以及阅读学习的策略。大的研究领域是比较容易确定的，文献综述则需要帮助研究者在这个广阔的背景下，找到真正感兴趣的、要探索的一个具体的研究问题和焦点。

（二）明确自己的研究视角

学术性研究的目的在于对研究者所在研究领域的已有知识体系进行某些推动和补充。只有了解了别人已有的研究状况，才可能为自己的研究打好基础。文献综述需要达到的效果是：

研究者 A、B、C 在本人将要进行的研究上有这样一些发现，研究者 D 对这一研究方向有了新的补充，本研究基于研究者 D 的观点，进一步讨论有关问题……

（三）避免重复已有的研究

研究的选题最忌讳的是人云亦云，别人对一个问题已经讨论过，甚至已经有深入的研究，这时再选择这样的研究主题，就有模仿或者抄袭之嫌。而进行文献综述正是为了避免让研究者犯这样的错误。当研究者对所选取主题的已有研究有了大概的了解，就可以和自己将要进行的研究进行对照，看别人的研究和自己研究的不同是什么，从而确定自己的研究问题的价值和意义。

（四）选择研究方法和测量的工具

通常情况下，已有文献所采用的研究方法和工具是文献综述容易忽略的部分。原因之一是文献本身在这部分就比较薄弱，或者不够重视。事实上对教育类学术研究来说，亟须加强研究方法的规范和科学性。对文献综述来说，研究者需要讨论已有研究在方法选用、研究设计、研究工具等方面的长处或不足，在此基础上，才能确定自己的研究选用怎样的方法更为合适。对已有文献研究方法的综述，还可以在研究设计的过程、研究工具的类型、测量技术等方面，为自己的研究提供经验，从别人的研究中可以发现应该注意的问题，别人所提及的研究方面的失误或不足也能为自己的研究提供很多借鉴。

（五）帮助研究者将自己的发现与已有研究相联系

每一个研究在结束之时都需要与先前已有的研究相联系，研究者需要将自己的研究焦点，与整个研究地图中前后左右存在的其他人的研究结论、观点和发现等进行一个对照，方便其他的研究者了解和进一步探索。这一项工作不是在文献综述部分讨论，而是在整个学术论文最后的讨论部分进行的，虽然同样需要回顾一些文献，但目的有所不同，研究者是在自己的研究结束之后，重新审视自己的研究具有的价值和存在的不足。

一个全面而深入的文献综述，需要回答以下 10 个问题：

(1) 在将要研究的主题之下，我们已经知道了什么？
(2) 研究的主要概念或主要变量具有怎样的特征？
(3) 这些主要概念或变量之间具有怎样的关系？
(4) 有关这个研究主题，已有的理论有哪些？
(5) 在已有的研究中，存在怎样的缺陷或不足？

(6) 还有哪些观点有待检验？
(7) 哪些证据是缺乏的、不全面的、互相矛盾或非常局限的？
(8) 为什么要研究目前所确定的这个问题？
(9) 你希望当前的研究对这个主题有怎样的贡献(你的研究价值是什么)？
(10) 已有的研究设计或研究方法，存在哪些有待改进之处？

第四节 文献综述的写作

一、文献综述写作的常见问题

文献综述虽然是建立在检索和阅读大量文献的基础上，但完全不是对文献的简单罗列，而应该是对文献进行分析、归类、整合和评价的过程，对文献的评析应既要避免个人的偏见，又要表明自己的看法和立场。

有学者对学生毕业论文中的文献综述存在的普遍问题进行了归纳总结，认为主要有以下几方面的缺陷。

(1) 简单而不完整。仅用自己查阅到的局部研究代替整体研究，用某个历史片段的研究代替整个历史全景的研究。

(2) 齐全但烦琐。集中表现为大量的相关研究文献及其观点的简单罗列，缺乏分析和判断、甄别和选择。

(3) 没有展现研究成果演进的历史生态。不同类型层次的研究成果以及不同阶段的研究成果是孤立的，缺乏关联论证。[①]

(4) 个人观点在文献综述中占主体。在综述中对前人的研究成果的梳理和介绍只是一笔带过，而用大量的篇幅进行评述，进而提出自己的研究设想，结果将文献综述写成了评论或研究计划。没有认识到文献综述的重点在于"综"，"述"只是起到点睛式的评论或启示的作用，但不应是主体。[②]

(5) 避重就轻，故意突出自己研究的重要性。写文献综述的目的是为了寻找学位论文研究的切入点和突破点，有些学生在做完综述之后，还是难以发现问题，便认为该领域已经无问题可以研究。为了完成论文便故意在综述中漏掉或弱化某些研究成果，或者放大已有研究的不足，以便突出自己研究的价值和意义。这样做的结果只能是重复研究，其创新性之不足是可想而知的。其实，未能发现问题的原因是多方面的：可能是自身的学术积累不够或思考不深入，可能是选题不当、过大或过小；也可能是学科发展处于"高原阶段"。但未能发现问题不等于没有问题，更不能随便拿一个研究过的问题敷衍了事。如果是自身原因，学生应该在导师的指导下努力提高自身的水平，静下来认真深入思考，完成选题。如果是学科发展的问题，则可以尝试通过开辟新领域、使用新方法、提供新材料等方式完成选题。[③]

二、文献综述写作的主要事项

1) 文献综述写作过程中，经常会陷入的认识和实践上的误区

这些误区将导致研究者效率低下，甚至会因为一些细节而严重影响写作的效果。

[①] 李枭鹰. 文献综述：学术创新的基石[J]. 学位与研究生教育, 2011(9): 38—41.
[②] 张权, 钟飚. 浅谈本科生学位论文中的文献综述写作[J]. 吉林工商学院学报, 2014(30): 126—128.
[③] 王琪. 撰写文献综述的意义、步骤与常见问题[J]. 学位与研究生教育, 2010(11): 49—52.

(1) 试图将所有文献都纳入综述范围。常见的做法是,将检索、搜集到的各类文献都通篇阅读,结果是找不到自己要阅读和分析的焦点。这种情况经常出现在文献整理的开始阶段,因为你可能还并不太清楚自己的研究问题,也不能把握该研究方向的整体情况,所以不能判断哪些是重要的、有价值的文献,最后发现读了很多资料,但并没有发现太多有用的文章。

(2) 只阅读不做笔记。很多人读书的习惯是只阅读,不动笔,但俗话说得好,好记性不如烂笔头。更为重要的是,写作过程本身可以帮助研究者更好地理解所读文献以及各文献之间的关联。因此,强烈建议打消"读完文献再开始写作"的念头,因为有可能一直到完成了整个研究,还是需要持续地检索和阅读文献,因为在进行研究的时间之内,新的文献在不断产生,研究者需要随时掌握新的研究动向,以便为自己的研究重新定位,并将最新的研究成果补充到自己的文献中去。另外,千万不要想着一上来就写一个定稿或者是接近定稿。写作本身是一种思考的方式,所以一定要允许自己写尽量多的草稿,因为在写这些草稿的过程中,研究者的观念和思路会得到不断完善,对所研究的主题和问题将会逐渐明确清晰。

(3) 没有随时记录文献的基本信息。提醒大家一定不要让自己遭遇这样的时刻:论文需要定稿了,却仍需要补充所引用的每条文献的详细信息:作者、文章题目或书名、期刊名或出版社、出版时间……但是,自己完全记不起这些信息,更糟糕的是从来不曾将这些信息备份在某个地方,以便查找。唯一的办法是重新到图书馆,找来自己可能借阅过的参考书,或者重新从电脑中保存文献的文件夹里,依次浏览那些曾经阅读过的文章或图书,只为了能把那些文献的信息补充完整,填写到引用文献的注释中去。但这个过程比当初阅读文献要困难很多倍,因为不能直接找到文献出自哪本书或哪篇文章,这个匹配的工作简直让人头疼。为了避免这样一个噩梦的出现,请一定在随手抄下一段可能需要的资料,或者记下一个重要的观点的同时把文献的引用信息一并记录下来。

2) 写作文献综述时,可以让写作更加顺利的建议

(1) 对文献进行筛选、逐渐缩小文献综述的范围,重点关注那些方法更加规范、科学的研究。

(2) 避免采用罗列文献注释的写法,代之以向读者展示文献所呈现出的组织结构、所表现出的关系以及研究趋势等形式。

(3) 对文献的主要发现或观点进行强调,精简文献来源,而不是将所有文献不分良莠地全部罗列出来。

(4) 寻找研究的空白之处。思考所探讨的研究领域有哪些没有被关注的问题、哪些研究问题还有局限,以及在搜集数据方面有哪些不足,或者研究结果是否存在不恰当的陈述等。

(5) 向读者展示文献综述和将要进行的研究有怎样的关联。

(6) 在自己的研究领域内寻找一篇优秀的综述类文献,它可以有助于组织文献综述的结构。

(7) 开始写作时,请列出综述的结构图或提纲。这可以让自己在行文时有一个遵循的方向,比如以下这段:

我需要告诉读者,我所要讨论的是有关学习风格的调查研究。

接下来,我需要说明,目前研究学习风格有3个基本的观点:观点Y,观点X和观点Z。

我将简要介绍观点X和Y,因为我不会主要参考这两个观点。

我要详细解释Z的理论,因为这是我的研究所采用的理论。

然后通过Smith等人的研究,简要展示采用Z的理论进行测试的具体步骤。

我需要指出以上的研究都没有考虑年龄变量。

我要说明我认为年龄这个变量的重要性,然后通过Wilson等人的观点,证明年龄对学习的重要影响。

最后指出,在讨论学习风格时,年龄同样需要被考虑,借此引出我自己的研究假设。[①]

写作文献综述不是这样的过程:坐在电脑前面,在几个小时之内,就可以把已有研究介绍清楚,然后把文献综述写好。这是一项艰巨的任务,既要组织各类文献材料,又要把它们清楚地呈现出来是很难兼顾的。所以在写作之前,写下结构提纲或思维导图是非常有用的。

(8) 不要追求语句的完美。在开始起草时,一定不要注重语句是否优美。要把精力更多放在你最想表达什么上面。如果过多地关注用词,每句话都字斟句酌,最后有可能会发现,自己写的有些内容是不合适的,需要删除,但已经花费了那么多时间,真是舍不得,结果反而是浪费了很多时间。所以一定不要把修订和校对的工作放在写草稿阶段。先写出最需要的内容。

(9) 反复写作和修改。经验丰富的作者会花更多的时间在修改上面。写得越多、写作水平越好的作者就越会发现,草稿和定稿之间有很大的距离,甚至看不出是一个人写的,因为在修改的过程中,思路越来越完善,结构越来越清晰。总之,写文献综述不要奢望一气呵成。

(10) 请朋友、同学、导师等人做自己的第一读者。但这不是说写完定稿的时候才去找他们,而是把自己的不同版本的草稿拿给他们看,并请他们提出意见和建议。他们可能会给一些评论,比如思路清楚,但内容不够充实,或者他们觉得观点还并不明确,或者语句欠通顺等。这些都会对修改有很大帮助。

三、好的文献综述的标准

Boote 和 Beile 提供了一个好的文献综述的评判标准。[②] 这一标准共从五个方面 12 个项目,描述了文献综述应该具备的特征,具体内容如下:

(一) 范围
(1) 文献纳入与排除的合理标准。

(二) 综合性
(2) 对领域内已经做了什么和需要做什么进行区分。
(3) 将主题或问题放在更广的学术文献中。
(4) 将研究放在该领域的历史脉络中。
(5) 把握和提炼所属专业的核心概念。
(6) 详细阐述与主题相关的重要变量或现象。
(7) 概述文献并形成新的理解。

(三) 方法论
(8) 判断领域内采用的主要方法和研究技巧及其优缺点。
(9) 将该领域的观点和理论,与研究方法联系起来。

(四) 意义
(10) 合理阐述研究问题的现实意义。
(11) 合理阐述研究问题的学术意义。

(五) 修辞
(12) 条理清楚、结构明确,论证充分。

---

① Writing literature reviews. [2015-04-25] 下载自: http://cgu.edu/pages/899.asp
② Boote D N & Beile P. Scholars before researchers: on the centrality of the dissertation literature review in research preparation [J]. Educational researcher. 2005, Vol. 34, No. 6, 3—15.

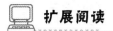 **扩展阅读**

常用的几个外文数据库

Taylor Francis SSH(人文库)

《Taylor & Francis 期刊数据库》(知网版)的内容来自于英国泰勒-弗朗西斯(Taylor & Francis)出版集团,位列全球学术出版前五。《Taylor & Francis 期刊数据库》(知网版)收录了 Taylor & Francis Online 平台上的所有电子期刊资源,每篇期刊文章包含期刊名称、出版社、ISSN、卷、期、文章名称、DOI、关键词、摘要、作者、作者单位等基本信息。同时,该数据库还包含了大量的国内相关文献信息,这些信息来源于 CNKI 各大数据库,通过 CNKI 知网节与 Taylor&Francis 外文文献建立深入关联,实现统一平台上中外文献的无缝链接。读者可以通过期刊名称、ISSN、作者、作者单位、关键词、摘要、DOI 等检索项在该数据库中进行检索。

目前曲阜师范大学开通的是 Taylor & Francis ST 和 SSH(科技和人文库)19 个学科超过 1500 余种期刊的访问。

EBSCO 全文期刊数据库

该库收录了 8500 多种刊物的索摘,4640 种全文期刊,其中 3903 种为专家评审(peer-reviewed)及 235 种非期刊类全文出版物,如书籍专著及会议论文等。另外可以免费使用 ERIC(Educational Resource Information Center 教育资源信息中心),ERIC 是美国教育部的教育资源信息中心数据库,收录 980 多种教育及和教育相关的期刊文献的题录和文摘。

SAGE 人文社科期刊数据库

SAGE 出版公司于 1965 年创立于美国,与全球超过 245 家专业学术协会合作出版 490 余种高品质学术期刊,每年出版 12 到 15 种百科全书和超过 700 种新书。SAGE 出版的学术期刊 100%为同行评审,51%的 SAGE 期刊被 2007 年的 Thomson Scientific Journal Citation Report(SSCI 以及 SCI)收录,有 30 种期刊在其所在学科类别排名前十位,其中 4 种期刊位居学科排名榜首。SAGE 在教育学、心理学、社会学、政治和国际关系学、语言文学、商业管理和组织学、情报与信息科学、传播媒体学、犯罪学与刑法学、环境科学、城市规划和研究、生命科学和医学等领域都有十分卓著的表现。例如 SAGE 出版的近 40 种教育学期刊,品质优良且可提供长达 90 年的回溯访问(第 1 卷第 1 期至最新),因此荣获 2007 年美国出版家协会最佳平台大奖。

Springer 电子期刊及图书

德国施普林格(Springer-Verlag)是世界上著名的科技出版集团,通过 Springer LINK 系统提供学术期刊及电子图书的在线服务。

目前 Springer LINK 约有 500 种全文电子期刊,涉及的学科主题内容有:艺术与设计;生物医学;化学;计算机科学;经济与管理;教育;工程;环境科学;地理学;地球科学;人文科学;法律;生活科学;语言学;材料;数学;医学;哲学;物理与天文学;大众科学;心理学;社会科学;统计学等。

目前可以浏览全文的期刊有 468 种,尚有一些期刊没有提供全文。显示"Full Text Available"说明全文可获得,显示"Full Text Secured"则说明没有提供全文。

ProQuest 博硕士论文全文库

《ProQuest 欧美博硕士学位论文数据库》是迄今为止世界上最大的国际性学位论文数据库,是美国国会图书馆指定的全美学位论文唯一官方转储和加拿大国家图书档案馆授权的全国学位论文官方出版、存储单位。收录了包括美国常春藤高校、卡耐基基金会认定的研究型大学在内的美国、加拿大、英国、德国、澳大利亚、印度等国家的1000余所大学、科研所等研究生培养单位的科技博硕士学位论文。读者可以通过论文名称、作者姓名、毕业院校、关键词、摘要、ISBN等检索项进行检索。

百链

百链是数字图书馆专业学术搜索门户,包含海量的中外文文献数据搜索,利用百链可以搜索到图书馆所有的文献资料,为读者提供互联网搜索引擎方式的检索体验。目前,百链实现与600多家图书馆馆藏书目系统、电子书系统、中文期刊、外文期刊、外文数据库系统集成,读者直接通过网上提交文献传递申请,并且可以实时查询申请处理情况,以在线文献传递方式通过所在成员馆获取文献传递网成员单位丰富的电子文献资源。

百链拥有2.7亿条元数据(包括文献有:中外文图书、中外文期刊、中外文学位论文、会议论文、专利、标准等),并且数据数量还在不断增加中,百链整合264个中外文数据库,310万中文图书书目,收录中文期刊5820万篇元数据,外文期刊8972万篇元数据。利用百链云图书馆可以搜索到图书馆所有的文献资料,包括纸本和电子资源,例如中外文图书、期刊、论文,标准,专利和报纸等,基于元数据检索的搜索引擎将实现检索速度快、检索结果无重复,格式统一等特点。中文资源的传递满足率可以达到96%,外文资源的传递满足率可以达到85%。

附录

文献综述举例

题目:国内外自主学习理论研究综述①

20世纪90年代以来,自主学习成为西方教育心理学研究领域中的一个热点问题,世界各国都把培养学生自主学习能力作为一项重要的教育目标。本文将对国内外有关自主学习理论的研究内容进行介绍,为深入研究自主学习理论提供方法和借鉴。

一、自主学习的内涵

(一)自主学习的概念界定

由于研究者的理论立场和研究方法手段的不同,对自主学习概念的理解也不尽相同。其观点大致有下列三种:

第一种观点认为自主学习是一种学习模式或学习方式。如余文森等认为自主学习是指学生自己主宰自己的学习,是与他主学习相对立的一种学习方式。[1]程晓堂认为自主学习有以下三方面的含义:一是自主学习是学习者的态度、能力和学习策略等因素综合而成的一种主导学习的内在机制,就是学习者指导和控制自己学习的能力;二是自主学习指学习者对自己的学习目标、学习内容、学习方法以及使用学习材料的控制权,也就是学习者对这些方面的自由选择的程度;三是自主学习是一种模式,即学习者在总体教育目标的宏观调控下,在教师的指导下,根据自身条件和需要制订并完成具体学习目标的学习模式。[2]

第二种观点认为自主学习是一种主动的、建构性的学习,学生自己确定学习目标,监视、调控由目标和情境特征引导和约束的认知、动机和行为。[3]他们把自主学习定义为一种自我调节的学习过程。自我调节学习是指学习者为了保证学习的成功、提高学习的效果、达到学

---

① 周炎根,桑青松.国内外自主学习理论研究综述[J].安徽教育学院学报,2007(25):100—104.

习的目标,主动地运用与调控元认知、动机与行为的过程,自我调节的学习者在获得知识过程中能自己确定学习目标、选择学习方法、监控学习过程、评价学习结果第三种观点主张从纵向和横向两个维度来定义自主学习。从横向即学习的各个方面来定义,自主学习的动机是自我驱动的、内容是自我选择的、策略是自我调节的、时间是自我管理的,学生还能主动营造有利于学习的物质环境和社会环境,并能对学习结果作出自我判断和评价的学习;从纵向即学习的整个过程来定义,自主学习是学习者能自定学习目标、自订学习计划、做好学习准备,在学习活动中能够对学习进展、学习方法自我监控、自我反馈、自我调节,对学习结果能进行自我检查、自我总结、自我评价和自我补救的学习。[4]综上所述,大家对自主学习的定义不同,但其本质含义是一致的。笔者认为,自主学习既可以理解为由学生自己决定学习内容、学习方法、学习强度、学习结果评价的学习方式,也可以理解为学生能够指导、控制、调节自己学习行为的能力与习惯。

(二)自主学习的特征

由于人们对自主学习理论的立场和所下的定义不同,对自主学习的特征描述也存在差异。Zimmerman认为自主学习者有三个特点:[5]具有较强的元认知、动机和行为等方面的自我调节策略的运用;能够监控自己的学习方法或策略的效果,并根据这些反馈反复调整自己的学习活动;知道何时、如何使用某种特定的学习策略,或者作出合适的反应。Paris认为自主学习者具有七个显著的特点:[6]选择自己的学习目标,朝着自己的学习目标努力;给自己设置有挑战性的目标,然后最大限度的发挥自己的潜能,努力追求成功,但是也能容忍失败;知道如何使用课堂中的学习资源,他们也可以自如地调控自己的学习;能够很好地与他人进行合作学习;重视意义的建构,注重学习中的创造性;具有较高的学习自信心和自我责任感;根据预定的学习标准和学习时间,自己管理学习进程,评价学习表现。Pintrich认为,自主学习者具有四个方面的特征:[7]对他人提供给自己的信息做出更加积极的反应,在学习的过程中主动地创设学习策略、目标和意义;能够正视由个体差异、情境、生理给自己带来的局限,监控和调节自己的学习行为;能够根据目标和标准来评估自己的学习效果,必要时会对学习目标和标准进行调整;能够利用自我调节过程来调节外部情境和自身特征所产生的影响,以便于提高学业成绩,改善学习表现。

笔者认为,自主学习具有主体性、能动性、独立性、创新性等特征。主体性,即自主学习贯彻以学习者为中心的教育思想,强调教师在自主学习中不再是知识的传递者,而是教学内容、教学过程、教学活动的组织者、参与者。能动性,即自主学习有别于各种形式的他主学习,自主学习是把学习建立在人的能动性上,它是以尊重、信任、发挥人的能动性和主动性为前提的。独立性,即自主学习把学习建立在人的独立性方面,要求学生摆脱对教师的依赖,独立开展学习活动,自行解决现有发展区域和最近发展区域的问题。创新性,即学习者能独立、自主、开放性地学习,学习实践中勤于思考、多向思维,注意吸纳和借鉴他人经验,融合自身已有知识,超越以往经验,创造性地解决问题。

二、关于自主学习的几种理论观点

(一)自主学习的操作主义观

以斯金纳为代表的操作主义学派认为,自主学习本质上是一种操作性行为,它是基于外部奖赏或惩罚而作出的一种应答性反应。自主学习包含三个子过程:自我监控,自我指导,自我强化。自我监控是指学生针对自己的学习过程所进行的一种观察、审视和评价;自我指导是指学生采取那些致使学习趋向学习结果的行为,包括制订学习计划、选择适当的学习方法、组织学习环境等;自我强化是指学生根据学习结果对自己作出奖赏或惩罚,以利于积极的学习得以维持或促进的过程。

(二) 自主学习的人本主义观

20 世纪 80 年代以后,一些人本主义心理学家对自主学习的内在心理机制作了系统、深入的分析。McCombs 认为,自主学习是个体自我系统发展的必然结果,自主学习受自我系统的结构和过程的制约[8]。影响自主学习的过程包括计划、设置目标、选择学习策略、自我监控和自我评价等,这些自我过程的发展水平直接影响自主学习过程的质量。自主学习一般遵循三个步骤:设置目标;制订计划和选择学习策略;行为执行和评价。

(三) 自主学习的信息加工观

自主学习的信息加工理论是以加拿大心理学家 S. H. Winne 为代表的一些学者提出的,该理论用信息加工的控制论来解释自主学习。它认为自主学习要依赖于一种循环反馈回路。个体获得的信息首先要根据预设的标准进行测验。如果匹配不充分,就要对信息进行改变或转换,然后再进行检测,这样反复进行直到信息符合检验的标准。如果达到标准,就以信息输出的形式退出。

(四) 自主学习的社会认知观

以班杜拉为代表的社会学习理论从行为、环境、个体的内在因素三者之间的交互作用来解释自主学习。该理论认为,自主学习本质上是学生基于学习行为的预期、计划与行为现实之间的对比、评价来对学习进行调节和控制的过程。自主学习包括三个具体的过程:自我观察,自我判断,自我反应。自我观察是指学生对自己的学习行为的观察和了解;自我判断是将观察到的学习结果与学习标准相比较而作出的判断和评价;自我反应是基于对学习的自我判断和评价而产生的内心体验或行为表现。

(五) 自主学习的自主意志观

自主学习的意志理论是由德国心理学家 J. Kuhl 和美国心理学家 L. Corno 等提出的。这一理论认为学生的自主学习实际上是一种意志控制过程,强调学习者作为主体的一面,是行为活动的执行者。Corno 将自主学习过程分为内隐的自我控制(包括认知监控、情绪监控与动机监控)和外显的自我控制(包括学习环境中的事物控制与任务控制)[9]。

(六) 自主学习的言语指导观

以维果斯基为代表的维列鲁学派认为,自主学习本质上是一种言语的自我指导过程,是个体利用内部言语主动调节自己学习的过程。他们把儿童的言语发展分为外部言语、自我中心的言语、内部言语三个由低到高的阶段。并指出,就儿童的学习活动来说,在外部言语阶段主要是由外界的社会成员的言语来指导和控制,在自我中心言语阶段主要靠他们对自己的出声言语即自我中心的言语来调节,而在内部言语阶段,学习主要由他们的不出声的内部言语来指导和控制,因此自主学习实际上是儿童言语内化的结果。

(七) 自主学习的认知建构主义观

以弗拉维尔为代表的认知建构主义学派认为,自主学习实际上是元认知监控的学习,是学生根据自己的学习能力、学习任务的要求,积极主动地调整学习策略和努力程度的过程。自主学习要求个体对为什么学习、能否学习、学习什么、如何学习等问题有自觉的意识和反应。

三、关于自主学习的试验研究

(一)自我效能感在自主学习中的作用

社会认知理论认为自我效能感是影响学生自主学习的一个重要变量。大量实验研究证实,学习者的自我效能感与学习策略的运用,及对策略运用的自我监控都有着密切的联系。效能感高的学生比效能感低的学生更多地使用学习策略,对学习的结果有更多的监控。学业自我效能感通过影响学生的目标等级,直接或间接地影响学生的成绩[10];自主学习的自我效能感对学生的动机性信念和体验到的学业成功都具有一定的积极影响[11]。Multon等对一项研究做了元分析,考查了自我效能与学业成绩之间的关系,结果发现,自我效能感与学业成绩之间的相关系数为0.38,表明有14%的学业成绩的变异可以归因于自我效能感。[12]

(二)学习目标在自主学习中的作用

自主学习本质上是一种自我调节的学习,即个体主动选择、调节、控制自己的学习的过程。要对学习进行自我调节,就必须有用于引导行为的参照点。因此,目标被看成自主学习的核心构成成分。Pintrich将人的学习目标分为两个维度四种形式,即:追求-掌握性目标,在这样的目标下,个体关注的是掌握知识和技能及自我提高;追求-表现性目标,个体关注的是胜出他人,显示自己的能力;回避-掌握性目标,个体关注的是避免误解,不能完成任务;回避-表现性目标,个体关注的是避免产生自卑感,让别人看不起自己。[13]研究发现,学生具有不同的学习目标会影响其学习任务的选择、完成任务的坚持性和付出努力的程度。如Pintrich研究证实,采用掌握学习目标的学生与采用其他目标的学生相比,表现出更多的深度认知加工,更多地使用自主学习策略。[14]Dweck研究证实,具有掌握目标的学生比拥有成就目标的学生更倾向于使用深加工策略,付出更大的认知努力,并对学习具有积极的情感。[15]

(三)归因倾向在自主学习中的作用

归因理论认为,学生把学业的成功与失败归因于能力、努力、任务难度、运气等因素,并提出归因的可控性、内外部、稳定性三个维度。学生所采取的归因方式会影响其对未来成功的期望、情绪反应、任务选择、努力程度、坚持性以及学业成绩。研究表明,个体的归因对其自主学习有重要的影响。一般说来,如果个体把自己的学习成功归因于能力,把学习失败归因于努力不够,这样就更容易激发自主学习;如果个体把自己的学业成功归因于外部不可控的因素,把学业失败归因自身能力不足,就会影响其学习的主动性。那些把学习失败归因于稳定的内部原因的学生,在学习过程中会表现出消极、焦虑、低自尊。自主学习者倾向于把自己的学业失败归因于可以弥补或纠正的原因,把自己的成功归因于自己的努力。

(四)意志控制水平在自主学习中的作用

意志控制是以Corno为代表的意志学派极为强调的一种自主学习品质。他们认为,在学习过程中,学生难免会遇到这样那样的学习困难和干扰,如一时难以理解的问题、身心的疲惫、情绪的烦恼等,这时候就需要学生用意志努力来控制自己,使学习坚持进行。正是有了较强的意志控制力,自主学习的学生才能够顽强地克服学习过程中的困难、排除学习的外界干扰,实现自己的学习目标。

（五）情绪因素在自主学习中的作用

情绪因素（或喜悦或焦虑等）也能影响学生的自主学习。学校中最重要的情绪因素是考试焦虑，许多研究都表明考试焦虑与学生自主学习策略的有效运用成负相关。Hill 和 Wigfield 的研究证实，高焦虑情绪的学生比低焦虑情绪的学生更少使用自主学习策略，有更低的任务坚持性。

四、自主学习的教学指导模式

（一）以人际互动为取向的教学模式

以人际互动为取向的教学模式主要有两个理论来源。第一是寻求教育中的地位和机会平等。这类教学模式的研究者认为，在课堂教学中，教师与学生之间、学生与学生之间应该处于一种平等的地位，应该在平等中进行合作，不应采用竞争方式把某些学生的成功建立在另外一些学生失败的基础上，教师也不应该把自己的角色看成是一种特权，容不得学生染指。第二，学习中的社会性互动是成功自主学习的重要条件。教育者普遍认为，与个人主义的学习方式相比，在学习中增加人际互动能够更好地提高学生的学业成绩。教师与学生之间、学生群体之间的互教互学，友爱互助，相互启发，不仅有利于资源共享，而且常常起到教师讲解不能达到的效果。在以人际互动为取向的教学模式中，由于学生的主体地位得以体现，学习的积极性得到增强，学习内容得以延展，学生学习的自主特征也比在一般的教学条件下更为明显。

（二）以意义建构为取向的教学模式

以意义建构为取向的教学模式所追求的是学生对知识的主动建构和深入理解。主要包括：支架式教学、以问题为基础的学习模式、探究性学习等。这类教学模式的开发者更为强调知识主观性的一面。他们认为，知识不是通过教师的讲授得到，而是学习者在一定的社会文化背景下，借助他人（包括教师和学习伙伴）的帮助，利用必要的学习资料，通过意义建构的方式获得。获得知识的多少取决于学习者根据自身经验去主动建构有关知识的能力，而不取决于学习者记忆和背诵教师所讲授内容的能力。换言之，成功的学习并非取决于教师的讲授，而是取决于学习者的自主或协作探究。由于对待同一事物，不同的学习者所建构的意义不同，对学习的评价也不应统一标准，而应该由学习者自己作出。基于这种理解，以意义建构为取向的教学模式开发者都强调教学应该包含情境创设、自主学习、小组讨论、自我评价等环节。

（三）以学习自我调节为取向的教学模式

以学习自我调节为取向的教学模式主要包括：自我调节策略开发模式、自主学习循环模式、策略性内容学习指导模式等。与前两种教学取向不同，他们所关注的是如何通过培养学生的学习自我调节能力来改善他们的学习。持这一取向的教学模式开发者认为，成功的学习取决于学生对学习策略和过程的自我调节能力，我们可以通过帮助学生掌握自我调节策略来促进他们的学习。

近年来，一些研究者认为应从探讨学习内容的特征和情境要求对学生学习动机的影响这一角度来建构教学模式。这些模式以 Deci 和 Rayan 的自我决定论为基础，强调建构教学内容以满足学生的自主性、能动性、互动性的需要。此外，还应加强不同学科领域里提高学生自主学习能力教学模式的研究。将自主学习活动、自主学习策略与外部环境和不同学科领域结合起来研究是非常重要的,这可以帮助学生适应不同学习情境的需要。

五、结束语

自主学习观是在对传统学习理论进行反思和批判的基础上不断发展、完善的,具有科学性、主体性、创新性等特点。研究自主学习,在理论上有助于使我们从新的、动态的角度去认识学生学习能力的实质、结构和发展规律,弄清楚学生学习活动中智力和非智力因素的关系,为丰富儿童认知智力发展理论提供重要的科学依据;在实践上对于开发学生智力,发挥学生学习的主动性和自觉性,减轻学习负担,提高学习效率,培养学习能力,解决教会学生如何学习、厌学与乐学等问题,具有十分重要的意义。但由于种种原因,我国自主学习理论研究还存在一些问题,主要有:第一,自主学习的研究在思想认识上并没有得到充分的重视,表现出一种边缘化现象。我国在漫长的教育史中一直强调师道尊严,强调以教师、课堂、教材为中心,学生的主体地位没有落实,学生的自主学习能力的培养一直没有得到重视。第二,从我国自主学习的研究及出版的著作和论文看,思辨色彩重,定性研究多,试验、应用研究少,高水平的试验、应用研究更少。第三,我国现行的自主学习能力训练教程大多是国外教材的翻版和经验总结材料,尚缺乏有影响的、为中国学生专门编制的训练教程,这在一定程度上限制了我国学生自主学习能力发展及其训练效果。

自主学习的研究方兴未艾,但从研究的现状和存在的问题来看,我国自主学习的研究在以下几方面有进一步深化发展的趋势:

第一,从思想认识上,应该高度重视培养学生的自主学习能力与习惯、培养学生的自主性人格,在教育教学实践中更要脚踏实地应用和实践这一重要理念。

第二,进行大规模、大范围的调查和实验,获得翔实的材料,并结合经验总结,将经验总结概括化、理论化,提炼出符合我国学生自主学习能力发展特点的教学指导模式。

第三,自主学习研究的范围将拓宽。对自主学习的研究不仅限于其本身,也将研究影响自主学习的诸种因素以及诸种因素与自主学习的相互关系;不仅要在基础教育中注重培养学生自主学习的能力与习惯,而且在高等教育中甚至高等教育后的终身教育中也要充分重视自主学习能力的培养。

第四,自主学习的研究将进一步向操作性、实用性发展,使指导学生自主学习的策略更接近学生的学习过程与学习实际,这样既便于师生对自主学习的理解和接受,也有利于对学习的指导和实际应用。

本章小结

文献是对记录知识的一切载体的统称,包括用来记录人类知识的文字、图像、符号、视频等各种载体。根据文献信息记录手段和载体的不同,文献可以分为四种:印刷型、缩微型、声像型、机读型;根据文献的出处不同,可分为一手文献和二手文献。文献的来源主要有教育书籍、期刊、报纸、学位论文、会议文献、档案文献、政府出版物等类型。文献检索的步骤一般包括:了解背景资料,做好准备;分析题目,确定检索词;确认资料来源;使用检索技巧;核对检索结果。阅读文献包括略读、精读、做笔记、整理保存等步骤。

文献综述至少具有五个主要目的：
（1）对研究问题进行定义并进行限定；
（2）明确自己的研究视角；
（3）避免重复已有的研究；
（4）选择研究方法和测量工具；
（5）帮助研究者将自己的发现与已有研究相联系。

一个全面而深入的文献综述，需要回答以下10个问题：
（1）在将要研究的主题之下，我们已经知道了什么？
（2）研究的主要概念或主要变量，具有怎样的特征？
（3）这些主要概念或变量之间，具有怎样的关系？
（4）有关这个研究主题，已有的理论有哪些？
（5）在已有的研究中，存在怎样的缺陷或不足？
（6）还有哪些观点有待检验？
（7）哪些证据是缺乏的、不全面的、互相矛盾的或非常局限的？
（8）为什么要研究目前所确定的这个问题？
（9）你希望当前的研究对这个主题有怎样的贡献（你的研究价值是什么）？
（10）已有的研究设计或研究方法，存在哪些有待改进之处？

思考与练习

1. 请选取一个你感兴趣的研究方向，根据检索文献的步骤，尝试检索不同来源的文献资料：专著、期刊、报纸、学位论文、会议文献。
2. 请将以上检索到的文献，参考学位论文的引用格式进行列举。
3. 请检索一篇文献综述类文章，对照全面而深入的文献综述的10个问题，进行分析评述。

参考文献

[1] 辞海编委会. 辞海[M]. 上海：上海辞书出版社，2000：1860.
[2] 李枭鹰. 文献综述：学术创新的基石[J]. 学位与研究生教育，2011，9，38—41.
[3] 梁永平，张奎明主编. 教育研究方法[M]. 济南：山东人民出版社，2008. 2：76.
[4] 庞国彬，刘俊卿主编. 实用教育科研方法[M]. 北京：北京师范大学出版社，2013，7：37.
[5] 王琪. 撰写文献综述的意义、步骤与常见问题[J]. 学位与研究生教育，2010，11，49—52.
[6] 杨小微主编. 教育研究的原理和方法[M]. 上海：华东师范大学出版社，2010，7：224—225.
[7] 张权，钟飚. 浅谈本科生学位论文中的文献综述写作[J]. 吉林工商学院学报，2014，30(1)，126-128.
[8] 朱德全，李姗泽主编. 教育研究方法[M]. 重庆：西南师范大学出版社，2011. 9：59.
[9] http://www.360doc.com/content/09/0403/11/127036_3007796.shtml
[10] Writing literature reviews. [2015-04-25] 下载自：http://cgu.edu/pages/899.asp
[11] Boote DN & Beile P. Scholars before researchers：on the centrality of the dissertation literature review in research preparation [J]. Educational researcher. 2005，Vol. 34，No. 6，3—15.

第四章 教育研究设计

学习目标

1. 了解教育研究设计的主要内容。
2. 掌握教育假设的含义、基本要求并能够提出有意义的假设。
3. 能够根据教育问题的性质和研究目的进行科学的研究设计。

本章内容主要分两部分(两节)。第一节将介绍什么是教育研究设计,如何提出研究假设、选择研究对象、分析研究变量、确定研究方法和形成研究方案。第二节将阐释研究问题的性质与研究设计的关系,并举例说明三类不同性质的研究问题的设计。

第一节 教育研究设计的构成

一、什么是教育研究设计

设计通常指在正式做某项工作之前,根据一定的目的要求,预先制定方法和图样等。简单地说,设计就是一种构思和计划。研究设计则是在提出研究问题之后,正式实施研究之前,根据研究问题的性质和研究目的,对研究什么、如何研究以及可能的研究结果等,预先进行总体设想和规划的过程。具体而言,一项研究设计需要考虑如下内容:明确研究问题的性质、提出研究假设、确定研究方法、选择研究对象、分析研究变量和形成研究方案等。研究设计对于保证一项研究的质量起着至关重要的作用,前提是研究设计必须是科学的。

知识小卡片 4-1

科学的研究设计的基本要求

一项研究设计如果能做到以下几点,就可以称之为科学的:

能通过实证直接回答研究问题,能与先前的研究和相关的理论相联系,能在具体环境下得到有效实施,结果与解释的联系合乎逻辑并排除反面的解释,研究设计与结果详细公开供科学界审查。

换句话说,判断教育研究的科学性要考虑:

研究设计的背后是否是一套清楚的研究问题?所用的方法是否适合回答研究问题并排除其他可能的答案?该研究是否考虑了以前的研究成果?是否有理论基础?收集数据是否根据当地的情况并得到系统的分析?研究过程是否得到清楚描述以供检验批评?一项科学研究越符合这些原则,其质量就越高。而教育的特点又要求研究过程的设计要明确考虑到这些特点的实际意义,并随之建立模型和计划研究过程。

——资料来源:[美]沙沃森·汤编;曹晓南等译.教育的科学研究[M].北京:教育科学出版社,2006:91

二、教育研究设计主要内容

(一) 提出研究假设

研究假设是联系已有的理论、科学事实对所研究的问题的结果作出有根据的推测或假定性解释,假设具有理论的某些特征。也可以说,研究假设是对研究问题的结果、两个或多个变量之间的关系或某些现象的性质的推测或提议。① 例如,邱学华的"尝试教学",其基本假设是"学生能尝试,尝试能成功,成功能创新",进而提出"先试后导、先练后讲"的教学策略。再如,班级规模与学生课堂参与的关系研究,其基本假设是过大的班级规模将不利于学生公平的课堂参与。

知识小卡片 4-2

研究假设的标准

伯格(Borg)和高尔(Gall)认为假设应具备以下 4 条标准:
(1) 说明两个或两个以上变量间的期望关系。
(2) 研究者应有该假设是否值得检验的明确的理由,这一理由是有理论或事实依据的。
(3) 假设应是可检验的。
(4) 假设应尽可能简洁明了。

——资料来源:[美]维尔斯曼(W. Wiersma)著;袁振国主译.教育研究方法导论[M].北京:教育科学出版社,1997:48.

假设对于教育研究的开展具有重要作用,其功能主要在于它是理论的先导,起着纲领性作用。假设能帮助研究者明确研究的内容和方向,通过逻辑论证使研究课题更加明确,并按确定目标决定研究方法和收集资料,指导教育研究的深入发展,以避免研究的盲目性。因此,教育研究者一定要"大胆的假设,小心的求证"(胡适语)。

提出的研究假设要有一定的科学依据,假设能够说明自变量和因变量间的关系,假设应该是能够验证和修正的,假设的表述必须是清晰明确的。此外,假设作为对科学问题的一种尝试性回答,它的提出还需要满足一定的条件。

知识小卡片 4-3

提出研究假设的条件

W. J. 吉德和 P. K. 哈特指出,提出假设的必要条件有:① 以明确的概念为基础;② 具有经验性的统一;③ 有所限制;④ 与有效的技术相联系;⑤ 与总体理论相关联。

国内有学者指出,假设作为对科学问题的一种尝试性回答,应满足三个条件:① 能够合理地解释原有理论所能解释的那些事实和现象;② 能解释新发现的、但原有理论不能解释的那些事实和现象;③ 能明确预言尚未发现的新事实,为进一步检验假设提供可能性。

——资料来源:裴娣娜著.教育研究方法导论[M].合肥:安徽教育出版社,1995.8:106.

---

① [美]维尔斯曼(W. Wiersma)著;袁振国主译.教育研究方法导论[M].北京:教育科学出版社,1997:49.

研究假设的提出不但要有科学依据和满足一定条件,而且还要注意假设本身的价值。假如我们想研究"教学方法对学生学习成绩的影响"这样一个问题,我们选择三位教师,让一名教师完全采用讲授法,让另一位教师在讲授的同时辅以讨论法,第三位教师则完全采用案例研究法。针对这个研究问题我们可以提出下面两种假设:① 不同的教学方法会带来学生的学习成绩上的差异;② 在提高学生的学习成绩上,案例研究法要优于完全讲授法,但会低于讲授并辅以讨论法。在上述两种假设中,明显可以看出,第二个假设比第一个更有意义。因为,它不仅比第一个假设所描述的研究关系更清楚具体,而且看起来还会带来更多的知识。如果从方向性来看,假设可以有方向性假设和非方向性假设之分。如上例中,第一种假设属于非方向性假设(三种方法将存在差异),第二种假设则属于方向性假设(第三种方法比第一种方法更有效,但是比第二种方法效果差些)。

值得注意的是,并非任何研究都能够事先建立起非常明确的假设。通常定量研究、验证性研究、涉及两个变量相互关系的研究要求明确提出研究假设;而定性研究、描述性研究、探索性研究、单一变量研究则不一定要预先提出明确的研究假设,其假设往往是隐含在研究过程之中或在研究过程中形成。

(二)选择研究对象

1) 选择研究对象,首先要明确几个基本概念——抽样、总体、样本、样本容量和样本误差

抽样又叫取样,即如何选择有代表性的研究对象的问题,是从一个总体中抽取有代表性的一定数量的个体进行研究的过程。目的在于用一个样本去得到关于这个总体的信息及一般结论,从样本的特征推断总体,从而对相应的研究作出结论。总体是研究对象的全体;样本是从总体中抽取的、对总体有一定代表性的一部分个体;样本中所包含的个体的数量称为样本容量;抽样误差是指由于抽样的随机性引起的样本结果与总体真值之间的误差(又叫抽样的标准误差)。当研究涉及个别人或少数人时,不存在取样问题,而如果要研究中小学生学习习惯的现状和特点、研究初中二年级学生学习成绩分化的原因、研究一年级小学生考试观念的形成过程时,就涉及取样问题了。

2) 样本的选取需要符合的基本要求:

① 明确规定总体。研究目的决定总体范围,研究成果将推广到什么范围,就应在该范围内抽样。

② 取样的随机性。按照随机的原则,保证总体中每个个体都有同等机会被抽中的抽取样本的方法,即随机抽样。

③ 取样的代表性。样本能够代表总体,样本与总体具有相同的结构;样本具有代表性,研究结论才能推广到总体。

④ 合理的样本容量。决定样本容量的因素主要有研究的不同类型、预定分析的精确程度、允许误差的大小、总体的同质性(或异质性)情况、研究者的时间、人力和物力情况、取样的方法等。

3) 随机取样的基本方法

① 简单随机取样。如抽签和随机数目表法。

② 系统随机取样(等距抽样、机械抽样)。

③ 分层随机取样(类型抽样、配额抽样)。适用于异质性总体,即总体由几个不同性质部分构成。

④ 整群随机取样。不是从整体中抽取一个个的对象,而是抽取一个或几个单位整群作为样本,如以学校、班级为单位抽样。

(5) 有意抽样(目的抽样、有偏抽样):如研究特殊儿童就必须以特殊儿童为抽样对象。

(三)分析研究变量

为了合理地进行研究设计,便于收集相关资料,还需要进一步分析所要研究的主要变量,以及有关变量的性质、形式、数量和含义等。

1. 研究变量的类型

变量是指在质或量上可以变化的概念或属性,即会变化的、有差异的因素。变量是相对于常量而言的,常量通常指人口学意义上的在研究过程中保持不变的特质。研究变量则是在研究中涉及的随条件的变化而变化的因素,在教育研究中,最重要的、应用最广泛的变量主要有自变量、因变量和无关变量三种类型。

1) 自变量

若研究中涉及两个(或以上)相互联系的变量,其中一个变量的变化是引起或影响另一个变量发生变化的原因,那么,我们称这个具有引起或影响其他变量变化的因素为自变量,自变量是研究者需要操纵的变量。例如,研究班级规模与学生课堂参与的关系,"班级规模"大小影响"学生课堂参与"情况,那么"班级规模"就是该项研究中需要研究者操纵的自变量。

2) 因变量

在研究中,由于自变量的变化而受影响发生变化的变量,称为因变量。因变量是研究中需要研究者观测的变量,也是研究者期望在研究中能够测定的结果变量。它不受研究者的控制,其变化由自变量引起。如上例中,"学生课堂参与"就是因变量。

3) 无关变量

无关变量是指除了研究者操纵的自变量和需要测定的因变量之外的、对研究效果可能产生影响的变量。因此,无关变量是研究者需要加以控制的变量。如上例中,研究班级规模对学生课堂参与的影响,其中"班级规模"是自变量,"学生课堂参与"是因变量,除此以外,在这项研究中,可能会干扰自变量和因变量的对应关系的无关变量有教学方法、教学内容、学习风格、师生关系等。这些无关变量如果控制不好的话,就会影响研究的效果,使研究者无法判断学生课堂参与到底是由于班级规模(自变量)的变化所致,还是其他无关变量的影响所致。

2. 确定主要研究变量

所谓确定主要研究变量,也就是确定与研究目的直接有关的变量,是研究者操纵或测量并希望从中获得研究结果的变量。

通常研究的主要变量大都在研究题目中显示。如:家庭社会经济地位与学生学业成就的相关研究,其中"社会经济地位"和"学业成就"两个变量是研究的主要变量,前者是自变量,后者是因变量。再比如,"小学语文创造性教学对学生写作能力的影响研究",这项研究的两个主要变量分别是自变量"创造性教学"和因变量"写作能力"。

如果是实验研究,那么研究的主要变量通常为"实验处理"(自变量)和"实验结果"(因变量)。如果研究题目中没有显示主要变量,则可从"研究目的""研究主题"或"研究假设"的叙述中去寻找主要变量。如"课程改革的整体实验研究""主体性教学改革的实验研究",这两项研究就要根据研究主题"课程改革"和"主体性教学"寻找主要变量。

在确定研究的主要变量后,还要进一步了解变量的性质。如果是描述性研究,其主要变量可以看作独立的、不相关的个别变量,如:教师对新教材认同情况的调查研究,某市小学五年级学生语文识字量调查,初中学生学习动机的调查等,其中"认同情况""识字量""学习动机"就是一些独立的变量。

当然,除了确定研究中的主要变量外,还要考虑对研究有影响作用的相关变量和无关变量的确定。

3. 定义研究变量

在根据研究目标,确定主要研究变量,如需要操纵的自变量、需要测定的因变量和需要控制的无关变量的情况下,还需要明确研究中涉及的各研究变量的含义,也就是定义研究变量。给研究变量下定义的目的在于提供变量的精确含义,使研究者在对变量进行操纵和测量的过程中做到有的放矢。

同时,也便于他人理解该项研究。

定义变量一般有描述性定义和操作性定义两种常用的方法。描述性定义就是从抽象的概念意义上对变量共同的本质属性进行概括。采用描述性定义方法时,可以参阅已有文献的定义,也可以自行定义变量,其基本原则是能够对变量有一个明晰、准确、科学的描述。例如,"阅读能力"可定义为"独立地从书面符号或其他媒体中获取意义的能力"。操作性定义是根据可观察、可测量、可操作的特征来定义变量的含义,或者说,下操作性定义就是详细描述研究变量的操作程序和测量指标,将抽象的概念转换成可观测、可检验的项目。比如,变量"阅读能力"可以从这样几个指标界定:用阅读测验表上中等难度的文章进行测验,要求阅读速度达到200字/分;辨别达到90%以上;理解达到80%以上;记忆达到70%以上等。

(四)选择研究方法

研究方法的选择主要根据研究问题、研究目的、研究假设和所定义的研究变量来进行。首先要根据研究问题的性质和目的,确定研究方法的主色调,是选择量化研究方法、质化研究方法还是混合研究方法。例如,如果要研究大学生的身份认同与其生存状态的关系,我们可以采用访谈这一质化研究方法,也可以结合问卷调查收集量化数据进行研究。再比如,要研究"高校教师是如何理解'好老师'的"这样一个问题,最好的方法就是选取若干高校教师进行深度访谈,属于较为典型的质性研究。研究方法的确定主要依据研究问题的性质和目的,同时还需要注意选择的多种方法的独立性和相互联系。

(五)形成研究方案

研究方案是关于如何开展研究的具体设想,它初步规定了研究各方面的具体内容和步骤,是开始进行研究的工作框架。形成研究方案是保证研究顺利进行的必要措施,是使研究具体化的中心环节,是研究成果质量的重要保证,有利于检查和自我检查,有利于开展合作研究。研究方案的设计需要合理、可靠和经济,需要有效、客观和明确,研究方案需要细致、具体和规范。研究方案一般包括:研究问题、研究背景、可依据的理论基础、研究假设、研究设计描述、研究方法、研究程序、研究的步骤(程序)、研究的发现与结论、参考文献及有关附录等(如表4-1所示)。

表4-1 研究方案的组织结构

```
1   研究问题
1.1   研究问题的表述
   1.2   研究目的
   1.3   问题提出的缘由(涉及研究意义)
   1.4   核心概念界定
2   研究背景
   2.1   国内外文献综述(直接相关的研究、间接相关的研究)
3   合适的理论基础
4   研究思路(研究设计的描述)
5   研究假设(包括对研究变量的分析)
6   研究问题的类型
7   研究方法论和研究具体方法(包括收集资料的方法和分析资料的方法)
8   研究的程序
   8.1   研究程序的解释(做什么?什么时间做?在哪里做?怎么做?)
   8.2   样本的描述
   8.3   研究工具
   8.4   内在效度的讨论
9   研究发现和结论
   9.1   描述与研究问题和研究假设有关的研究结果
   9.2   讨论研究发现的意义和重要性
   9.3   提出进一步研究的建议
10   参考资料及有关附录
```

第二节　研究问题与研究设计

前面我们说一项研究设计需要考虑研究问题的性质,这里我们举例详细说明这个问题。研究问题决定研究设计,研究设计制约研究结论。归根结底,研究设计是为了使研究问题得到更好的解决,好的研究设计能够使研究科学有效地开展并得出客观结论,研究设计不适合或部分不适合研究问题则会使研究活动与研究目的相悖,致使研究结果有失客观甚至得出错误结论。

我们说研究设计取决于研究问题,首先就要根据研究问题的性质,作出适合研究问题的方法论层面的判断。教育研究问题大致可以分为相互关联的三大类:描述性问题(正在发生什么)、因果性问题(是否 X 造成了 Y)、过程性或机制性问题(怎么发生的或为什么会发生)。

一、描述性问题与研究设计

描述性问题旨在进行各种各样的描述以便客观了解研究对象的特点,理解问题的范围和严重性,形成对现象或问题的解释性理解。

要回答"正在发生什么?"的问题,"你必须走出去观察正在发生的事情。这种探索是描述性的,其目的是提供各种信息,记录所观察的教育现象、事实和问题,深入描述某地教育实践的复杂性,探索当地社会经济、文化、学校、教师、学生间的关系。"① 比如,1990 年,霍兰和艾森哈特(Holland and Eisenhart)关于大学女生职业选择的研究(见案例 4-1)。

案例 4-1

大学女生的职业选择

在 19 世纪 70 年代末,文化人类学家霍兰和艾森哈特开始研究为什么在上大学时学习传统上的男性专业(如科学、数学、计算机)的女性中间只有很少人最终在这些领域继续工作。当时存在几种不同的解释:女性在上大学前的准备不足;女性在大学里受到歧视;女性不愿意与男性竞争工作。霍兰和艾森哈特(Holland and Eisenhart,1990)第一个设计了人类学个案研究,在两所住宿制的公立大学(一所传统上是黑人的大学,另一所传统上是白人的大学)选出一小组一年级女生。研究者根据对高中成绩、大学专业、大学活动、大学同学的调查,从两所学校的志愿者中选出了对应组。所有 23 名参加的女生在高中的平均成绩至少是 B+,每所学校的参与者的一半正在准备选择传统上的女性专业,另一半则准备选择传统上的男性专业。研究者进行了为期一年的参与式观察(participant observation)和开放式访谈(open-ended interview)。根据收集这些民族志资料,他们提出了描述这 23 名女生的大学生活的模型。这些模型描绘了三种对学业的不同承诺。每个模型包括:① 女生对学业价值的看法;② 她们学习的原因;③ 她们学习中的经济和社会方面的成本。通过这些模型,研究者预测了每个女生大学毕业后的去向:继续深造、在本行业工作、在不同行业工作、结婚,等等。研究者在她们大学毕业时以及毕业 3 年后与每位参与者又进行了电话访谈。在所有 23 人中,研究者基于学业承诺的模型所作的预测都被验证了。对所有 23 人来说,这些学

---

① [美]沙沃森・汤编.教育的科学研究[M].曹晓南等,译.北京:教育科学出版社,2006:95.

业承诺的模型比大学前的准备(高中成绩和所学课程)、对女性的歧视、与男性竞争的看法更能预测未来。

——资料来源：[美]沙沃森·汤编；曹晓南等译.教育的科学研究[M].北京：教育科学出版社，2006：100

案例4-1分析

(1) 研究问题。上例的研究问题是"为什么在上大学时学习传统上的男性专业(如科学、数学、计算机)的女性中间只有很少人最终在这些领域继续工作"或者说，"女性如何决定继续或放弃她们在大学里学习的非传统性专业(指男性专业，如科学、数学、计算机等)"。这一研究问题就属于描述性问题。因此，霍兰和艾森哈特走进两所学校，对他们选择的研究对象(23名大一女生)进行了为期一年的参与式观察和深度访谈，最后他们发展和测试了一些理论模型来解释这一问题，即这些研究对象对她们学业的承诺——而不是害怕与男性竞争或其他以前提出的假设——最能解释她们毕业后的选择。

(2) 已有的解释或假设。① 女性在上大学前的准备不足；② 女性在大学里受到歧视；③ 女性不愿意与男性竞争工作。研究者对这些解释表示质疑，所以才有了这项新的研究。

(3) 研究方法论。研究者霍兰和艾森哈特(Holland and Eisenhart,1990)设计了人类学个案研究。

(4) 选择研究对象。共23名大一女生。在两所住宿制的公立大学(一所传统上是黑人的大学，另一所传统上是白人的大学)选出一小组一年级女生。研究者根据对高中成绩、大学专业、大学活动、大学同学的调查，从两所学校的志愿者中选出了对应组。所有23名参加的女生在高中的平均成绩至少是B+，每所学校的参与者的一半正在准备选择传统上的女性专业，另一半则准备选择传统上的男性专业。

(5) 资料收集方法。参与式观察(participant observation)和开放式访谈(open-ended interview)。

(6) 研究周期。一年。

(7) 研究假设。根据收集的民族志资料，研究者提出了"基于学业承诺的大学女生职业选择"解释模型(假设)。研究者通过对23名大一女生为期一年的参与式访谈和开放式访谈获得的资料进行聚敛式分析，发现可以将其归纳到如下三个维度的问题：① 女生对学业价值的看法；② 她们学习的原因；③ 她们学习中的经济和社会方面的成本。研究者根据研究对象在这三个维度问题的回答构建了学业承诺模型(三种不同的学业承诺)，通过这些模型，研究者预测了每个女生大学毕业后的去向：继续深造、在本行业工作、在不同行业工作、结婚，等等。

(8) 研究结论。经过证实：对所有23人来说，这些学业承诺的模型比大学前的准备(高中成绩和所学课程)、对女性的歧视、与男性竞争的看法更能预测未来。

二、因果性问题与研究设计

因果性问题旨在建立因果关系，即是否X造成了Y。"因果性研究建立在理论和描述性研究的基础之上。换句话说，对因果效应的探寻不能在真空中进行，最好是已经有稳固的理论基础和广泛的描述性信息来为理解因果关系奠定知识基础。"[①]

---

① [美]沙沃森·汤编；曹晓南等译.教育的科学研究[M].北京：教育科学出版社，2006：101.

探讨因果关系最理想的设计和方法是实验,但是有的环境条件不允许开展严格的实验研究。因此,在回答"是否 X 造成了 Y"这类因果性问题时,大致可以分两种情况进行讨论:第一种情况,当实验对象能被随机分组的时候,且因果假设比较简单,这种情况特别适合于开展随机性实地实验;第二种情况,当随机性实地实验不可行或不合适时,可以采用准实验方法或者运用因果模型来回答复杂的因果性问题。这里之所以把随机性实验研究和其他研究分开,主要是为了显示它们所产生的因果性结论的强弱程度的不同,随机实验与其他方法在因果性结论上的关键区别在于它们的假设在多大程度上可以被验证。基于这个简单的标准,非随机性实验研究比随机性实验研究得出的因果结论要弱,主要是因为影响结果的其他因素在非随机性实验研究中更难控制和测量。[①]

下面我们先看一下第一种情况。20 世纪七八十年代,美国田纳西州关于小班化教学的实验研究是教育领域使用随机分配法估测因果关系(缩减班级人数与教学效果之间关系)的一个突出的例子。当时,美国"一些政策订定者和科学家不愿意用以前的关于减少班级人数的非随机性实验研究作为本州政策决策的主要依据,因为那些研究的对比依赖于统计调整而不是组成在统计上相同的组别,因而无法保证对小班级和大班级学生的公正对比。田纳西州的研究通过将符合要求的学生和教师(随机)分配到不同人数的班级中,做到了统计上的相等。"[②](见案例 4-2)

> **案例 4-2**
>
> **减少班级人数是否可以提高学生成绩?**
>
> 虽然 100 年前就有人研究班级人数与学生成绩之间的关系,但格拉斯和史密斯(Glass and Smith,1978)第一次全面地作了统计综述(元分析,meta-analysis),并得出减少班级人数可以小幅度地提高学生成绩的结论(也见 Glass,Cohen,Smith and Filby,1982;Bohrnstedt and Stecher,1999)。但是,格拉斯和史密斯的研究在许多方面遭到异议(比如 Robinson and Wittebols,1986;Slavin,1989),包括他们所选中的一些研究结果进行元分析(比如,单独辅导、大学班级、不具典型性的小班级)。以后的一些文献综述得出了和格拉斯和史密斯相似的结论(如 Bohrnstedt and Stecher,1999;Hedges,Laine,and Greenwald,1994;Robinson and Wittebols,1986),但也有一些学者未发现一致的证据表明小班级对学生成绩的正面影响(比如 Hanushek,1986,1999a;Odden,1990;Slavin,1989)。
>
> 减少班级人数是否能提高学生成绩?在一片争论声中,田纳西州政府为了解答这个问题,出资进行了一项随机实验,哈佛统计学家莫斯特勒(Frederick Mosteller,1995,p. 113)将这项实验称之为"迄今为止最重要的教育研究课题之一"。共有 79 所学校的 11600 名小学生和他们的老师被随机分配到三种班级中的一个:小班级(13~17 人)、普通班(22~26 人)、配有一个全时教师助手的普通班(22~26 人)。关于这个实验的详细描述见阿基利斯(Achilles,1999)、芬恩和阿基利斯(Finn and Achilles,1990)、福尔杰和布雷达(Folger and Breda,1989)、克鲁格(Krueger,1999)、沃德等(Word et al.,1990)。该实验开始于 1985 年的一批学前班学生并进行了 4 年。三年级后,所有学生都回到普通班。虽然学生们本应该在他们各自的实验组中待 4 年,但并不是所有学生都做到了这一点。有一些学生在一年级时

[①] [美]沙沃森·汤编;曹晓南等译.教育的科学研究[M].北京:教育科学出版社,2006:102.
[②] [美]沙沃森·汤编;曹晓南等译.教育的科学研究[M].北京:教育科学出版社,2006:103—104.

被随机分配到普通班或普通助教班,另有约10%的学生由于各种原因而变换了班级(Krueger and Whitmore,2000)。

这项实验有三个重要发现。第一,小班级的学生成绩高于两种普通班的学生。第二,小班级的益处对于少数民族学生(尤其是黑人)和市区的学生来说要大得多(见 Finn and Achilles,1990,1999；也见 Hanushek,1999b)。第三,虽然学生们在四年级时回到普通班,小班级的益处仍然存在,甚至体现到他们是否参加高考以及高考的成绩(Krueger and Whitmore,2001)。

——资料来源：[美]沙沃森·汤编；曹晓南等译.教育的科学研究[M].北京：教育科学出版社,2006：60—7761

案例 4-2 分析

(1) 研究问题。案例的研究问题是"减少班级人数是否能提高学生成绩?"从研究问题中可以明显看出,研究是要探寻"班级人数"(自变量)与"学生成绩"(因变量)之间的因果关系,属于因果性问题。本研究中的研究对象(学生和教师)是被随机分配到三种不同规模的班级中的,所以符合真实验要求和条件。

(2) 已有研究结论。已有研究存在相互矛盾的结论：一是减少班级人数可以小幅度地提高学生成绩；二是未发现一致的证据表明小班级对学生成绩的正面影响。因此,"减少班级人数是否能提高学生成绩?"这一问题引起广泛争议,也促使田纳西州政府出资对该问题进行研究。

(3) 已有研究方法。关于这一问题,以前的研究大都采用非随机性实验(准实验研究),研究结论的普遍性和可推论性明显不足,因此,令人难以信服。这也是田纳西州政府出面资助这项研究的主要原因。

(4) 研究方法论。本研究属于随机性实验研究(真实验)。这项真实验研究之所以能够得以实施,是与田纳西州政府的大力支持分不开的。关于真实验和准实验的区别,"教育实验研究"一章将详细阐述。

(5) 研究对象。共有79所学校的11600名小学生和他们的老师。

(6) 实验设计。实验设计了三种不同规模的被试组(班级)：小班级(13～17人),普通班(22～26人),配有一个全时教师助手的普通班(22～26人)；三种班级的被试均为随机获得,因为79所学校的11600名小学生和他们的老师是被随机分配到三种班级中的一个。

(7) 研究假设。"减小班级人数能够提高学习成绩"。这是一个方向性假设,但是它的意义并不很清楚,比如,减少班级人数到底是因为什么提高了学生们的学习成绩? 对谁最有利? 这些需要经过研究加以证实和寻找因果关系。

(8) 研究结论。实验研究证实,减小班级人数能够提高学习成绩。除了验证了研究假设是正确的之外,还获得了更多有意义的结论：第一,小班级的学生成绩高于两种普通班的学生；第二,小班级的益处对于少数民族学生(尤其是黑人)和市区的学生来说要大得多；第三,虽然学生们在四年级时回到普通班,小班级的益处仍然存在,甚至体现到他们是否参加高考以及高考的成绩。

接下来,让我们看一下第二种情况,即对于随机化不可行或不合适的情况下如何探寻因果关系。一般我们把这种情况下的教育实验设计称作"准实验"(quasi-experiment)。这种实验不是使用随机法分组,而是在涉及思路上遵循随机分组的逻辑,即在自然条件下,对研究对象做近似等组处理。之所以做这样的设计,是因为在一些社会环境下(如学校),研究者无法具有实验室里才有的控制能力,因而不能任何时候都将研究单位(班级)进行随机分组。①这样得出的因果性推论的可信程度就会降低。但是如果把这种准实验研究与"模型匹配"(model fitting)技术结合并对有关变量建立理论的联系,它们可以得出可信度高的因果性结论。单纯的"准实验"研究和将其与模型匹配相结合的研究的关键区别在于后者提高了因果性结论的可信度和解释力。

这里介绍一个利用模型匹配方法研究教师工资和学生结果之间关系的例子(见案例4-3)。

案例4-3

教师工资和学生结果

哈努谢克(Hanushek,1986,1997)就教育支出对学生结果的影响作了几次全面的文献综述,他发现,并不是所有研究都得出了学生结果与学生人均经费或教师工资相关的结论。格罗格(Grogger,1996)、贝茨(Betts,1995)和奥尔顿齐(Altonji,1998)使用全国性的追踪研究数据得出了相似的结果。

但是洛布和佩奇(Loeb & Page,2000)发现,上述这些研究和其他一些找到学校教育和除教师工资外的教师变量的作用的研究(如Altonji,1988;Ehrenberg & Berwer,1994;Ferguson,1991)之间存在差异。哈努谢克、卡因和里夫金(Hanushek,Kain & Rivkin,1998)发现了教师质量和学生成绩间的可靠关系。对于洛布和佩奇来说,这些结果增加了人们对该课题的困惑。"如果教师质量影响了学生成绩,为什么那些试图用教师工资来预测学生结果的研究得出的结论较弱?"

洛布和佩奇指出,以前的关于教育支出的研究未考虑金钱之外的工作特点和在当地劳动市场可能给未来教师提供的机会("机会成本")。这两个因素都可能影响一个有资格的教师是否进行教学的决定。所以,他们测试了两个不同的模型,一个是常用的"生产-功能"模型,它通过教育支出来预测教育结果,这是以前该领域大多数研究的基础。另一个是改进了的模型,包括了机会成本。他们用传统的"生产-功能"模型得出了与以前研究相同的结论,但是当他们用统计方法考虑了机会成本后,发现将教师工资提高10%可以将高中学生辍学率降低3%～4%。他们认为以前的研究未发现教师工资对教育结果有影响,是因为他们没有充分控制教学的非工资因素以及劳工市场上其他的工作机会。

——资料来源:[美]沙沃森·汤编;曹晓南等译.教育的科学研究[M].北京:教育科学出版社,2006:108—109

案例4-3分析

(1) 研究问题。教师工资是否影响学生结果?试图探寻教师工资与学生结果的因果关系。本研究无法做到将研究对象(具有不同工资待遇的教师和不同结果的学生)进行随机化分组,因此,只能进行非随机实验研究(准实验)。但是单纯的相关关系研究的结果可行度低,对这一问题的解释力较弱。较好的研究设计思路是非随机实验与选择合适的理论模型相结合。

(2) 已有研究结论。教师工资和学生结果之间无因果关系。对这个结论的解释所使用的模型是"生产-功能"模型。但是,洛布和佩奇(Loeb and Page,2000)有了新的发现,他们不同意这一结论。

---

① [美]沙沃森·汤编;曹晓南等译.教育的科学研究[M].北京:教育科学出版社,2006:105.

(3)研究假设。洛布和佩奇认为,传统的"生产-功能"模型,仅考虑了教师工资(自变量)和学生结果(因变量)之间的关系,忽视了在这两者间起作用的变量,如教师的工作特点和其他工作机会,因此,得出教师工资与学习结果之间没有因果关系的结论,如果加进去工作特点和工作机会这两个变量,结论将不一样。因此,洛布和佩奇在"生产-功能"模型中加入了这些机会成本(opportunity costs),并用了一种复杂的方法来控制一个因素,即富裕的家长可能会将孩子送到教师工资较高的学校去。结果发现,将教师工资提高10%可以将高中学生辍学率降低4个百分点。这里也说明了:研究者所做的因果性推论的可信度和解释力很大程度上取决于研究假设是否科学和坚实有力。

(4)研究方法论。准实验研究与修正的"生产-功能"模型相结合。

(5)研究变量。教师工资(自变量1)、工作特点(自变量2)、工作机会(自变量3)、学习结果(因变量)、教师工资水平不同的学校(特别控制的一个无关变量,"富裕的家长可能会将孩子送到教师工资高的学校去"),可以看出,这是一个多因子研究。

(6)研究结论。由上述假设可以看出,使用"生产-功能"模型之所以得出教师工资与学习结果没有因果关系的结论,主要是没有充分控制教学的非工资因素以及劳工市场上其他的工作机会。当考虑进这两个因素后,教师工资提高10%可以将高中学生辍学率降低3%~4%。

三、过程性或机制性问题与研究设计

过程性或机制性问题,要求理解X造成Y的机制和过程,即怎么发生的和为什么发生?在许多情况下,发现某个原因X导致了一个结果Y还不够,因为解释"X是如何导致了Y的"这一重要问题还未得到解答。要回答事情是如何进行的,就需要注意原因产生效果的过程和机制。但是,科学研究也可以朝相反的方向合理地推进,即对机制的探索可以在建立因果关系以前进行。比如,如果一项教育干预影响教育结果的过程得到了理解,研究者常常可以用已知的概率来预测其有效性。在任何一种情况下,过程和机制应该与理论相联系来解释感兴趣的现象。对这类问题的设计,从过程和机制与理论基础的关系来看,可以有两种思考路径:一是理论基础相当雄厚时对因果机制的寻找;一是理论基础薄弱时对因果机制的探寻。下面分别用例子来说明这两种设计路径。先看第一种情况(见案例4-4)。

> **案例 4-4**
> **有效的学校教育:天主教学校和公立学校的对比**
>
> 在19世纪80年代早期两本颇有影响的著作(Coleman, Hoffer, & Kilgore, 1982; Greeley, 1982)激发了长久以来的在教学和政策领域对比天主教学校和公立学校教学效果的争议和辩论。布赖科及同事(Byrk, Lee, & Holand, 1993)总结了10年来的几个研究方向,侧重于了解天主教学校是怎样运作的,以便更好地理解以前的结论并为更广泛意义上的学校改革提供参考。该项追踪研究是使用包括定量和定性的多种方法来就这一复杂课堂产生明确一致结果的优秀范例。它对7所极为成功的天主教学校进行了深入的个案研究,对全国天主教学校作出了概括性描述,并使用了复杂的统计模型匹配技术来评估因果机制。
>
> 这个多层次研究的一个特点是用准实验来比较天主教学校学生和公立学校学生的数学成绩。研究者用了简单的相关性方法,发现学业成绩的社会性分布在天主教学校比在非天主教学校要平均,如天主教学校的少数民族学生和非少数民族学生的学业差距比公立学校

> 要小。为了更好地理解这种学校"种类"差别的可能原因,布赖科及其同事使用了现有的一个丰富的追踪性研究数据来测试是否学校组织中的某些特定可以解释这些差异并预测学校的成功。由于无法将学生随机地分配到天主教学校或公立学校,研究者试图通过统计的方法控制可能解释成绩的社会性分布的其他变量(如学生背景)从而保证公正的比较。他们建立并测试了三个可能的模型来解释天主教学校相对成功的原因:学校类型(天主教学校是私立的,而且建立在精神信仰的基础上);学生组成(天主教学校的学生结构);学校运作(学校运作上的可能影响学校生活的各个特点)。通过用这三个可能的理论机制来分析数据,研究者的结论是天主教学校富有凝聚力的校园生活最能解释其相对的成功性。但是在以下几个方面仍然存在争议,即天主教学校在什么情况下优于公立学校,如何控制选择学校时的家庭差异,以及这些结论对政策的意义。
>
> ——资料来源:[美]沙沃森·汤编;曹晓南等译.教育的科学研究[M].北京:教育科学出版社,110—111

案例 4-4 分析

(1) 研究问题。天主教学校为什么比公立学校的教学效果卓越?天主教学校是如何运作的?从研究问题及案例的研究假设可以得知,这项研究有着比较成熟的关于解释天主教学校运作的理论,因此,也容易在已有理论模型基础上建构新的解释模型。

(2) 研究方法论和研究方法。定量研究和定性研究相结合。对 7 所极为成功的天主教学校进行了深入的个案研究,对全国天主教学校作出了概括性描述,并使用了复杂的统计模型匹配技术来评估因果机制。用准实验来比较天主教学校学生和公立学校学生的数学成绩,使用了简单的相关性方法。

(3) 研究假设。他们建立并测试了三个可能的模型来解释天主教学校相对成功的原因:学校类型(天主教学校是私立的,而且建立在精神信仰的基础上);学生组成(天主教学校的学生结构);学校运作(学校运作上的可能影响学校生活的各个特点)。

(4) 研究结论。天主教学校的富有凝聚力的学校生活最能解释其相对的成功性。

当因果机制的理论基础较为薄弱、受到质疑或未得到充分理解时,可能没有与之匹配的理论模型可以解释研究问题。这时候的探索经常在很大程度上是描述性的,其优势在于它们能够展示不可预见的关系并产生新的知识。下面这个设计的例子(见案例 4-5),其研究的目的是发展并详细阐述儿童学习比率这个数学概念时的理论机制,并通过使用经课堂观察和交流而得到的学习模型,来建立与修改合适的教学任务和评估方法。[1]

> **案例 4-5**
>
> 小学生与比率和比例
>
> 康弗里和拉钱斯(Confrey & Lachance,2000)及同事为了研究学生如何学习比率和比例,用了 3 年时间观察了一个班级的 20 名学生。他们开始时的猜想是有理数的结构

---

[1] [美]沙沃森·汤编;曹晓南等译.教育的科学研究[M].北京:教育科学出版社,2006:111.

(乘、除、比率、比例)与累加性结构(加和减)是不同的,他们认为理解比率的根本在于理解一个相等性的概念,而学生对这个概念很不熟悉。想想一个9岁的孩子可能会如何理解4∶6等于6∶9。研究者用了一系列项目、任务和挑战(如设计一个供轮椅行驶的斜坡或有关外国货币的旅游指南),记录了学生如何从相信乘以2(4∶6=8∶12)或除以2(4∶6=2∶3)可以得到等值,到发现比率单位(描述一组比例等值的最小比率),到能够用比率单位进行加减运算(8∶12=[8+2]∶[12+3]),到能解算任何以熟悉的a∶b=c∶x形式出现的比率和比例题。

这种对学生如何理解比率概念的操作性描述被用来开发教学任务(如计算他们设计的轮椅斜坡的坡度)并观察学生如何解题。课堂录像使研究者在实验过程中和实验结束后能回顾学生和教师的实际对话、行动和主张,从而形成和详细描述对学生如何学习比率的猜想。

同时,他们还比较了该班与其他班级和学校的学生在数学考试中的成绩,并与大规模考试中的测试比率和比例的错误概念的试题进行了对比,该研究的主要科学成果是,通过多年的深入研究改善和丰富了一个关于学习比率和比例的理论模型。

——资料来源:[美]沙沃森·汤编;曹晓南等译.教育的科学研究[M].北京:教育科学出版社,2006:110—113.

案例 4-5 分析

(1) 研究问题。儿童学习比率这个数学概念时的理论机制是什么?或者说,学生是如何学习比率和比例的?

(2) 研究方法论。质性研究。用了3年时间观察了一个班级的20名学生。

(3) 研究具体方法。用了3年时间观察了一个班级的20名学生。研究者设计了一系列项目、任务和挑战,记录学生是如何理解比例和比率的。研究者利用对学生如何理解比率概念的操作性描述开发教学任务(如计算他们设计的轮椅斜坡的坡度)并观察学生是如何解题的。课堂录像使研究者在实验过程中和实验结束后能回顾学生和教师的实际对话、行动和主张,从而形成和详细描述对学生如何学习比率的猜想。比较了该班与其他班级和学校的学生在数学考试中的成绩,并与大规模考试中的测试比率和比例的错误概念的试题进行了对比。

(4) 研究假设。他们开始时的猜想是有理数的结构(乘、除、比率、比例)与累加性结构(加和减)是不同的,他们认为理解比率的根本在于理解一个相等性的概念,而学生对这个概念很不熟悉。

(5) 研究结论。该研究的主要科学成果是,通过多年的深入研究改善和丰富了一个关于学习比率和比例的理论模型。

本章小结

研究设计是在提出研究问题之后,正式实施研究之前,根据研究问题的性质和研究目的,对研究什么、如何研究以及可能的研究结果等,预先进行总体设想和规划的过程。具体而言,一项研究设计需要考虑如下内容:明确研究问题的性质、提出研究假设、确定研究方法、选择研究对象、分析研究变量和形成研究方案等。研究问题决定研究设计,研究设计制约研究结论。教育研究问题大致可以分为相互关联的三大类:描述性问题(正在发生什么)、因果性问题(是否X造成了Y)、过程性或机制性问题(怎么发生的或为什么会发生)。研究设计的思路要符合研究问题的性质和类型。研究假设是联系已有的理论、科学事实对所研究的问题的结果作出有根据的推测或假定性解释,假设具有理论的某些特征。研究假设的提出不但要有科学依据和满足一定条件,而且还要注意提出的假设具有重要意义,即提出有意义的假设。选择研究对象,首先要明确抽样、总体、样本、样本容量和样本误差几个基本概念,采用随机取样的方法使样本能够代表总体。研究变量则是在研究中涉及的随条件的变化而变化的因素,在教育研究中,最重要的、应用最广泛的变量主要有自变量、因变量和无关变量三种类型。选择研究方法首先根据研究问题和目的需要确定研究方法的主色调,然后确定收集资料的方法和分析资料的方法和工具。研究方案是关于如何开展研究的具体设想,它初步规定了研究各方面的具体内容和步骤,是开始进行研究的工作框架。

思考与练习

1. 一位研究者想研究下面这一问题:是否讨论比讲授在增进学生对物理概念的理解上更有效?请写出一个非方向性假设和一个方向性假设,并判断哪个更有意义。

2. 针对上面的研究问题,请写出研究的自变量、因变量和无关变量,并思考将采取何种措施来控制无关变量对研究结果的影响。

3. 针对上面的研究问题,请判断它属于哪种类型的研究问题,并思考如何进行研究设计。

参考文献

[1] 风笑天.社会学研究方法(第二版)[M].北京:中国人民大学出版社,2005.2.

[2] [美]沙沃森·汤编.教育的科学研究[M].曹晓南等译.北京:教育科学出版社,2006.

[3] [美]维尔斯曼(W. Wiersma).教育研究方法导论[M].袁振国,主译.北京:教育科学出版社,1997.

[4] 裴娣娜.教育研究方法导论[M].合肥:安徽教育出版社,1995.

[5] 杨小微.教育研究的理论与方法[M].北京:北京师范大学出版社,2008.

[6] 张红霞.教育科学研究方法[M].北京:教育科学出版社,2009.

第五章 教育问卷调查法

学习目标

1. 了解问卷调查法的概念、类型和优缺点。
2. 理解问卷的编制过程。
3. 掌握问卷调查的实施过程。

问卷调查法是调查者围绕某个主题,将编制的问题以书面的形式发放给被调查者作答,并及时收回和进行信息汇总,以此收集资料和数据的一种调查方法。问卷调查法是教育调查中最常用的资料收集方法,研究者能够获得被调查者行为、态度、价值观等方面的信息。问卷调查法着重掌握教育现象的第一手资料,从中发现教育现象存在的根本原因,并分析、总结和发现教育规律。通过问卷调查法,研究者能够明确教育现状,发现新的教育问题,依据既定的材料和数据有力地揭示教育发展中存在的矛盾和问题,提出科学的、合乎逻辑的教育结论。通过教育问卷调查,能有效的预防教育决策过程中可能出现的偏差和教育工作的盲目性。

第一节 问卷调查法概述

一、问卷的内容与结构

(一)问卷的内容

问卷的内容主要包括被调查者的基本资料、被调查者行为资料、被调查者态度资料三部分。

第一部分的问题设计目的是了解被试的基本情况,例如,性别、年龄、学历、职业、政治面貌等与研究相关的内容,以便深入展开研究和统计分析。如若研究与这些基本信息中的变量无关,则可略去此部分内容。

第二部分的问题设计目的是将被试可能出现的行为描述出来,让被试自行判断,以了解被试已发生或可能发生的行为表现。例如,"我经常去图书馆看书",可供选择答案有5个级别:很不同意、不同意、一般同意、同意、很同意,被试从中选择一个与其实际情况最相符的答案。

第三部分的问题设计目的是了解被试对某些问题或行为的观点、态度、评价等方面的信息,如对学习的期望、对教师惩罚学生的态度等。

一份问卷并不要求同时涵盖以上三部分问题,选择哪些问题取决于研究目的。不论选择哪些问题,尽量尊重被试,不要涉及无关甚至隐私方面的问题。

(二)问卷的结构

一份完整的问卷一般包括封面信、标题、指导语、问题与选择答案、结束语等。

1. 封面信

封面信主要包括向被调查者说明调查者的身份、调查的内容、调查的目的、调查的意义以及希望被调查者合作并表示感谢等内容。封面信在问卷中起着重要作用,与能否说服被调查者参与调查,甚至能否如实填写直接相关。在说明调查者的身份时,尽量写清楚调查者所在单位及职务、单位地址和联系方式等,以提高被调查者对调查者的信任。在说明调查目的和意义时,语言通俗易懂,言简意赅,有利于调动被调查者的积极性。最关键的是要说明对调查结果的保密措施,以消除被调查者的戒心。例如,"本调查以不记名方式进行,根据国家统计法,对统计资料严格保密"。

2. 标题

标题是对问卷内容的高度概括,与研究内容一致,能够使被调查者一目了然。标题的选择要注意对被调查者的影响,避免标题对被调查者产生刺激,例如,"关于大学生心理不健康的现状调查"容易引起心理顾虑。如果研究内容可能对被调查者产生心理刺激,则可不说明调查的真正目的或采用中性标题。

3. 指导语

指导语包括填写问卷的说明和解释、问卷作答的注意事项以及仪器的使用说明等,帮助被试理解问卷的填写方法和要求,应当简洁明了,便于理解,不能带有任何引起被调查者对调查目的有所怀疑的措辞,不能带有研究者主观导向的建议。指导语在调查者与被调查者之间起到沟通作用,保证了问卷调查工作的顺利进行。

具体来讲,指导语在问卷调查中担负着三项功能。首先,指导语可以消除被调查者的顾虑。通过说明调查者的身份、强调调查目的是进行科学研究,说明调查结果无对错之分,且对被调查者的个人信息和隐私严格保密,以取得被调查者的信任。其次,可以激发被调查者回答的意向与动机。通过强调该调查的意义,说明被调查者协作与支持的重要性,以激发其参与调查的动机。最后,简单阐述问卷作答的内容和具体要求、步骤。

例如,以下就是指导语的一个案例:"尊敬的老师,您好:本人是东北财经大学工商管理学院人力资源管理专业的学生,为毕业论文学术研究需要,进行薪酬满意度问卷调查。调查目的是为了客观了解小学教师现行工资制下的教师薪酬满意状况,从而为该县小学教师的教育事业良好发展提供依据。本次调查采用匿名方式进行,收集资料仅供学术研究,资料绝对保密,您可放心填写。请根据实际想法客观回答每一道题。"①

4. 问题与答案

这是问卷的主要部分,也是被调查者所要填写的主要部分,是获取重要信息的来源。问题的视角、顺序、表达和质量对调查结果有直接影响,问题的内容要具体、客观、清晰、通俗易懂而且是被调查者熟悉的。从形式上看,常见的问题类型有封闭式问题、开放式问题和半封闭式问题三种,三者各有优缺点。

5. 结束语

这是问卷的最后一部分,主要包括两个方面的内容:一是给被调查者提出几个开放式问题,由其自由回答,进一步发表自己的看法或提出意见,丰富资料。例如,"请再想一想,您还有什么需要补充的吗?如有,请写在下面。"二是向被调查者表示感谢。例如,"非常感谢您花费宝贵时间完成本问卷!"结束语没有统一格式,可根据问卷内容进行确定。

二、问卷的类型

(一) 自填式与访问式

根据问卷的填制方式和调查方式,可以将问卷分为自填式问卷与访问式问卷。自填式问卷是通过邮寄、电子邮件或分发等方式发放给被调查者由其填答的问卷;访问式问卷是由调查者根据被调查

---

① 姜小岩.小学教师绩效薪酬感知、自我效能感和薪酬满意度的关系研究——以山西省某县为例[D].大连:东北财经大学,2012.

者的口头回答来填写的问卷。这两种问卷虽然具有相似的结构,但是两者的调查对象是不同的。自填式问卷直接面对被调查者,由被调查者填写;而访问式问卷由调查者对被调查者信息整理后进行填写。

(二) 封闭式、开放式与半封闭式

问卷的主体是问题,因此如何设计问题是问卷设计的中心。根据构成问卷的问题类型,可以将问卷分为封闭式问卷、开放式问卷与半封闭式问卷。封闭式问卷主要由封闭式问题构成,开放式问卷主要由开放式问题构成,半封闭式问卷由封闭式问题和开放式问题共同构成。

1. 封闭式

封闭式问卷是指在提出问题的同时,提供与问题相关的若干答案,要求被调查者根据自身实际情况从所给答案中选择。

1) 封闭式问题类型

封闭式问题常用的形式有以下几种:

① 是否式。问题的答案由"是"和"否"两个答案,被调查者从中选出一个。例如,我遇到学习困难总是逃避:A. 是;B. 不是。

② 多项选择式。问题的答案由一系列答案构成,要求被调查者根据自身实际情况作答,答案数量可以不作限制,一般在5个左右。被调查者可以选择一个或多个答案。例如,你最喜欢的课程是:A. 语文;B. 数学;C. 英语;D. 思想品德;E. 美术;F. 体育。

③ 排序式。问题的答案按照一定标准进行排列,如满意程度、重要程度、感兴趣程度等,要求被调查者根据自身实际情况将各项答案进行比较,然后列出先后次序。例如,把下列词语按你喜欢的程度排出顺序,最喜欢的排为1,其次为2,以此类推:善良、勇敢、金钱、美貌、真理。

④ 等级式。问题答案是由一系列等级所构成,要求被调查者根据自身实际情况权衡后作出选择。根据表示等级的方式,可以分为数字式和文字式。数字式,即用数字表示等级。例如,评价学生的注意力状况,以数字1~5表示依次表示"不集中、不太集中、一般、较集中、非常集中"五个等级,被调查者选择任一数字表示自己的实际情况。文字式即用文字来表达等级,例如,"你喜欢提前预习课本吗?"在( )内打对号:非常喜欢( );较喜欢( );一般( );较不喜欢( );不喜欢( )。

2) 封闭式问卷优缺点

封闭式问卷的优点:一是填答方便,省时省力。由于问题答案清晰简明,被调查者仅需选择答案即可,无须花费过多时间和精力,有利于问卷的快速回收,保证了较高的回收率。二是答案精确,便于统计。由于问题答案是精确的,避免了不相干的答案或者无效答案的影响,因此方便进行资料整理和精确处理数据。

封闭式问卷的缺点:一是受答案数量限制,被调查者可能无法选择与自己想法一致的答案而随便选择答案或拒绝选择答案,影响问卷的信度。二是难以了解被调查者选择答案的动机与倾向。

2. 开放式

开放式问题也称非结构式问题,是由问卷设计者提供问题,被调查者自行构思、自由发挥、按照个人意愿回答问题,以问答题型为主的问题,通常适用于研究者不清楚研究结果而想得到较多答案的情况。开放式问题适用范围:一是对研究问题尚不清晰,且没有一致观点,正在探索阶段;二是对研究对象尚不了解,需要通过开放式问题获得需要的信息;三是问题本身不适合运用封闭式问题。开放式问题的特点是没有现成的答案可供选择,要求被调查者将自己的想法用语言表达出来,表达自己对某个问题和现象的看法、态度。例如:"你认为家庭教育对学生发展有什么影响?"开放式问题往往在题后留有空白,以便于被调查者回答。

1) 开放式问卷类型

开放式问题常用的形式有以下几种：

① 自由回答式。提出问题让被调查者自由回答,例如:"你觉得课外实践活动对你学习有什么影响?"

② 言语联想式。提出一个问题,让被调查者回答自由联想得到的东西,例如:"当我们看到'蓝天'时,会联想到'白云',看到'儿童'时,会联想到'糖果',那么看到'汽车'时,你会想到什么呢?"

③ 情境导入式。设计一个现场情景,将被调查者引导进入该情景中进行回答。例如:"如果有一天学生正上着课直接走了出去,面对这种情况,作为教师的你该怎么办?"

2) 开放式问卷优缺点

开放式问题优点。一是有利于对研究问题的深入研究和对研究对象的深入了解。开放式问题适用于在对研究问题和研究对象不了解的情况,因此便于研究者获得关于研究对象更深入的信息,细化研究问题。二是给被调查者留有较大空间,让其有自我表达的机会。被调查者能够充分表达自己想法、充分发挥主动性和创造性。由于回答不受限制,可以搜集到被调查者的真实想法,可获得深入资料甚至意外的效果。

开放式问题缺点。一是由于问题回答不受限制,被调查者文化层次、个人背景等方面存在差异,因此答案可能多种多样甚至与问题无关。二是问题结果是文字性的,不便于统计分析,难以进行精确的定量分析,只能进行定性分析。三是被调查者必须具有一定的语言书写、表达能力和资料分析能力,因此限制了开放式问卷的适用范围。由于开放式问题的作答需要较大时间和精力,被调查者容易拒绝,进而影响问卷的回收率。

3. 半封闭式

半封闭式问题也称综合式问题,同时含有开放式问题和封闭式问题。兼有两种类型问题的特点,既可以限定问题的答案以供被调查者选择,又可以让其自由回答,使调查者获得更全面的信息。半封闭式问题适用范围:一是有些问题答案较多,调查者设计答案时很难全部想到,或者将答案全部列出太繁琐;二是需要进一步了解被调查者的动机、态度或理由。

半封闭式问题有两种形式。一种是在选择答案中增加"其他"选项,让被调查者随意填写,或者再问一个"为什么",让被调查者阐述自己的观点或想法。但值得注意的是如果被调查对象在提交的问卷中较多选择"其他"这个选项,那么说明这种问卷题目编得可能不好。例如,你认为在你的成长中,对你产生最大影响的人是:A. 父亲;B. 母亲;C. 老师;D. 其他。为什么____。另一种是限制答案的数量,对答案内容不加限制。例如,请写出你最喜欢的三门学科。这类问卷在实际调查中运用还是比较广泛的。

三、问卷调查法的优缺点

(一) 问卷调查法的优势

1. 调查对象的广泛性

问卷调查法的突出特点是可以在较短时间内调查数量众多的对象,不受时空所限,在短时间内可搜集大量信息,适用于调查对象数量较大的研究问题。例如,调查留守儿童学习问题、青少年犯罪问题等,如果采取访谈等其他形式会浪费大量资源。

2. 调查结果的可量化性

问卷调查法是将统一的调查内容印制在问卷上,以书面的形式展现在被调查者面前,在问题的表达、顺序和答案类型等方面都具有高度的一致性,问卷中的相关变量易于进行量化分析,在一定程度上避免了问题分析的主观性,提高了准确性。此外,由于问卷采取书面形式,避免了由于被调查者口头表达能力和表达方式的差异而造成的调查结果的误差。

3. 调查过程的简便性

问卷调查法相比访谈法和观察法而言,简便易行,可以选择多种方式灵活进行,如将问卷直接发放或直接邮寄给被调查者,由其进行个别填答或集中填答,无需调查者逐人逐户地收集资料,节省了大量人力、物力、财力和时间,可操作性强。此外,调查时间也可以统一,避免调查时间间隔太长造成结果的误差。

此外,问卷调查过程中,被调查者可以根据自己的时间进行作答,而且一般不要求被调查者在问卷上署名,双方不直接见面,被调查者可无所顾忌地表达自己的真实情况和想法。特别是当涉及较敏感或隐私的问题时,在匿名状态下,研究者可以获得更为真实可靠的信息。

(二) 问卷调查法的局限

1. 对被调查者文化水平有一定要求

被调查者首先必须能够看懂并理解问卷,必须能够阅读、理解问题的含义并领会作答的要求和方法,因此要求其必须具备一定的文化程度。在现实调查中,问卷法在文化程度较低的群体中受限。

2. 问卷作答质量难以保证

问卷作答质量主要受到问卷回收率和答案的真实性影响。由于在问卷调查过程中,问卷是通过发放或邮寄等形式与被调查者联系,调查者与被调查者双方并不直接见面,受到种种因素影响,如被调查者对问卷不感兴趣、问题数量大小、问题过于敏感或隐私等都会影响被调查者的作答质量,进而影响问卷回收率和调查质量。如果回收率过低,问卷就不具代表性,影响问卷的效度。此外,被调查者所回答问题的真伪难辨,影响研究的准确性。

3. 所获信息不够深入

由于问卷中的问题是设计好的,缺乏弹性和灵活性,使得被调查者的作答在一定程度上受到限制,从而导致问卷调查法搜集的资料往往局限于表面,不能就某问题进行深入了解。特别是针对较为复杂的问题,仅凭一次问卷调查难以获得丰富资料。

任何一种研究方法都不是完美的,问卷调查法也有一定的局限性,因此在使用该调查法的时候,应当考虑问题的特性,并适当利用其他调查方法弥补其不足。

第二节 问卷的设计

一、影响问卷调查的因素

(一) 主观因素

问卷调查过程中可能出现系统变异和随机变异的情况,系统变异指的是比较稳定的变异,随机变异则是偶然出现的。

系统变异与被试的主观倾向有关。例如,被试倾向于以符合社会要求的方式答卷和倾向于以默认或接受的方式答题。另外,有的被试希望表现得配合,答题时深思熟虑,造成某种反应偏向。

随机变异主要是由一些偶然因素造成的。例如,被试在进行作答时,身心状态不佳,或者受其他因素的影响,没有如实填写。[1]

---

[1] 胡中锋.教育科学研究方法[M].北京:清华大学出版社,2011.

(二)客观因素

影响问卷调查的客观因素主要指问卷自身的因素和情境方面的因素,问卷的设计、问题的数量、问题的表达和问题的类型等都会影响问卷调查,问卷调查实施的地点、时间、在场人员等也会影响问卷调查。例如,问题数量较多容易引起被调查者身心疲惫、烦躁不安、焦虑、注意力下降,影响问卷调查质量;问题的表达过于专业化,不够通俗易懂易导致被调查者信心不足、兴趣不高,影响作答。如果问卷调查采取的是集体调查的形式,那么被调查者之间易出现相互讨论的行为,导致"从众"现象,使问卷信度偏低,代表性降低。因此,问卷填写情境的控制是保证问卷质量的重要环节。

二、问题设计的原则

一份好的调查问卷,问题是核心,问题的设计需要遵循一定的原则。

(一)合理性原则

合理性指的是问卷必须与调查主题紧密相关。违背了这一点,再精美的问卷都是无益的,问卷问题无论在内容上还是形式上都应围绕研究目的。一份问卷只能围绕一个重要的研究主题,不能同时兼顾多个主题。不同的研究目的和研究对象决定了问卷的问题内容、问题的数量和类型等。问卷的具体形式也要与研究目的相一致,例如,图解式量表比数字式更能表达等级意义和评定连续体的心理距离。

(二)可能性原则

问卷问题除了要遵循围绕研究目的这一原则之外,必须适应被调查者回答问题的能力。问题的选项必须是被调查者能够选择、容易选择的。例如:"上一学年您所教学生中,成绩有所进步的学生占多大比例?""去年您家的恩格尔系数是多少?"这种超越被调查者理解能力、记忆能力、计算能力、回答能力和文化水平的问题,应该尽量避免或者换一种方式来问。

(三)适度性原则

适度性原则是指问题内容和数量应适度。问题内容不要涉及个人隐私或敏感性的内容。例如,宗教信仰、政治倾向等类似问题要避免。在一些有明显社会要求和规范影响的问卷项目上,应尽量掩盖研究目的,采用投射式提问。例如,在有关校长领导行为的研究中,不直接询问校长自己的看法,而是让被调查者对"其他人的想法"作出评定,此时校长会将自己的看法"投射"到"其他人"身上,做出真实反应。问题数量不宜过多或过少。问题过多,虽然可以获得较多信息,但是易引起被调查者身心疲惫、焦虑不安,导致对问卷随意作答,影响问卷作答质量。问题过少,不足以获得所需信息,问卷信度、效度较低,难以达到研究目的。问题答案应适中,不宜过多或过少。问卷填答时间一般在20~30分钟为宜。

(四)明确性原则

明确性原则是指命题是否准确、提问是否清晰明确、便于回答;被访问者是否能够对问题作出明确的回答等。问题表达应简单明了,通俗易懂,避免复杂语句,用语要明确、具体,尽可能避免多重含义或隐含某种假设,尽量不使用专业性语言以免引起被调查者的信心不足和兴趣不高。问题的选项列举要尽量完整,问题之间不要重叠,必须互相排斥,例如:"当你学习遇到困难时首先会找谁? A. 朋友;B. 家人;C. 父母。"由于列举对象不完全、答案之间有重叠,可能导致没有被调查者心目中的答案而随意选择,因此如果不能将问题答案完全列出时,应该加上"其他"一项,以达到完整性的要求。

(五)逻辑性原则

问卷的设计要有整体感,这种整体感即是问题与问题之间要具有逻辑性,独立的问题本身也不能出现逻辑上的谬误。问卷题目的编排应符合被调查者的思维程序,一般遵循由先易后难、先简后繁、先具体后抽象的顺序。例如,问题:

(1) 你通常每日读几份报纸?
a. 不读报;b. 1 份;c. 2 份;d. 3 份以上。
(2) 你通常用多长时间读报?
a. 10 分钟以内;b. 半小时左右;c. 1 小时;d. 1 小时以上。
(3) 你经常读的是下面哪类(或几类)报纸?
a. ×市晚报;b. ×省日报;c. 人民日报;d. 参考消息;e. 中央广播电视报;f. 足球……

在以上的几个问题中,由于问题设置紧密相关,因而能够获得比较完整的信息。调查对象也会感到问题集中、提问有章法。相反,假如问题是发散的、带有意识流痕迹的,问卷就会给人以随意性而不是严谨性的感觉。

(六) 非诱导性原则

非诱导性原则是指避免问题对被调查者产生诱导和暗示。例如:"为了体现教师评价的公平,许多专家呼吁将学生评价加入教师评价中,你赞同吗? A. 赞同;B. 不赞同。"以专家的意见开头,容易引起被调查者无意之下赞同专家的意见,进而使被调查者所选答案不能完全客观地依据自己的想法,从而影响调查结果的科学性。

三、问卷设计的内容

一份完整的问卷一般包括封面信、标题、指导语、问题、结束语等,因此问卷设计的内容主要围绕这几部分进行。其中,以标题、指导语和问题的设计较重要。

(一) 标题的设计

问卷标题首先要考虑到研究目的和研究问题,在进行问卷标题的设计中,研究者头脑中要有清晰的目标体系,并围绕这一目标体系拟定标题。其次,问卷标题不能涉及社会道德问题。最后,标题的表达要清楚、简洁。

(二) 指导语的设计

指导语主要包括:称谓、研究目的和意义、问题作答的要求和步骤、对有关问题的特殊说明、联系人、联系地址等。

(三) 问题的设计

问题的设计除了遵循合理性原则、可能性原则、适度性原则等原则外,还应注意以下两点:一是避免问题中包括两个以上的概念或者事件,例如:"你是否认为大学生毕业后倾向于就业或者继续深造? A. 是;B. 否。"此类问题要分别以两个题目表示,一句话表示一件事物,例如:"你认为大学生毕业后倾向于就业吗?"或者"你毕业后倾向于继续深造吗?"二是避免采取双重否定式问题,例如:"你认为小学生没有不喜欢体育的吗? A. 是;B. 否。"此类采取双重否定式的问题往往使被调查者一下子难以理解,影响作答。应该尽量把问题主旨直接明了地表达出来,例如:"你认为小学生都喜欢体育吗?"

问题设计好后,问题的排序如何体现科学性、合理性,是值得思考的问题。首先,问题的编排应遵循由近及远的时间顺序。其次,问题的编排应遵循由浅入深、由难到易的顺序,将容易引起被调查者作答兴趣的问题和被调查者熟悉的问题放在被调查者生疏的问题前。最后,半封闭式问题和开放式问题应放在封闭式问题之后,因为半封闭式问题和开放式问题相比封闭式问题作答时间较长。

问题的设计及其编排都很重要,是体现一个问卷质量和影响问卷调查效果的关键。

四、问卷设计的程序

问卷的设计应遵循一定的程序。

(一) 探索阶段

这是问卷设计的第一个阶段,是根据研究目的与问题假设,确定所要收集的资料并进行资料的收集,即将调查内容转换为具体的问题。探索阶段的主要目的在于通过探索性的工作来掌握问题的基本情况,对问题的设计和答案的设计形成一个初步的认识。探索性工作可以通过多种形式展开,主要包括座谈会、个别访谈、实地考察等形式。研究者围绕研究问题和研究目的,与调查对象交谈并进行观察,以初步设计问卷问题,避免由于不了解问题情况而产生模糊问题、歧义问题及与实际不符的问题。探索阶段既是进行问卷设计的基础,也是问卷调查工作顺利展开的关键。

(二) 问卷的初步设计

问卷初步设计是在探索阶段的基础上进行的,在探索阶段的基础上,初步确定问卷的问题及答案、问卷实施的方式、问卷资料统计和分析方法等。每一部分都应尽量详尽,以应对问卷调查过程中出现的各种突发情况,灵活变化。

(三) 问卷的试用和修改

在初步确定的问卷相关内容基础上,撰拟问卷的标题和指导语、问卷的问题和答案,将问卷完整地呈现出来。问卷的试用在问卷设计中有着重要意义,问卷必须经过至少一次的试用才能用于正式的调查。通过试用,可以及时发现一些潜在的错误和缺陷并进行修改。问卷的试用主要采取两种方法:一是客观检验法,即将问卷初稿发放给随机抽取的样本,进行问卷试用;二是主观评价法,即将问卷初稿送给该研究领域的专家、研究人员或典型的被调查者,请其进行分析,根据他们的经验和评论进行修改。通过以上两种途径,问卷初稿经过一次或多次修改可用于正式调查。

第三节 问卷调查的实施

问卷设计好后,开始实施问卷调查。问卷调查应遵循一定的程序,要保证实施过程的科学、有序和高效,才能充分发挥问卷的作用,最终获得研究所需信息,从而得出合理的研究结论。问卷调查一般包括被试的选择、发放问卷、回收问卷、整理问卷和分析问卷等一系列的过程。

一、选择被试

问卷调查的过程简单表示为:调查者—问卷—被调查者,可见问卷调查过程有两个关键因素,一是调查者,即编制问卷的研究者或直接应用者,二是被调查者,即调查的研究对象。因此,问卷调查实施之前最关键的一项工作就是选择被调查者,即被试。对被试的选择要求有两个:

1) 被试样本具有一定代表性

即所选择的的样本必须能够体现调查对象和调查问题的特点。例如,研究济南市初一学生的学习态度问题,并在济南市某一学校的初一年级抽取了 500 人进行研究,这个样本容量虽然较大,但是样本代表性不足。因为研究的范围是济南市全部初一学生,所选取的某一所学校初一学生并不能代表济南所有学校初一学生。

2) 样本容量大小适宜

样本容量究竟多大合适,与许多因素有关。首先,样本大小与研究目的有关,如果想将研究结论推广到更大范围,则样本应该相对大些。例如,研究关于某高中尖子班学生学习压力问题,那么只能从该学校尖子班学生这个总体中抽样,而且样本不会很大,即使将尖子班学生这一总体都抽取出来,样本仍不会很大。此外,样本容量的选择还与一些客观条件有关,如研究经费是否充足、研究者个人能力等。因此,样本容量的选择没有统一的规定,具体情况具体分析。而且在实际调查过程中,要考虑到可能会出现的种种困难,例如被调查者的配合、时间安排而导致被试的缺失等问题,并做好补救计划。

二、发放问卷

发放问卷也是影响问卷调查质量的重要环节,发放问卷并不只是将问卷发给被调查者,如何发放问卷、如何控制填写问卷的情境等都是必须要考虑的因素。问卷发放的形式有邮寄、个别发放、集体发放等,问卷发放形式的选择要有利于提高问卷的填答质量和问卷回收率。发放问卷要注意以下几点:一是发放问卷最好是利用调查对象集中的机会,这样效率比较高,而这种机会一般是通过委托与调查对象关系亲密的人作为联系人进行联系;二是发放问卷最好是调查者亲自到问卷发放现场进行解释,这都有利于问卷填写质量和问卷回收;三是发放问卷应与调查对象或其所在单位、组织进行联系,征得同意,并商议时间、地点;四是控制问卷填答的情境,避免被调查者相互交流、讨论、抄袭,保证问卷的信度和效度。

三、回收问卷

问卷的回收情况直接影响问卷回收率,从而影响问卷质量。被调查者完成问卷填答后,调查者进行回收。问卷回收时,必须当场检查问卷填写情况,如果有空填、漏填或明显的错误,应及时更正,提高问卷的质量。问卷回收后,要计算问卷回收率。有相关研究测定,回收率50%是送发问卷的最低要求,回收率在70%以上是较成功的问卷发送,如果问卷回收率低于50%,则问卷调查是失败的。

提高问卷回收率可以通过多种方式,例如,调查者可以到调查现场亲自解释并进行鼓励,以调动被调查者积极性和激发兴趣,或者给被调查者发放一些小礼品表示感谢等。

四、整理问卷

回收问卷后,要对问卷进行系统的整理。问卷整理主要包括审核、编码、数据录入等一系列步骤。首先,对问卷进行审核就是将不准确、不必要的数据剔除,以保证数据的质量,避免数据录入时的人力、资源的浪费。审核需要从形式上和内容上进行,从形式上审核问卷的有效性和真实性,剔除无效问卷。无效问卷类型包括选择单一选项、漏答超过1/3、随意填答、多人同种答案。[①] 从内容上审核问卷包括题目的回答是否合乎答题规范,是否按照指导语进行等方面。

其次,对问卷应进行编码,即将问卷问题的答案用代码表示,以便对被调查者给出的答案进行录入。经过对问卷的编码和转换处理,回收问卷中的一个个具体答案便转换成为具体的数字。为了减少资料转换工作过程带来的误差,保证数据的质量,研究者在进行数据录入前需要编制编码手册。

最后,将数据输入电脑进行分析。数据输入的过程最好一次性完成,该过程应细致、谨慎,以免数据输入错误影响研究结果。因为一旦数据输入错误,很难检查出来,浪费人力、资源。在数据录入过程中,要及时将已完成的工作进行备份,以免由于系统或人为原因造成数据遗失。

五、分析问卷

在对所回收的问卷进行审核、编码、数据录入等操作后,需要对问卷进行系统的统计分析,揭示问卷调查所得到的信息,进而得出调查结论。统计分析方法按照变量的多少划分为单变量分析、双变量

---

① 李晔,刘华山.问卷调查过程中的常见问题与解决办法[J].教育研究与实验,2006(2):61—64.

分析和多变量分析。统计分析常用的软件有 SPSS 统计软件（Statistical Package for the Social Science，即社会学统计程序包）、SAS 统计软件（Statistical Analysis System，即统计分析系统）等。

分析问卷需要注意以下问题：一是对问卷进行的统计分析应该是问卷调查初试阶段已经确定的，不是临时决定的。二是对问卷进行的统计分析应当建立在调查者对统计分析软件的熟练掌握基础上。这一过程可以通过专业人士的指导或者聘请数据处理的专业人员来进行。三是当根据统计分析结果来解释研究结论时，务必密切联系数据，用数据证明，使之发挥应有的作用。以上三点主要是针对问卷中的封闭式问题，值得强调的是，问卷中若有开放式问题，则需额外进行定性分析，定性分析主要通过归纳、概括的方法得出相应结论。

第四节 问卷的信度与效度分析

问卷的效度与信度是衡量调查者所使用的调查问卷的有效性、可信性的重要指标。在问卷设计过程中有一个重要的步骤就是试测，即通过试用问卷，检测问卷的信度、效度，并根据存在的问题进行问卷的修改。因为只有使用拥有较高信度、效度的调查问卷才能获得更值得信赖、更有价值的调查结果。前面我们了解了统计软件 SPSS，本节除了介绍问卷信度、效度外，还将结合 SPSS 软件的使用学会分析操作。

一、问卷的信度

信度，又称为可靠性，问卷的信度是指问卷的可靠性程度，即同一个测验对同一组被试施测两次或多次，所得结果的稳定性和一致性程度。例如，我们用尺子去测量桌面的长度，如果今天测量的结果与明天测量的结果不同，那么我们就会对测量工具尺子产生质疑，说明尺子的可信度低。同理，在使用调查问卷进行研究时，我们首先要保证问卷的科学性和有效性，如果多次施测的结果相同，说明问卷的稳定性好，信度高；相反，则说明问卷的稳定性差，信度低。

（一）信度的概述

1. 信度的数学概念

在测验结果中，我们把被试在测验中得到的分数称为实得分数，记作 X，被试在所测特质上的客观水平称为真分数，记作 T，实得分数与真分数之间的差称为测量误差，记作 E。一个测验的实得分数（X）应等于真分数（T）与测量误差（E）的和，即实得分数＝真分数＋测量误差：

$$X = T + E \quad (式5\text{-}1)$$

如果在一次测验中，测量误差是随机的，并且与真分数无关，那么由上述公式可以推导出实得分数的方差（σ_X^2）等于真分数的方差（σ_T^2）与测量误差的方差（σ_E^2）之和：

$$\sigma_X^2 = \sigma_T^2 + \sigma_E^2 \quad (式5\text{-}2)$$

由上述公式，我们可以给信度下统计学定义：信度是被试测验的真分数方差与实得分数方差之比：

$$r_{XX} = \frac{\sigma_T^2}{\sigma_X^2} \quad (式5\text{-}3)$$

式中，X 为实得分数，T 为真分数，E 为测量误差，σ_T^2 为真分数的方差，σ_X^2 为实得分数的方差。

2. 信度的类型

信度实际上是反应测验随机误差的指标，由于测验中引起随机误差的原因多种多样，所以信度的估算方法也不尽相同，主要有以下几种。

1）重测信度

用同一个测验，在一定时间间隔后，对同一组被试进行第二次施测。其大小等于被试在两个不同时间测验所得分数的相关系数。

2) 复本信度

用内容、难度、题型等基本一致的两套测验工具,对同一批被试进行测验。其大小等于被试在两个复本测验上所得分数的相关系数。

复本测验有两种方式,一种是同时测试,另一种是延时测试。同时测试是用复本测验对同一组被试在同一时间内连续施测,所得的信度系数称为等值性系数。延时测试是相隔一段时间后施测,所得的信度系数称为等值稳定性系数。

3) 内在一致性信度

是衡量调查问卷内部所有题目间一致性程度的指标。

(1) 分半信度。测验后对问卷的测验项目按奇偶或其他标准分成两半,分别记分,以两半分数之间的相关系数作为信度系数。

(2) 同质性信度。问卷中各题之间的一致性程度。估计同质性信度的方法主要是 Cronbach's Alpha 系数(克伦巴赫系数)。

4) 评分者信度

多位评分者对同一被试的作答进行评分的一致性程度。

3. 信度系数

信度系数是衡量问卷信度的量化值,信度系数的取值在 0~1 之间,信度系数越大,说明问卷的信度越高。一般认为,如果问卷的信度系数在 0.9 以上,表明问卷的信度非常好;如果问卷的信度系数在 0.8~0.9 之间,表明问卷的信度比较好;如果问卷的信度系数在 0.7~0.8 之间,表明问卷是可以接受的;如果问卷的信度系数小于 0.7,表明问卷需要进行修改或抛弃某些题目。

4. 影响信度的因素

在实际调查过程中,由于调查方法的使用不当或其他因素的干扰,导致问卷信度受到影响。影响问卷信度的主要因素有:

(1) 抽样调查的样本容量大小。

(2) 由于样本典型性不够等抽样方法不当引起较大的抽样误差。

(3) 所使用的测量工具不当或不全面。

(二) 信度的 SPSS 操作步骤

1. 数据介绍

我们以数据库"统计焦虑"为例,该数据库来源于刘淑杰、孟令奇和 Anthony J. Onwuegbuzie 的 *Examination of the score reliability and validity of the statistics anxiety rating scale in a Chinese population: Comparisons of statistics anxiety between Chinese college students and their Western counterparts*,数据库包括 55 个变量,分别是"university""major""grade""total"以及 51 个题项的得分,题项标记为 q1—q51。

2. 操作步骤

(1) 打开数据文件"统计焦虑.sav",依次选择"Analyze→Scale →Reliability Analysis",如图 5-1 所示。

(2) 弹出 Reliability Analysis 对话框,选择左侧源变量中的 q1—q51,也就是调查问卷中的 51 个题项,单击按钮,放入右侧"Item"变量框内,如图 5-2 所示。

(3) 单击 Reliability Analysis 对话框中的"statistics"按钮,弹出 Reliability Analysis:statistics 对话框,其中

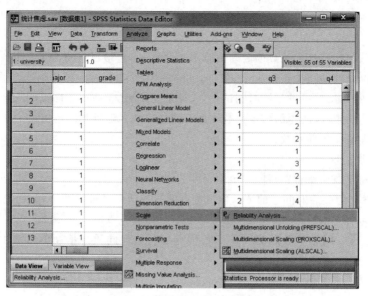

图 5-1 "统计焦虑"对话框

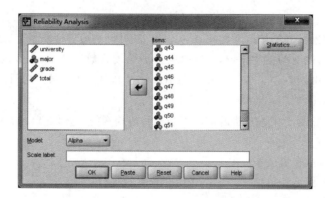

图 5-2 "信度分析"对话框

"Descriptive for"(描述性)复选框包括"Item"(项)、"Scale"(度量)、"Scale if item deleted"(如果项已删除则进行度量)三项,主要用来生成描述统计量。

"Inter-Item"(项之间)复选框中包括"Correlations"(相关性)、"Covariance"(协方差)两项。

"Summaries"复选框中包括"Means"(均值)、"Variances"(方差)、"Covariances"(协方差)、"Correlation"(相关性)四项,主要用于设置标度中所有项的统计量。

"ANOVA Table"复选框包括"None"(无)、"F test"(F检验)、"Friedman chi-square"(Friedman卡方)、"Cochran chi-square"(Cochran卡方)四项,用于选择方差分析的方法。

本案例中选择"Item""Means",其他不变,如图 5-3 所示,单击"Continue"按钮,返回到图 5-2。

(4) 在图 5-2 下方的"Model"(模型)下拉菜单中,是各种计算相关系数的方法,包括"Alpha""Split half""Guttman""Parallel""Strict Parallel",其中最常用的是"Alpha",即 Cronbach's Alpha 系数(克伦巴赫系数)。本案例中也选择"Alpha"。

(5) 单击"OK"按钮,结果将显示在浏览器中,如图 5-4 所示。

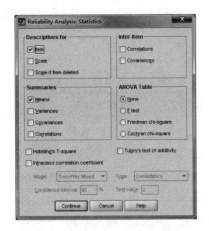

图 5-3 "信度分析:统计量"对话框

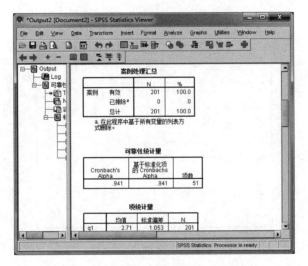

图 5-4 信度结果

(6) 结果解释。在浏览器中,我们可以看到三个表格,分别是
① 案例处理总汇表

表 5-1 案例处理总汇表

案例处理汇总		N	%
案例	有效	201	100.0
	已排除[a]	0	.0
	总计	201	100.0

a. 在此程序中基于所有变量的列表方式删除。

该表显示了在可靠性分析中参与分析的观察量的数量和缺失值。本案中参与分析的观察量为201个,数据全部有效,无缺失值。

② 可靠性统计量表

表 5-2 可靠性统计量表

可靠性统计量		
Cronbach's Alpha	基于标准化项的Cronbachs Alpha	项数
.941	.941	51

该表显示了 Cronbach's Alpha 系数、基于标准化项的 Cronbach's Alpha 系数和项数。我们要看的数据是第一个 Cronbach's Alpha 系数,此案例中 Cronbach's Alpha 系数为 0.941,接近于 1,说明该调查问卷稳定性很好,信度很高。

③ 项统计量表

表 5-3 项统计量表

	项统计量		
	均值	标准偏差	N
q1	2.71	1.053	201
q2	1.99	1.030	201
q3	2.06	1.005	201
q4	2.05	1.062	201
q5	2.09	.965	201
q6	2.04	.976	201

该表只显示了部分题项统计量表,从表中我们看出,这是对 51 个题项的均值、标准差、观察量进行的描述。

二、问卷的效度

(一) 效度的概述

效度,指测量工具的有效性程度,即一个测量工具能在多大程度上测量出其所要测量的目的和意图。如果一个测量工具能在很大程度上达到它的测量目的,那说明该测量工具的效度高,相反,效度则低。任何测量工具都是根据一定目的选择或编制的,所以是有其适用范围的。对于任何一种目的、功能和使用范围都有效的测验是不存在的。① 同理,一个测量工具不可能完全有效,也不可能完全无效。

1. 效度的数学概念

我们已知:实得分数=真分数+测量误差

$$X = T + E$$

---

① 王孝玲.教育测量[M].上海:华东师范大学出版社,2005:64.

真分数又可进一步分解为目标真分数(V)和非目标真分数(I),所以,真分数等于目标真分数与非目标真分数的和,所以实得分数＝目标真分数＋非目标真分数＋测量误差：

$$T=V+I$$
$$X=V+I+E$$

由上述公式可推导出：

$$\sigma_X^2=\sigma_V^2+\sigma_I^2+\sigma_E^2$$

根据上述公式,我们可以给效度下统计学定义：效度是被试测验的目标真分数方差与实得分数方差之比：

$$r_{XY}^2=\frac{\sigma_V^2}{\sigma_X^2}$$

2. 效度的类型

1）内容效度

所谓内容效度是指测验的内容对所要测量的内容的代表性程度。在教育研究中,内容效度比较适合应用于学生的成就测验。在成就测验中,内容效度就是看试卷的题目对教学目标的代表性程度。

一个测验要具备较高的内容效度必须满足两个条件：

(1) 欲测的内容范围必须界定明确。

(2) 测验项目应是所界定的内容范围的代表性取样。

确定内容效度的方法主要有专家判断法（逻辑分析法）,由专家对测验项目与所涉及的内容范围进行推理、判断,通常运用内容-目标双向细目表。

2）效标关联效度

效标关联效度指将测验的结果与一个已有的、客观的标准进行比较,看测验结果与已有标准的一致性程度。这个已有的、客观的标准叫做效标,它是衡量测验有效性的外在标准。

根据测验和获得效标的时间关系,可将效标关联效度分成两种：

(1) 同时效度。测验的结果和效标同时获得,即可以对同一被试同时进行两种测验,一种是普遍认可的标准化测验,另一种是实验测验,以第一种测验结果为标准,看第二种测验结果与其一致性程度。

(2) 预测效度。即在测验结果获得之后,才获得效标。主要看之前的测验与现在标准的关系。

效标关联效度的数量化表现称为效标关联效度系数,指测验分数与效标分数的相关系数。

3）结构效度

结构效度是指一个测验在多大程度上符合其所用的理论。该理论能体现出人们外部行为表现的内在心理特征,而这些心理特征是无法直接观察和直接测量的,所以需要假设其存在,然后用结构效度,探究这种假设理论的合理性。

结构效度的检验方法主要有因子分析法、多元特质多重方法矩阵。在本节,我们将为大家演示因子分析的 SPSS 操作过程。

3. 影响效度的因素

影响问卷效度的主要因素有：

(1) 调查内容与调查目的的相关程度。若调查内容与调查目的关系不大或涉及无关内容较多,试题的编制不符合测量目的,则效度较低。

(2) 问卷问题模糊不清,测验的指导语不明确,试题难度不合适,试题的编排不合理,问题的答案排列具有明显的规律性等,都会影响测验的效度。

效度和信度作为测验质量的核心,两者既有区别又有联系。信度是效度的必要不充分条件,也就是说信度高,效度不一定高,但是效度高,信度一定高。问卷的信度和效度是保证问卷质量的关键。一份好的问卷必须具有较高的信度和效度,只有这样才能保证调查出来的结果是可靠的。

(二) 结构效度的 SPSS 操作

1. 因子分析的概述

因子分析属于结构效度的一种检验方法,它的目的是对问卷中的所有题目根据其相关程度进行分类,将反映某一特质的题目归为一类,研究者可根据该类题目的主要特征进行命名。例如本案例中,我们使用的问卷是测量学生统计焦虑,一共 51 个题目,这 51 个题目可以根据其测量内容的不同,划分为不同方面,有的题目测量焦虑的来源,有的题目测量学生对统计的感受。利用 SPSS 进行因子分析,我们可以很清楚地看到这些题目的分类,以便于我们进行下一步的研究,SPSS 提取出的因子我们称为主因子。主因子应具有以下特点:

(1) 主因子的个数必定少于原有变量的个数。

(2) 主因子的特征能够代表原有变量的绝大部分特征。

(3) 主因子之间并没有明显的线性关系。

(4) 主因子具有命名解释性。

2. SPSS 的操作步骤

(1) 打开数据文件"统计焦虑.sav",依次选择"Analyze→Dimension Reduction →Factor",如图 5-5 所示。

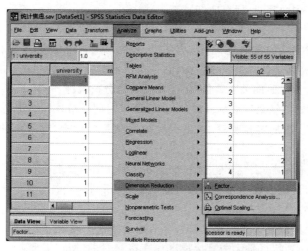

图 5-5 "统计焦虑"对话框

(2) 弹出 Factor Analysis 对话框,将左侧要进行分析的变量放入右侧"Variables"变量框内。本案例中,选择左侧源变量中 q1—q51,单击 ![arrow] 按钮,放入右侧"Variables"变量框内,如图 5-6 所示。

(3) 在 Factor Analysis 对话框中,单击右侧"Descriptive"(描述)按钮,弹出 Factor Analysis:Descriptive 对话框,如图 5-7 所示。在该对话框中,包括两个复选框:

① "Statistics"(统计量):该复选框用来输出变量的统计量。

② "Correlation Matrix"(相关矩阵):该复选框用来输出相关矩阵,检验变量是否适合进行因子分析。通常情况下,我们选择"KMO and Bartlett's test of sphericity"。如果 KMO 值>0.9,非常适合

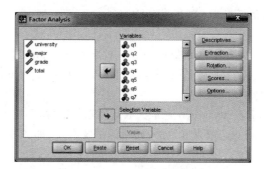

图 5-6 "因子分析"对话框

因子分析;0.8<KMO 值<0.9,适合因子分析;0.7<KMO 值<0.8,一般;0.6<KMO 值<0.7,不太适合因子分析;KMO 值<0.6,不适合因子分析。如果 Bartlett 的球形度检验的 Sig<0.05,也说明适合因子分析。

本案例中选择"KMO and Bartlett's test of sphericity",其他的不变,单击"Continue"按钮,返回到图 5-6。

（4）在 Factor Analysis 对话框中,单击右侧"Extraction"（抽取）按钮,弹出 Factor Analysis：Extraction 对话框。

① "Method"（方法）下拉菜单用于选择因子提取的方法,系统默认"Principle Components"主成分分析法。

② "Analyze"（分析）复选框中,包括"Correlation matrix"相关性矩阵和"Covariance matrix"协方差矩阵。系统默认"Correlation matrix"相关性矩阵。

③ "Display"（输出）包括"Un-rotated factor solution"未旋转的因子解和"Scree plot"碎石图,系统默认第一个。

④ "Extract"（抽取）包括"Based on Eigenvalues"基本特征值,系统默认为"1";"Fixed number of factor"因子的固定数,读者可以根据研究需要自己输入想要提取的主因子个数。

⑤ "Maximum Iteration for Convergence"最大收敛性迭代次数,系统默认"25"。

本案例中,我们选择"Principle Components"主成分分析法,"Correlation matrix"相关性矩阵,"Un-rotated factor solution"未旋转的因子解,"Scree plot"碎石图,输入固定因子数"6"（这是笔者根据多种方法确定的结果）,其他不变,如图 5-8 所示。单击"Continue"按钮,返回到图 5-6。

图 5-7 "因子分析:描述统计"对话框

图 5-8 "因子分析:抽取"对话框

（5）在 Factor Analysis 对话框中，单击右侧"Rotation"（旋转）按钮，弹出 Factor Analysis：Rotation 对话框。

① "Method"（方法）复选框是进行旋转的方法，一般选择"Varimax"最大方差法。

② "Display"（输出）复选框中包括"Rotated solution"旋转解和"Loading plot"载荷图，系统默认第一个。

③ "Maximum Iteration for Convergence"最大收敛性迭代次数，系统默认"25"。

本案例中，我们选择"Varimax"最大方差法，其他的系统默认，如图 5-9 所示。单击"Continue"按钮，返回到图 5-6。

（6）在 Factor Analysis 对话框中，单击右侧"Scores"（因子得分）按钮，弹出 Factor Analysis：Factor Scores 对话框。用于计算因子得分，并保存为变量。

① 如果选择"Save as Variables"保存为变量，SPSS 会自动生成一个新的因子得分变量。其中"Method"（方法）复选框中，系统默认计算因子得分的方法为"Regression"回归。

② 如果选择"Display factor score coefficient matrix"显示因子得分系数矩阵，结果就会输出因子得分系数矩阵和因子得分之间的相关性矩阵。

本案例中，选择"Save as Variables"保存为变量，其他的不变，如图 5-10 所示。单击"Continue"按钮，返回到图 5-6。

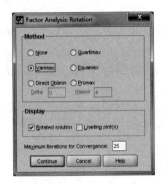

图 5-9 "因子分析：旋转"对话框

图 5-10 "因子分析：因子得分"对话框

（7）在 Factor Analysis 对话框中，单击右侧"options"（选项）按钮，弹出 Factor Analysis：Options 对话框。该对话框的目的是为了使结果的输出更简便，容易看懂。

① "Missing Values"缺失值，系统默认"Exclude cases listwise"按列表排除个案。

② "Coefficient Display Format"系数显示格式，一般选择"Sorted by size"按大小排序。"Suppress small coefficients"的作用是在旋转成分矩阵中，只显示属于某一主因子的载荷值，以便研究者查看，读者可在第一次输入 0.3，但要根据旋转成分矩阵的实际结果，进行修改，避免遗漏数值。

本案例中，选择"Sorted by size"按大小排序，在"Suppress absolute value below："中输入 0.3，其他不变，如图 5-11 所示。单击"Continue"按钮，返回到图 5-6。

（8）单击"OK"按钮，结果将显示在浏览器中，如图 5-12 所示。

图 5-11 "因子分析：选项"对话框

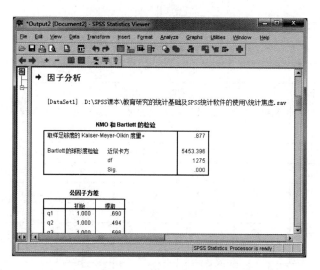

图 5-12 因子分析结果

（9）解释结果

① KMO 和 Bartlett 的检验表

表 5-4　KMO 和 Bartlett 的检验表

KMO 和 Bartlett 的检验		
取样足够度的 Kaiser-Meyer-Olkin 度量		.877
Bartlett 的球形度检验	近似卡方	5453.396
	df	1275
	Sig.	.000

表中显示 KMO 值为 0.887，根据我们上述所讲的 KMO 的取值范围，说明此处适合作因子分析。并且，Bartlett 的球形度检验的 $Sig=0.000$，表示 $p<0.05$，也说明适合作因子分析。

② 公因子方差表（部分）

表 5-5　公因子方差表（部分）

公因子方差		
	初始	提取
q1	.000	.627
q2	1.000	.318
q3	.000	.409
q4	1.000	.500
q5	1.000	.398

因为表格过长，涉及 51 项，所以在此只为大家展示部分。该表表示的是所提取的因子对原有变量的代表性程度，分为 3 列，第一列是参与因子分析的题项；第二列为初始值，我们发现每一个变量的初始值都是 1；第三列为提取值，该数值越大，说明该变量越适合作因子分析。

③ 解释的总方差表(部分)

表 5-6 解释的总方差表(部分)

成分	解释的总方差								
	初始特征值			提取平方和载入			旋转平方和载入		
	合计	方差的 %	累积 %	合计	方差的 %	累积 %	合计	方差的 %	累积 %
1	13.426	26.326	26.326	13.426	26.326	26.326	7.914	15.518	15.518
2	5.492	10.768	37.094	5.492	10.768	37.094	7.167	14.052	29.570
3	2.500	4.902	41.996	2.500	4.902	41.996	3.836	7.521	37.091
4	1.870	3.667	45.663	1.870	3.667	45.663	3.385	6.637	43.728
5	1.706	3.345	49.008	1.706	3.345	49.008	2.241	4.393	48.121
6	1.524	2.987	51.995	1.524	2.987	51.995	1.976	3.874	51.995
7	1.462	2.866	54.861						
8	1.266	2.483	57.344						
9	1.203	2.360	59.704						

该表显示了因子贡献率的结果,包括初始特征值、提取主因子的结果、旋转后的结果。其中"合计"为因子的特征值,"方差的%"为该因子特征值占总特征值的百分比,"累计%"为以上因子特征值的累计和占总特征值的百分比。在本案例中,表格显示了 SPSS 根据我们输入的固定因子数抽取了 6 个主因子,每个主因子的特征值必须大于 1;"累计%"为 51.995%,说明这 6 个主因子的特征值之和占总特征值的 51.995%,也就是提取 6 个主因子可以说明原变量的 51.995%的信息。

④ 碎石图

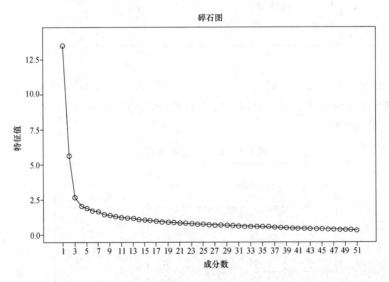

图 5-13 碎石图

碎石图的作用是为我们提取主因子的个数提供一个参考,我们可以根据碎石图的陡斜程度,加上解释的总方差表,来确定最终提取的主因子个数。在碎石图中,提取的主因子一般都在非常陡的斜率上,而处于平稳斜率上因子的解释率比较低。本案例中,从该碎石图上我们可以看出,从第 6 个因子开始,碎石图的斜率变得平缓,所以我们选择提取 6 个主因子。但是根据碎石图作出的判断是主观的,每个人都会有不同的看法,研究者要根据多方面实际情况,最终确定主因子个数。

⑤ 成分矩阵表(部分)

表 5-7 成分矩阵表(部分)

	成 分					
	1	2	3	4	5	6
q37	.751	−.303				
q42	.688	−.405				
q26	.640	−.313				
q40	.633	−.420				
q35	.619	−.343				
q36	.612	−.352				
q41	.608	−.352				
q4	.605					
q43	.604	−.317				
q10	.602		−.596			
q34	.595	−.336				

此处的成分矩阵表只为大家显示了部分,全部的表格是 51 个变量和提取的 6 个主因子。成分矩阵给出的是通过主成分分析法得出的未旋转的因子载荷值,但是为了更好的说明因子的含义和包含的变量,要进行因子旋转,也就出现下面的旋转成分矩阵。

⑥ 旋转成分矩阵

表 5-8 旋转成分矩阵

旋转成分矩阵[a]						
	成分					
	1	2	3	4	5	6
q42	.758					
q29	.749					
q40	.747					
q50	.734					
q41	.724					
q26	.688					
q49	.687					
q27	.677					
q28	.664					
q37	.579		.338	.421		
q43	.550					
q35	.499			.423		
q24	.480			.433		
q31	.465			.435		

续表

	1	2	3	4	5	6
q45	.457				.443	−.302
q33	.424				.319	
q18		.735				
q19		.734				
q6		.727				
q20		.712				
q23		.679				
q14		.633				
q5		.591				
q12		.591				
q16		.578				
q9		.574				
q11		.574	.324			
q21		.540		.316		.322
q17		.530				
q2		.492				
q7		.488			.309	
q22		.448	.396			
q3		.398		.353		
q10			.813			
q8			.772			
q1			.732			
q15		.392	.655			
q4		.411	.430	.327		
q25	.305		.343	.336	.301	
q51		.305		.630		
q38		.349		.622		
q39				.584		
q36	.436		.316	.442		
q46					.529	
q47					.520	
q48					.489	
q44	.379				.446	
q32	.353					.641
q30	.336					.637
q13		.384	.313			.481

提取方法：主成分分析法。

旋转法：具有 Kaiser 标准化的正交旋转法。

a. 旋转在 8 次迭代后收敛。

旋转成分矩阵给出的是经过旋转的因子载荷图。由于我们在操作时,选择了取消显示 0.3 以下的载荷值,所以该表中的载荷值全部在 0.3 以上,SPSS 会根据载荷值的大小进行排序。从该表中,我们可以看出,主因子 1 包括 16 个变量,也就是旋转成分矩阵表的前 16 个条目,其中载荷值最小的为 q33,0.424。主因子 2 包括 17 个变量,其中载荷值最小的为 q3,0.398。主因子 3 包括 6 个变量,其中载荷值最小的为 q25,0.343。主因子 4 包括 5 个变量,其中载荷值最小的为 q34,0.442。主因子 5 包括 4 个变量,其中载荷值最小的为 q44,0.446。主因子 6 包括 3 个变量,其中载荷值最小的为 q13,0.489。这 6 个主因子分别解释了不同的方面,所以需要对其进行命名,根据其所包含的题目所反映的内容,我们将 6 个主因子分别命名为"统计学的价值感""理解方面的焦虑""考试和上课的焦虑""计算方面的自我价值感""害怕寻求帮助""害怕统计学老师"。

本章小结

问卷调查法是一种有效的教育实践研究方法,能够在较短时间内对大量研究对象进行调查,获得大量信息,并能对所获资料进行量化处理,进而得出研究结论。问卷一般分为封闭式问卷、开放式问卷与半封闭式问卷,每一类问卷主要包括封面信、标题、指导语、问题与选择答案、结束语等部分。问卷调查法具有适用于广泛的调查对象,调查资料可量化分析等特点,但是也存在一些局限,例如,对被调查者文化水平有一定要求,所获信息不够深入,问卷作答质量难以保证等。

在设计问卷时,应考虑若干因素,有目的、有步骤地遵循一定的原则进行,以保证问卷的信度和效度。问卷设计后实施问卷调查,问卷调查的实施是问卷调查的核心,一般包括被试的选择、发放问卷、回收和整理问卷、分析问卷等一系列的过程。

案例 5-1

江苏省中小学教师绩效工资调查问卷[①]

尊敬的领导、老师:

您好!本调查主要是想了解您对教师绩效考核与绩效工资的看法和建议,以便进一步完善教师绩效考核与工资分配制度。调查采用匿名答卷方式,除两个开放问题外,绝大多数问题是选择题,答题没有对错,请在符合实际情况的选项序号上打√,调查结论和建议不涉及具体单位和个人,希望您能填写个人的真实情况,表达自己的看法和意见,十分感谢您的支持和帮助!

1. 您的学校在＿＿＿＿＿＿市＿＿＿＿＿＿县(市/区)
2. 您的学校在:① 市区 ② 县城 ③ 乡镇 ④ 农村
3. 您的学校是:① 小学 ② 初中 ③ 高中 ④ 九年制学校 ⑤ 完全中学
4. 您的学校是:① 省实验小学 ② 市实验小学 ③ 省示范初中 ④ 市示范初中 ⑤ 三星高中 ⑥ 四星高中 ⑦ 一般学校
5. 您的性别:① 男 ② 女
6. 您的教龄:① ≤5 年 ② 6~10 年 ③ 11~15 年 ④ 16~20 年 ⑤ 21~25 年 ⑥ ≥26 年
7. 您的学历:① 中专 ② 大专 ③ 本科 ④ 研究生

---

① 姜平华.中小学实施教师绩效工资的现状调查和对策研究——以江苏省泰州市为例[D].苏州:苏州大学,2012.

8. 您的职务：① 校长书记等校级领导 ② 教导主任、教科室主任 ③ 教研组长或年级组长 ④ 办公室主任、总务主任等其他职务 ⑤ 没有职务,普通教师
9. 您在学校的工作岗位是：① 行政管理 ② 教学 ③ 教学辅助人员 ④ 行政管理兼教学
10. 您的专业技术职称：
小学教师：① 中教高级 ② 小教高级 ③ 小教一级 ④ 小教二级 ⑤ 小教三级
中学教师：① 教授级 ② 中学高级 ③ 中教一级 ④ 中教二级 ⑤ 未评
11. 您现在的教育对象主要是：① 小学生 ② 初中生 ③ 高中生
12. 您现在的任教班级属于：① 毕业班 ② 非毕业班 ③ 毕业班和非毕业班 13. 您现在任教的科目是：
中学：① 语文 ② 数学 ③ 外语 ④ 物理 ⑤ 化学 ⑥ 信息技术 ⑦ 思想政治 ⑧ 历史
⑨ 生物 ⑩ 地理 ⑪ 音乐 ⑫ 美术 ⑬ 通用技术 ⑭ 体育与健康
小学：① 语文 ② 数学 ③ 外语 ④ 科学 ⑤ 音乐 ⑥ 信息技术 ⑦ 思想品德 ⑧ 美术
⑨ 体育 ⑩ 健康教育
14. 您现在是否担任班主任：① 是 ② 否
15. 您的学校目前有完整系统的教师工作绩效考核方案吗？
① 有 ② 不清楚 ③ 没有
16. 您是否清楚自己学校教师绩效考核的具体内容、标准和方法？
① 非常清楚 ② 比较清楚 ③ 知道一些 ④ 不知道
17. 您对目前的教师绩效考核工作满意吗？
① 非常满意 ② 比较满意 ③ 基本满意 ④ 不太满意 ⑤ 很不满意
18. 请对下列教师绩效考核指标的重要程度进行评定(在相应单元格内打√)

绩效指标	非常重要	比较重要	基本重要	不太重要	不重要
(1) 职业道德(政治表现、工作态度等)					
(2) 教育教学能力					
(3) 教育与教学研究能力					
(4) 担任专业技术岗位的高低					
(5) 学历水平					
(6) 出勤					
(7) 帮助同行与合作精神					
(8) 师生互动与沟通					
(9) 与家长的沟通与家教指导					
(10) 教学常规检查结果					
(11) 学生的品行表现					
(12) 学生成绩(去除入学、接班时班级成绩差异的影响)					
(13) 学生学习的兴趣、态度与习惯					
(14) 教学工作量(课时数)					

续表

绩效指标	非常重要	比较重要	基本重要	不太重要	不重要
(15) 课题与论文级别与数量					
(16) 教学、科研获奖级别与数量					
(17) 管理工作(班主任、教研组、年级组长)					
(18) 其他1:					
(19) 其他2:					

19. 如果按照绩效考核等第发放绩效工资,您认为绩效考核结果分为几个等级比较合适?
   ① 优秀、合格、基本合格、不合格四个等级
   ② 优秀、良好、合格、基本合格、不合格五个等级
   ③ 优秀、良好、中等、合格、基本合格、不合格六个等级
   ④ 其他_____

20. 您认为中小学教师绩效考核的各等级,需要确定人数比例吗?
   ① 不应当确定比例
   ② 应当确定比例
如您认为应当确定比例,请在下表中需要确定比例的等级下注明具体比例数:

绩效考核结果	① 优秀	② 良好	③ 合格	④ 基本合格	⑤ 不合格
占学校老师的比例	%	%	%	%	%

21. 教师工作绩效考核数据的采集周期,哪种比较合适?
   ① 每月一次 ② 期中、期末各一次 ③ 每学期一次 ④ 每学年一次

22. 对下列绩效考核项目,您认为谁的评价更可靠?请按可靠程度评定等级(在相应单元格内填写等级,5 为最可靠,1 为最不可靠):

绩效指标	谁的评论更可靠?				
	领导 54321	同行 54321	本人 54321	学生 54321	家长 54321
(1) 职业道德(政治表现、工作态度、敬业精神等)					
(2) 教育教学能力					
(3) 教育与教学研究能力					
(4) 帮助同行与合作精神					
(5) 师生互动与沟通					
(6) 与家长的沟通与家教指导					

续表

绩效指标	谁的评论更可靠?				
	领导 54321	同行 54321	本人 54321	学生 54321	家长 54321
(7) 学生的品行表现					
(8) 学生学习的兴趣、态度与习惯					
(9) 班主任工作					
(10) 教研组长、年级组长工作					

23. 对不同技术职称的教师,是否应当有不同的绩效考核要求?
    ① 应该 ② 不能确定 ③ 不应该
24. 您认为当前教师绩效考核中存在的主要问题有哪些?
25. 您对改进教师绩效考核工作有何建议?
    如果您对调查还有其他建议和要求,可与我们联系:jsjxgl@sohu.com

    衷心感谢您的合作!祝工作愉快!

思考与练习

一、简答题

1. 问卷的结构与类型各有哪些?
2. 问卷调查的优缺点有哪些?
3. 问卷调查的一般步骤有哪些?

二、论述题

谈一谈在教育研究中,如何运用好问卷调查法?并结合自己的兴趣设计一份调查问卷。

参考文献

[1] 姜小岩.小学教师绩效薪酬感知、自我效能感和薪酬满意度的关系研究——以山西省某县为例[D].大连:东北财经大学,2012.

[2] 胡中锋.教育科学研究方法[M].北京:清华大学出版社,2011.

[3] 李晔,刘华山.问卷调查过程中的常见问题与解决办法[J].教育研究与实验,2006(2):61—64.

[4] 姜平华.中小学实施教师绩效工资的现状调查和对策研究——以江苏省泰州市为例[D].苏州:苏州大学,2012.

[5] 庞国彬,刘俊卿.实用教育科研方法[M].北京:北京师范大学出版社,2013.

[6] 王孝玲.教育测量[M].上海:华东师范大学出版社,2005:64.

［7］ 杨晓萍.教育科学研究方法[M].重庆：西南师范大学出版社,2012.
［8］ 徐红.教育科学研究方法[M].武汉：华中科技大学出版社,2013.
［9］ Shujie Liu,Anthony J Onwuegbuzie,& Lingqi Meng (2011). Examination of the score reliability and validity of the statistics anxiety rating scale in a Chinese population：Comparisons of statistics anxiety between Chinese college students and their Western counterparts. Journal of Educational Enquiry,11(1),29—42.

第六章　教育访谈法

> **学习目标**
>
> 1. 解释访谈法的含义及其特征。
> 2. 列举常用访谈法的类型。
> 3. 描述访谈法的实施过程。
> 4. 初步掌握访谈过程中提问、倾听、回应和记录的技巧。
> 5. 能够运用访谈法研究教育教学问题。

访谈法是教育科学研究中使用最广泛的调查方法之一。作为以人为研究对象的教育科学研究来说，其经常采用的访谈法区别于其他以物为研究对象的自然科学研究的特有方法。访谈的过程实际上是访谈者与访谈对象面对面的社会互动过程，访谈所获资料是此社会互动的产物。在访谈过程中，访谈者可以了解访谈对象的心理情感体验，以及对某一问题的意见、态度和评价等方面的信息，既可以进行意见征询，也可以进行事实调查。在当代教育科学各领域的研究中，访谈法的运用越来越普遍，访谈法的实施过程、技巧以及所获资料的整理分析等也日趋完善。

第一节　教育访谈法概述

一、教育访谈法的含义及特点

（一）教育访谈法的含义

访谈法是指研究者有目的、有计划地与研究对象直接交谈，通过询问引导被访者回答问题的方式来收集所需资料的研究方法，又称谈话法或访问法。访谈既可以作为一种独立的研究方法，也可以作为一种辅助方法为研究搜集资料。

教育研究中访谈与一般的谈话有本质的区别：教育研究中的访谈是一种有目的、有计划、有组织的谈话，谈话过程紧紧围绕着研究主题展开，有很强的针对性，而一般情况下的谈话，没有明确的目的，随意性很强，是一种非正式的交谈。

因为访谈法是通过访谈员与被访者面对面交谈的方式收集研究资料，所以访谈法简便易行，具有很强的灵活性和适应性。访谈法在教育调查、心理咨询和征求意见等方面得到了广泛的应用，既适用于文化程度较低的成人或儿童等调查对象，也适用于调查问题比较深入、调查对象差别较大、调查场所不易接近等情况的研究中。

（二）教育访谈法的特点

与其他教育研究中搜集资料的方法相比，访谈法具有其自身的独特性。

1. 灵活性

访谈法的灵活性主要体现以下两个方面：

一方面，访谈调查是访谈员根据调查的需要，以口头形式向被访者提出有关问题，通过被访者的回答来搜集客观事实材料。此方法灵活多样，依据研究的需要向不同类型的人了解不同类型的问题，方便可行。

另一方面,访谈是访谈人员与受访者之间互相交流、沟通的过程。此方式有较大的弹性,访谈人员在事先设计访谈问题时,是根据一般情况和主观预想制定的,考虑不一定周全,访谈中可以根据受访者的反映,对调查问题及时作出调整或展开。如果被访者不理解问题,可以提出询问,要求解释;如果访谈员发现受访者误解问题也可以适时地解说或引导。

2. 准确性

进行访谈要提前确定访谈现场,访谈员可以适当地控制访谈环境,避免其他因素的干扰,灵活安排访谈时间和内容,控制提问的次序和谈话节奏,把握谈话过程的主动权,这有利于受访者客观地回答问题。同时,在访谈员与受访者直接进行交流的过程中,可以通过访谈员的努力使受访者消除顾虑,放松心情,在思考后做出回答,这能够提高调查材料的真实性和可靠性。

访谈过程中访谈者提出问题具有及时性,受访者无法进行长时间的思考,因此所获的回答往往是受访者自发性的反应,这种回答较真实可靠,此外,由于访谈是面对面的交谈,因此拒绝回答者较少,回答率较高。即使受访者拒绝回答某些问题,也可大致了解他对这些问题的态度。

3. 深入性

在面对面进行访谈的过程中,访谈员不仅能收集受访者回答的信息,还能够观察受访者的表情、动作等外显行为,以此来判断受访者的心理状态,鉴别受访者回答内容的真伪。此外,不管访谈员与受访者是通过直接交往,还是通过电话、上网等途径间接交往,都具有适当解说、引导和追问的机会。因此,这便于探讨较为复杂的问题,获取深层次与研究相关的资料。

4. 广泛性

除了聋哑、口吃等有言语障碍的人以外,访谈法适合于任何人。所以不管受访者的年龄、受教育程度如何,从小孩到老人,从文盲到博士,均可采用访谈法获得研究所需的资料。对于有些调查对象来说,其他调查方式无法适用的,访谈法能照用不误。例如,要对幼儿进行调查,问卷调查法是不适用的,访谈法则是可用的。

二、教育访谈法的类型

教育研究中的访谈依据不同的标准,可以划分为不同的类型。依据访谈过程和内容,可以分为结构性访谈、非结构性访谈和半结构性访谈;依据访谈的正式程度可以分为正规访谈和非正规访谈;依据访谈的次数可以分为一次性访谈和多次性访谈;依据受访者的人数可以分为个别访谈和集体访谈;依据访谈时的接触方式可分为直接访谈和间接访谈。下面分别对这些类型进行简单介绍。

(一)结构性访谈、非结构性访谈和半结构性访谈

依据研究者对访谈过程、结构的控制程度,访谈可以分成三种类型:结构性访谈、非结构性访谈和半结构性访谈。这三种类型也分别被称为"封闭性访谈""开放性访谈"和"半开放性访谈"。[①]

1. 结构性访谈

结构性访谈又称为封闭性访谈或标准化访谈,要求按照一定的步骤,运用事先设计好的问卷或访谈提纲依次向受访者提问,并要求受访者按规定标准做出回答。结构性访谈对受访者选择的标准、访谈中提问方式和顺序、受访者回答的方式、谈话记录的方式等都有统一的要求,甚至有时对不同受访者的访谈时间、地点及周围环境等外部条件也要求基本一致。

---

① 陈向明. 质的研究方法与社会科学研究[M]. 北京:教育科学出版社,2000:171.

结构性访谈的优点是,采用共同的标准程序,信息指向明确,谈话误差小;对不同受访者的回答易于比较;便于对访谈结果进行统计分析。此类型的访谈通常用于正式的、较大范围的调查,类似于面对面提问的问卷调查。但量化研究通常缺乏弹性,所以不利于访谈者与受访者积极性、主动性的发挥,使访谈者难以根据具体情况,灵活采用适当的方式、程序进行访谈,对问题很难进行深入探讨。例如,"上海市中学生物教师对生物学创新与实践活动及创新技法的认识情况"的调查研究就是结合了问卷进行结构性访谈。①

案例 6-1

教师对生物学创新与实践活动及创新技法的认识情况调查的访谈问卷

性别_____ 单位_____ 执教年数_____ 指导创新与实践活动年数_____

1. 您觉得在中学开展生物学创新与实践活动重要吗?
   A. 非常重要   B. 重要   C. 一般   D. 不重要
   理由:

2. 您所在的学校开展过生物学创新与实践活动吗?
   A. 非常多   B. 较多   C. 较少   D. 无
   举例:

3. 您曾经参加指导过以下哪几种生物学创新与实践活动?
   A. 课外兴趣小组   B. 生物学研究课题   C. 生物学科普实践活动   D. 其他   E. 无

4. 您指导的生物学研究课题或科普实践活动曾经参加的大型比赛有哪些?
   A. "明日科技之星"评选   B. 科技创新大赛   C. 其他   D. 无

5. 您指导的生物学研究课题或科普实践活动曾经在"明日科技之星"评选或科技创新大赛中获奖吗?(可以累计)
   A. 5次以上   B. 3至5次   C. 1至2次   D. 无

6. 您指导的生物学研究课题或科普实践活动符合以下哪种情况?
   A. 学生自愿参加   B. 老师选定学生参加   C. 其他
   举例:

7. 您觉得生物学创新与实践活动的选题应遵循的最重要原则是哪两项?
   A. 创新性   B. 实用性   C. 高难度   D. 技术先进   E. 科学性   F. 其他
   理由:

8. 您用于指导生物学研究或科普实践活动的课题来自哪里?
   A. 学生自选   B. 老师指定   C. 其他机构
   举例:

9. 您认为参加生物学创新与实践活动对学生哪些方面的能力提高最大?
   A. 实践操作能力   B. 资料查阅、检索能力   C. 实验构思、设计能力   D. 创新能力
   E. 论文写作能力   F. 交流答辩能力   G. 其他

---

① 张文华.生物学教育科学研究方法[M].上海:华东师范大学出版社,2009:102—104.

理由：

10. 您觉得您在指导生物学创新与实践活动过程中感到困难的有哪些方面？
A. 实验设备的限制　　　B. 生物学专业知识的不足　　C. 学生能力的限制
D. 升学压力　　　　　　E. 经费限制　　　F. 系统教育理论知识的缺乏
G. 创新思维的限制　　　H. 其他
理由：

11. 您认为对创新技法的研究有必要吗？
A. 非常有必要　　B. 有必要　　C. 无所谓　　D. 没必要
理由：

12. 您认为在生物学创新与实践活动中创新技法的使用是否重要？
A. 非常重要　　B. 重要　　C. 一般　　D. 不重要
理由：

13. 以下几种基本创新技法，您是否知道或曾经运用？

方法名称	头脑风暴法	组合法	列举法	奥斯本核检法	综摄法	模仿法	形态分析法	联想法	移植法
是否知道									
有否运用									

举例：

14. 你认为生物学创新与实践活动中的创新，受到的最大的限制是下列哪几项？
A. 知识面不够广泛　B. 思维不够活跃　C. 对创新的相应理论了解太少　D. 其他
理由：

15. 对于创新技法在生物学创新与实践活动中的应用研究，您有什么宝贵的意见或建议？

2. 非结构性访谈

非结构性访谈又称开放性访谈或非标准化访谈，指按照一个粗线条式的访谈提纲而进行的非正式的访谈。非结构性访谈没有固定的访谈问题，只有一个粗略的基本要求，访谈者可以根据访谈时的实际情况进行调整，提问方式和顺序也可灵活掌握；对访谈对象的条件、访谈对象回答问题的方式等都没有统一的规定和要求，鼓励受访者用自己的语言表达自己的看法。非结构性访谈的目的是了解受访者认为重要的问题，看问题的角度，对意义的解释，以及使用的概念与表述方式。

非结构性访谈有利于发挥访谈者的主动性、创造性，有利于拓宽和加深对问题的研究，也有利于适应受访者的具体情况。但是，非结构性访谈难以对不同受访者的回答进行对比分析，难以对访谈结果进行量化处理，对访谈者的综合素质要求比较高。

在教育研究中，研究者依据结构性访谈和非结构性访谈的特点，常常将二者结合起来使用，以便互相补充、取长补短。这两种访谈方法在结合使用时，通常先进行非结构性访谈，然后再进行结构性访谈。否则，非结构性访谈会受到结构性访谈的影响，不利于了解受访者的真实情况。例如，在"生物学教师课堂教学行为研究"的访谈中就可以采取非结构性访谈的方法。[①]

> **案例 6-2**
>
> **生物学教师课堂教学行为研究访谈提纲**
>
> 一、被访谈者基本信息
>
> 　　性别____年龄____教龄____学历____就职学校_____
>
> 二、访谈内容
>
> 　　1. 您认为教案对自己的生物学教学活动影响有多大？是否经常修改教案？
>
> 　　2. 您在生物学教学过程中,是否遇到过计划中未预料到的情况？如果有,您是如何处理的？
>
> 　　3. 您在生物学课堂教学后是否会写下讲课体会？体会对于生物学课堂教学是否有帮助？
>
> 　　4. 您是否经常研究生物学的教材与教法等问题？是否经常参与学术交流？
>
> 　　5. 您是否经常鼓励学生思考问题,引导学生探究？
>
> 　　6. 您一般如何对自己的生物学课堂教学进行评价？如何对学生进行评价？
>
> 　　7. 为了提高您的课堂教学技能,您希望接受哪些方面的训练？
>
> 　　8. 您对如何提高中学生物学教学质量有何建议？

3. 半结构性访谈

除结构性访谈与非结构性访谈外,还有 A、B 两种类型的半结构性访谈。A 型半结构性访谈是指访谈问题有结构,但回答方式是自由的,无一定结构要求。B 型半结构性访谈是指访谈问题无结构,但回答方式是有结构的。从下面的表 6-1 中,可以清楚地看到这两种半结构性访谈的区别以及它们同结构访谈、非结构访谈的区别。

表 6-1　半结构性访谈与结构性访谈、非结构性访谈区别表

		访谈问题特点	
		有结构	无结构
回答方式特点	有结构	结构性访谈法	半结构性访谈法 B
	无结构	半结构性访谈法 A	非结构性访谈法

在半结构性访谈中,研究者对访谈结构具有一定的控制作用。研究者事先准备一个粗线条的访谈提纲,根据自己的研究设计对受访者提出问题；同时,访谈者在提问时鼓励受访者积极参与和提出自己的问题。访谈提纲主要起到提示的作用,访谈者根据访谈的具体情况会对访谈的程序和内容进行灵活的调整。

一般来说,质的研究在研究初期往往采用非结构性访谈,了解受访者思考问题的方式和关心的问题；随着研究的深入会逐步转向半结构性访谈,就前面访谈中出现的重要问题及尚存的疑问进行追问。而量的研究通常使用结构性访谈,便于收集统一的数据,进行统计分析。

---

① 张文华.生物学教育科学研究方法[M].上海：华东师范大学出版社,2009：105.

(二)个别访谈和集体访谈

根据受访者人数的多少,访谈还可以分为个别访谈和集体访谈两种类型。

1. 个别访谈

个别访谈,通常只有一名访谈者和一名受访者,两个人就研究的问题进行交谈。在个别访谈中,受访者有较多的机会与访谈者交流,可以得到访谈者较多的关注。同时,由于只有访谈者一个人在倾听受访者讲述,如果受访者信任访谈者,则其可能感到比较放松,不像在公众场合那样不愿暴露自己的隐私。因此,访谈者可能会对受访者的内心世界进行比较深刻的挖掘。

2. 集体访谈

集体访谈,通常由一到三名访谈者和六到十名受访者组成,受访者相互之间就有关的问题进行讨论,访谈者协调谈话的方向和节奏。

集体访谈可以为受访者提供一个相互交流的机会,调动他们的积极性并就有关问题进行讨论,进行集体性建构。同时,集体访谈还可以为访谈者提供一个机会,观察受访者在集体互动中的行为表现,因为受访者在集体环境中的表现往往与对其进行个别访谈时的表现不一样。

在教育研究中,个别访谈和集体访谈可以结合起来使用。从个别访谈和集体访谈两种环境中获得的研究结果可以相互充实、相互验证,从多重角度对研究的问题进行审视,进而提高研究结果的丰富性和可靠性。

(三)一次性访谈和多次性访谈

根据访谈的次数,访谈可以分成一次性访谈和多次性访谈。

1. 一次性访谈

一次性访谈,主要以收集事实性信息为主,通常内容比较简单。

2. 多次性访谈

多次性访谈,通常用于追踪调查,或深入探究某些问题,尤其是意义类问题,有一定的结构设计,由浅到深,由表层到深层,由事实信息到意义解释。在研究中,研究者都提倡进行多次访谈。研究者普遍认为,如果想就有关问题对受访者进行比较深入的了解,最起码应该进行三次访谈。第一次访谈,研究者通常只能了解受访者的基本情况,与受访者建立良好的关系,一般很难就研究的问题进行深入访谈。研究者在初次访谈以后,可能会发现访谈中提到的一些重要概念和问题需要进一步解释、澄清,多次访谈可以更好地解决存在的这些问题。第二次访谈,研究者会就研究的问题询问受访者,着重于了解事情的有关细节。第三次访谈,研究者重点在认知和情感层面对受访者的反应进行探索,鼓励受访者对自己行为的意义进行反省和解释,在受访者的行为、思想和情绪之间建立起一定的联系。

不论是一次性访谈还是多次性访谈,必须遵循的原则是:收集的资料要尽可能地达到饱和状态。判断访谈收集资料是否达到饱和状态的依据,是看后续访谈中收集的资料是否与以前收集的资料重复,如果重复就说明访谈的次数已经够了。

(四)直接访谈和间接访谈

依据访谈中访谈者与受访者接触的方式,访谈可分为直接访谈和间接访谈两种类型。

1. 直接访谈

直接访谈,是访谈者与受访者一起坐下来,进行面对面的交谈。直接访谈的优点是:在访谈中访谈者可以近距离地观察受访者的表情和动作,以及其精神状态、情绪波动,特别是访谈者能对受访者的言语行为与非言语行为之间的关系有一个比较完整、准确的把握。

2. 间接访谈

间接访谈,是指访谈者通过电话、网络等现代化通讯设施对受访者进行语言或非语言(文字)的访谈。间接访谈的优点是:一方面,如果访谈者与受访者之间路途遥远,运用间接访谈可以大大节约访谈者的时间和路费支出,解决因地域距离或时间匮乏而带来的困难;另一方面,如果谈话的内容让受访者感到尴尬,或者受访者不愿意让访谈者看到自己,运用间接访谈可以使受访者感到轻松一些;此外,网上访谈是用书面语言进行的,这便于资料的收集和日后的分析。间接访谈的缺点是,访谈中访谈者无法控制访谈环境,无法看到受访者的面部表情和形体动作,因而很难判断受访者的真实情绪和态度。

因此,在访谈中一般在以下两种情况时才使用间接访谈:一种情况是,在这之前访谈者与受访者已进行过多次面对面的访谈,已经了解受访者的形象、神态、语气和动作等非言语行为,可适当地采用间接访谈的形式;另一种情况是,访谈者与受访者经过多次直接接触以后,发现对某些问题,尤其是一些不太复杂的事实性问题还不太清楚,而此时又没有机会与受访者见面,可以通过间接访谈进行询问。但是,如果问题特别重要、复杂,访谈者最好还是想办法与受访者面谈。

由以上可知,访谈的类型多种多样。在研究中,应该根据研究的问题、目的、对象、情境和研究阶段选择访谈的类型。必要时还可以把不同类型的访谈结合起来运用,这样不仅可以从多种途径收集研究资料,还可以对收集到研究资料的真实性进行验证。

三、对教育访谈法的评价

(一) 教育访谈法的优点

访谈法作为教育研究的主要方法之一,有着不同于其他方法的优点。主要表现在以下几个方面:

1. 访谈对象的广泛性

因为访谈法是借助于口语语言,所以除了聋哑、口吃等有言语障碍的人以外,无论受访者的受教育程度如何(从文盲到博士后),无论受访者的年龄如何(从小孩到老人),均可采用访谈法。并且对有些调查对象来说,其他方法无法适用时,访谈法仍然能用。例如,对书面表达能力较差的学前儿童进行调查,问卷调查法是不适用的,访谈法却是可用的。

2. 访谈过程的互动性

在整个访谈过程中,访谈者和受访者自始至终都是直接接触,他们相互影响,相互作用。不仅访谈者可以向受访者提问,受访者也可以向访谈者提问,共同探讨研究问题。

3. 访谈内容的灵活性

在面对面的访谈过程中,访谈者可以根据具体情况,采用灵活多样的访谈技巧和方法,针对具体的研究问题,引导受访者从多角度表达自己的想法。此外,根据受访者的回答,访谈者还可以随时补充访谈的问题,让受访者回答,因而访谈的内容十分灵活。

4. 访谈结果的深刻性

访谈是访谈者与受访者双方交流,双向沟通的过程。访谈者在设计访谈问题时,是依据一般情况和自己的主观预想制定的,考虑不一定十分周全。在访谈中,可以根据受访者的反映,对访谈问题作适当调整或展开。如果受访者不理解问题,可进行询问,要求解释;如果访谈者发现受访者误解问题也可以及时地进行解说或引导。通过访谈者的努力,还可使受访者消除顾虑,放松心情,进行思考后再回答问题,这就提高了所收集材料的真实性和可靠性。此外,因为访谈一般是面对面的交谈,所以回答率较高,拒绝回答者较少。即使受访者拒绝问答某些问题,通过观察受访者的动作、表情等非言语行为,也可大致了解他对这个问题的态度,以此鉴别受访者的心理状态以及回答内容的真伪。

(二)教育访谈法的缺点

当然,与其他教育研究方法一样,访谈法也有其难以克服的缺点,这需要用其他的研究方法进行弥补。

1. 成本较高

与问卷法相比,访谈法要花费更多的时间、人力和物力。访谈常采用面对面的个别访问,这必须寻找受访者,往返于路上的时间往往超过访谈时间,有时还会发生数访不遇或拒访的情况,因此耗费时间、精力较多。此外,较大规模的访谈常常需要训练一批访谈人员,这就使支出大大地增加。

2. 访谈样本较小

正是因为访谈耗时多、费用大,所以一般访谈难以大规模进行,调查样本较小,这导致访谈调查的系统性不足。因此,访谈法特别适合于个案研究或作为问卷调查法的辅助手段使用。

3. 真实性不足

在访谈过程中,访谈者与受访者自始至终都是直接接触,这会导致以下结果:一方面使受访者感觉到缺乏隐秘性而产生顾虑,尤其是一些敏感问题,受访者往往会回避或回答不真实;另一方面,访谈者的性别、外貌、着装、表情和动作,以及访谈者的价值观、态度、谈话的水平等个性特征都会影响受访者,造成访谈结果的偏差。例如,有的受访者谈话特别委婉,有的受访者又言过其实。

此外,由于时间紧迫,访谈者可能把事实错记或漏记,或出现笔误,也可能出现带有主观意向的提问等使访谈出现偏差的现象。

4. 记录和处理结果难度大

访谈是访谈员与受访者双方进行的语言交流,如果受访者不同意录音,对访谈员的笔录速度的要求就很高,而没有接受过专门速记训练的访谈者,很难完整地将谈话内容记录下来,追记和补记往往会遗漏很多有价值的信息。

访谈法的灵活性增加了访谈过程和结果的随意性。访谈的措辞和问题不易标准化,并且情景的变化也较大;受访者的回答是多种多样的,没有统一的答案。因此,访谈结果的处理和分析难度较大,由于标准化程度低,难以做定量分析。

第二节 教育访谈法实施过程

一、实施过程

访谈是一种有目的、有计划的研究活动。访谈者要按照一定的程序和步骤对受访者进行访谈。访谈实施过程一般分为准备阶段、访谈阶段和结束阶段。

(一)准备阶段

实施访谈,首先要做好访谈的准备工作。访谈准备阶段,一般包括制订访谈计划,编制访谈提纲(或问卷),选择受访者,培训访谈者,试谈与修改访谈问卷或提纲,访谈前的预约等。

1. 制订访谈计划

制订访谈计划是保证访谈能够顺利进行的前提。访谈计划应对访谈中涉及的主要问题作出明确的规定。例如访谈调查的目的、类型、内容、对象、时间,以及如何进行组织分工等。

选择何种类型的访谈方式是制订访谈计划的重要内容之一。一般来说,访谈方式的确定要依据访谈目的。如果是探索性研究,通常选择非结构性访谈,需制定好访谈提纲;如果要验证某个假设或要较快获得较多人的态度,通常选择结构性访谈,并设计好调查问卷。除了要依据访谈目的外,访谈类型的选择还要考虑访谈者、时间和经费等情况。① 在制订访谈计划时还应考虑访谈的内容,即访谈的问题。从访谈的内容大致可分为三类:第一类,事实调查,由受访者提供自己确实知道的一般情况;第二类,意见征询,征求受访者对某些问题的意见、观点;第三类,个人基本情况,包括个人经历、兴趣、爱好、动机、信仰、思想特点、个性特征、心理品质、家庭情况及社会关系等。②

为了提高访谈的质量和效率,制订访谈计划时还需要具体考虑访谈的时间、地点和场合等因素。如果受访者人数较少(或是个人),访谈时间、地点和场合最好由受访者选择,这样有利于访谈过程的顺利进行。如果是集体访谈,也可以征求受访者的意见,由访谈者和受访者共同确定合适的时间、地点和场合。访谈地点和场合的选择与访谈的内容有关。例如,有关家庭或个人问题的访谈,以在家里为宜;有关工作方面的问题,以在工作地点访谈为宜。如果受访者不愿在家或在工作单位进行访谈,也可选择其他合适的场所。③

此外,制订访谈计划,还要考虑准备访谈所需的工具,如访谈提纲(或问卷)、访谈记录表、证明材料(包括证件)、录音笔、摄像机等。

2. 编制访谈问卷或提纲

在结构性访谈中,必须事先编制访谈问卷。访谈问卷的形式有开放式问题和封闭式问题。由于访谈问卷不是由受访者书面填写,而是由访谈者口头提问,所以问题的设计要注重表述的口语化。除了按顺序排列的访谈题目、答案选项外,还要包括访谈的相关资料,如受访者的个人信息及访谈时间、地点等。

在非结构性访谈前,访谈者要制订一个粗线条的提纲,尽量给受访者较大的表述自由。

访谈提纲中要确定访谈的程序、主要问题及排列的顺序,访谈者将研究所需要获取的重要信息资料以问题的形式向受访者提问。在访谈过程中,如果受访者在回答某一问题时也提及访谈需要了解的其他内容,那么访谈者就不必拘泥于问题的顺序,可灵活掌握访谈问题的顺序。

访谈提纲(或问卷)的编写方法与问卷调查法的问卷编写有一些共同之处。如二者都是以问题的形式出现,并都以被调查者的回答为测量的依据。因此,问卷调查中有关问卷设计的问题类型和逻辑次序以及相应的选项设计,访谈提纲(或问卷)的编写都可以借鉴。但访谈提纲(或问卷)编写应特别注意以下几点:

(1) 考虑每个问题形式采用开放的还是封闭的,一般以开放问题为主。对于开放问题,要事先猜测几种可能的回答,从而考虑可能的后续问题的编排,以及与上下问题的衔接方式。

(2) 与问卷调查的问卷设计相比,访谈问题之间的逻辑性、情感上的平稳过渡更加重要。因为面对面的回答留给受访者的思考时间更少。

(3) 访谈提纲要事先设计好对可能出现的不清楚、不完整回答的追问方式。如"我对这方面的知识很有限,麻烦你具体一点好吗?""还有……方面如何?""能多告诉我一些这方面的信息吗?"而不是将责任推给受访者。例如:"您刚才没有讲清楚,是否能再讲一次?"尽管事实也许确实如此,但这样

---

① 徐红. 教育科学研究方法[M]. 武汉:华中科技大学出版社,2013:123.
② 陈向明. 质的研究方法与社会科学研究[M]. 北京:教育科学研究出版社,2006:173.
③ 徐红. 教育科学研究方法[M]. 武汉:华中科技大学出版社,2013:124.

表达不合适。

(4) 文字排版应留出访谈中做简单标记的空间。

(5) 对于有众多访谈者的大范围调查,开场白的内容应该统一设计。①

3. 选择访谈对象

在访谈调查准备阶段,受访者的选择是重要的一环。访谈所获信息资料是由受访者提供的,因此,访谈对象的选择直接关系到访谈最终成功与否。

选择访谈对象,首先应该考虑访谈的目的,然后确定访谈的总体范围,再在总体范围中采用随机抽样的方法,选取调查研究所需的、有代表性的样本。访谈调查样本的大小,由访谈调查研究的目的和性质决定,还必须考虑访谈者及时间、经费等条件。

依据各种访谈类型的优点和不足,探索性研究采用较小的样本,验证性研究则需要较大的样本;结构性访谈样本可以大一些,非结构性访谈样本相对小一些。

此外,选择访谈对象还要了解受访者的个人信息,如性别、年龄、文化水平、个人经历等。对受访者的个人信息了解越清楚,选择就越有针对性。同时,了解受访者的个人信息对访谈提纲的编制、访谈类型的选择等都有重要意义。

4. 培训访谈员

尽管研究所需要的信息资料是由受访者提供,但访谈者的素质如何对访谈结果的影响依然很大,因为访谈过程是由访谈者和受访者的沟通和互动完成的。因此,访谈者应该具备访谈调查的基本素质。

一般来说,培训访谈者应该从以下几个方面入手:

(1) 让访谈者掌握访谈调查的性质、目的和方法之间的关系。

(2) 让访谈者熟悉访谈调查的类型,具有选择访谈调查类型的能力。

(3) 让访谈者掌握访谈调查的方法,并且熟悉访谈的技巧。

(4) 让访谈者掌握收集、判断、分析访谈资料的能力。②

为了使访谈过程标准化,研究人员通常将培训内容打印成"访谈手册",具体说明访谈的程序、重点、要领等,供访谈者随时参考。

在访谈过程中访谈者还需要听、说、读、写等技能,因此对访谈者的培训应该包括这些技能。因为访谈的技能技巧主要是从访谈实践中获得的,所以现在访谈者的培训常采用录像的形式。培训者讲一段示范性的访谈片段录下来,供被培训者反复观看,熟悉访谈的言语、动作、表情,了解访谈的技能技巧,然后让被培训者扮演角色模拟访谈,并将模拟情境录下来,供分析比较。③

5. 试谈和修改问卷或提纲

在拟定了访谈提纲(或问卷)后,正式展开访谈之前通常要安排一次试谈。试谈的目的是检查设计的访谈问题和提问的方式是否恰当,受访者的回答能否与希望获取的信息资料相吻合。试谈的受访者不应与正式访谈是同一个人,但两者的情况应该尽可能相似。试谈要作详尽的记录,以便发现所设计访谈问题的不足,如果需要可以追问一些补充问题,以了解被访者较为真实的想法。④

试谈结束后,如果发现设计存在着不足,应该进行调整和修改。如果没有条件试谈,可以请有经

---

① 张红霞.教育科学研究方法[M].北京:教育科学出版社,2009:251—251.
② 左瑞勇.学前教育科学研究方法:理论·操作·应用[M].重庆:重庆出版集团,2008:108.
③ 徐红.教育科学研究方法[M].武汉:华中科技大学出版社,2013:124.
④ 马云鹏.教育科学研究方法导论[M].长春:东北师范大学出版社,2002:159.

验的研究者或同行一起商量,并请他们提出修改意见。

6. 访谈前的预约

在进行正式访谈调查前,一般要事先通过电话、书信等方式与受访者约定访谈的时间、地点和场合。电话联系比书信联系更为便捷,可及时了解对方的情况。但书信联系比较正式,便于将各种信息较完整地告诉对方,所以在访谈前可以事先与受访者电话联系,征求对方的意见,双方确定访谈的时间、地点和场合。然后访谈者可以发一份书面的通知给对方,在书面通知中,简要说明访谈的目的、意义、内容,说明研究者的身份及研究单位,访谈时间和地点,并告知对方访谈者的姓名。①

(二) 访谈阶段

1. 进入访谈现场

在初次访谈时,访谈者进入访谈现场,面对素不相识的受访者,要想办法尽快地接近受访者,可以采用自我介绍的方式,向受访者说明来意。因为是初次接触,访谈者可出示自己的有关证件。例如,呈上盖有公章的介绍信,递上自己的名片,携带具有研究单位标志的公文包、文件夹,佩戴代表身份的标志等。以此来获得受访者的信任和支持,消除其疑虑,这是访谈顺利进行的第一步。此外,也可请一位与受访者熟悉的人引荐,这样可增加受访者对访谈者的信任感。

经过介绍受访者了解访谈者的来意之后,访谈者要表达进入访谈的愿望,进一步阐述访谈的目的和意义,以引起受访者的兴趣。如果受访者推辞受访,访谈者要与受访者约定下次访谈的时间,不要轻易放弃任何一名受访者。

2. 建立融洽的访谈气氛

良好的气氛是保证访谈顺利进行的重要条件。要建立融洽的气氛,访谈者应该尽量保持尊重、亲切和平静的态度,使受访者能在轻松的环境中自然地敞开心扉。为此,访谈者可以从关心受访者入手,联络感情,建立信心;也可从受访者熟悉的事情、时下的新闻热点、关心的社会问题谈起,以消除受访者紧张的戒备心理。初步建立起融洽的关系后,再进入正题。此外,访谈者还要掌握发问的技巧,注意提问的方式的,选择恰当的用词,让受访者积极回答问题。不管受访者是否合作、怎样合作,对问题的回答是否在意料之中,访谈者都不能受受访者情绪的影响,不能表示不满,更不能批评或指责受访者,以确保轻松和谐的访谈气氛。

3. 按计划进行访谈

在访谈双方初步认识并建立了融洽的访谈气氛后,访谈者要按照访谈计划中确定的访谈内容、访谈方式和问题顺序进入访谈,以保证访谈获得成效。

4. 认真做好访谈记录

访谈者记录访谈内容要客观、完整和准确。访谈者记录受访者的回答时,不能曲解受访者的原意,不能加入访谈者本人的主观意见。访谈者记录时应对某些不太明确的回答作记号,以便在追问中提出。如果无法即时记录,事后要追记。访谈后访谈者要及时整理分析访谈记录。

访谈阶段要注意的问题:

(1) 让受访者了解访谈的目的,以及访谈的意义和价值是访谈获得成功的重要因素。受访者对访谈的意义和价值了解得越清楚,态度就越积极,访谈效果就越好。如果访谈的内容恰好是受访者感兴趣的话题,往往会收到意想不到的好效果。

(2) 访谈者要善于洞察受访者的心理变化。只有了解了受访者的心理变化,才能灵活提出问题,使交

---

① 徐红.教育科学研究方法[M].武汉:华中科技大学出版社,2013:126.

谈更加深入。访谈者要机智,善于随机应变。通过"对""好"等言语,点头、微笑等身体语言向对方表示你正在倾听,并希望他继续说下去。可通过重复或总结受访者的话,以验证是否弄清楚了受访者的意思。

(3) 掌握访谈时间长度。一次访谈的时间以2个小时以内为宜。时间太短不能充分了解情况,时间太长会引起访谈双方疲劳,进而影响访谈效果。可依据访谈内容多少、访谈效果好与差、受访者对访谈问题有无兴趣等,适当缩短或延长访谈时间,灵活掌握。

(4) 要严守保密性原则。对于受访者的顾虑,可通过对交谈内容保密的承诺来消除。要注意避免触及受访者的隐私,以免造成被动、尴尬的局面。①

下面以"关于教授承担本科教学问题的调查研究"课题为例,针对教授这一特殊访谈群体,为访谈者设计了以下访谈注意事项。

案例 6-3

关于教授承担本科教学问题的调查研究②

访谈教授注意事项:

一、访谈双方的关系

不是学术讨论,而是寻求受访者对问题的真实答案。受访者是十分繁忙的教授,因此要充分尊重受访者,珍惜时间。不要纠正,不要补充观点;也不要纠正发音错误(如,酝酿)。少插嘴,多点头,目光专注不飘移。

二、访谈中的问题

1. 提纲中的问题要能背诵,避免不断地看提纲而影响访谈气氛的情况发生。

2. 要熟悉题目之间的逻辑关系,后续问题要分开问。

3. 要完成提纲中的所有问题,不得遗漏。但不必严格按照提纲中问题的顺序,根据受访者的思路可以调换顺序。因此,建议访谈员在提纲上对已经完成的题目做上记号。在完成访谈前务必检查一下,对没有提问的问题进行补问。要针对每一个受访者分别准备一份访谈提纲。

4. 题目之间的起承转合要以受访者为中心,尽量通过重复受访者在前一个问题中出现的观点或遣词造句引出下一个问题。

5. 不要以自己的观点影响受访者。不要评论、评价,不要用教育学的原理去阐释、提升。

6. 要有对不清楚的问题进行追问的技术。

(1) 在访谈的开始阶段,不要追问或转移话题。因为这时建立宽松的气氛更重要;对于要追问的问题可以做上记号,后期再问。

(2) 追问句型要委婉。例如:"关于……问题我还不很清楚,能请您……""……问题对我们很重要,您能否……""您的意思是,没有必要要求所有教授都上课,是吗?"

7. 对离题的处理和时间的控制。例如:"……因素确实很重要,但我们还想听听您对……的看法。""评价指标问题确实很复杂。为此,我们拟定了一组指标,请根据您的观点,给它们赋一下权重。"

---

① 徐红.教育科学研究方法[M].武汉:华中科技大学出版社,2013:127.
② 张红霞.教育科学研究方法[M].北京:教育科学出版社,2009:253—254.

三、访谈记录的要求

尽可能一字不漏地记录,包括离题的内容。可以按照访谈录音进行补充、转录(transcription)。记录文字要用受访者的原句和用词,不要加上自己的修改、评论。访谈前最好设计一套自己习惯的速记符号。如,t-教师、p-教授、s-学生。访谈结束后,将受访者的态度、情绪等有意义的信息,及时补充到访谈记录中。

四、访谈人员之间的沟通

遇到问题可以通过手机及时汇报、沟通,使大家保持一致,从而使最后的数据具有可比性。

(三) 结束阶段

结束工作不仅是完整访谈过程不可缺少的一个部分,而且也是访谈的一个重要环节,不论对本次访谈,还是对受访者是否要进行的再次访谈的后续判断都十分重要。结束访谈要注意以下几个问题。

1. 掌握时间

已有研究表明,受访者保持注意力的时间一般是:电话访谈为20分钟左右,结构性访谈45分钟左右,集体访谈和非结构性访谈不要超过2小时。[1] 以上数据可供访谈者进行访谈时参考。至于每一次访谈究竟应该用多少时间,应根据访谈的实际情况灵活掌握,具体情况具体分析。如果在开始访谈之前,访谈者已经向受访者讲明了大致所需的时间,那么访谈者要严格遵守约定好的时间。如果依据访谈实际情况需要延长时间,则应征得受访者的同意或另约时间访谈。拖延访谈时间,会引起受访者的反感,无论从建立访谈者的信誉,还是从保证访谈所获资料的质量的角度来说,都应当避免。此外,由于访谈整个过程需要受访者的配合并使受访者能保持积极的态度,所以访谈时间的选择应该以不妨碍受访者的正常工作和生活秩序为原则。

2. 把握行为

当访谈进入尾声阶段,访谈者除了要注重受访者的回答,还要时刻观察受访者的表现。如果此时受访者兴致勃勃地就某个问题发表意见,只要与访谈内容相关,访谈者就应该继续认真倾听。如果访谈者任务已经完成,受访者所谈内容与访谈内容关系不大,访谈者可用委婉的方式暗示结束访谈。例如:"我今天想了解的就是这些问题。"

如果访谈者发现有以下任何一种情况,都应该考虑尽快结束访谈:受访者说话的节奏变慢,音调降低;访谈时间已超过事先约定的时间;受访者不停地看时间;访谈者感到交谈难以进行、话不投机。访谈者打算结束访谈时,如果不用语言表示,也可以做出准备结束访谈的姿态,如开始合上记录本,收拾录音机等。

3. 结束语

访谈结束时,要感谢受访者的合作与帮助。例如:"谢谢您对我们调查工作的支持。""您今天的谈话对我们的调查帮助很大。"这既是科研道德的起码要求,又能为以后的访谈奠定基础。如果此次访谈尚未完成任务,还需进一步访谈,就应该与受访者约定下次访谈的时间和地点,最好能简要说明下次访谈的主要内容,让受访者有个思想准备。下面我们看一个运用访谈法解决教育问题的实例。

---

[1] 郑金洲.学校教育科学研究[M].北京:教育科学出版社,2003:185.

案例 6-4

"访谈法"在教育研究中的运用[①]
——以陶行知研究中的专家访谈为例

研究问题决定访谈法的运用：陶行知不仅是伟大的思想家，同时还是杰出的教育实践家。他的教育思想不是停留在口头上或书面上，而是始终身体力行地应用到具体的教育实践当中。然而，在相当长的时间里，关于陶行知教育思想的研究，往往只是从文献到文献，缺乏新意和鲜活感，让活生生的人的思想和行为沦为学院式的从观念到观念的重复论证，这种过于学究气的探讨，与陶行知先生生动务实的精神品质相去甚远。有学者评论道："如果从方法论的角度分析，有一个现象值得我们注意，那就是庸俗社会学方法论的滋生和蔓延，其几种主要的表现是分割研究、注经疏义、假设推理、添冠加冕、循环论证等，这干扰了对陶行知研究的健康发展，妨碍了研究水平的提高。"这种批评意见表明有关专家已经意识到陶行知研究正陷入一个停滞的困境中。正是因为这个缘故，现阶段的陶行知研究主张努力还原真实的陶行知。因此，研究问题决定了本研究采用的访谈法，试图实现"还原真实的陶行知"这一目标。

确定访谈对象：经过课题组商讨分析，选择的首批访谈对象有陶行知的学生——原上海市行知艺术学校教导主任吕长春先生，还有陶行知之子——哈尔滨工业大学教授陶城先生。这些受访人都与陶行知有过直接接触，他们是陶行知生活和言行的目击者和见证人。课题组认为，这样的受访者可以提供第一手资料。

访谈前的准备工作：访谈小组在访谈前做了大量案头工作，熟悉并掌握被访者的大致经历，阅读他们的文章，并据此拟定了访谈提纲。专家及当事人访谈的目的在于尽可能直接地再现陶行知具体的教学实践行为，探寻他如何把教育思想转化为教育行动，如何在教育实践中履行和实现其教育思想。此外，可以通过记忆中的细节描述，向人们呈现日常生活中的陶行知，从日常生活看陶行知的人格和思想。

访谈一：日常生活细节还原

访谈对象介绍：吕长春先生是陶行知创办的重庆高新区育才学校自然科学组的学生。他先后担任过上海市行知艺术学校教导主任、嘉定二中副校长等职，原中陶会（中国陶行知研究会）常务理事，原上陶会（上海市陶行知研究会）副会长。吕先生（2009年）已经80多岁了，但他耳聪目明，反应敏捷，记忆力很好，对记忆中的细节复原能力很强。他曾亲耳聆听过陶行知先生的教诲，他本人也毕生致力于教育事业，践行陶行知先生的教育理念。2009年秋天，采访组前往吕先生在上海市嘉定区的寓所进行采访。

访谈问题：访谈组就陶行知的教育思想及其实践、创办育才学校的经过等方面的问题进行了采访，尤其是对陶行知的日常言谈举止等细节问题进行了较为详细的询问。

访谈过程：

访谈内容（略有改动）节选如下。

[①] 转引自：徐红.教育科学研究方法[M].武汉：华中科技大学出版社，2013：139—144. 有改动.资料来源：吴雁."访谈法"在教育研究中的运用——以陶行知研究中的专家访谈为例[J].上海：上海师范大学学报（基础教育版），2010(6).

访谈者：请问，你们当初是怎样进入陶行知先生创办的育才学校的？

吕长春：陶先生办育才学校招收孤儿、难童、无家可归的小孩。陶先生亲自去各地保育院、难童收容所挑选。一般挑选有一些特长的孩子，经过简单的智力测验、心理测验和一般文化的了解就招来，没有考试。

访谈者：您能跟我们谈谈您第一次见到陶先生的情景吗？

吕长春：我们学校里的老师，各种各样的都有。有几个老师很洋气，穿得西装笔挺。陶先生呢，有点土里土气，戴个眼镜，穿得很朴素，衣着很旧，蓝布学生装，一个口袋的，没有领子的那种。第一次见面，根本看不出来是校长，跟脑子里想象的校长不一样。他总是不知疲倦地工作，完全为教育献身，私生活极度清贫。

访谈者：你们在育才学校的生活怎样？陶行知先生如何安排你们的生活？

吕长春：此前，我们在保育院的时候，生活很苦。到了育才学校之后，陶先生给我们每个人吃4菜1汤，其中还有荤菜。这一下大家反而不适应了，全都拉肚子。于是，大家都要求只吃素菜，不吃荤菜。陶先生对我们说，孩子们，你们以前是太苦了，现在吃的是正常的，你们坚持两三个星期就会适应的。果然，我们后来都习惯了，身体营养也跟上了。

在对吕先生的另一次访谈中，访谈者再一次问到同样的问题，吕先生的回答更具体，补充了更多的细节。

访谈者：陶行知先生的举止、性情怎样？平时同学们是不是很怕他？

吕长春：陶先生性格和蔼可亲，很朴实。他开校务会议打赤膊。有一次，天气热，陶先生光着膀子在乘凉。我们看到他后脖子处长了个肉痕子。我们很顽皮，就故意跟一位同学说："你看，陶先生身上有个苍蝇。"这位同学信以为真，就上前拍打。陶先生说："你干什么？"那位同学说："我帮你打苍蝇。"众人见了，都哈哈大笑起来。陶先生也一起笑。由此可见，陶先生非常和善，什么人都可以跟他开玩笑。我们一点都不怕他。还有，陶先生说话不用稿子，而且很流利，谈话简明扼要。

陶先生在上海办的"山海工学团""晨更工学团""朱家角工学团"（徐家汇地区，是山海工学团的分团），委托方明先生办的"流浪儿工学团""亭子涧工学团"，外地的有宜兴的"西桥工学团"等。工学团的教育宗旨就是"小先生制"，加上"工以养身，学以明身，团以保身"。办工学团的想法和经验，他在当时以"何日平"的笔名撰写了大量文章，发表在《申报》上，后来结集为《斋夫自由谈》《古庙敲钟录》等。

还有一个问题必须指出，现行的《陶行知全集》中将陈彬和的文章误以为是陶先生的文章而收了进去。陈彬和早年倾向进步，后来在日本侵略军占领下的上海任《申报》总编辑。出现这样的错误，是编辑工作不够严谨之故。说到这件事情，我真的很气愤。一些人一看到什么文章想法比较先进，就冠以陶行知的名号。陶先生确实有很多进步思想，但是并不能说所有的进步思想都是陶先生想出来的。陶先生生前很强调实事求是，所以这种行为是非常荒唐的。

访谈个案分析：对吕长春的访谈采取无结构式访谈方法，由于访谈者提问的内容涉及访谈对象特殊的、个人化的经历和经验，因此，又属于无结构式访谈中的深度访谈。访谈者对访谈对象进行了两次登门采访，两次访谈有所重复，又相互补充。

访谈者预先设计好一个粗略的访谈提纲，让受访者围绕着一个大的方向自己发挥。这是一种无控制或半控制的访谈，通过自由交谈，引发新的问题，并将问题引向更深的层次。这种弹性和自由度大、无拘无束、深入广泛地交谈和讨论，能充分发挥访谈者和访谈对象的主动性、积极性、灵活性和创造性。在此过程中，访谈者得到了一些不曾预料到的、启发性的资料，获得与调查研究问题有关的丰富的社会背景资料，以及对调查对象生活与行动的生动感受。

陶行知教育思想中最为突出的一条就是"生活教育"，正如陶行知先生本人所说，"健康的生活，就是健康的教育"。通过对曾经跟陶行知共同生活过的人进行访谈，陶行知日常生活的诸多细节，都被清晰地一一呈现出来，其中有些细节是我们不曾耳闻的，比如陶行知先生夏天光膀子，身上的肉痕子被学生开玩笑的细节。这些细节，乍一看跟陶行知的思想无关，但细想下来，却也能发现二者之间的联系。陶行知贫民教育思想不是空洞的理论，而是渗透在其全部的生活细节当中的彻底的生活实践。通过这些细节，采访者对陶行知的认知是具体的和感性的，从他的音容笑貌，得以感受到这位伟大的教育家的人格魅力。

在案例最后部分，受访者吕长春先生还提供了一个出人意料的材料——《陶行知全集》中的错误，即《陶行知全集》误将他人的文章收录到书中。尽管研究者尚未论证这一说法的正确性，但这对于陶行知研究来说，是一条十分重要的意见，应该引起陶行知研究界的关注，并应尽快对这一质疑作出回应。一旦证实吕长春先生的质疑成立，应该及时地予以纠正。吕长春认为陶先生生前很强调实事求是，实事求是的学术作风，同样也是陶行知研究乃至所有的学术研究的立身之本。

访谈二：生活教育现场追述

访谈对象介绍：陶行知先生有四位子女，其中三位均已辞世，陶城先生是陶行知的幼子，是哈尔滨工业大学的退休教师。2009年，上海师范大学邀请陶城先生来访，并聘请其为本校新成立的陶行知研究中心兼职研究员。趁此机会，本课题小组对陶城先生进行了访谈。

访谈过程：陶城先生很健谈，谈起他的父亲来，更是兴奋不已。说到高兴处，还要手舞足蹈，或引吭高歌一曲当年的歌儿。这种乐观、积极的人生态度，也感染了我们访谈小组的年轻人。访谈内容节选如下(略有改动)。

访谈者：1927年，陶行知先生举家下乡，在南京市市郊创办了晓庄师范。之前，你们全家在北京城里生活，现在一下子到乡下同锄头镰刀打交道，你能不能跟我们谈谈当时的情形。

陶城：那时我还小。1927年前，全家跟随父亲在北京，生活环境优越。1927年，我们全家跟随父亲来到晓庄，当时，那里还是一片荒地。我们兄弟几个由城市的阔少爷一下变成乡下的野孩子。开学后，第一件事就是发工具、开荒。父亲带头脱下西装皮鞋，穿起布衣草鞋，全家住在牛棚柴房。生活虽然艰苦，但快乐也很多。父亲经常用"从野人生活出发，向极乐世界探寻"这句话鼓励家人。在全体师生亲手搭建的草棚礼堂门口，父亲还题了一副对联——和马牛羊鸡犬豕做朋友，对稻粱粟麦黍稷下工夫。这种苦中作乐的精神，让我们的生活充满了希望。那时的晓庄学校，既是一个学校，也像一个农庄和工厂，老师学生们教、学、做合一，一起实践着"生活教育"的思想理念。

访谈者：您父亲对您影响最大的是什么？

陶城：说实在的，我与父亲一起生活的时间并不长，但父亲对我的影响却终生如影随形。父亲的教育思想中对我产生最大影响的，就是要尊重青年，爱护儿童，不可小看后辈。父亲一直认为，要做个好老师，一定要尊重孩子，并向青年和儿童学习，这样才能让思想"保鲜"。父亲说过："先生创造学生，学生创造先生，学生先生共同创造彼此崇拜的活人！""人人都说小孩小，谁知人小心不小。你若小看小孩子，便比小孩还要小。"这是父亲自创的打油

诗,我从小就会唱。(起身高声歌唱)

访谈者:这些方面有什么具体表现吗?

陶城:父亲在重庆创办育才学校时,招了个父母被日本人杀害的孤儿,那个孩子当时满头长疮,很多人避而远之。父亲把他招来后第一件事就是帮他找医生看病,还发现了他很有音乐天赋。果然,这个孩子后来成了著名的音乐家,中央音乐学院的指挥系主任。还有一件小事,有一次一个学生打架被叫到办公室,学生很紧张,陶行知拉他坐下来,掏出一颗糖,说奖励他到校长室很守时。又掏出第二块糖,奖励他听从劝止,尊重校长。又掏出第三块糖,说是奖励他是因打抱不平打架的。学生听完哭了,表示要改正。陶行知又掏出第四块糖,奖励他知错就改。

访谈者:平时,您父亲是如何教导你们的呢?

陶城:父亲很关心我们几个孩子的成长。他总是对我们说:现在作为一个小孩子,关键要知道三件事:一要彻底明白民族解放的大道理;二要在遇到危难时帮助他人;三要勇敢,勇敢的活才是美丽的活,勇敢的死才是美丽的死。这些话影响了我的一生,也是我毕生努力遵守的为人的准则。

家庭教育也是教育的一部分,而且家庭生活对一个人的影响比学校教育更为深远,如果说"生活即教育",那么家庭生活就是生活教育的核心。

访谈个案分析:陶城先生作为陶行知唯一健在的子女,为人们留下了陶行知家庭生活的珍贵材料。陶行知认为:"凡人生所需之重要习惯、倾向、态度,多半可以在六岁以前培养成功。换句话说,六岁以前是人格陶冶最主要的时期。"陶城所回忆的内容,基本上是其六岁前后的经历。从陶城的回忆中,我们可以看出,陶行知先生鼓励自己的孩子投身生活实践,培养孩子吃苦耐劳的品格,这与他的教育思想中关于儿童的观念是相吻合的。陶行知在《怎样选书》一文中指出:儿童是创造产业的人,不是继承遗产的人;儿童生活是创造、建设、生产,不是继承、享福、做少爷。陶行知不仅是在观念上这样认为的,而且,首先在自己的家庭教育中予以践行。这也是陶行知知行合一思想理念的体现。

从陶城的回忆中可以看出,陶行知有着独特的儿童观和慧眼识英才的伯乐精神。陶行知善于从儿童身上发现积极的能力和强大的潜能,并能够将这些能量有效地激发起来。从陶城回忆中的事例,还可以看出,陶行知将儿童的潜能看得非常重要,鼓励儿童发挥潜能。"小先生制"的教育实践可以视作这一重要的教育理念的延伸和深化。

陶城在其受访中还特别谈到陶行知对其子女的人格培养,尤其在勇敢品格方面,这一点,此前的许多有关陶行知的研究文献都很少提及。陶行知在《育才学校教育纲要草案》中曾谈到勇的问题:"育才学校办的是智仁勇合一的教育,智仁勇三者是中国重要的精神遗产,过去它被认为'天下之达德',今天依然不失为个人完满发展之重要的指标。尤其是目前抗战建国时期,我们需要智仁勇兼修的个人,不智而仁是懦夫之仁;不智而勇是匹夫之勇;不仁而智是狡黠之智;不仁而勇是'小器'之勇;不勇而智是清谈之智;不勇而仁是口头之仁。中国童子军以智仁勇为其训练之目标,是非常有意义的。育才学校不仅是以智仁勇为其局部训练之目标,而是通过全部生活与课程以达到智仁勇之鹄的。我们要求每一个学生个性上滋润着智慧的心,具备了解社会与大众的热诚,服务社会与大众自我牺牲的精神。"

在这段重要论述里,陶行知将勇上升到非凡的高度,并将其与智和仁一起,视作学校教育的重大目标。尽管这种观点十分重要,但表述文字读起来仍然有抽象笼统之嫌。而在陶

> 城的回忆中,勇虽然被放在第三位,但显得非常具体而突出。"勇敢地活才是美丽的活,勇敢地死才是美丽的死。"在这里,勇敢不仅是一种个人品格,而且跟人的总体生命——生和死——息息相关,勇灌注到人类的生命之中,充盈于生命之内,并令生命价值升华到庄严的美学境界。这种表达不仅在陶行知思想中是非常罕见的,而且在整个现代中国思想史上都是非常罕见的。这个短短的访谈,无意中为我们提供了全新的学术课题。在一个教育理念混乱的时代,陶行知的勇论,不仅应该成为当下"陶学"研究的对象,更应该成为全民人格塑造的重要尺度。

第三节 教育访谈的技巧

访谈是人与人之间的交往活动,是社会互动的一种形式。通常受访者不会随意向陌生人提供资料。访谈的关键在于访谈者的言语表达艺术和交谈技巧。提问、倾听、回应被认为是访谈中的三项主要工作。① 在访谈中,这三项工作是相互依存,密不可分的。此外,记录也是访谈过程中的重要工作,不懂得记录的技巧就无法使访谈达到预期的目的。因此,提问、倾听、回应和记录是访谈者必须掌握的访谈技巧。

一、提问

在访谈过程中,访谈者向受访者所提问题一般分为两类。一类是非研究问题,即不是访谈过程中所要探讨的问题,此类问题的作用是保障访谈的顺利进行;另一类是研究问题,即访谈过程中要探讨的问题。

访谈开始以后,访谈者一般先从非研究问题切入,询问受访者的学习、工作、家庭等情况,创造良好的交谈氛围。当访谈者与受访者建立了融洽的关系,就开始提问访谈要探讨的研究问题。访谈问题的类型,指的是研究问题的类型。

(一)问题的类型

有研究者根据问题的性质将访谈中的问题,分为以下几类:②

1. 开放型和封闭型问题

开放型问题就是没有固定的、预期的答案的问题,允许受访谈者作出多种回应。提问常以"什么""如何""为什么""怎么样"之类的词语出现。如,"实行'减负'后,你们班学生的反映怎么样?""你对高校扩招是什么看法?"质的研究中主要是开放式或半开放式访谈形式,所以一般采用开放型问题。但是,问题不能没有边际,让人摸不着头脑。如,访谈者问一个小学生:"你对学校有什么感觉?"对方一定会疑惑不解。如果换一种问法:"你觉得每天在学校的学习生活是怎样的?"对方就会明白该如何回答。

封闭型问题是指对受访谈者的回答方式和内容有严格限制,往往只需回答"是"或"否"。如"你的同学中有人打架吗?"对于这样的问题:"你认为自己的性格是内向还是外向?"也许回答者认为自己的性格不能绝对地属于"内向"或"外向",可能有时在陌生人面前显得拘谨内向,而在同学面前表现出活泼开朗。这样提问反而不利于获得详细的信息。但是对于年龄小或文化程度低的人提问,可以适

---

① 陈向明.教师如何做质的研究[M].北京:教育科学出版社,2001:74.
② 白云.质的研究指导[M].北京:教育科学出版社,2002:52—53.

当使用封闭型问题。

2. 具体型和抽象型问题

这是从所期待的回答内容来说的。具体型问题就是询问一些具体事件或细节。如"昨天语文课上发生了什么事,当时老师是怎么处理的?"这就是对某件事的来龙去脉的了解。这类问题可以帮助访谈者了解事情的细节、情境和过程,调动被访谈者的情绪和情感反应。就像与其问"你认为人与人交往应遵循什么原则?"还不如问他在与朋友、同事之间具体礼尚往来的细节。从对具体细节的描述可以无意透露出更加真实可靠的资料。

抽象型问题是指问题具有较高总结性和概括性的问题,或对一个事件进行比较笼统的、整体性的陈述。如"你们平时课余时间都干些什么?""你心目中的好同学是什么样?"这是想了解一类现象或事件总的情况,但往往由于思维的抽象和概括,而使回答不能形象具体,也许就遗漏掉重要的细节。

3. 清晰型和含混型问题

这是从语义清晰程度上说的。如果问"昨晚你是几点睡觉的?"只是涉及"睡觉时间",这就是清晰型问题,是一些结构简单明了、意义单一、容易被听者理解的问题。这样可以获得同样清晰的回答。

含混型是指语句结构复杂、交织着多重意义和提问者个人"倾向"的问题。如,"你今天什么时间、和哪些同学一起到校的?到校前你们是不是先去了一趟网吧?"不只问了几个问题,还带有对其行为的指责和批评。在回答时由于意义重叠杂乱,不容易被领会理解,得到的同样是含混的回答,不能达到预期的目的。

(二)提问应注意的问题

提问质量的优劣是访谈能否顺利进行的关键。提问的方式多种多样,可以开门见山,可以投石问路,或顺水推舟,或顺藤摸瓜,或借题发挥,或层层深入……访谈者应根据受访者的实际情况,选择恰当的提问方式,使访谈在自然、平等、友好的气氛中进行。在提问过程中,要注意以下几点:①

1. 提问要明确清晰

访谈者事先要熟悉访谈问卷的内容,熟悉每一个问题。发问时要以平等的态度提问。提问题要尽可能清楚明确,用口语表达,避免使用含混的、抽象的专业术语。

2. 对回答不作任何评价

访谈者对所提的问题要保持客观、公正的立场,如果受访者对问题不理解或理解错了,访谈者可以重复问题,也可以做些解释,但不能给予暗示。尤其是涉及不同观点或是有争议的问题,访谈者更应保持中立态度,无论受访者回答正确与否,都不宜作肯定或否定的评价,只能作些中性的反应,如"我明白你的意思了""请继续说"等,以鼓励对方把话说下去。

3. 注意非语言交流

访谈调查是通过语言交流传递信息的,但是除了语言之外,服饰、语气、目光、动作、姿态等也能表达某种意义。有时非言语行为比言语行为更能表现交谈双方的态度、关系及互动的状态。因此,访谈者要善于察言观色,分析和利用有关的非语言信息。如,访谈过程中受访者连连点头,意思是"赞成""同意";与访谈者保持人际距离较远,可能暗示对访谈不感兴趣或怀有敌意;东张西望,表明注意力已经转移;频频看钟表,意味着希望尽快结束访谈等。

二、倾听

在访谈过程中,"倾听"和"提问"同样重要,"倾听"既是一门技术又是一门艺术,不仅需要我们有

---

① 左瑞勇.学前教育科学研究方法:理论·操作·应用[M].重庆:重庆出版集团,2008:111—112.

意识地学会"听"的技能,而且要用自己的心去体会受访者的内心。也就是说,访谈者在"倾听"受访者说话时,不仅要听到受访者所发出的声音和语词,而且还要设法体察受访者没有说出来的意思。因为在访谈过程中,访谈者面对的不仅仅是一个信息提供者,而且是一个活生生的人。因此,访谈者要调动自己所有的触觉与情感去感受受访者,积极主动地、有感情地与其共情。只有如此,访谈的双方才能就共同关心的访谈问题进行深入地、建构性地探讨。

(一) 倾听的方式

必须明确的是,"倾听"是一种直觉,一种感悟,不可能被分成相互独立的部分,更不可能在单一层面运作。为了让大家更好地理解访谈中"倾听"的状态和过程,我们将"倾听"划分为行为、认知和情感三个层面进行阐释。①

1. 行为层面上的"倾听"

行为层面上的"倾听"指的是一种听的态度,有可能表现为"表面的倾听""消极的倾听"和"积极关注的倾听"。

"表面的倾听"指的是访谈者只是做出一种听的姿态,并没有认真地将受访者所说的话听进去,访谈者此时有可能在想自己的事情,或者在对受访者的容貌或衣着评头论足。俗话说"一只耳朵进,一只耳朵出",指的就是此种情况。例如,一位来自北京的汉族研究人员在西藏访谈一位当地的小学生时,虽然看上去是在听对方诉说因家庭生活困难而辍学的问题,而实际上心里却在想,"这个学生为什么穿着这么奇怪呢?他的一只袖子为什么不穿呢?"

"消极的倾听"指的是访谈者被动地听到了受访者所说的一些话,但是并没有将这些话的意义听进去,当然更不用说理解对方的言外之意了。此时的访谈者好像是一个录音机,只是把声音机械地记录了下来,既没有积极地思考受访者所说的话,也没有在情感上与受访者产生共鸣。例如,在访谈时,一位受访的中学生说自己每天晚上做完作业以后都感到"心情很不好"。此时,如果访谈者不能即时追问受访学生,"心情不好"是一种什么样子?这种状态是如何发生的?为什么会心情不好?心情不好对你有什么影响?心情不好与什么其他的事情有关?那么我们的"倾听"就是十分被动和消极的。

"积极关注的倾听"指的是访谈者将自己全部的注意力都放到受访者的身上,给予受访者最大的、无条件的、真诚的关注。访谈者可以通过目光、神情和倾听的姿态向受访者传递这样的信息:"你所说的一切都是十分有意思的,我非常希望了解你的一切。"在这样的倾听氛围中,访谈者给予受访者的不仅仅是最基本的尊重,而且为受访者提供了一个探索自己的宽松、安全的环境。在此环境下,受访者可能对自己过去从未想到过的一些问题进行思考,更加深入地探索自己的内心世界。

由以上可知,在访谈中"表面的倾听"和"被动的倾听"都是不可取的。"表面的倾听"不仅不能获得研究所需要的信息资料,而且还会影响访谈双方的关系。因为访谈者心不在焉的神情可能使受访者感到自己不受重视,访谈者眼光中透露出的居高临下的评判态度可能使受访者产生反感甚至抵触情绪。"被动的倾听"虽然获得了受访者提供的信息,但是如果访谈者不作出积极的反应,受访者可能会因为感到自己所说的话没有意思,而失去继续谈话的兴致。而"积极主动的倾听"才是访谈的最佳选择。在访谈者积极的关注下,受访者会觉得自己的回答非常重要,而用心地继续回答下去。

2. 认知层面上的"倾听"

认知层面上的"倾听",可以分为"强加的倾听""接受的倾听"和"建构的倾听"三种情况。

"强加的倾听"指的是访谈者将受访者所做的回答迅速纳入自己习惯的概念分类系统,用自己的意义来理解、解释受访者的谈话,并且很快作出自己的价值判断。例如,当听到一位受访的小学教师

---

① 陈向明.教师如何作质的研究[M].北京:教育科学出版社,2001:88—93.

谈到"我们班上有三分之一的学生是差生"时,访谈者脑海里马上会浮现"上课时大声吵闹、下课后相互打骂、不按时交作业、学习成绩不及格"的男学生的形象。而实际上这位小学教师所说的"差生"可能并不全是男同学,上下课时也并不吵闹,只是学习成绩"不太好"而已;而这里所谓的"成绩不太好"指的是考试平均分数在90分以下(因为该学校片面追求升学率,小学生考试分数在90分以下便被校方认为是"不及格")。

"接受的倾听"指的是访谈者暂且将自己的判断"悬置"起来,主动接受和捕捉受访者发出的信息,注意他们使用的本土概念,探询他们所说语言背后的含义,了解他们建构意义的方式。例如,当访谈者问北京大学的一位受访研究生,为什么报考北京大学时,受访者认为北京大学代表的是一种"知识品牌",因此他愿意到这所大学来学习。访谈者感到"知识品牌"是受访者的一个本土概念时,立刻就此概念向受访者进行追问。通过详细的了解,访谈者得知,对方将知识比喻为"商品"。正如商品的牌子越响价钱就越高一样,知识也有牌子,具有象征意义:"当你是名牌大学毕业时,说明你的出身比较好。知识品牌在知识社会里是最有力量的东西,它可以转化成钱,也可以转化成权力。"

"建构的倾听"指的是访谈者在倾听时积极地与受访者进行对话,在反省自己"倾见"的同时与受访者进行平等的交流,共同建构新的"现实"。例如,访谈者就跨文化人际交往这一问题访谈中国留学生时,在一位受访者的谈话中听出了"如何在美国这一异文化中保持自己的中国特色"这一主题。访谈者就自己在这方面的经历与受访者进行了探讨,结果他们发现使用"文化认同"这样一个泊来的概念可以比较确切地表达所有受访者的意思。在研究结束的时候,受访者告诉访谈者:"我以前从来没有考虑过'文化认同'这个问题,你的研究使我思考了很多新的问题。"访谈者自己的感受也是如此,在访谈中所获得的成长也是始料未及的。

总而言之,"强加的倾听"很容易过早地将访谈者个人的观点强加给受访者,而得出不符合"客观实际"的研究结果。"接受的倾听"是开放性访谈中最基本的倾听方式,是访谈者理解受访者需要掌握的基本功。"建构的倾听"要求访谈者必须具有较强的自我反省能力,能够与受访者共情,通过主体间的互动共同对"现实"进行重构。此外,"建构的倾听"必须建立在"接受的倾听"的基础之上,因为双方只有在理解了对方的意图和思维方式以后,才能进行平等的对话和互为主体的建构。

3. 情感层面上的"倾听"

情感层面上的"倾听"可以分为"无感情的倾听""有感情的倾听"和"共情的倾听"三种方式。

"无感情的倾听"指的是访谈者在听的时候不仅自己没有感情投入,而且对受访者的情感表露也无动于衷。通常情况下,访谈者如果没有情感表露,受访者也不会表露情感。如果访谈者态度十分冷峻或冷淡,受访者会不由自主地压抑自己的情感。例如,当一位年满30岁的男性小学教师在接受访谈时告诉访谈者,由于工资低、没有住房、受社会歧视,自己至今尚未结婚时,如果访谈者面部没有一点表情,也没有在言语上表示同情,受访者很可能对访谈者产生不满,停止倾诉自己的苦衷。

"有感情的倾听"指的是访谈者对受访者的谈话有情感表露,能够接纳受访者所有的情绪反应。在这种情况下,受访者会受到对方的感染,愿意表达自己的情感。例如,当一位年近60的大学教师接受访谈时,谈到自己因教学任务繁重,没有时间从事科研,至今没有评上正教授而感到十分苦恼时。如果访谈者全神贯注地倾听,并用自己的眼神、面部表情或言语(如"这对你太不公平了""学校也应该更加重视教学才对")向访谈者表示共情,对方便会感到遇到了知音,愿意继续倾诉自己的委屈。"有感情的倾听"并不意味着访谈者一定要用语言表露自己的情感,认真倾听本身就表明访谈者具有理解对方的能力。受访者只要感到自己的情感可以被访谈者接纳,便会比较自如地去体会自己和表达自己。

"共情的倾听"指的是访谈者在倾听中与受访者在情感上达到了共振,双方同欢喜、共悲伤。例如,当一位受访的小学校长谈到自己的学校因经费短缺,无法为学生修补危房,家长经常跑到学校来抱怨,自己感到十分被动时,访谈者说"是吧""唉""也真是的",或"唉,这可真是太困难了。您得操好多心啊!这也真是太难为您了。""共情的倾听"不是指访谈者居高临下地向受访者表示同情,或者有意展现自己具有理解对方的能力,而是自己确实体会到了受访者的哀与乐,在心中产生了共鸣。因此,更多的时候,访谈者不必说很多话来"表示"共情,无言的倾听和关切的目光有时比语言更加具有感染力。

由以上可知,在访谈中访谈者要学会"有感情的倾听"和"共情的倾听",避免"无感情的倾听"。要做到这一点,访谈者首先要学会了解自己的情感,特别是自己对研究问题的看法和情绪反应。只有坦诚地、勇敢地面对自己的感情,尽可能多地了解这个世界上人们所可能有的各种情感的类型、强度、频度和表达方式,访谈者才会有足够宽阔的胸怀接纳这些情感。

(二)倾听应注意的问题

倾听应注意以下问题:[①]

1. 不轻易打断受访者

在访谈过程中,无论从尊重、了解还是理解对方的角度出发,访谈者都不要轻易打断受访者的谈话,应该让受访者畅所欲言;有时即使是谈话的内容与我们希望了解的问题有距离,也要尽可能以"积极的倾听""接受的倾听""共情的倾听"的态度,给予受访者极大的关注,以便在受访者充分自由地展示自己内心的过程中走进受访者的心灵。

2. 接受沉默

在谈话过程中,受访者有时会沉默,作为访谈者应该能够接受受访者的沉默,同时应该弄清楚对方沉默的原因是什么。如果是因为思考、回忆,就应该给予受访者一定的时间;如果是要说的话说完了,就应该提出新的问题;如果是害羞,就应该打消对方的顾虑;如果是不想继续访谈,就应该视访谈效果来决定是否结束访谈。总之,当受访者开始沉默时,研究者应该等待一段时间,然后根据情况决定怎样对待。

三、回应

回应,是指在访谈过程中访谈者对受访者的言行所做出的反应,包括言语反应和非言语反应。回应的目的是为了与受访者建立起一种对话关系,及时地将自己的态度、意向和感觉传递给受访者。回应会影响到受访者的积极性和谈话内容。回应类型有以下几种:[②]

(一)回应的类型

1. 认可

"认可"指的是访谈者对受访者所说的话表示已经听见了,希望受访者继续说下去。表示认可的方式通常包括两类行为:一类为言语行为,如"嗯""对""是的""是吗""很好""真棒";另一类为非言语行为,如点头、微笑、鼓励的目光等。一般情况下,这两类认可方式都能起到鼓励受访者多说话的作用。在访谈中,访谈者频繁使用这些认可方式,受访者会感到自己是被接受、被欣赏的,因而愿意继续交谈下去。例如,当一位受访的老教授在谈到自己工资待遇低时,如果我们面带理解的表情,不时地点头,同时辅以"嗯""是吗"这样的语言,对方就会继续将自己的苦衷说出来。而如果我们一声不吭、

[①] 左瑞勇.学前教育科学研究方法:理论·操作·应用[M].重庆:重庆出版集团,2008:112.
[②] 陈向明.教师如何作质的研究[M].北京:教育科学出版社,2001:97—100.

只是埋头记笔记的话,这位老教授可能会感到十分纳闷,不知道对方是否理解自己,因而产生不安全感,不愿意再继续谈下去。如果访谈者能做出认可的动作和响声,受访者的回答比访谈者一声不吭时要长得多。

2. 重复、重组和总结

"重复"是指访谈者将受访者所说的事情重复说一遍,目的是引导对方继续就该事情的具体细节进行陈述,同时检验自己的理解是否准确。例如,当一位重点中学的班主任谈到自己每天工作十分辛苦,常常干到夜里十一二点才睡觉时,如果访谈者想重复她所说的话,可以说:"您每天工作都十分辛苦,常常干到十一二点才睡觉啊"。受访的教师听到这句话,会马上接着说:"是啊 我每天都……",便会引出很多她深夜辛勤工作的细节。

"重组"是指访谈者将受访者所说的话变换方式说出来。沿用上例,对这位班主任的话进行重组,可以说:"您工作非常努力啊。"此时,受访者多半会接着说:"是啊,每天都是这样……",一定会有很多她辛苦工作的例子。此种回应,访谈者不仅在检验自己的理解是否正确,邀请对方即时作出纠正,而且希望与受访者共情。

"总结"是指访谈者将受访者所说的一番话用一两句话概括地说出来,目的是帮助受访者理清思路,鼓励其继续谈话,同时检验自己的理解是否正确。沿用上例,如果访谈者希望对上面那位中学教师的话进行一番总结,可以说:"你们中学老师很辛苦啊。"如果受访者同意这个总结,可能会立刻说:"是啊,我们每天都……",接下来是一大串中学老师如何辛苦的事例。而如果这位老师不同意这个总结,认为访谈者将她个人的情况过分地夸大到其他老师身上,也可能会说:"嗯,也不见得,并不是所有的中学老师都这么辛苦。比如说我们学校那些不当班主任的老师吧……"

3. 自我暴露

"自我暴露"是指访谈者对受访者所谈的内容就自己有关的经历或经验做出回应。沿用上面的例子,访谈者可以说:"我本人也当过教师,我也有过这种经历"等。这样做至少可以产生两方面的作用:一方面使受访者了解访谈者曾经有过与自己一样的经历,因此相信访谈者具有理解自己的能力;另一方面可以起到"去权威"的作用,使受访者感到访谈者也像自己一样是一个普通人,而不是一个高高在上、无所不知、刀枪不入的"权威"。

访谈中,一个成功的访谈者并不总是一言不发、点头微笑的,在适当的时候也应该以适当的方式暴露自己。访谈者适当地自我暴露不仅可以拉近自己与受访者之间的距离,使访谈关系变得比较轻松和平等,而且还可以改变访谈的结构,使交谈的方式变得更加具有合作性和互动性。如果访谈的形式仅仅局限于简单的一问一答,受访者会感到十分紧张,没有足够的心理空间进行自我探索。当访谈者接过受访者的位置对自己的经验进行描述时,受访者在倾听的过程中可以更加积极地探索自己的内心世界。如果谈话非常真诚,接触到了受访者的内心深处,他(她)会因此而受到感染,更加深入地进入自己的意识深层。例如,当一位受访的中学校长向访谈者倾诉工作困难重重时,访谈者碰巧也当过中学校长,并且与受访者分享了自己担任这一职务时的苦衷,受访者可能会对自己的经历有更加深入的体验,更愿意向访谈者谈论自己的内心感受。

然而,访谈者的自我暴露一定要适当,过多或过少,过早或过晚都可能产生不好的效果。如果访谈者过多地分享自己的个人经历,访谈的重心可能会从受访者身上转移到访谈者身上,产生喧宾夺主的效果。有时候,访谈者的个人经验不一定与受访者完全类似,暴露其经历不一定能够说明受访者的情况,因此也不一定能够给受访者以启迪或共鸣。如果访谈者的自我暴露使受访者产生了反感情绪,不仅不会使双方的关系接近,反而会造成双方情感上的疏远或隔膜。例如,当一名受访小学生谈到自己的学习成绩不好,经常受到老师的责备时,访谈者如果立刻跟上一句:"我小时候成绩也不好,也经常受到老师的批评。"受访小学生可能会想:"你怎么知道你的情况和我的一样?你小时候?那是几十年前的老黄历了,怎么会和我现在的情况一样呢?!"

(二)回应应注意的问题

1. 以非指导性的态度

回应语应该是中性的,不要诱导受访者的回答方向,不发表见解,不作评论,更不可采取责怪的语气或态度要求受访者作进一步的回答。运用中性的回应语,可以采用重述题目、解释说明、停顿不语、重述受访者的回答、直接请求受访者进一步回答等方式。

2. 避免论说型和评价型的回应

论说型是作理论性的分析,这容易显示出访谈者的优越感,给对方一种居高临下的感觉,使受访者感到自己是在被分析,而不是被理解。这会造成受访者心理上产生排斥感,不愿意继续合作。评价型是访谈者对受访者的谈话内容进行价值上的判断。这会妨碍受访者自由地表达自己的思想,因为害怕访谈者对自己的想法评头论足,所以受访者可能有意隐瞒自己的真实想法。

3. 追问要适时适度

追问是对提问的引申和补充,追问能使访谈者更具体、准确、完整地了解受访者回答的问题,可以促使访谈向纵深发展,可以充分体现访谈的灵活性,追问中最忌讳的是不考虑受访者的情感,不管对方正在说什么和正在想什么,一股脑地把事先设计好的问题一个一个地抛出去,强行把自己的访谈计划硬塞给受访者,强迫受访者回答。

四、记录

当受访者同意接受访问后,要找一个利于交谈,能观察受访者行为,又便于书写记录的位置,随即进行访谈。访谈中如果需要录音,应该征求受访者同意。一般来说,如果条件允许,受访者又没有异议,最好能对访谈内容进行录音。

(一)记录的方式

访谈的目的是通过访谈搜集资料揭示研究问题,而资料则是访谈者的现场记录。因此,现场记录的质量直接影响研究的最终结果。熟练掌握记录的方法,是访谈者必备的技能。访谈记录的方式主要有以下两种:[①]

1. 人员记录

在一般性访谈中,访谈员通常直接对受访者的回答进行记录。人员记录的方式主要有四种。

一是速记,即用缩略语和特定的符号来全面记录受访者的回答。这种记录方式需要速记的技巧,事后还要对速记进行翻译和整理。

二是详记,即用文字当场作全面详尽的记录,与速记不同的就是不用速记符号。这种记录方式往往记录不全,因为人员记录速度往往跟不上讲话的速度。

三是简记,即只记录那些访谈员感兴趣的内容和要点。这种记录方式比较常用。

四是补记,即访谈现场不作记录,事后根据回忆记录访谈内容。事后补记的方式用于受访者不希望现场记录,或当场记录会使谈话显得过于正式、拘谨,会影响受访者回答的情绪等情况。

在集体访谈中,可安排专人做记录,个别访谈必须访谈者亲自做记录。访谈者亲自做记录,一方面可以边听边思考问题,把谈话问题引向深入,对不清楚的问题可以追问;另一方面也表示对受访者

---

① 徐红.教育科学研究方法[M].武汉:华中科技大学出版社,2013:135—136.

的尊重,以及对问题的重视,同时也鼓励受访者发表自己的意见。

访谈现场的人员记录一般有四种类型:内容型记录、观察型记录、方法型记录和内省型记录。[①]"内容型记录"记的是受访者在访谈中所说的内容,这种记录在无法录音的情况下尤其重要。"观察型记录"记下的是访谈者看到的东西,如访谈的场地和周围的环境、受访者的衣着和神情等。"方法型记录"记的是访谈者自己使用的方法以及这些方法对受访者、访谈过程和结果所产生的影响。"内省型记录"记下的是访谈者个人因素对访谈的影响,如性别、年龄、职业、相貌、衣着、言谈举止、态度等。

2. 机器记录

限于人员书写的速度,难以获得完整的谈话资料,为了获得更完整的访谈资料,可利用机器记录(通常是录音录像)的方法来辅助访谈。录音录像必须征得受访者的同意。

访谈时采用录音录像可以保留完整的谈话资料,避免人员记录的误差,整个访谈情境可以重复、再现,便于资料的分析和整理,访谈员也不必为笔录而分心,可专注于谈话内容。录音录像是一种比较理想的访谈记录方式,但它的运用取决于受访者,如果受访者不喜欢录音录像,访谈者则不能强求。

(二) 记录应注意的问题

记录应注意以下问题:[②]

1. 尽可能用原话记录

访谈者要对受访者的话,逐字逐句记录,尽量记录受访者的原话,不要润色,少作概括性的记录,不要对受访者的回答内容作摘要,以免掺入主观成分。

2. 边听边记

访谈过程中要边问、边听、边记,以免遗忘有关信息。

3. 其他记录要有区别

访谈记录中除了受访者的回答外,追问、评注、解释,访谈情境和特殊事件的描述等都需要加括号,以示区别。

4. 记录访谈者的资料

访谈记录表上要写明访谈者的姓名、访谈日期、时间地点等资料,以便于分析查找。

本章小结

访谈法是指研究者有目的、有计划地与受访者直接交谈,通过询问引导受访者回答问题来收集所需资料的研究方法。访谈既可以作为一种独立的研究方法,也可以作为一种辅助方法来为研究搜集资料。与其他教育研究方法相比,访谈法具有灵活性、准确性、深入性和广泛性的特点。

依据不同的标准,教育访谈法可以划分为不同的类型。依据访谈过程和内容有无统一的设计要求、结构,可以分为结构性访谈、非结构性访谈和半结构性访谈;依据访谈的正式程度可以分为正规访谈和非正规访谈;依据访谈的次数可以分为一次性访谈和多次性访谈;依据受访者的人数可以分为个别访谈和集体访谈;依据访谈时的接触方式可分为直接访谈和间接访谈。

访谈实施过程一般分为准备阶段、访谈阶段和结束阶段。准备阶段包括制订访谈计划,编制访谈提纲(或问卷),选择受访者,培训访谈者,试谈与修改访谈问卷或提纲、访谈前的预约等。访谈阶段包括进入访谈现场、建立融洽的访谈气氛、按计划进行访谈、认真做好访谈记录等。结束阶段访谈者要

[①] 谢春风,时俊卿.新课程下的教育研究方法与策略[M].北京:首都师范大学出版社,2004:113.
[②] 陶保平,黄河清.教育调查[M].上海:华东师范大学出版社,2005:125—126.

注意掌握时间、把握行为和结束语等问题。

访谈要想取得成功,访谈者必须掌握提问、倾听、回应和记录等访谈技巧。提问要明确清晰,对回答不作任何评价,注意非语言交流等问题。倾听时应注意不轻易打断受访者,接受沉默等问题。回应应注意以非指导性的态度,避免论说型和评价型回应,追问要适时适度等问题。记录要注意尽可能用原话记录,边听边记,各类记录要有区别,记录访谈者的个人信息等问题。

思考与练习

1. 访谈的类型有哪些?它们各有什么优缺点?
2. 访谈过程中提问、倾听、追问和记录各有哪些类型?分别说说这四个访谈技巧的注意事项。
3. 请结合实例谈谈教育访谈法的实施过程。
4. 教育研究者要了解有关教师的以下问题:收入、教学风格、教学方法、按成绩排名的看法、最关心的问题等。请你为每一个问题设计一个可用的访谈提纲。

参考文献

[1] 陈向明.质的研究方法与社会科学研究[M].北京:教育科学出版社,2000.
[2] 张文华.生物学教育科学研究方法[M].上海:华东师范大学出版社,2009.
[3] 徐红.教育科学研究方法[M].武汉:华中科技大学出版社,2013.
[4] 张红霞.教育科学研究方法[M].北京:教育科学出版社,2009.
[5] 左瑞勇.学前教育科学研究方法:理论·操作·应用[M].重庆:重庆出版集团,2008.
[6] 马云鹏.教育科学研究方法导论[M].长春:东北师范大学出版社,2002.
[7] 郑金洲.学校教育科学研究[M].北京:教育科学出版社,2003.
[8] 吴雁."访谈法"在教育研究中的运用——以陶行知研究中的专家访谈为例[J].上海:上海师范大学学报(基础教育版),2010(6).
[9] 陈向明.教师如何做质的研究[M].北京:教育科学出版社,2001.
[10] 白云.质的研究指导[M].北京:教育科学出版社,2002.
[11] 谢春风,时俊卿.新课程下的教育研究方法与策略[M].北京:首都师范大学出版社,2004.
[12] 陶保平,黄河清.教育调查[M].上海:华东师范大学出版社,2005.

第七章　教育观察法

> **学习目标**
>
> 1. 解释观察法的含义及其特征。
> 2. 列举观察法的类型。
> 3. 初步掌握描述记录法和取样记录法两种具体观察方法。
> 4. 能够描述观察法的实施过程。
> 5. 知道实施观察法的注意事项。

科学始于观察,任何领域的科学工作者都必须时时处处以研究的眼光审视周围生活中的各种现象和问题。从此观点出发,无论过去还是现在,观察法都应是教育科学研究的重要方法。历史上许多著名的心理学家和教育家都曾用观察法研究儿童的教育与发展问题,由此可知观察法在教育科学研究中的特殊地位。正确掌握观察法,有助于提高教育科学研究水平,本章将对以上问题一一进行阐述。

第一节　教育观察法概述

一、教育观察法的含义和特点

（一）教育观察法的含义[①]

观察,是指人们对周围存在事物的现象和过程的认识。"观"是看,"察"是分析研究。观察是一种有目的、有意识的感性认识活动,属于认识论而不是生理学范畴的概念。观察的重要特点正在于强调"自然发生"的条件下,对观察对象不加任何干预控制。

所谓观察法,是指人们有目的、有计划地通过感官或辅助仪器,对处于自然状态下的客观事物进行系统考察,从而获取经验事实的一种科学研究方法。科学研究中如果没有研究对象的第一手原始材料,就无法进一步认识事物的本质和规律。例如,恩格斯正是通过对英国伦敦市区居民的经济状况、生活条件作出详尽观察和分析,于1844年完成了《英国工人阶级状况》一书,该书不仅全面地描述了当时英国工人阶级作为一个社会阶级的状况,而且揭示了资本主义经济发展、社会发展和社会意识之间的关系。

观察法是最早被人们采用,也是最基本的一种研究方法。随着现代科学技术的发展,观察技术手段现代化水平的不断提高,观察法的应用范围也愈加广泛,并取得更好的成效。

观察法可分为日常观察和科学观察两种。日常观察,是指通过研究者的亲身感受或体验来获得有关研究对象的感性材料,带有一定的自发性、偶然性。日常观察是科学研究观察的基础和初级形式。科学观察,是指研究者按照预定的计划,对于观察对象的范围、条件和方法作明确选择,有目的地直接观察处于自然条件下的研究对象的言语、行为等外部表现,搜集事实材料并加以分析研究,从而获得对问题较深入认识的研究活动。

[①] 裴娣娜.教育研究方法导论[M].合肥:安徽教育出版社,2000:183—184.

日常观察与科学观察并非相互对立,自发的日常观察可能引发需深入研究的科研课题,从而作进一步的科学观察,而科学观察也需要日常观察的好奇和兴趣,才能发现更多的问题,搜集到更丰富的第一手资料。①

教育研究中的观察法属于科学观察,是指教育研究者有目的、有计划地对处于自然状态下的教育现象进行系统考察,从而获取教育经验事实的一种科学研究方法。教育观察对扩大教育研究者的感性认识,积累丰富的第一手资料,启发教育者的思维等具有重要作用。教育领域中许多伟大的教育者所作出的贡献就与他们长期善于观察教育现象的特点有关。例如,众所周知的苏联教育家苏霍姆林斯基,担任帕夫雷什中学校长达23年之久,在此期间他与学生生活在一起,长期观察学生多达3000余人,并且对观察情况做了详细记录。他一生发表了600多篇教育学术论文,撰写了《帕夫雷什中学》《把整个心灵献给孩子》《给教师的100条建议》等41本专著和小册子,这与他对教育现象的用心观察有密切关系。

(二) 教育观察法的特点

教育研究中的观察法属于科学观察,具有科学观察的基本特点:②

1. 观察的目的性

观察是根据研究的需要,为解决一定的问题而进行的,其目的在于获得第一手的经验事实材料。在进行观察活动时,研究者是自觉的而非盲目的,是主动的而非被动的,因而观察具有选择性,即观察者总是根据自己的目的把注意力有意地集中和保持在观察对象上,排除其他无关刺激的影响。正如有的科学家所说,"研究人员必须运用其绝大部分的知识和相当部分的才华,才能正确选出值得观察的对象。这是一个举足轻重的选择,往往决定几个月工作的成败,并往往能把一个卓绝的发明家同一个只是老实肯干的人区别开来。"③观察者要善于抓住最主要的东西,同时又要注意捕捉那些意外的偶然现象。因此,在观察前研究者通常需要根据研究任务来确定观察对象、观察条件、观察范围和观察方法,以保证观察有目的地进行。

2. 观察的客观性

观察,是在自然状态条件下综合运用各种途径和方式,直接观察某教育现象发生发展过程,并对观察结果作明确、详细、周密的记录。观察者不干预观察对象的活动,因此能较客观真实地收集第一手材料。观察研究不适用于过去的事实现象。观察者和观察对象共处于一个研究体系中,这使得观察者能够直接地、准确地了解到观察客体发生发展的过程,获得真实而详细的资料。要尽可能地从多方面观察事物,把握客观对象的各种因素、各种关系和各种规定,如实地反映现实情况,不能带有任何主观感情色彩。正如恩格斯所说:"道义上的愤怒,无论多么入情入理,经济科学总不能把它看做证据,而只能看做象征。"④因此,要以严格而谨慎的批判态度对待观察过程和观察结果,有意识地克服主观偏见。

3. 观察的能动性

科学的研究性观察,是有目的、有选择的主动自我实践过程,远远高于日常观察。作为研究手段的教育观察,是从大量教育现象中选择典型对象,按事先制定的提纲和程序进行,并规定了观察的时间和内容,力求全面地把握研究对象的各种属性,因此具有能动性。

---

① 裴娣娜.教育科学研究方法[M].沈阳:辽宁大学出版社,1999:99.
② 主要参考:裴娣娜.教育研究方法导论[M].合肥:安徽教育出版社,2000:184—185.董奇.心理与教育研究方法(修订版)[M].北京:北京师范大学出版社,2004:157—158.
③ [英]贝弗里奇.科学研究的艺术[M].陈捷,译.北京:科学出版社,1979:107.
④ 中共中央马恩列斯著作编译局.马克思恩格斯选集(第3卷)[M].北京:人民出版社,2001:189.

此外，观察是在一定的科学理论的指导下进行的，其结果的解释也是以有关理论为前提的。在教育科学研究中，一个研究者能否观察到或理解眼前的现象，取决于他运用什么样的理论。也就是说，理论决定着观察者到底能够观察到什么。由于不同研究者有着不同的学术背景和研究经历，知识经验和理论基础也各不相同，因而不同的研究者可能从同一对象中观察出不同的东西，得出的结论也可能不同，甚至相反。研究者的个人感情色彩也会影响观察的结果。总之，相关的知识经验越丰富，理论基础越扎实，观察到的东西就越多，对事物的认识就越深刻。

4. 观察借助于一定的工具

除了凭借人的眼睛等感觉器官外，一些科学的观察仪器与装置，如摄录设备、单向玻璃等，也经常被用于观察研究中。借助观察仪器可以克服人感官的生理局限性，扩大观察范围，提高观察的精确度和感官的反应速度，消除感官的某些错觉。可以认为观察仪器实质上是人的感觉器官的放大或延伸。随着人们对观察结果精确性、科学性的要求越来越高，观察仪器与装备在观察研究中的作用也将会越来越大。

观察法的上述特点使其在教育科学研究中发挥着独特的功能。①

首先，通过有目的、有计划地对教育领域某一现象及变化过程进行全面、细致和深入的观察，研究者可以获得认识该事物的比较充实、客观的事实材料，在此基础上确定某个教育现象得以发展的条件，科学地分析和说明所研究的教育现象及过程。通过观察获得对事物的最直接的认识，它有利于教育科学理论的提出，也是总结教育经验的基本方法之一。

其次，观察研究也是检验教育科学理论观点是否正确的重要途径。教育研究假设所推导出来的关于未知事实的结论，只有通过观察到的科学事实加以检验时才是科学的，有价值的。正如爱因斯坦所说，"理论所以能够成立，其根源就在于它同大量的单个观察关联着，而理论的'真理性'也正在此。"②

最后，观察有助于研究课题的选择和形成。观察可直接导致形成某些新课题，发现某些新观点、新理论，为教育研究开拓新的方向和领域。

二、教育观察法的类型

教育研究中的观察法种类很多，根据不同的标准，可以将观察法分为不同的类型。了解教育观察法的各种类型，有利于我们根据实际情况加以选择和应用。

（一）直接观察与间接观察

依据观察是否借助于仪器设备，教育观察法可分为直接观察法和间接观察法两种类型。

直接观察是指运用观察者的感觉器官直接观察被观察者的活动，而不借助于任何仪器设备的方法。直接观察法的优点在于，在观察过程中观察者能根据观察的目的、任务以及观察活动中的具体情况，及时灵活地调整观察内容，及时抓住事先未曾料到的一些重要细节，获得直接、具体而且真实的第一手资料。直接观察法的缺点在于观察是通过人的感官直接进行，而人的感觉器官的局限性对观察的效果具有明显的制约作用。

间接观察是指观察者借助于仪器设备观察被观察者的活动，从而获得事实资料的方法。教育间接观察法使用的仪器设备有单向镜（又叫单向观察屏）、照相机、摄影机和录音机等。仪器设备的使用能在很大程度上克服人的感觉器官的局限性，提高观察与记录的准确性、及时性，扩大观察的范围。

---

① 裴娣娜.教育研究方法导论[M].合肥：安徽教育出版社，2000：185.
② 许良英，李宝恒，赵中立，范岱年，等.爱因斯坦文集(第1卷)[M].北京：商务印书馆，1976：115.

借助仪器设备可突破人的视听距离的限制,从更远的距离观察被观察者的活动,避免了因距离过近对被观察者产生的干扰。例如,借助单向镜可对被观察者进行观察而不会被发现,借助录音机可以记录观察现场所有人的讲话,借助摄像机可以记录更大的观察现场,并且可供日后重复倾听和观测,进行分析。

(二)结构式观察与非结构式观察

根据是否有明确的观察项目,教育观察法可分为结构式观察与非结构式观察两种类型。

结构式观察是指实施观察之前设计具体的观察项目,制定观察记录表,在观察过程中严格按照观察项目和记录表对被观察者进行观察并填写记录表,获得研究资料的一种研究方法。结构式观察是比较程式化的观察活动,需要设计详细、具体的观察项目。这要求在观察之前对准备观察的现象或行为比较了解,对观察的内容和范围比较清楚,并能对所要观察的现象或行为进行合理、有效、周密的分类。结构式观察程序标准化,观察内容结构化,便于操作;样本大,观察结果可以量化,便于统计分析。但是,由于结构式观察在实施过程中不能任意变更提前设计好的项目和步骤,因此缺乏必要的弹性,比较费时,而且对研究者的素质和能力的要求也比较高。

非结构式观察是指在观察活动实施之前观察者对观察目的和要求只是一个总的设想,没有详细、具体的观察项目,也没有确定观察内容、步骤以及具体的观察记录表,而是根据观察活动的具体情况灵活选择观察内容的研究方法。由此可见,非结构式观察简便易行,比较灵活,适应性强。不足之处是观察所获资料比较零散,难以进行定量分析和比较严格的对比研究。

(三)实验观察和自然观察

根据有无人为干预和控制的情境条件,教育观察法可分为自然观察和实验观察两种类型。

自然观察是指观察者对被观察者的行为不进行任何暗示和控制,观察完全处于自然状态下的被观察者的行为,从而获得研究资料的研究方法。例如,平常的一般性听课活动,为了能观察到真实的课堂行为,听课者常常不事先通知有关教师与学生,并且提前进入课堂坐在不容易被教师和学生注意,又便于观察的位置来减少对观察对象的影响,这可以算得上是一种自然观察。①

实验观察是指使被观察者处于人为改变和控制的环境中,有目的地引起被观察者的某些心理现象,观察被观察者的行为而获取资料的研究方法。在自然观察中,观察者只能被动地等待被观察者行为自发地出现,而实验观察的观察者则可人为创造条件,根据需要改变和控制被观察者。因此,实验观察常用于观察在自然观察中难以观察到的行为,观察者借助外界刺激来诱发被观察者发生观察者所希望发生的行为。例如,教育实验研究中的观察就是实验观察。

(四)参与观察与非参与观察

根据观察者是否参与观察对象的活动,可将教育观察分为参与观察与非参与观察。

参与观察,又叫"局内观察",是指观察者参与到被观察者的活动中,作为活动的一员充当相应的角色,与被观察者建立较密切的关系,在相互接触与体验中倾听和观察被观察者的言行,获得有价值的研究资料的方法。观察者深入到被观察者中间,缩短了观察者与被观察者的心理距离,有利于获得较深层的结构和关系的资料。但是,参与观察中观察者主观因素的介入会影响观察的客观性。

依据观察者身份被识别的程度,参与观察可进一步划分为完全参与观察和不完全参与观察两种。

完全参与观察是观察者隐瞒自己的研究身份,以一个普通活动者的角色参与到被观察者的活动中获得所需研究资料的方法。此过程中被观察者对观察者的身份是完全未知的,有利于观察者对活动的深入理解。

---

① 徐红.教育科学研究方法[M].武汉:华中科技大学出版社,2013:71.

不完全参与观察是观察者公开自己的研究身份,参与到被观察者的活动中获得所需研究资料的方法。此过程中被观察者对观察者的身份是已知的,在活动中处于"半客半主"的状态。不完全参与观察因为保持了观察者作为研究者的相对独立地位,有利于观察活动记录的及时性、准确性和客观性。

参与观察追求的是接近、发现或揭示对日常生活意义的理解,将确定日常生活的意义放在首位。因此,并非所有的研究都适合使用参与观察获取研究资料。美国学者乔金森认为,参与观察特别适合运用于下面这些学术问题的研究:①

局内人(insiders)和局外人(outsiders)的观点存在着严重分歧(族群、工会、管理部门、亚文化,具体如神秘主义者、扑克游戏者、裸体沙滩成员,甚至一些职业人士。比如内科医生、部长大臣、新闻播音员或科学家等)。

在局外人看来模糊不清的现象(秘密的互动及小群体,如身体和精神的疾病、青少年性行为、家庭生活或宗教仪式等)。

不为公众所知的现象(犯罪与越轨、秘密群体和组织,如吸毒者和贩毒者、神秘偏执的宗教组织)。

非参与观察,又叫"局外观察",是指观察者不介入被观察者的活动,以旁观者的身份通过观察获得研究资料的研究方法。在非参与观察中,观察者由于与被观察者之间保持一定的距离,不仅能保证观察者活动的自然性,而且可以从不同角度进行观察,从而获得比较客观、公正的研究资料。但是,由于观察者没有参与到被观察者的活动中,因而缺乏对所被观察者活动的深刻理解,导致获得的观察资料可能只是表面的,甚至是偶然的现象。

如美国社会学家贝尔斯对小群体的互动行动的研究,设隔离观察室,列出12种行为,每当其中一种行为发生时,观察者及时进行观察记录。见表7-1。② 此表在美国社会学和社会心理学研究中广泛运用。

表7-1 贝尔斯记录群体互动行为标准分类表

社会情感部分	积极情感	1. 团结(表示团结,尊重他人,给予帮助,赞同) 2. 轻松(消除紧张,开玩笑,发笑,表示满意) 3. 一致(同意,表示消极接受,理解,参加,让步)
	消极情感	4. 分歧(不同意,消极拒绝) 5. 紧张(出现紧张) 6. 对抗(表示反对,贬低他人,进行自卫)
工作任务部分	提供情报	7. 提供情况(提出建议,指导,暗示他人自卫) 8. 发表意见(提出意见,评价,分析,表示感情、愿望) 9. 提出建议(提出方针,报道,重复,阐述,证实)
	获得情报	10. 打听情况(指导,报导,重复阐述,证实) 11. 听取意见(评价,分析,表示感情) 12. 征求建议(指导,行动,不可能方式)

上述各种观察类型是相对而言的,它们之间是互相联系、互相补充、相互渗透的关系。各种观察类型是有交叉的,而非各自独立。例如,自然观察可以是结构式的,也可以是非结构式的。

---

① 转引自:徐红.教育科学研究方法[M].武汉:华中科技大学出版社,2013:68. 资料来源:[美]乔金森.参与观察法[M].龙悠红,张小山,译.重庆:重庆大学出版社,2000:2.
② 裴娣娜.教育研究方法导论[M].合肥:安徽教育出版社,2000:187—188.

三、教育观察法的评价

(一) 教育观察法的优点

观察法简便易行,不需要特别复杂的仪器设备,也不需要太特殊的条件,观察过程一般不受被试的左右,并且一般情况下都是在自然状态下进行,不妨碍被试正常的生活、学习和游戏。因此,观察研究是教育科学研究中最基本、最普遍的一种方法,其优点具体表现在以下几个方面:[①]

1. 过程的直接性

由于观察者主要是通过自身的肉体器官直接作用于观察对象,即主要是通过眼看、鼻闻、耳听、口尝及手摸等直接感知和体验获得关于观察对象的各种信息,这些信息的记录是在其产生的过程中就被记录了下来,因此排除了语言交流和人际交往中的信息失真现象。这要求观察者做观察记录的时候,如果不可能伴随事件的进程同时记录,则应当在观察者对事件还保有新鲜记忆的时候尽快地进行记录,这样才能最大限度地减少回忆带来的歪曲和偏见。同时,为了保证观察记录的可靠性,在进行观察记录的时候,应该尽可能采用多种手段进行记录。除文字记录之外,可以同时采用录音、录像、摄影等手段。

2. 情景的自然性

在教育观察的过程中,观察者是根据观察的目的与任务,按照事先设计好的观察计划直接观察被观察者,不需要对被观察者发出任何指令、要求或信息,更不用观察者采取任何有可能改变被观察者真实、自然行为的干扰或控制措施。也就是说,教育观察法中所观察到的现象是在一种自然环境中的现象,观察的是被观察者在日常现实生活中、学习活动中的真实的、典型的和一般的现象,从而使所获得的信息的可靠性保持在较高的水平。

3. 操作的便利性

教育观察法一般不需要十分复杂的研究仪器与设备,观察者只需对处于一定活动状态的被观察者进行观察,获取有关被观察者的第一手资料,然后加以整理、分析,即可实现观察的目的,完成观察的任务。同时,观察者和被观察者可多可少,观察者只有一个人也可以实施。被观察者可以是一个群体,也可以是一个个体。观察时间可长可短,观察范围可大可小,因此,操作简单、方便,便于实施。

4. 分析的系统性

由于教育观察是在一种很自然的状态下进行的,对被观察对象的活动不会产生影响或影响很小,因此,同其他研究方法相比,观察法可以长期施行,从而获得比较可靠的第一手资料。所以,观察者能有充分的时间对行为的趋势或事件发生的可能方向进行系统的、深入的、持久的考察研究,从而区分出偶然事件和平常事件,这样就有利于我们对相关的行为与现象进行深入、系统地分析,加深对它们的认识。

(二) 教育观察法的缺点

1. 教育观察法的局限性

由于观察是在自然条件下进行,必然会受到错综复杂的偶然因素的干扰;研究者在观察时原则上不能支配和控制研究对象及其发展过程,这就带来了以下几方面的局限。[②]

(1) 不能判断"为什么"这一类因果关系的问题,只能说明"有什么"和"是什么"的问题。原因在于,"单凭观察所得的经验,是决不能充分证明必然性的……必然性的证明是在人类活动中,在实验

---

① 徐红.教育科学研究方法[M].武汉:华中科技大学出版社,2013:65—66.
② 裴娣娜.教育研究方法导论[M].合肥:安徽教育出版社,2000:186.

中,在劳动中。"①

(2) 由于观察时间和观察情境的限制,在研究对象人数多且分散的情况下应用较困难。

(3) 由于教育现象的复杂且处于不断变化之中,观察项目归类推论性太多,会影响研究的信度。

(4) 观察研究往往取样小,观察的资料琐碎不易系统化,普遍性的程度不高。要将研究结论类推到其他总体中时,应谨慎小心。特别是观察者个人意识形态、价值观以及感情色彩可能影响到观察对象的态度和行为,而研究的偏差又不易被察觉,从而影响观察结果解释的客观性。鉴于以上这些局限性,一方面要使观察法与其他研究方法结合使用,另一方面说明要真正科学地使用观察法进行教育研究,需要研究者有科学的态度同时掌握方法的使用要领。

上述缺点和局限是我们在使用观察研究方法时应特别注意的问题,我们应尽可能避免或减少这些缺点和局限对观察结果的影响。

2.造成教育观察法局限性的原因

(1) 人的生理局限。人的感官是有一定阈限的,超过这个限度,被观察的对象所表现出来的现象,观察者的感官就不能观察到。例如,人的耳朵只能听到频率为20~20 000赫兹范围以内音响强度的声波。在这个频率以外,人的耳朵就不能听到声音了。人的眼睛也只能接受到390~750毫米波长范围以内的电磁波。② 在这个范围以外的红外线、紫外线、X射线、γ射线等,人的眼睛就观察不到了。

(2) 观察仪器的局限。仪器不精确,或使用者的技术不佳,都可以造成观察的误差,因此观察的结果就会有错误。使用某些仪器观察不如肉眼观察那样丰富具体。从直接观察所得到的材料,是间接观察不能完全代替的。此外,使用观察仪器会对观察对象产生干扰,可能改变被观察者的自然状态,影响人们对观察事物真实情况的认识。③

(3) 观察水平的局限。观察者对所获材料的解释,也往往容易因观察者水平的局限而带上主观色彩,缺乏客观性。

第二节 教育观察的常用方法

在教育研究中描述记录法和取样记录法两种观察法的运用比较普遍。取样记录法和描述记录法分别适应不同的研究问题,两者的具体操作步骤也有所不同,两者相比较,各有优势,针对不同的研究问题有不同的表现。

一、描述记录法

描述记录法是指在观察过程中对被观察对象的客观状态、行为表现以及与被观察对象有关的情况进行详细描述并记载下来的一种方法。此类方法出现比较早,是一种定性研究的方法。达尔文、皮亚杰、苏霍姆林斯基、陈鹤琴等著名研究者都曾使用过此类方法并取得了重大成就。此类方法又可以分为日记描述法、实况记录法和轶事记录法等。

(一) 日记描述法

日记描述法是指对同一个或同一组被观察对象长期跟踪进行反复观察,以日记的形式描述性地

---

① 中共中央马恩列斯著作编译局.恩格斯自然辩证法[M].北京:人民出版社,1971:207.
② 吴岱明.科学研究方法学[M].长沙:湖南人民出版社,1987:217.
③ 刘向岫.教育科学研究方法与应用[M].北京:北京大学出版社,1993:56.

记录被观察对象的行为表现并进行研究的方法。在运用日记描述法时不要间断或停止,应保持一定的连续性。日记描述法记录的内容可分为两类:一类是综合性的,即把被观察对象各个方面的行为表现都如实地记录下来,一般为全面研究该观察对象或研究一类观察对象的某种共有特性所用;另一类是指定性的,即只记录观察对象某一方面或某几方面的行为表现、一般为专项研究观察对象某种特性所用。[1] 我国著名幼儿教育专家陈鹤琴采用日记的方式对其儿子进行了研究,用下面这种模式记录了被观察对象的行为与活动。

> **案例 7-1**
>
> **日记描述法记录模式**[2]
>
> 第一月
> 第一星期
> 第一天 ……
> 第二星期
> 第八天　晚上吸乳后,用指触他的上下唇,他眼睛闭着微笑了几次。
> 　　　　眼睛闭着微笑了几次。
> 第九天　脐带脱了……
> 第十三天　用胶皮粘在他的耳垂上,后来揭开的时候,他感觉痛了,哭得很厉害。
> 第十四天　睡着的时候,他脸上出现了笑、哭、皱眉、皱唇种种的样子。
> 　　　　用指触他的上唇,他的鼻眼,都向下皱;触他的下唇,向上皱。
> 　　　　他的眼睛能随意转动。
> 　　　　大便带绿色是颗粒状的,比较从前干燥一些,不像从前的稀薄。
> 第四星期
> ……

日记描述法作为最古老的观察方法之一,简便易行、使用广泛。

1) 日记描述法的优点[3]

(1) 日记描述法通过长期跟踪观察,可以了解观察对象的一贯表现和发展变化情况,有利于作出科学判断,得出正确结论。

(2) 日记描述法的记录材料真实、详细且有连续性、发展次序性,可长期保留和反复研究利用。

(3) 采用日记描述法进行观察,在什么时间、什么场合进行,观察多长时间,采用哪一种记录方法等,这些都可以根据具体观察目的、观察条件而定,要求不十分严格,只要有观察的需要和条件都可以实施观察。

2) 日记描述法存在的明显缺点

(1) 日记描述法常用于对个别或少数对象的日常观察,对于解决个别学生的某些问题具有十分重要的意义。但是,观察对象的选择往往具有偏向性,缺乏代表性,不能以此就推而广之。

---

[1] 华国栋.教育研究方法[M].南京:南京大学出版社,2005:73.
[2] 转引自:徐红.教育科学研究方法[M].武汉:华中科技大学出版社,2013:72. 资料来源:陈鹤琴.童心理之研究(上卷)[M].上海:商务印书馆,1925:55—56.
[3] 华国栋.教育研究方法[M].南京:南京大学出版社,2005:73.

(2) 运用日记描述法需要观察者在较长时间内天天有观察机会,如父母对自己的子女、班主任对本班学生等可以使用,不具备此条件的不宜采用。因此,观察者一般都是被观察对象的家长或亲友,这使观察容易带有感情色彩,高估儿童。

(3) 日记描述法的追踪需要天天记录,耗费人力物力太大,案例较少,缺乏普遍性。

 知识小卡片 7-1

使用日记描述法的大师们①

在我国,最早使用日记描述法进行观察研究的代表人物是幼教先驱陈鹤琴,他根据对自己孩子的观察记录来研究儿童的一般发展。他对自己的第一个儿子从出生之日起,逐日跟踪观察 808 天,作了详细的观察日记,拍了几百幅照片,据此于 1925 年写成了《儿童心理之研究》,这是我国第一本儿童心理学著作。但事实上,在西方,采用日记描述法研究儿童已有较长的历史,而且这些研究者都是大师级人物。

最早采用这种方法的是瑞士哲学家、著名教育家裴斯泰洛齐。他于 1774 年出版了第一部婴儿日记——《一个父亲的日记》。在日记中,裴斯泰洛齐记录了自己孩子的生长、发展的情况,同时对母亲在育儿中的作用以及其他对儿童生活有重要影响的因素进行了分析。1787 年,又有德国哲学家提德曼的《一个婴儿的日记》问世。

自然科学家也注重日记法的研究。查理斯·达尔文曾观察记录了他的儿子都德成长的最初三年。他还致力于把对婴儿的观察同对其他物种的观察加以比较。他在著名的《物种起源》(1895 年发表)中提出儿童是动物与成人之间连接物的观点。他认为,通过观察婴儿的发展,可以窥见物种与人种本身发展之一斑。

1882 年,世界上第一本儿童心理学教科书问世,这就是德国心理学家普莱尔所著的《儿童心理的发展》。这是普莱尔花了 3 年时间,在对自己儿子的发展作了不间断的详细而科学的日记的基础上写成的。书中详细描述了婴儿行为及心理各方面的发展过程。

除了上述最早的研究者外,现代著名儿童心理学家皮亚杰(J. Piaget)也曾用日记描述法观察研究自己孩子的认知发展过程,并据此出版了《儿童心理学》。

(二) 实况记录法

实况记录法是指在某种场景下一定时间内,连续且详尽地把教育活动和观察对象的所有表现等全部情况记录下来从而进行研究的一种方法。运用实况记录法过程中,记录员要无条件无选择地记录观察对象行为和活动的所有细节,而且要尽量详细、客观,不要进行主观推断、解释和评价。

观察时间一般以一个小时左右为宜,时间过短观察到的资料少,时间太长观察者容易疲劳。如果有特殊需要,观察时间可延长至两个小时或半天,这时就应安排两组观察者轮流执行观察。如果条件具备,运用实况记录观察法时最好借助于摄像机、录音机等现代化设备辅助,把某段时间内的现场实况摄录下来,供研究人员反复播放研究。如果不具备摄录条件的,应选择几位记录水平较高的人员分工负责。可以你记这一部分,他记那一部分;也可以你记行为、语言,他记场景或其他,然后再归纳整理成为一份完整的观察记录资料。

---

① 张燕,邢利娅. 学前教育科学研究方法[M]. 北京:北京师范大学出版社,1999:73—74.

实况详录下来的资料可作为以后进行反复定性或定量研究分析的依据。例如,对小班儿童游戏的实况详录资料作质的分析时,可用语言文字归纳描述 3~4 岁儿童游戏行为的一般状况,或描述 3~4 岁儿童游戏的典型模式。若要进行量的研究,则可事先制定相应的行为分类系统,包括模仿行为、相互作用行为、社会性交往行为、侵犯行为、完成任务行为等,然后根据实录资料重新整理登记。使此类结果数量化的方式有两种:其一,整理出各类行为发生的时间长度分数,即采用时间抽样的办法,将实录下来的全过程分成相等的时段(如每段 30 秒或 1 分钟),将每一时段中发生的行为记入某一类型,然后,将各类行为发生的时段数乘以每一时段的时间长度,得出各类型行为发生的时间长度分数;其二,记录各类行为发生的频率(次数),如模仿行为发生 20 次,侵犯行为发生 10 次等。[①]

采用实况记录法进行观察活动,究竟选择在什么场景下观察,观察多长时间,都应根据本次观察目的来确定。例如要观察一年级小朋友在课堂上的注意力能保持多久,就可以选定一节课 40 分钟进行观察。如果要观察男女生之间交往情况,或观察性格内向学生与性格外向学生在活动中表现情况,就可选择一次完整的课外活动进行观察。如果一次实况详录观察所得资料不足以满足某个观察目的的需要,则可进行多次实况记录观察,通过大量实况记录资料去获得关于观察目的所需要的资料,以实现观察目的。[②]

实况记录法的优点是所获资料客观、原始和详尽(能提供有关儿童行为及其发生背景、环境等资料),可长时间保留,不仅可供本次研究观察目的所用,而且可用来分析研究观察全过程中的其他各种角度的问题。例如,前面对一节课的实录观察资料,不仅可供研究一年级小朋友在课堂上注意力能够保持多久这个研究目的所用,而且还可供研究学生的学法,教师的教法,教学的双边关系,以及学生的思维水平与表现能力等问题作参考。只要是与低年级学生课堂教学有关的问题,都可以把它作为研究资料。

实况记录法的缺点在于对记录技术要求高,传统的手工记录容易顾此失彼,需花费较多的时间与人力记录和处理资料。如 B. 德斯拉于 1895 年 1 月 19 日对他 13 个月零 19 天的孩子进行了连续 4 个小时的观察,下面是他此次观察活动记录的一部分。

> **案例 7-2**
>
> ### 实况记录法记录节选
>
> 儿童拿出一只瓶子,并盛满了水,自己坐下来,慢慢地喝。然后他用右手拿着瓶子,慢慢地向左边的床爬去。站起来放掉瓶子,朝 12 英尺远的母亲走去。然后儿童抓到另一只装有食物的瓶子,向左转,往回走,向另一个 12 英尺远的瓶子走过去。并试图用一个塞子塞住瓶子,而塞子放在钢琴上的一只盒子里。儿童就拿这个瓶子打钢琴,接着驯服地接受惩罚。然后,这儿童平躺着吃东西,站起来走了 8 英尺,试图敲打一只盛满油的瓶子,向左转,又朝钢琴走去,又走了 8 英尺的路后,就在钢琴的罩子下慢慢地爬行,又从罩子下钻出来,拿到他的玩具娃娃,把娃娃扔在地下,又去拿软木塞和瓶子,并设法把塞子塞在瓶子上,咯咯地咬着牙齿,站起来,又坐下来。[③]

---

① 朱德全.教育研究方法[M].重庆:西南师范大学出版社,2011:131—132.
② 华国栋.教育研究方法[M].南京:南京大学出版社,2005:72.
③ 杨丽珠.教育科学研究方法[M].沈阳:辽宁师范大学出版社,1995:121.

他把刚拣起的一只瓶子扔下去,模仿他妈妈的样子说:"坏孩子!"又拣起那只瓶子,坐下来,啃它。然后,右手拿着瓶子爬到左边,向左转,往回走。走回他丢下的另一只瓶子那里。他试着把一个瓶盖盖在瓶子上。之后,他爬到钢琴罩子下面,用瓶子敲打钢琴。他被拉开,驯服地接受惩罚。他又躺下来吃东西,站起来,走了几步,又向左转,走了几步到钢琴前,往钢琴罩子下爬,又从罩子下钻出来。他拿起娃娃,弄得它哇哇叫,又扔下娃娃,去拿软木塞和锡盒,再次试图把它们装在一起,一边摆弄一边自言自语地咕噜着什么。他站起来,用右手玩钢琴,坐下,起来,又坐下……①(这是记录一个孩子仿效他母亲一边倒水,一边做他"坏孩子"的动作)

(三)轶事记录法

轶事记录法,又叫"记事法",是指在实施观察过程中观察者以记事为主,按照发生发展顺序对事件或行为从发生到结束进行连续而详细记录的一种观察方法。轶事记录法是教师常用的一种观察方法。

轶事记录法所记载的是观察者认为有意义、有价值的儿童典型或异常性新行为,也可以是观察者认为有意义、有价值的任何可表现儿童个性或某方面发展的行为情景。同其他观察法一样,在运用轶事记录法时要进行客观、翔实的记录。在观察记录时,轶事记录法并没有明确的目的,只是为日后研究积累资料。因此,轶事记录法更像一种日常观察法,既可以有主题也可以没主题,不需要特殊场景,不受时间限制,不需要遵循严格的步骤,因此简便易行。例如,对一个3岁幼儿推理思维发展情况的观察。当她听爷爷说不吃糖时,便对爷爷说:"爷爷不吃糖,等爷爷长小了才吃。"一是用了归纳推理,家里大人都不吃糖,只有小孩吃糖;二是用了演绎推理,大人不吃糖,爷爷是大人,所以不吃糖;三是用了类比推理,"长大",也可以"长小"。错在类比推理上,对"长"的概念错了。类似这种事例,观察者应该立刻记录下来,这能为我们的研究提供宝贵的资料。②

轶事记录法的优点是所获资料真实可靠而且有典型性,有长期保留和反复研究利用的价值。轶事记录法的不足之处在于所获观察资料的主观性不可避免,因为在确定观察对象时就带有观察者的主观价值判断。比如,哪些行为意义不大可以不记,哪些行为是有价值的必须记,记录时用什么词语描述,是否带有主观成见等都由观察者决定。因此,运用轶事记录法要求观察者必须有较高水平和较强能力,并能控制主观因素的影响,以保证观察材料的科学性和真实性。例如,下面三个案例就是运用的轶事记录法。

> **案例 7-3**
> **20世纪40年代巴克尔所作的轶事记录摘录**③
>
> 人物:玛格丽特(中西部人,女,年龄4岁)
> 事件:玛格丽特打布莱德雷
> 有关人物:布莱德雷(玛格丽特的弟弟,1岁半)
> 时间:1946年6月2日,下午1:03
> 玛格丽特一直缠着妈妈带她到邻居那儿去玩,但雷特夫人坚决地拒绝了她的请求,进屋

---
① 徐红.教育科学研究方法[M].武汉:华中科技大学出版社,2013:72.
② 裴娣娜.教育研究方法导论[M].合肥:安徽教育出版社,2000:190.
③ 张燕,邢利娅.学前教育科学研究方法[M].北京:北京师范大学出版社,2006:79—80.

去了。这时,布莱德雷正在院子里玩。

布莱德雷拣起了一只罐头洋铁桶,摇晃着,桶里有块石头哐啷哐啷地响起来。

玛格丽特转过身,走上前打布莱德雷的腿,打他的背,又打他的后脑勺。布莱德雷似乎知道她会这样做,当她向他走过来时,他好像知道会发生什么,畏缩起来,好像在准备挨打。

玛格丽特没完没了地打布莱德雷。

开始时,她每打他一下,他都要哭一下,但不太大声,但最后终于放声大哭。当看到布莱德雷真得大哭起来,玛格丽特就丢下他不管了。不过她还是念叨着:"我能打你,我能把你给扔了。"

案例 7-4

记录了一个孩子的模仿行为[①]

3岁的却利和他的妹妹玩过家家,却利说他是爸爸。当他走进厨房,他的大姐姐要给他一块蛋糕(姐姐知道他非常爱吃蛋糕),但却利拒绝了。他说:"我要蛋糕做什么?大人是在吃饭时才吃它的。"10分钟后,却利来了,说:"姐姐,我现在可以吃蛋糕了吗?我现在不是爸爸了,我是却利。"

案例 7-5

旭旭的寿桃头[②]

孩子们陆续来了十多个,旭旭蹦蹦跳跳地进了教室。我看到他今天新剃了个"寿桃头",挺帅气的,我们本地孩子是很少理这个发型的。我注意到他在自己的"心情园"里插上了"开心"的表情牌后,东张张、西望望,见好朋友聪聪在画画,就走到绘画区去了。当我指导完数学区的接龙游戏后,回头再看旭旭,却见他两手支着腮帮,呆呆地坐着一动也不动,叫他名字也没听见。我连忙走过去看他,发现他画面上的线条很零乱,只有一个黑蒙蒙的影子比较明显。我蹲下身来关切地问:"旭旭,你怎么啦?是不是因为剃了头发?"他激动得快要哭出来了:"老师,他们骂我是三毛,我真后悔剃了这个头!"我笑着说:"傻孩子,快别生气了!老师倒觉得你理这个头发也很帅气哦。再说三毛可是个很聪明的孩子呢!"接着,我给他讲了个《三毛智斗坏蛋》的故事,旭旭听了,露出两颗小门牙,笑了。

对三种描述记录法的不同之处及记录要求进行以下总结:[③]

三种描述记录法都是对事件和行为进行详细观察和记录,但它们又有所不同。不同之处在于,它们所强调的重点不同。日记描述法是在较长时间内,对行为和事件作详细记录,有相关背景和情节。实况记录法是在一定时间内某种场景下,连续且详尽地把教育活动和观察对象的所有表现等全部情

[①] 杨丽珠.教育科学研究方法[M].沈阳:辽宁师范大学出版社,1995:120.
[②] 转引自:左瑞勇.学前教育科学研究方法:理论·操作·应用[M].重庆:重庆出版集团,2008:73.资料来源:毛敏华.解读童心[J].当代幼教,2006(2).
[③] 杨晓萍.教育科学研究方法[M].重庆:西南师范大学出版社,2006:45.

况记录下来。轶事记录法是对研究者认为有价值的典型事件进行记录。

三种描述记录法的记录都要求具体记录,不要归纳或用抽象、费解的形容词或副词,要设法写出具体行为,要设法停留在最小可能的推论层次上;要尽可能地避免用个人自己的叙述词和解释词来作为观察者的叙述词和解释词;要设法掌握被观察者的原始行为发生情况,而不是对当时的情况作最后判断或评价。此外,记录时还要求把观察者脑海中闪现的分析意见和推理记录下来,并用特殊符号注明。因为这些意见可能对以后资料的分析会有帮助。

二、取样记录法

取样记录法兴起于20世纪20年代,由美国明尼苏达大学儿童心理学家沃尔森提出,是一种以行为为样本的记录方法,较之上面论述的描述观察,更具客观性、可控性和有效性。运用取样记录法既可获得可靠的观察资料,又能节省人力、物力,节约时间。取样记录可分为时间取样、事件取样和人物取样。

(一) 时间取样法

时间取样法是以时间作为取样标准,在一定时间长度内观察并记录所发生的行为,主要记录行为呈现与否,呈现频率及其持续时间的一种观察方法。

1) 时间取样法的一个基本假设

即被观察者在每一时间段内的行为是一个样本,通过抽取足够多次数的时间段,通过观察这些时间段内被观察对象的行为,便可以得出规律性的结果。[1]

2) 时间取样设计观察的主要指标

一是规定时间内某种行为是否出现及出现的种类;二是规定时间内行为发生的频率;三是规定时间内行为的持续时间。[2]

时间取样观察法虽然有节约时间,所获资料客观可量化分析等优点,但也有其难以克服的不足之处,仅适用于研究经常发生的外显行为,如教师言行与指令、学生上课表现、师生交往等,不适用于观察学生的内隐行为,如心理活动等;所获资料往往是说明行为的种种特征(如频率)的资料,不能掌握有关环境、背景的资料。

3) 时间取样法的要求[3]

(1) 时间取样法只适用于经常发生或出现的行为。一般来说,某种行为至少平均每15分钟出现一次才适合采用时间取样观察。如儿童课堂违规行为、师生互动与生生互动行为等的研究就可以用此方法。对问题行为的研究就不能用,因为中小学生问题行为毕竟是不经常发生的。

(2) 时间取样法只适用于观察外显行为。那些内隐的或隐蔽性的行为不适合采用时间取样观察,如思维或想象的过程、解决问题的策略等。例如,儿童如何思维无法用直观的办法看到,所以就不能用时间取样法来研究。

(3) 使用时间取样观察法,必须要确定观察目的、被试的数量、观察的范围和时间。如,中美学前儿童在游戏中的社交、认知类型发展研究,要探讨中美学前儿童社交水平和认知水平的异同,从而揭示不同文化背景对儿童心理发展影响的理论问题。研究者从儿童参与的游戏来研究,从社交、认知两个维度,将游戏划分为15种类型,作为观察的范围,每个儿童录像10分钟,在10分钟的录像带上,每隔30秒给1个"嘟"声信号,我们在嘟声信号发出时,确定游戏类型。由于观察目的明确、观察范围清楚、观察时间准确、观察人数已定,研究能够顺利进行。

---

[1] 徐红.教育科学研究方法(修订版)[M].武汉:华中科技大学出版社,2013:74.
[2] 杨晓萍.教育科学研究方法[M].重庆:西南师范大学出版社,2006:48.
[3] 杨丽珠.教育科学研究方法[M].沈阳:辽宁师范大学出版社,1995:123—127.

(4) 使用时间取样法对观察行为与事件必须给以明确的操作定义。研究者对行为分类才能有章可循，研究才能较为客观。如，前面提到的"中美学前儿童在游戏中的社交、认知类型发展研究"，如果15种游戏没有明确的操作定义，对儿童游戏的分类就不能在统一的指标下进行，也不能得到客观的结果。

(5) 使用时间取样法，应当制定时间取样编码记录表。例如，托马斯研究6岁儿童的捣乱行为，他将捣乱行为分为九种表现，分别用1、2、3、4、5、6、7、8、9数字代替，他观察每个被试20分钟，每10秒钟确定儿童捣乱行为类型，在格子中相应数字代号上画圈。例如，小朋友有侵犯他人现象就在3上画圈。观察第一个10秒钟，将结果在第一栏适合的编码上画圈，接着观察第二个10秒钟，将结果在第二栏适合的编码上画圈。依此类推，直到观察记录20分钟为止，见表7-2。

表7-2 捣乱行为观察编码记录表

时间/分钟	观察间隔/秒					
	0~10	11~20	21~30	31~40	41~50	51~60
1	1 2 3 4 5 6 7 8 9	1 2 3 4 5 6 7 8 9	1 2 3 4 5 6 7 8 9	1 2 3 4 5 6 7 8 9	1 2 3 4 5 6 7 8 9	1 2 3 4 5 6 7 8 9
2	1 2 3 4 5 6 7 8 9	1 2 3 4 5 6 7 8 9	1 2 3 4 5 6 7 8 9	1 2 3 4 5 6 7 8 9	1 2 3 4 5 6 7 8 9	1 2 3 4 5 6 7 8 9
3	1 2 3 4 5 6 7 8 9	1 2 3 4 5 6 7 8 9	1 2 3 4 5 6 7 8 9	1 2 3 4 5 6 7 8 9	1 2 3 4 5 6 7 8 9	1 2 3 4 5 6 7 8 9
4	1 2 3 4 5 6 7 8 9	1 2 3 4 5 6 7 8 9	1 2 3 4 5 6 7 8 9	1 2 3 4 5 6 7 8 9	1 2 3 4 5 6 7 8 9	1 2 3 4 5 6 7 8 9
5	1 2 3 4 5 6 7 8 9	1 2 3 4 5 6 7 8 9	1 2 3 4 5 6 7 8 9	1 2 3 4 5 6 7 8 9	1 2 3 4 5 6 7 8 9	1 2 3 4 5 6 7 8 9
6	1 2 3 4 5 6 7 8 9	1 2 3 4 5 6 7 8 9	1 2 3 4 5 6 7 8 9	1 2 3 4 5 6 7 8 9	1 2 3 4 5 6 7 8 9	1 2 3 4 5 6 7 8 9
7	1 2 3 4 5 6 7 8 9	1 2 3 4 5 6 7 8 9	1 2 3 4 5 6 7 8 9	1 2 3 4 5 6 7 8 9	1 2 3 4 5 6 7 8 9	1 2 3 4 5 6 7 8 9
8	1 2 3 4 5 6 7 8 9	1 2 3 4 5 6 7 8 9	1 2 3 4 5 6 7 8 9	1 2 3 4 5 6 7 8 9	1 2 3 4 5 6 7 8 9	1 2 3 4 5 6 7 8 9
9	1 2 3 4 5 6 7 8 9	1 2 3 4 5 6 7 8 9	1 2 3 4 5 6 7 8 9	1 2 3 4 5 6 7 8 9	1 2 3 4 5 6 7 8 9	1 2 3 4 5 6 7 8 9
10	1 2 3 4 5 6 7 8 9	1 2 3 4 5 6 7 8 9	1 2 3 4 5 6 7 8 9	1 2 3 4 5 6 7 8 9	1 2 3 4 5 6 7 8 9	1 2 3 4 5 6 7 8 9
11	1 2 3 4 5 6 7 8 9	1 2 3 4 5 6 7 8 9	1 2 3 4 5 6 7 8 9	1 2 3 4 5 6 7 8 9	1 2 3 4 5 6 7 8 9	1 2 3 4 5 6 7 8 9
12	1 2 3 4 5 6 7 8 9	1 2 3 4 5 6 7 8 9	1 2 3 4 5 6 7 8 9	1 2 3 4 5 6 7 8 9	1 2 3 4 5 6 7 8 9	1 2 3 4 5 6 7 8 9
13	1 2 3 4 5 6 7 8 9	1 2 3 4 5 6 7 8 9	1 2 3 4 5 6 7 8 9	1 2 3 4 5 6 7 8 9	1 2 3 4 5 6 7 8 9	1 2 3 4 5 6 7 8 9
14	1 2 3 4 5 6 7 8 9	1 2 3 4 5 6 7 8 9	1 2 3 4 5 6 7 8 9	1 2 3 4 5 6 7 8 9	1 2 3 4 5 6 7 8 9	1 2 3 4 5 6 7 8 9
15	1 2 3 4 5 6 7 8 9	1 2 3 4 5 6 7 8 9	1 2 3 4 5 6 7 8 9	1 2 3 4 5 6 7 8 9	1 2 3 4 5 6 7 8 9	1 2 3 4 5 6 7 8 9

续表

时间 /分钟	观察间隔/秒					
	0～10	11～20	21～30	31～40	41～50	51～60
16	1 2 3 4 5 6 7 8 9	1 2 3 4 5 6 7 8 9	1 2 3 4 5 6 7 8 9	1 2 3 4 5 6 7 8 9	1 2 3 4 5 6 7 8 9	1 2 3 4 5 6 7 8 9
17	1 2 3 4 5 6 7 8 9	1 2 3 4 5 6 7 8 9	1 2 3 4 5 6 7 8 9	1 2 3 4 5 6 7 8 9	1 2 3 4 5 6 7 8 9	1 2 3 4 5 6 7 8 9
18	1 2 3 4 5 6 7 8 9	1 2 3 4 5 6 7 8 9	1 2 3 4 5 6 7 8 9	1 2 3 4 5 6 7 8 9	1 2 3 4 5 6 7 8 9	1 2 3 4 5 6 7 8 9
19	1 2 3 4 5 6 7 8 9	1 2 3 4 5 6 7 8 9	1 2 3 4 5 6 7 8 9	1 2 3 4 5 6 7 8 9	1 2 3 4 5 6 7 8 9	1 2 3 4 5 6 7 8 9
20	1 2 3 4 5 6 7 8 9	1 2 3 4 5 6 7 8 9	1 2 3 4 5 6 7 8 9	1 2 3 4 5 6 7 8 9	1 2 3 4 5 6 7 8 9	1 2 3 4 5 6 7 8 9

注：以数字1～9为九种行为的代码。
1. 粗鲁动作，2. 跪，3. 侵犯行为，4. 乱扔，5. 说话，6. 叫嚷，7. 噪声，8. 转头，9. 做其他事。

案例 7-6

儿童在游戏中的社会参与状况的观察研究

美国学者帕顿(Parton)是最早使用时间取样观察法并获得成功的研究者之一。他于1926年10月—1927年6月进行了一项关于"儿童在游戏中的社会参与状况"的观察研究，成为考察儿童社会性能力与水平的经典之作。其具体做法是：[1]

1. 观察目的明确为研究儿童在游戏中的参与状况。

2. 观察对象确定为幼儿园小朋友。

3. 设计了六种反映儿童参与社会性活动水平的预定活动类型(见表7-3)，即无所事事、旁观、单独游戏、平行游戏、联合游戏、合作游戏，并对每一个预定类型进行操作定义，即关于观察对象处于什么状态或有什么行为表现就符合那一个预定类型的具体规定和说明。

4. 设计了含有观察时间、儿童代号及六种指标的记录表格(见表7-4)。

5. 连续观察九个月，每天观察一小时，每次对每个儿童观察一分钟，并认真做好观察记录。

6. 对观察结果进行分析研究，发现小班儿童多数单独游戏，中班儿童多为平行游戏，大班儿童更多的是联合游戏或合作游戏(见图7-1)。

7. 得出结论：儿童的社会性行为呈现出发展的顺序性。

---

[1] 华国栋.教育研究方法[M].南京：南京大学出版社，2005：75.

表 7-3　学前儿童参与社会性活动水平的预定活动类型及操作定义表[①]

活动类型		操作定义
1	无所事事	儿童未参与任何游戏活动或社会交往,只是随便观望任何能引起兴趣的情境。如没有可观望的,便玩弄自己的身体,走来走去,跟从老师,或站在一边四处张望。
2	旁观	儿童基本上是观看别的孩子游戏。可能与那些孩子说几句话,问个问题,或提出某种建议,但不参与游戏。始终站在离那些较近的地方,故可听见他们说话,了解他们玩的情况。与无所事事儿童的区别是,旁观儿童对某一组(或几组)同伴的活动有固定的兴趣,不像前者对所有的组均无特别的兴趣,一直处于游离状态。
3	单独游戏	儿童独自游戏,在近处有其他儿童用不同的玩具游戏,但儿童不作任何努力去接近他人或别人的说话,只专注于自己的活动,不受别人影响。
4	平行游戏	尽管有别的儿童在旁边用同样的玩具游戏,儿童仍独自玩,不想影响别人,也不受别人影响。因而,他们只是在旁边各自玩而不是一起玩。
5	联合游戏	儿童与其他儿童一起玩,分享玩具与设备,相互追随,有控制别人的企图,但并不强烈,儿童们从事相似的活动但无组织与分工,每人做自己想做的事,而不把兴趣首先放在小组活动上。
6	合作游戏	儿童在为某种目而组织起来的小组里游戏,如用某种材料编制东西、竞赛、玩正式的游戏等。具有我们的概念,知道谁属于哪个组,有1~2个领头者左右着小组活动的方向,故要求角色分工,并互相帮助,支持这种分工角色的形式。

表 7-4　儿童社会参与性活动观察记录表[②]

时间	儿童代号	活动类型					
		无所事事	旁观	单独游戏	平行游戏	联合游戏	合作游戏

---

① 王坚红.学前儿童发展与教育科学方法[M].北京:人民教育出版社,2006:78. 有改动.
② 王坚红.学前儿童发展与教育科学方法[M].北京:人民教育出版社,2006:78.

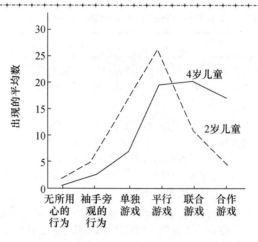

图 7-1 学前儿童游戏类型的差异①

帕顿在规定的游戏时间内,依次观察每个儿童 1 分钟,并根据儿童社会参与程度和 6 种游戏类型的操作定义,判断每个儿童这 1 分钟的行为属于哪种类型,记入观察记录表。通过对一系列观察资料的整理分析,表明 2 至 5 岁学前儿童的社会参与程度随年龄的增长表现出一定的顺序性,即年龄较小的儿童往往喜欢单独游戏,随着年龄的增长逐渐发展到平行游戏,再发展到社会化程度较高的联合游戏和合作游戏。②

案例 7-7

对小学低年级学生上课时注意力集中时间和程度的观察研究③

表 7-5 记一次 20 分钟的语文字词抄写作业

时　间	行为表现	注意力集中程度/(%)
开始～5 分钟	全班学生踏实认真书写,没有任何声音动作	100
5 分钟之后	3 人开始看别人的作业,并提出别人的书写毛病	7.9
6～10 分钟	7 人开始有动作,或开始发愣,有的玩铅笔、橡皮等学习用具	18.42
10 分钟之后	20 人开始有动作、发愣,有的开始发出声音	52.63
13 分钟时	6 人完成作业	15.79
20 分钟时	14 人完成作业(24 人未完成作业)	36.84
又延续 5 分钟	又有 20 人完成作业(4 人未完成)	52.63

---

① 杨丽珠.教育科学研究方法[M].沈阳:辽宁师范大学出版社,1995:124.
② 陶保平.学前教育科研方法(修订版)[M].上海:华东师范大学出版社,2006:77.
③ 裴娣娜.教育研究方法导论[M].合肥:安徽教育出版社,1995:191.

> 初步分析：一年级学生在完成一些重复性记忆作业(如字词抄写、生字书写等)时,最佳时间段为 10~15 分钟。这段时间内,学生有较强的注意力,以认真态度完成作业,符合这一特点布置作业,能达到较理想的效果。

(二)事件取样法

事件取样法,是以事件作为取样的标准,依据研究目的对特定事件或行为进行观察记录,获得研究资料的一种观察方法。事件取样法以预先确定的事件或行为表现作为观察样本,通过事件或行为表现的观察推及观察对象一般的行为表现。它关心的是事件的存在,注重行为本身,包括行为是如何发生的,如何变化的,如何终止的,以及结果如何。

1. 事件取样法与时间取样法的区别[1]

(1)时间取样法观察的单位是时间区间,而事件取样法观察的是行为事件本身。在事件取样观察中,观察者没有时间限制,只要所研究的行为事件发生,研究者就可以对其进行详细观察和记录。

(2)时间取样法只能研究至少每 15 分钟发生一次的行为。而事件取样观察则可以研究各种各样的行为,不受行为发生频率的限制。

(3)时间取样法研究的是事件或行为是否出现以及出现的频率,而事件取样法研究的是事件或行为的特征。

上述分析表明,能够用时间取样法研究的行为也可以用事件取样法进行研究,只不过观察的目的和结果不同罢了;而能够用事件取样法研究的行为却不一定能用时间取样法进行研究,除非所研究的行为发生频率很高。

2. 事件取样法与轶事记录法的异同

相同之处是二者都注重记事;不同之处是事件取样法只记录预先确定的事件过程或行为表现,而轶事记录法日常观察时采用,事先并不确定哪些要记,哪些不记,只要观察者认为有意义就记录下来,为以后的研究积累材料。

3. 事件取样法的优缺点[2]

优点:

(1)事件取样观察法是在自然情景中观察行为事件的全貌,了解行为的发生、变化、终结。收集到的资料既不孤立也不割裂,既能了解行为是什么,也能了解行为为什么,这样就可能去分析行为事件的因果关系。

(2)研究行为事件的范围广泛,不像时间取样观察法只限于观察行为出现频率高的外显行为。

(3)研究者可根据预先制定好的行为事件编码记录表进行资料收集,有助于集中资料,也有助于组织压缩资料,因此收集资料的时间相对是经济的。

缺点:

(1)事件取样观察法收集的是定性资料,不像用时间取样观察收集的资料容易量化,最好应考虑量化指标。

(2)事件取样观察法收集的是预定的某种完整行为资料,忽略了与该事物无关的条件与情景。

20 世纪 30 年代初,美国学者道(H. C. Dawe)进行了一项有关"学前儿童争执行为的研究",该研

---

[1] 董奇.心理与教育研究方法(修订版)[M].北京:北京师范大学出版社,2004:169.
[2] 杨丽珠.教育科学研究方法[M].辽宁师范大学出版社,1995:129—130.

究是事件取样法的经典案例。如下：

案例 7-8

学前儿童争执行为研究[1]

该研究的观察行为是幼儿园儿童在自由活动时间内自发产生的争执事件，观察对象为40名2~5岁的儿童，其中男童19人，女童21人，观察过程是争执事件一发生便用秒表计时，并按事先拟定好的观察记录内容填写观察记录表（见表7-6）。

经三个多月，58小时的观察，共记录了争执事件200例。观察结果是：200例争执事件中68例发生于室外，132例发生于室内；平均每小时发生争执事件3~4次；争执时间持续1分钟以上的只有13例；平均争执持续时间不到24秒；室内争执持续时间比室外争执持续时间短；男孩争执多于女孩，攻击性水平也高于女孩；争执常发生在不同年龄组、相同性别的儿童之间；随年龄增长，争执事件减少，侵犯性质增强；几乎所有的争执都伴有动作，如冲击、推拉等；争执中，偶尔大声地喊叫或哭泣，但无声争执占大多数；导致争执发生的原因往往是对占有物品的不同意见；大多数争执自行平息，往往是年幼儿童被迫服从年长儿童或年长儿童自愿退出争执；争执平息后，恢复常态很快，无耿耿于怀、愤恨的情况。

表7-6 儿童争执事件记录表

儿童	年龄	性别	争执持续时间	发生背景	行为性质	做什么说什么	结果	影响

（三）个人取样法

个人取样法是以个人为单位，对单个被试连续取样，在规定时间内根据记录表单记录发生在该被试身上的全部事件和所有行为，然后再选择另一个体被试进行观察并记录，如此反复，最终获得多个个体组成的样本的观察方法。

个人取样法有利于了解事件的整个进程，有利于分析观察对象的行为、情绪、态度及动机等。个人取样法特别值得注意的是，选择对象一定要随机，否则会因为选择的被试不具有代表性，而导致观察所获资料缺乏其应有的价值。例如[2]，如果要选择一个九年级的学生进行观察并记录其数学

---

[1] 陶保平.学前教育科研方法（修订版）[M].上海：华东师范大学出版社,2006：78—79.
[2] 徐红.教育科学研究方法（修订版）[M].武汉：华中科技大学出版社,2013：76.

课堂听讲的情况,那么在每节数学课正式开讲前20分钟,观察者就应该首先随机选择一个不同的学生,之后对其数学课堂上的相关行为和事件进行观察,以之作为反映这个班全体学生的情况。观察者通过对这个班多个不同学生进行观察之后,便可获得有关这个班全体学生在数学课堂上的相关行为和事件的资料。个人取样法的不足之处是取样数量较之时间取样法和事件取样法小。

由以上可知,取样法的最大优点是记录简单易行,结果较客观易数量化,便于分析,但不像描述法那样能具体、完整地描述。三种取样法可综合运用,如时间取样法和个人取样法的综合运用是在不同时间段内对不同的被观察个体的某种行为进行观察。三种取样法的比较见表7-7。[①]

表7-7 三种取样观察法比较表

方　法	说　明	例　子
时间取样法	研究者通过更替观察对象和记录时间,对有影响的事件和行为取样	观察者坐于教室中,扫视房间,观察身体攻击性行为一定时间,如20秒,然后以同样时间记录观察的内容。
事件取样法	记录所研究的事件,其他活动不记录	对教室中正在发生的一切行为,观察者只记录身体攻击的行为。
个人取样法	研究者选择一个个体并记录关于这个个体的全部中心行为和事件	观察者选择一个学生并记录这个学生和他的同龄人之间身体进攻的全部例子。每15分钟,观察者选择一个不同的学生,作为反映这个班所有同学的经历,从而获得资料。

第三节　教育观察法的实施步骤

观察法是一种科学的研究方法。运用观察法收集资料时,要符合科学方法客观性和系统性的要求。大体而言,观察法的实施步骤可分为以下三步:观察准备工作;实施观察并记录;整理分析观察资料。下面分别说明各个步骤的实施要点。

一、观察前的准备

(一)制订观察计划与观察提纲

1. 制订观察计划

为了确保观察能顺利进行,在进行观察前必须制订严密的观察计划。一般情况下,观察计划要有明确的观察目的、观察内容、观察对象以及观察的进程安排;观察的时间、地点、次数;观察的方式方法以及记录观察结果的技术手段;如何保证观察现象的常态等一系列问题。教育观察计划参考格式如表7-8。[②]

[①] 刘电芝.教育与心理研究方法[M].重庆:西南大学出版社,1997:213.
[②] 金哲华.教育科学研究方法[M].北京:科学出版社,2011:142.

表 7-8　教育观察计划参考表格

1. 研究课题
2. 观察目的与任务
3. 观察对象及范围(观察谁)
4. 观察内容(要收集哪些资料)
5. 观察地点(在什么地方观察)
6. 观察方法与手段(观察方法、仪器设备;如何保持观察对象和情景的常态)
7. 观察步骤与时间安排(观察的次数、程序、时间间隔,观察要持续的时间,等等)
8. 其他(组织、分工和有关要求)
计划拟订人:　　　　　　　　　　　　　　　年　　月　　日

制订观察计划非常重要,以后的观察就按计划进行。如何制订观察计划,具体论述如下:[①]

1) 明确观察目的,确定观察对象和观察内容

这是解决为什么观察和观察什么的问题。一般是由观察者研究课题的需要决定的。例如课题是"如何帮助成绩差的学生提高学习成绩",该课题就需要对成绩差的学生的学习状况进行观察。观察目的很明确,就是要通过观察找到这些学生成绩差的原因,然后采取适当的措施帮助其提高成绩。仅有观察目的,不便于具体操作,还需要围绕观察目的确定具体的观察对象和观察内容。观察对象是具体的人,首先要弄清到底什么样的学生是成绩差的学生,其次是不能对所有成绩差的学生都进行观察,只能观察其中一部分,到底取哪一部分有代表性,取多少人,即如何选取观察样本,都要根据具体情况而定。观察内容是观察对象一系列行为表现。还以观察成绩差的学生为例,研究者可以把决定成绩好坏的因素分为学习动机、学习态度、学习能力、学习方法等作为观察项目。每个项目还可以细化,如学习态度可以细化为学生对预习的态度、对听课的态度、对作业的态度、对复习的态度、对考试的态度等。要知道成绩差的学生对考试的态度,可以从宣布准备考试开始,详细观察他们在迎考、考试、公布分数前后的一系列过程中的行为反应。从课题研究的需要→明确观察目的→确定观察对象→细化观察内容项目,这一切在整个观察活动中起着定向作用。

2) 选择观察类型、方法和途径

观察者应根据观察目的、观察对象和观察目标的具体情况以及观察者、观察条件等选择适宜的观察类型和方法。如观察者能够亲自到观察现场的就可采用直接观察,不能到现场的就可采用间接观察;观察者有条件与被观察者打成一片的可采用内部观察,没有这种条件的就采用外部观察;需要全面观察的可采用实况记录法,只观察某一种或几种行为的可采用取样观察法、核对清单法。研究人员的正式观察可以使用实况记录法、时间取样法、事件取样法、等级评定法;广大教师的非正式观察就可以用日记描述法、轶事记录法、核对清单法等。

选择观察途径主要由观察者的情况决定。例如观察者是本校教师,就可以选择上课、听课、参加学生各项活动及有意注意等途径进行观察。如果观察者是专职研究人员,就可以选择听课、有意组织某些活动、列席学校会议或召开座谈会、参观和检查等途径进行观察。

3) 设计实施方案

实施方案一般应包括如下内容:

a. 观察目的;

b. 观察对象和范围;

---

① 华国栋.教育研究方法[M].南京:南京大学出版社,2005:80—81.

c. 观察内容,列出需要通过观察获得材料的要目;

d. 观察的方法、途径;

e. 观察的时间、次数、密度、顺序、位置等;

f. 观察的要求和注意事项,以及出现问题如何应对处理等;

g. 记录的方法及记录规范,符号系统及参照标准等;

h. 观察的工具、仪器等;

i. 观察人员的组织、分工;

j. 观察开始前的准备工作;

k. 观察结束的资料分析整理。

设计实施方案是一项十分周密严谨的工作,要求设计者对观察活动从前到后要深思熟虑,对观察过程中的每一环节、每一步骤可能出现的问题都要有所预见,并制订有效的应对措施,才能保证观察活动按计划、有步骤地顺利进行。如果之前设计者对这项观察活动不太熟悉,还必须先进行调查研究,甚至先进行预观察,在取得初步经验之后再进行设计。一份好的实施方案是观察活动获得成功的必要条件。让参与观察的人员看了方案之后,对本次观察活动的目的、意义很明白,对观察什么、怎样观察很清楚,照着方案去做就能完成观察任务。

> **案例 7-9**
>
> **多媒体教学对学生注意力的影响的观察研究计划**[①]
>
> **课题的提出**:我校自本学期以来,着重进行多媒体教学的实验,现在第一阶段已经过去,需对多媒体教学的效果作一科学总结。"多媒体教学对学生注意力的影响"属其中一个子课题。本课题使用的研究方法为教育观察法。
>
> **观察目的**:通过观察在多媒体教学课堂上学生注意力的集中水平来了解多媒体教学在保持学生注意力方面的效果。
>
> **观察内容**:课堂上学生不集中注意力的行为。
>
> **观察对象**:采取抽样方法,确定四年级6个班中各16名学生为观察样本。
>
> **观察途径及方式**:
>
> 1. 采用非参与性间接观察法,用隐性摄像方式对课堂教学进行摄像,然后再对录像进行观察。
>
> 2. 为使观察结果具有可比性,对同样的观察对象在常规教学(非多媒体教学)课堂的不集中注意力的行为也进行摄像观察,以此进行对比研究。
>
> **观察次数及时间、地点**:
>
> 1. 每班各两节课,一节为多媒体教学课,一节为常规教学课。学科均为语文。
>
> 2. 具体时间如下:(第七周)
>
> 四(1)班:周二 2~3 两节
>
> 四(2)班:周四 2~3 两节
>
> 四(3)班:周一 2~3 两节

---

① 王守恒. 教育科学研究方法基础[M]. 合肥:安徽大学出版社,2002:130—132.

四(4)班:周三1～2两节

四(5)班:周三3～5两节

四(6)班:周五2～3两节

3. 观察地点:多媒体教室

4. 观察记录:见表7-9。

表7-9 学生出现不集中注意力行为的观察记录表[①]

教学方式____ 班级____ 课题____

	0～5	5～10	10～15	15～20	20～25	25～30	30～35	35～40	40～45
S_1									
S_2									
S_3			√						
S_4									
S_5						√			
S_6									
...									
S_n									

说明:(1)教学方式指的是多媒体教学还是常规教学。

(2)若出现不集中注意力的行为则在结果栏以"√"表示。

观察工具:

1. 摄像机两台,录像机一台。

2. 记录卡片若干。

观察进程:

1. 第五周:作大略调查和试探性观察。

2. 第六周:制订观察计划,培训观察人员。

3. 第七、八周:实施观察。

4. 第九周:观察材料的整理、统计与分析。

5. 第十周:撰写研究报告,材料归档。

注意事项:

1. 不集中注意力的行为包括:与同学讲话、看其他书、做小动作、看别人或别处、擅自离座、打闹、睡觉等与学习无关的行为。

2. 观察时要做到认真仔细、客观真实,必要时应作重复观察。

3. 记录要详尽可靠。

4. 为保证观察材料的可靠性,要注意摄像的隐蔽性。

[①] 李克东.多媒体教学组合设计[M].北京:科学出版社,1992:95—98.

2. 设计观察提纲

制订观察计划以后,为了保证观察活动的顺利进行,还必须拟定观察提纲,以便将观察内容具体化。观察提纲的制定必须以研究者具有相应的专业基础知识,了解观察对象,明确观察目的为基础。制定观察提纲应遵循可观察原则和相关性原则,针对可以观察到的,对回答研究问题具有实质意义的行为进行观察。观察者可先确定预期观察的具体内容,然后将这些内容进行分类,分别列入观察提纲。

一般情况,观察提纲至少应该回答以下六个方面的问题:[1]

(1) 有关谁(Who)的问题。有谁在场?他们是什么人?他们的角色、地位和身份是什么?有多少人在场?这是一个什么样的群体?在场的这些人在群体中各自扮演的是什么角色?谁是群体的负责人?谁是追随者?

(2) 有关什么(What)的问题。在场的人有什么行为表现?他们说/做了什么?他们说话/做事时使用了什么样的语调和形体动作?他们相互之间的互动是怎样开始的?哪些行为是日常生活中的常规?哪些是特殊表现?不同参与者在行为上有什么差异?他们行动的类型、性质、细节、产生与发展的过程是什么?在观察期间他们的行为是否有所变化?

(3) 有关何时(When)的问题。有关的行为或事件是在什么时间发生的?这些行为或事件持续了多久?事件或行为出现的频率是多少?

(4) 有关何地(Where)的问题。行为或事件是在哪里发生的?这个地方有什么特色?其他地方是否也发生过类似的行为或事件?这个行为或事件与其他地方发生的行为或事件有什么不同?

(5) 有关如何(How)的问题。这件事是如何发生的?事情的各个方面相互之间存在什么样的关系?有什么明显的规范或规则?这个事件是否与其他事件有所不同?

(6) 有关为什么(Why)的问题。这些事情为什么会发生?促使这些事情发生的原因是什么?对于发生的事情人们有什么不同的看法?人们行为的目的、动机和态度是什么?很显然,这个问题需要通过一定的推论,不能完全通过外部观察而获得。当然,参与观察不排除现场询问,因此也可以通过这类方式获得被观察者的想法。

与访谈提纲一样,观察提纲提供的只是一个大致的框架,为观察活动提供一个方向。研究者进行实地观察时,可根据实际情况对观察提纲进行修改。

例如,案例"从中国的幼儿教育看中国社会变迁与全球化的关系"的观察提纲就包括以上所论述的六个方面;案例"课堂观察指导"依据观察目的,制订了有针对性的观察提纲。如下:

> **案例 7-10**
>
> **从中国的幼儿教育看中国社会变迁与全球化的关系观察提纲**[2]
>
> 1. 有关谁的问题
> (1) 这些家庭里各有多少人?
> (2) 他们是谁?
> (3) 家中有几个孩子?
> (4) 孩子多大年龄?
> (5) 父母、祖父母与孩子之间关系如何?孩子平时和谁一起玩?

---

[1] 杨晓萍.教育科学研究方法[M].重庆:西南师范大学出版社,2006:58.
[2] 陈向明.质的研究方法与社会科学研究[M].北京:教育科学出版社,2000:237.

2. 有关什么的问题
   (1) 孩子平时穿什么衣服？
   (2) 吃什么食品？
   (3) 玩什么玩具？
   (4) 看什么电视节目？
   (5) 读什么课外书？
   (6) 家庭经济情况如何？
   (7) 孩子一个月有多少零花钱？
3. 有关何时的问题
   (1) 孩子什么时候穿新衣服？
   (2) 什么年龄玩什么玩具？
   (3) 什么时候上麦当劳？
   (4) 平均一个月去几次？
   (5) 家长在什么情况下给孩子零花钱？
4. 有关何地的问题
   (1) 孩子在哪里上学？
   (2) 孩子在哪里娱乐？
   (3) 孩子在哪里消费？
5. 有关如何的问题
   (1) 孩子是如何从事上述活动的？
   (2) 孩子的活动选择是如何做出来的？
   (3) 谁决定他们可以这么做而不能那么做？
   (4) 孩子自己有多大的自主权？
6. 有关为什么的问题
   (1) 孩子为什么这样做而不那么做？
   (2) 家长对此有何看法？
   (3) 孩子对此有何看法？
   (4) 家长为什么要孩子这么做？
   (5) 家长有什么具体的考虑和长远的打算？
   (6) 家长如何看待孩子的教育问题？

案例 7-11

课堂观察指导观察提纲[①]

1. 学科知识方面
   (1) 教师有没有展示出对内容的精通；

[①] 陈瑶.课堂观察指导[M].北京：教育科学出版社,2002：157—160.

(2) 所涉及材料的深度和广度是否适合学生和课程的水平;
(3) 教师是否强调对材料的概念性的把握;
(4) 教师是否融入了学科的最新发展;
(5) 所考虑和呈现的内容是否在学科内或是否在相关学科内(这一点非常重要)。

2. 组织及结构方面
(1) 教师是否很好地进行了准备;
(2) 教师是否提供了一个教学的总纲;
(3) 内容的顺序是否具有逻辑性;
(4) 教师是否能清楚地呈现和解释内容;
(5) 教师是否提供了一个主题到另一个主题的过渡,是否区分了主要和次要的观点区分,能否阶段性地总结所讲授的概念和观念;
(6) 教师是否通过举例和图示来阐释难点和抽象的思想。

3. 阐释及教学策略方面
(1) 教师的教学方法是否适合教师的班级目标;
(2) 教师是否能通过肢体运动、手势、声高、语调和节奏来变换教学模式;
(3) 教师是否或能否使用多种方法,如媒体、讨论、实验、提问;
(4) 板书是否清晰和有组织;
(5) 如果合适的话,教师是否利用学生的作业(写作任务、家庭作业中的问题等);
(6) 各种教学策略(讲解、媒体、印刷品)的使用是否被有效地加以整合;
(7) 教师是否在结束之前对讲解和讨论中的要点加以总结和整合。

4. 师生互动或讨论方面
(1) 讨论是如何发起的;
(2) 学生是否清楚教学的目的和纲要;
(3) 教师是否鼓励学生提问;
(4) 教师所提问题是否具备修辞性和真实性;
(5) 教师一次提一个还是多个问题;
(6) 教师是否使用中心问题吸引学生的注意力,是否使用探察性问题来要求学生超越肤浅的和未完成的答案,或者是否使用转向性问题来要求别人的阐释或认同;
(7) 教师所提问题的水平如何;
(8) 低水平问题一般有固定答案,且一般会要求学生回忆或列举事实,高水平的问题要求学生概括、比较或者分析信息,教师所提问题的高低水平安排是否合理;
(9) 教师对学生的问题如何反应和处理;
(10) 学生的回答是否礼貌和热情地被教师接受;
(11) 教师如何处理学生的反应;
(12) 教师回答的时间有多长,明确地叙述答案对于困难的问题来说需要花几分钟的时间;
(13) 教师是否使用口头强化;
(14) 教师是否有非语言的反应(微笑、点头);
(15) 教师对于学生的建议或与自己不同的观点是否持接受态度。

5. 教师的表现和热情方面

(1) 教师有无显示出对学科的热情；

(2) 教师有无显示出对教学的热情；

(3) 教师的声音能否容易地被听见；

(4) 教师的声音是不是由于内容和重点的变化而时高时低；

(5) 讲课的速率太快还是太慢；

(6) 讲课的速率是否适合于做笔记；

(7) 教师是否与学生保持眼神的接触；

(8) 教师是否运用面部表情、体态、手势或动作来维持学生的兴趣。

6. 学生行为方面

(1) 偶然去观察班级，记下学生在做些什么；

(2) 班级学生记笔记的模式是什么(是做一点点笔记，还是记下每一件事，或记下教师在黑板上所写的内容，还是为了跟上讲课，彼此协助互相复制笔记)；

(3) 学生是注意地听讲，还是缩在课桌椅里，手托着脑袋；

(4) 学生有没有课堂活动主流之外的行为(如学生在课堂中随意地交谈或阅读与课堂无关的东西)。

7. 整体方面

(1) 这堂课的教学效果中你最喜欢的是什么；

(2) 你有什么具体建议来改进这堂课或者教师的教学效果；

(3) 在课堂观察中，哪些细节会影响或改变你对课堂的印象；

(4) 总的来看，你会怎样评价这个教师。

(二) 准备观察工具

为了保证观察活动的顺利进行，在实施观察之前要认真准备观察工具。一般来说，观察工具主要包括以下三个方面：[①]

1. 制订观察编码体系

编码体系是教育观察中常用的一种观察工具。编码体系要求确定要观察的具体项目，然后对准备观察的具体项目进行编码。编码体系常结合时间取样法使用，专门观察对象在特定时间内发生的特定行为，并记录下特定行为的编码。

制订观察编码体系主要有以下三个步骤：

1) 根据研究目的选择目标行为

例如，选择学生的侵犯性行为，儿童的依赖性行为等作为观察的目标行为。

2) 根据研究目的和需要对目标行为进行分类，并确定各类行为的操作定义

目标行为的分类方式主要有两种，相应地形成了两种行为分类系统：

(1) 类别系统。要求能将所有观察到的有关行为都记入一个适合它的，与其他类别相互排斥的类别中。该分类系统要遵循两个原则，一是相互排斥原则，即将行为明确定义，从而使可观察行为的每一类别精确地相互区分，无交叉含义；二是详尽性原则，即凡与所研究问题相关的行为，其所有可能

---

① 金哲华.教育科学研究方法[M].北京：科学出版社，2011：143—146.

的具体表现都能够归进其中某一类别,不会使某个观察到的行为无从归属。

(2)特选系统,即预先选定一组有限数量的具体行为作为观察研究的对象,通过观察记录这些特选行为发生与否。特选系统仅纳入那些已选定的行为,而不包括观察过程中出现的其他行为。因此,特选系统具有排斥性(排斥其他类别的行为),没有详尽性(不包括所有的类别)。

例如,要对儿童依赖性行为进行观察,首先要将依赖性行为分成生活、学习和情感三种类型。在生活中可把让父母帮助穿衣、不整理床铺、不做家务等作为依赖性行为;在学习上可以把需要在父母的帮助下完成作业等作为依赖性行为;在情感方面也可以做类似的定义。

3) 在分类的基础上进行编码,建立编码体系

根据不同的研究目的和条件,研究者可以设计出不同的适合自己需要的编码系统。一般来说,根据使用代码的不同,观察编码系统可分为以下两大类:

(1)数字型编码系统。即用不同的数字分别代表各观察单位,被观察单位可以是被试的行为,也可以是各种环境类别。所用数字的多少取决于具体研究中观察单位的数量。数字型编码系统的优点是观察结果整理工作量小,适于用计算机处理。不足之处是不易记忆,需花较多的时间牢记数字代码,要求研究者对各代码的意义熟练掌握,方能进行观察编码。

> **案例 7-12**
>
> **课堂中师生交往方式观察数字编码系统**
>
> 为了研究课堂中师生交往方式对学生学习态度、成绩的影响,研究者设计了一个记录课堂中师生交往行为的数字编码系统。该观察编码系统包括六项教师行为和两项学生行为,此外还有一项表示沉默或混乱状况。具体内容如下:
>
> 1. 教师行为
> ① 表扬或鼓励学生;
> ② 接受或运用学生的观点;
> ③ 提问;
> ④ 讲述;
> ⑤ 指导;
> ⑥ 批评学生、维护权威。
>
> 2. 学生行为
> ① 学生回答教师提问;
> ② 学生主动提问。
>
> 3. 其他情况
> ① 沉默;
> ② 混乱。

(2)符号型编码系统。即用一定符号分别代表各观察单位。符号的种类很多,可以是抽象的,也可以是形象的。符号编码系统的特点是形象、逼真、易于记忆。不足之处是观察结果需要花较多时间整理,不能直接输入计算机进行系统分析。

例如,为了观察记录被试的面部表情,心理学研究者设计了形象生动的模拟代码图形。研究者用"——"代表两眉平行(愉快情绪),中间没有隆起或凹陷;"一︿"代表一眉飞扬(愉快情绪);"︿︿"代

表两眉均飞扬(愉快情绪);"⌒⌒"代表双眉缩起,眉心"V"形明显(不愉快情绪)等。

2. 准备观察记录表与记录方法

为了便于观察记录和观察材料的整理,一般在进行实际观察前要设计好观察表格和记录方法。具体论述如下:

1) 观察记录表

优良的观察记录表格不仅可使观察记录简约化、精确化、条理化和便利化,确保观察者的注意力始终集中在规定的观察内容和范围内,同时还能使观察资料具有数据化特征,便于量化,或使观察结果清晰明确、一目了然,便于整理和比较分析。

观察记录表主要有行为核查表和等级量表两类。

(1) 行为核查量表。只需观察者对照表上列出的项目,在每一种要观察的行为发生时做个记号,或在该项上划"√",如表 7-10 所示。

表 7-10　幼儿数学预备技能核查表

儿童姓名:_____　　　　　　记录者:_____

观察内容	能	不能	日期
1. 根据名称指出相应图形 圆 正方形 三角形 长方形	(　) (　) (　) (　)	(　) (　) (　) (　)	
2. 从 1 数到 10	(　)	(　)	
3. 给下列图形命名 圆 正方形 三角形 长方形	(　) (　) (　) (　)	(　) (　) (　) (　)	
4. 举例说明下列关系概念 大于 小于 长于 短于	(　) (　) (　) (　)	(　) (　) (　) (　)	
5. 按下列要求逐个匹配 2 个物体 3 个物体 5 个物体 10 个物体 10 个以上物体	(　) (　) (　) (　) (　)	(　) (　) (　) (　) (　)	
6. 在别人指导下理解以下概念 最先 中间 最后	(　) (　) (　)	(　) (　) (　)	
7. 举例说明以下概念 多于 少于	(　) (　)	(　) (　)	

(2) 等级量表。等级量表有预先设置的目标行为分类,观察者在一段时间内对目标进行观察,对行为时间在程度上的差异做出评估,确定等级。观察者将观察所得印象数量化,观察结束时,在量表上对该期间内发生的目标行为评以相应的等级。等级量表主要用于测量心理特征,如态度、性格等。等级量表作为一种观察工具,在教育研究中经常使用。例如,学校对教师课堂教学质量进行等级评估;教师给学生的思想表现评定优、良、中、差等都可能用到等级量表。

常用的等级量表有数字量表、图示量表和描述量表。

① 数字量表。数字量表,是用数字来代替等级内容的描述,即对所要描述的等级类型赋予数字顺序。常用的形式有3等级量表和5等级量表,如表7-11所示。

表7-11 幼儿园教师教学情况评定量表

姓名_____ 性别_____ 年龄_____ 任教班级_____

评定内容	评定等级				
	1	2	3	4	5
能较好地组织与控制儿童					
对儿童表示亲近					
评定内容	评定等级				
	1	2	3	4	5
注意儿童的需求与问题					
对儿童能够正面强化					
对工作表现出喜爱与热情					
认真备课					
安排班级活动具有灵活性					
允许儿童选择和控制玩具					

② 图示量表。在一条直线上刻上刻度,评定者沿着这个刻度,从高到低迅速而简便地作出判断。这种量表不是用数字作评估。如表7-12所示。

表7-12 儿童社会交往图示量表

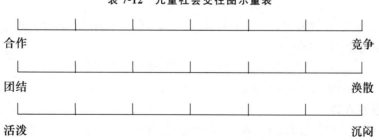

③ 描述量表。描述量表是以文字来描述各类行为的价值程度,量表两端通常是相反意义的描述词。描述量表又叫语义差异量表。一般将意义相反的描述自中间线段分为7等份,观察者可以依据自己的看法和感觉在适当位置上画记号(一般打"×"),如表7-13所示。

表 7-13　描述量表

	1	2	3	4	5	6	7	
合作								不合作
主动								被动
清洁								不清洁

等级量表比较容易编制,使用较为灵活,操作简单,可在短时间迅速作出判断,易于进行定量化分析。但是等级量表主观性较高,而且易带个人偏见。等级的评定是依靠评定者个人作出判断,容易受到观察者主观因素的影响。

2) 观察记录方法

观察记录应具体、详细、系统。按照观察目的,有时应预先准备记录表格、熟悉并记住行为代码与操作定义,以便迅速、准确地记录所观察到的内容。下面简单介绍几种常用的记录方法:

(1) 等级式,即对所观察的对象评定等级,在等级评定表相应的位置上划圈。

(2) 频率式,即在观察记录表中记录某种现象出现的频次。

(3) 实录式,即工艺学记录方式,包括笔录、录音、录像、摄像等。

(4) 是非式,即在观察记录表答案选择处打"√"或"×"。

(5) 代码式,即用数字型代码或符号型代码标识所观察到的行为目标。

(6) 图画式,即用图形、图画记录观察对象的位置、环境、形状等。

3. 准备仪器设备[①]

观察所用仪器设备一般可分为两种,一种是获得观察材料的仪器设备,一种是保存观察材料的仪器设备。

获得观察材料主要是用人的感觉器官,但有时需要一些专门设置的仪器来帮助观察,如单向透视屏、计算机终端装置、动作反应器等。这些仪器主要起两方面的作用——保证观察的客观性与提高观察的精确性。

在保存材料的仪器设备中,人脑是人体自然器官。但这种与观察主体连在一起的保存手段缺乏精确性与持久性,也不能实现观察材料的客体化。因此,人们先利用摄影、录音、录像等仪器设备,把观察时瞬间发生的事、物、状况等以永久的方式,准确、全面地记录下来,供研究时反复观察材料和分析材料所用。

无论哪一种仪器设备,都应在观察开始前就准备好,对观察中使用的各种仪器也须事先做好功能检查,以保证使用过程中不出现障碍。

对于观察人员来说,必须掌握仪器使用的基本方法,并知道在观察中应做什么。例如,要详细、全面拍摄一堂课,一部摄像机是不够的,观察者应准备几架摄像机,并事先做好分工。

(三) 训练观察人员

观察所获材料是否准确、可靠,观察者是主要的决定因素之一。运用观察法对观察人员有严格的要求。不仅要求观察者有一丝不苟的认真态度和优秀的个人品质,还要求观察者掌握相应的技术和技巧。因此,实施观察前必须对观察者进行培训。一般来说,训练观察人员主要从以下几个方面着手:[②]

[①] 王守恒.教育科学研究方法基础[M].合肥:安徽大学出版社,2002:132.

[②] 王守恒.教育科学研究方法基础[M].合肥:安徽大学出版社,2002:132—133.

1. 明确观察要求

观察前,对每个观察人员必须有明确的要求。人人都要知道自己需要观察什么,不必观察什么,采取什么方式观察,以怎样的方式记录等,以利于观察人员在观察时把注意力集中到需要观察的对象上,把观察对象从背景中或整体中突显出来。

2. 统一观察标准

为了增加观察的客观性,便于衡量和评价各种现象,使观察结果可以核对、比较、统计和综合,观察者必须给每一个观察项目都规定统一的标准。每次观察或观察同一现象的不同观察者,要坚持采用统一的标准来衡量。因为不同的观察项目常常会涉及不同性质的标准。例如,怎样才算违反纪律,哪些行为属于小动作等。类似问题都要事先作好统一规定,并要求所有观察者严格按统一规定进行观察。

3. 会用观察仪器设备

在实际观察中,除人体自然器官外,观察者还要会使用一些辅助性的观察仪器设备。观察人员必须要学会操作各种观察仪器设备,掌握仪器设备使用的基本方法,避免因操作不当而导致观察材料的丧失。因此,观察前必须教会每一位观察者熟练使用观察仪器设备。

4. 培养观察能力

观察必须掌握相应的技术,具有较高的水平。首先,掌握观察准备的技巧,如明确观察内容、进行观察取样、设计观察表格等。其次,在观察中能灵活运用各种观察方法,掌握不同类型的观察方法的顺序、步骤,善于捕捉观察对象并准确地进行记录。再次,要善于对观察材料进行整理、分析,把材料数量化、系统化。此外,还要在观察中不断总结观察经验,努力养成良好的观察习惯,提高观察能力。

二、实际观察

对观察活动进行了充分的准备之后,接下来可以实施观察了。以下从观察阶段和观察记录两个方面具体论述实际观察。

(一)观察的阶段

不同研究阶段对观察的要求有所不同,总体上是一个先从全面观察开始逐渐缩小范围,聚焦后进行选择性观察的过程。有学者把此过程比作一个漏斗,上部是全面观察,要将看到的都容纳进去,中间是聚焦的过程,逐渐缩小范围,下面是观察目标,集中在焦点上。下面对观察的阶段展开详细论述:[①]

1. 初始阶段——全方位的开放式观察

教育观察一般从叙述性观察开始,也就是先对某一教育情境的时间、空间、人物、活动、物理环境、情绪和目的等作详细的叙述,此时观察者的角色就像是一个绘图员,置身于一片从未被勘测过的土地上,并不知道哪里有宝藏,哪里会有危险。因此,观察者一开始所能做的就是尽量描述记录自己所观察到的种种状况,将其作为认识环境的基础材料。

观察的初始阶段,要求观察者尽量开放自己的所有感觉器官,去感受和体验现场发生的一切事情。例如,研究者想对学生餐厅就餐时学生的行为进行研究,可以先用几天时间对餐厅的整体情况进行了解,包括感受餐厅的物质环境、人文氛围、来往人群的行为举止和言谈等。然后自己可以在学生餐厅就餐,借此与学生交谈,对自己的感受和言行进行体味。最后,再针对某些人、某些现象或行为进行仔细观察。观察者对事物观察的敏锐性和反思能力很重要。此时要将看到、听到和体会到的东西尽可能记录下来,包括一些第一印象。

---

① 白芸.质的研究指导[M].北京:教育科学出版社,2002:134—135.

2. 中期阶段——逐渐聚焦

对教育情境有了初步的了解后,则进入"逐渐聚焦"的阶段。观察者要开始寻找或确立一些范畴,并找出彼此相关的范畴及其之间的关系,以缩小观察的范围。对观察现场有了一个整体认识,明确了自己希望了解的问题后,就可以聚焦观察了。聚焦的程度视研究的问题而定。一般来说,可以有狭窄单一和开阔两种视野。对单一现象或行为进行集中的观察,焦点就很集中,这就是狭窄单一的方式。例如,前面提到的对学生餐厅进行观察的例子,研究者只是对一位同学"加塞"行为观察,焦点始终放在这个同学上,也可以连续几天追踪他进行观察。在开阔视野里,强调对整个事件进行全方位的关注。如果是观察这个餐厅里所有有"加塞"行为的同学,那么焦点就是所有同学的行为。

3. 末期阶段——找出研究焦点后进行选择性观察

此阶段要用对比的眼光把研究的焦点再一次缩小,观察者通过选择几个特定的教育问题,比较异同,从而探究其差异的原因,直至得出研究结果。

案例 7-13

学生弱势群体研究[①]

一位研究者在进行学生弱势群体的研究中,通过课堂观察记录一个班级的小学生弱势群体的课堂处境,先是从总体上把握,这个班有一些学生的处境是不利的;后来注意主要是哪几个学生,然后重点对这几个学生的言行进行观察和分析。以下是这位研究者在10节课中获得的有关记录。

从一开始听课我就发现 S55 始终坐第一组最后一个位置,而且离前排及旁边同学有一定距离,就像教室里的一个孤岛。

(说明:这是小学最常用的隔离调皮的爱说话的学生的方法之一。)

12月7日　(第二节　语文课)

A. 老师批评 S33 讲话。

B. S40 罚站(站在门外)。

(说明:① 其实当时讲话的人很多,有的甚至站在座位上讲。② 站到门外是语文老师对讲话的学生最严厉的惩罚。)

12月8日(第三、四节　语文课)

A. 三人罚站:S40、S23 及 S24(站到教室前,S40 却慢慢站到门外)。

B. S18 因为讲话被打(老师用语文书"啪"的一声打下去),但过了一会儿又开始调皮。

C. 有两个男生欺负 S1,老师责问几句了事,S1 仍很委屈。

(说明:① S40 已经习惯站到门外了。② 其实讲话的人很多,不知道老师为什么偏偏只惩罚 S18,而且是用这种从未有过的惩罚手段。③ 在课堂上欺负女生看来最有效,因为老师一心为完成教学任务,没有心思管调皮学生了。)

[①] 转引自白芸. 质的研究指导[M]. 北京:教育科学出版社,2002:136—139. 有改动。资料来源于李屏:《"学生弱势群体"研究》(同等学力申请硕士学位论文,未发表,华东师范大学教育学系 2001 届),第 25—29 页。文中 S55、S33、S40 等编号代表被观察的学生。

12月11日(第三节 数学课)

A. 老师批评 S18 讲话。后来他一直没有翻开书,等他站起来拿身后的书时,却又受到了批评。

老师批评 S39 没听课,然后提问他,结果他回答错了。

B. 老师批评一个学生,他顶嘴。

老师批评另一个学生 S9,他虽然感到有点不服气,但也默不作声。

C. S40 因没做作业而被罚站在教室外做作业,直到下课前 10 分钟才进来,进来后还挨了一顿批评。

D. S33 上黑板板书时,老师不停地催促他。

(说明:① 同样是两个调皮的学生,S39 经常被提问,S18 则很少被提问,老师总是盯着 S39,但对 S18 则很少过问,只是批评,所以相对而言 S39 在课堂上不处于弱势,S18 则属于弱势群体。② 同样是两个被"错误"批评的学生,一个顶嘴,S9 则默不作声,后者属于弱势群体。③ 看来数学课 S40 也难逃站在门外的"厄运"。)

12月11日(第五节 英语课)

课堂纪律很差,学生大声讲话,老师说:看谁坐得最好,谁讲话扣谁的期末考试分。

老师批评了 S40、39,但最终另一个 S8 被扣分。这时其他同学纷纷检举 S55 说话,教室一团糟,一个女孩居然把桌布卷了起来,并和别人讲话。S55 自始至终都和 S42 讲话,S39 则侧着坐,S18 呆坐在座位上,到最后居然打起呵欠。S55 和 S42 被提问,答不来,坐下来后仍讲话,并且还相互打起来。S43 起来回答问题时其他同学起哄说:"她答不来的,让我来。"

(说明:英语课是调皮学生的"天堂",因为他们最多只受到蜻蜓点水般的批评,不关痛痒,所以大约有 3/4 的同学在这节英语课上讲过话。)

12月12日(第三节 语文课)

重点观察 S39 与 S55。

复习旧课时 S39 东张西望,S55 举手回答问题,S55 边举手边说别人是差生。朗读课文时,S39、S55 都没读课文,S55 用手碰前面的 S42,S42 回击,S55 感到无趣,说:"我想睡觉。"这时老师提问,他连问题都没听清就举手发言,并讥笑别人"没词了"。S39 和别人讲话,这时老师却批评 S18,说:"你坐茶馆啊"(S18 把脚搁起来坐),并让 S18 和 S62 换位置。S55 很兴奋,叫到:"S18,马上和我换位置。"老师提问,S55 叫:"我,我回答",结果没叫他,他就自嘲说:"我,我,又不是狗叫。"老师又提问,他大叫一声"我知道。"这时老师让两个男生和两个女生换位子,女生前进,其他同学都很嫉妒,并说其中一个女生一周内换上去三个位子,S55 则说:"我希望把 S39 换到角落头。"在朗读课文时,S55 连书也没翻开。看到其他同学读,他也把书拿出来,但不翻开,而是摇头晃脑地做怪动作。读完书,S55 惹 S42,两人打架,S42 说"下课揍你",S55 仍得意地晃来晃去。老师提问,他站了起来说:"我才不举手呢,我要死劲地吵。"这时 S42 报复他,他求饶,说:"对不起,再也不敢了。"但又说:"我不听课也能考得全班表扬,我成绩比你(指 S42)好。"

(说明:原来我认为 S55 的位置是被人遗忘的角落,未曾想这是他的世外桃源。他认为自己已经受到最严厉的惩罚,不可能再怎么处罚他了,于是他在自己的小天地里为所欲为。他也想引起老师的注意,但十次举手恐怕只有一次被提问到,他的积极性被打消。此外,老师对 S39 和 S55 的违纪行为已熟视无睹了。)

12 月 13 日 （第三节　数学课）

这节课是讲思考题,老师一上课就把三道思考题一起写在黑板上。老师开始讲第一道题,讲着讲着一个学生说:"老师,第二道题写错了,少了一个'÷'号。"老师说:"没叫你看这道题就看这道题,你们看到了这道题吗?"其他学生齐声回答:"没有。"老师接着说:"这里不是写错了,而是忘记写了。"于是这个女孩不做声了。老师指着另一个同学说:"我没叫你看后面,不要太能干了。"

有一个同学把思考题做出来后,老师说:"你就喜欢做这种思考题,其他的倒做不出来。"

这时一个女生说:"老师,前面同学把书包垫起来坐。"

(二) 观察的记录

记录对观察非常重要,是观察中不可或缺的步骤。观察时,研究者除了用眼睛、耳朵、鼻子等感觉器官以及其他仪器设备(如录像机、录音机等)以外,还要用笔对观察的内容进行记录。做到一边观察一边记录,及时把观察到的材料保存下来。

1. 做好观察记录的要求 [1]

(1) 记录要准确。要尊重客观事实,有什么记什么,不能凭主观想象,更不能凭空捏造。

(2) 记录要全面。要根据观察内容如实将全部情况都记录下来,不能将有利于自己研究的现象记录下来,将不利于自己研究的现象丢掉,否则,整个观察将是不客观的,可能导致观察的失败。

(3) 记录要有序。要按事情发展的固有顺序记录,不能随意颠倒。记录的有序性不仅能为下一步研究工作打下基础,而且很可能揭示出观察对象内部的联系和规律。

2. 观察记录的类型

1) 现场笔记

现场笔记是非结构性观察的主要记录方式,它可以是观察活动当时的记录,也可以是观察结束后追忆整理的记录材料。在观察现场进行即时笔记,可以采用便于快速记录的临时性符号记录法。研究人员对被确定为对象的教育现象分别规定不同的符号,比如,提问用"?"表示,回答问题正确用"√"表示,错误用"×"表示,这样可以大大加快记录速度。在使用这种临时性符号记录时,研究人员要注意:第一,符号要简单、数量不要过多,一般不超过 10 种;第二,观察后当天要进行整理。把一些当时非常生动、有意义的细节补记上去,不然时间久了就难以回忆起来。

现场笔记是观察研究所获取的宝贵原始资料,它是研究人员以后进行科学分析的经验事实基础。一般应包括五个部分:

(1) 教育现象的粗略描述;

(2) 当时未予记录,事后追忆起来的应该重视的现场情况;

(3) 对某些现象的分析意见和简单的推论;

(4) 个人初步印象和感觉;

(5) 关于下一步应该继续搜集的信息登记。

---

[1] 王守恒.教育科学研究方法基础[M].合肥:安徽大学出版社,2002:135—137.

案例 7-14

叙兹曼和施特劳斯的现场笔记表格[①]

叙兹曼和施特劳斯将现场观察笔录分成四个部分：
(1)"实地笔记"，专门用来记录观察者看到和听到的事实性内容；
(2)"个人笔记"，用来记录观察者个人在实地观察时的感受和想法；
(3)"方法笔记"，记录观察者所使用的具体方法及其作用；
(4)"理论笔记"，用于记录观察者对观察资料进行的初步理论分析。

下面我们看一下叙兹曼和施特劳斯的记录方式是如何被使用的。我们假设有一位观察者从中午12:00—12:30在一所大学的食堂里作观察，他/她将自己看到、听到和想到的事情分别填入下表中有关的栏目里(见表7-14)。

表7-14 实地观察记录表

实地笔记	个人笔记	方法笔记	理论笔记
12:00——食堂里大约有300人，10个窗口前队伍平均有4米长	我感觉很拥挤	这个数字是我估计的，不一定准确	中午12点似乎是学生就餐的高峰
12:05——在卖馅饼的窗口排了一个足有两米长的队，而且排队的大部分(大约四分之三)是男生	我想是不是今天的馅饼特别好吃？是不是男生特别喜欢吃馅饼	我站在离卖馅饼的窗口有5米远的地方，看不清楚馅饼的质量，不知道这些人买馅饼是否因为馅饼好吃	也许买某一样食物的人数与该食物的质量之间有正相关关系
12:10——食堂里有5对成双的男女坐在一起吃饭，两个人坐得很靠近，都是男的坐在女的左手边	也许他们是恋人	我只是根据他们坐在一起的亲密样子判断他们是恋人，这个猜想需要进一步检验	也许在食堂里就餐时，男生习惯于坐在女生的左手边
12:20——一位女生将一勺菜送到旁边男生的嘴边，望着对方的眼睛说："想不想吃这个菜？"	为什么这些"恋人们"在公共食堂里如此"放肆"？！我对此很反感	我现在与他们坐在同一张桌子上，可以听到他们的对话	似乎女生喜欢主动向男生"献殷勤"，这一点与我平时的印象不一样，需要进一步观察和检验

2) 记录表格

是结构性观察的主要记录方式。即用预先设计好的记录表格来加以记录。记录的方法主要有两种——代码记录和画记号记录，见表7-15。

[①] 陈向明.质的研究方法与社会科学研究[M].北京：教育科学出版社，2000：247—248.

表 7-15 学生课堂思维积极性观察记录表[1]

学校_____ 班级_____ 学科_____ 学生人数_____ 日期_____

学习态度		教师提问					建议
		①	②.	③.	..	…	
注意力		⊙	O	φ			
举手人数		30⁺	10	5⁻			
发言质量	正确性	√	√×	×			
	独立性	√√	√	×			
	创造性	√×	×				
课堂讨论	积极	30⁺	20⁺	10⁻			
	不积极	15⁻	10	30⁻			

说明：(1) 表中①~③系指教师所提的问题。
(2) 此表中教师所提问题中带"."表示有点难度，所提问题中带"□"表示较难。表中的符号"⊙"表示注意力集中；"O"表示注意力较集中；"φ"表示注意力不集中。人数上的"＋""－"号分别表示"以上""以下"。"√"表示肯定；"×"表示不符合要求。

三、观察资料的整理

观察活动结束之后，应及时对所搜集资料进行分类、整理与分析。论述如下：[2]

（一）资料的分类

资料的分类一般采用两种方法：一种是按照所使用的系统分类，也就是按照专题计划提纲进行分类；一种是按照研究课题本身的逻辑系统分类，如"中小学校长成长与培训规律与校长管理制度的关系研究"就可以将所搜集的研究资料按照校长的成长、培训与管理等进行归类。

（二）资料的整理

资料的整理应该是一边搜集一边整理，否则，随着资料越积越多，资料整理就会变得越来越困难。资料的整理一般包括核对、考据、挑选、淘汰、汇总、统计等几个环节。核对和考据环节主要是检查观察记录过程是否合理，以及将搜集到的同类资料进行相互印证，考证所搜集资料有无矛盾和不合理之处。如果参与观察的人员不止一人，也可将不同观察者搜集的资料进行相互印证。挑选和淘汰，就是说搜集来的资料要经过筛选——准确的、有用的资料要妥善保存，错误的、没有用的或不适合的资料要淘汰。汇总和统计主要是将搜集到的分散资料通过分类之后进行汇总并运用合适的方法进行统计。

（三）资料的分析

不同种类的资料，分析的方法是不同的，描述性的文字资料主要采取逻辑分析的方法，而数据资料则主要采用统计分析的方法。逻辑分析的常用方法主要包括分析与综合、抽象与概括、演绎与归纳

---

[1] 吴靖.实用教育科研指南：方法与案例[M].北京：文化艺术出版社 1992：90.
[2] 转引自：徐红.教育科学研究方法(修订版)[M].武汉：华中科技大学出版社,2013：84.资料来源：刘向岫.教育科学研究方法与应用[M].北京：北京大学出版社,1993：36—41.

等。至于各种数据资料的统计分析,在统计学或教育统计学这些课程中有专门的讲解,这里不再详细介绍。

处理完所获观察资料后,接下来要对本次观察活动进行总结,写出观察报告。

最后,明确一下实施观察过程中应注意的事项。

第一,指导思想正确。运用观察法进行教育研究的目的是为了揭示问题的本来面目,因此,研究者必须坚持客观性原则,以实事求是的科学态度进行观察、记录及分析整理所搜集的材料,不能带有任何先入为主的主观倾向或偏见,更不能带有任何偏见去修改观察结果。否则,尽管占有了第一手资料,也不能从中得出科学的结论。例如,研究1~3岁儿童言语的发展时,观察者记录儿童自发语言。当儿童说到"兔子耳朵两个有",观察者认为这是说的兔子有两个耳朵,于是就记下了"兔子有两个耳朵"。用这样的资料,怎么能分析出来1~3岁儿童语法具有倒装句的错误呢?在观察过程中,为了获得客观真实的观察资料,要始终让被观察者处于自然状态,在没有任何心理干扰的情况下自发流露感情和自然做出表现。①

第二,观察目的明确。观察活动全过程都是紧紧围绕观察目的进行,包括观察中观察什么、怎样观察等具体事宜都要以观察目的为着眼点,观察后对观察资料的分析研究要始终以实现观察目的为归宿点。目前,个别教育工作者进行教育研究时,观察目的不明确,主要凭借感官直接感知进行观察,反应瞬间即逝,反应的现象又十分复杂,往往出现顾此失彼、丢三落四的现象。观察活动脱离观察目的,不仅做了无用功,浪费了许多人力和财力,而且还会干扰对观察结果的分析和判断。

第三,观察全面系统。只有做到全面观察,才能如实反映事物的全貌,透过现象看到问题的内在本质。因此,要多方面观察事物,把握事物的各种因素、各种关系和各种规定,即凡是与观察目的有关,对研究有影响的各种情况都要观察。此外,还要注意观察的系统性、连续性、完整性,不能随意间断,即每一种情况都要观察其变化发展的全过程,以及与其他事物之间的联系。只有这样,才能全面、系统地观察研究对象,尽量避免假相与错觉,才能客观真实地反映事物的本质。例如②,研究学生学习方法时,对成绩好的学生学习情况要观察,以便了解他们为什么好;对成绩差的学生学习情况也要观察,以便了解他们为什么差;对教师的教法亦要观察,看其对学生的学法产生什么样的影响等。观察时不仅要观察其学习方法,而且要考察其学习基础对学习方法的影响等。

第四,所选样本典型。为了研究某类事物的一般特征及其发生、发展的规律,人们不可能也没有必要对该类事物的全体逐一进行详细观察。此时,可以从中选择能代表一般的典型样本进行观察。如果样本的选择不具有典型性,就会造成以偏概全的结果。例如,在研究儿童6岁入学好还是7岁入学好这个课题时,不管是观察儿童的语言表达、社会性发展,还是研究儿童的学习能力、学习效果等,都要选取各种不同水平的学生组成样本进行观察。不可只选发育早、成绩较好的学生或发育迟、成绩不好的学生观察。只有观察样本具有广泛的代表性,把观察样本得到的结论推广到观察总体上去才有意义。否则,会以偏概全。③

本章小结

观察法,是指人们有目的、有计划地通过感官和辅助仪器,对处于自然状态下的客观事物进行系统考察,从而获取经验事实的一种科学研究方法。观察法可分为日常观察和科学观察两种。教育研

---

① 杨丽珠.教育科学研究方法[M].沈阳:辽宁师范大学出版社,1995:114.
② 华国栋.教育研究方法[M].南京:南京大学出版社,2005:69.
③ 华国栋.教育研究方法[M].南京:南京大学出版社,2005:69.

究中的观察法属于科学观察,是指教育研究者有目的、有计划地通过感官和辅助仪器,对处于自然状态下的教育现象进行系统考察,从而获取教育经验事实的一种科学研究方法。教育观察法具有目的性、客观性和能动性,观察要借助于一定的工具等特点。

依据不同的标准,教育观察法可分为不同的类型。依据观察是否借助于仪器设备,可分为直接观察法和间接观察法;依据是否有明确的观察项目,可分为结构式观察与非结构式观察;依据有无干预和控制的情境条件,可分为自然观察和实验观察。依据观察者是否参与观察对象的活动,可分为参与观察与非参与观察。

在教育研究中描述记录法和取样记录法两种观察法运用比较普遍。描述记录法是指在观察过程中对被观察对象的客观状态、行为表现以及与被观察对象有关的情况进行详细描述而记载下来的一种方法。此类方法又可以分为日记描述法、实况记录法和轶事记录法等。取样记录法是一种以行为为样本的记录方法,可分为时间取样、事件取样和人物取样等。

观察法的实施可分为观察前的准备、实际观察、整理分析观察资料三个步骤。观察前的准备包括制定观察计划与观察提纲,准备观察工具,训练观察人员。实际观察包括三个阶段,全方位的开放式观察的初始阶段,逐渐聚焦的中期阶段,找出研究焦点后进行选择性观察的末期阶段。观察活动结束之后,应及时对所搜集的观察资料进行分类、整理与分析。处理完所获观察资料后,接下来要对观察活动进行总结,写出观察报告。

思考与练习

1. 什么是教育观察法?教育观察法有哪些特点?
2. 观察法有哪几种类型?观察法的优点和缺点各是什么?
3. 科学观察与日常观察的区别和各自的价值如何?
4. 教育观察法的实施要求有哪些?
5. 以"学习成绩好的同学是如何学习的"为题,制订一份观察计划,选择典型案例实施观察,写一份观察报告。

参考文献

[1] 裴娣娜.教育研究方法导论[M].合肥:安徽教育出版社,2000.
[2] 裴娣娜.教育科学研究方法[M].沈阳:辽宁大学出版社,1999.
[3] 董奇.心理与教育研究方法(修订版)[M].北京:北京师范大学出版社,2004.
[4] [英]贝弗里奇.科学研究的艺术[M].陈捷,译.北京:科学出版社,1979.
[5] 中共中央马恩列斯著作编译局.马克思恩格斯选集(第3卷)[M].北京:人民出版社,2001.
[6] 许良英,李宝恒,赵中立,范岱年,等.爱因斯坦文集(第1卷)[M].北京:商务印书馆,1976:115.
[7] 徐红.教育科学研究方法[M].武汉:华中科技大学出版社,2013.
[8] [美]乔金森 著,参与观察法[M].龙悠红,张小山,译.重庆:重庆大学出版社,2000.
[9] 中共中央马恩列斯著作编译局.恩格斯自然辩证法[M].北京:人民出版社,1971.
[10] 华国栋.教育研究方法[M].南京:南京大学出版社,2005.
[11] 陈鹤琴.儿童心理之研究(上卷)[M].上海:商务印书馆,1925.
[12] 张燕,邢利娅.学前教育科学研究方法[M].北京:北京师范大学出版社,1999.

[13] 朱德全.教育研究方法[M].重庆：西南师范大学出版社,2011.
[14] 杨丽珠.教育科学研究方法[M].沈阳：辽宁师范大学出版社,1995.
[15] 左瑞勇.学前教育科学研究方法：理论·操作·应用[M].重庆：重庆出版集团,2008.
[16] 毛敏华.解读童心[J].当代幼教,2006(2).
[17] 杨晓萍.教育科学研究方法[M].重庆：西南师范大学出版社,2006.
[18] 王坚红.学前儿童发展与教育科学方法[M].北京：人民教育出版社,2006.
[19] 陶保平.学前教育科研方法(修订版)[M].上海：华东师范大学出版社,2006.
[20] 刘电芝.教育与心理研究方法[M].重庆：西南大学出版社,1997.
[21] 金哲华.教育科学研究方法[M].北京：科学出版社,2011.
[22] 王守恒.教育科学研究方法基础[M].合肥：安徽大学出版社,2002.
[23] 李克东.多媒体教学组合设计[M].北京：科学出版社,1992.
[24] 陈向明.质的研究方法与社会科学研究[M].北京：教育科学出版社,2000.
[25] 白芸.质的研究指导[M].北京：教育科学出版社,2002.
[26] 陈瑶.课堂观察指导[M].北京：教育科学出版社,2002.
[27] 吴靖.实用教育科研指南：方法与案例[M].北京：文化艺术出版社,1992.
[28] 刘向岫.教育科学研究方法与应用[M].北京：北京大学出版社,1993.
[29] 华国栋.教育研究方法[M].南京：南京大学出版社,2005：69.

第八章　教育实验研究法

> **学习目标**
>
> 1. 理解实验研究的含义和基本特征。
> 2. 掌握教育实验效度的影响因素和控制无关变量的方法。
> 3. 能够根据教育研究目的设计实验。

在教育领域中,当研究者试图探寻因素间的因果关系时,就需要采用实验研究,这首先需掌握教育实验研究的理论与方法。因此,本章首先对教育实验研究的基本含义、特征、优缺点以及研究基本程序做简要说明;其次对教育实验的基本类型进行划分并对教育实验研究的效度及其影响因素进行解释;再次阐释无关变量的控制方法;最后分析教育实验设计常用的几种格式,并举实例加以说明。

第一节　教育实验研究概述

一、什么是教育实验研究

(一)教育实验研究的含义

实验研究(experimental research)是操纵自变量(dependent variables)以引起因变量(independent variables)的变化,从而确定变量间因果联系的研究方法。它是研究者在探究变量间因果关系时能够使用的一种最有效的研究方法。例如,教育实验研究中经常被操纵的自变量有教学方法、作业的种类、学习材料、给予学生的奖励和教师提问的类型等,而常被观测的因变量有学习成绩、兴趣、注意范围、动机以及对学校的态度等。

(二)教育实验研究的基本特征

1. 实验组和对照组

实验研究的第一个基本特征表现在:在实验研究中,通常会采用两组被试,其中一组接受实验处理,被称为实验组(experimental group),另一组不接受该实验处理,被称为对照组(comparison group)或控制组(control group)。采用对照组有助于研究者确定实验处理是否产生了影响,或验证某种实验处理是否比另一种更加有效。经典的实验研究中,对照组不接受任何实验处理,但在教育实验研究中,通常不是这样。例如,假设一个研究者想要研究一种新的教学方法的效果,他会让实验组(或实验班)的学生接受这种新的教学方法的教学,而让对照组(或对照班)的学生继续接受教师原来一直采用的教学方法的教学。研究者不会让实验组接受新方法的教学,而让控制组什么也不做,因为任何一种教学方法都会比什么也不做要有效得多。实际情况也不允许。

2. 操纵自变量

实验研究的第二个基本特征是研究者积极地操纵自变量。操纵自变量是指研究者精心设计的自变量将采用什么形式或水平,然后再决定哪一组被试接受哪一种实验处理。简单地说,操纵自变量就是将不同形式或不同水平的自变量分配到实验组和对照组,从而观察处理的结果。

比如研究者想探讨不同程度的强化对阅读成绩的效果,他们把学生系统地分派到三个不同的小组。一个小组在每天的阅读时段都获得连续的强化;第二组只简单地给以"继续好好干"的口头表扬;第三组不给以任何强化。这样研究者就操纵了具有三种水平的"强化"这一自变量。在实验研究中,自变量也被称为实验变量(experimental variables)、操作变量(manipulated variables)或处理变量(treatment variables)。

3. 随机化

实验研究中的随机化指被试的随机选择和随机分配。随机选择(random selection)是指一个总体中的每个成员都有同等的机会被选择成为样本中的一个个体。

随机分配(random assignment)是指每个参加实验的个体都有同等的机会被分配到被比较的任何一个实验组或对照组中去。随机分配被试是一个好的实验设计中必不可少的条件,这也是判断实验研究优劣的一个关键条件。

4. 无关变量的控制

对因变量产生影响的变量可能不止一个,一旦研究者决定了所要研究的变量,即确定了其中的一个变量作为自变量,那么,其他存在的对因变量可能造成影响的变量就被称为"无关变量"(extraneous variables)。无关变量的存在会影响实验结果的解释,因此,研究者必须关注这些无关变量并设法消除或减少它们的影响。无关变量的控制是确保两组被试除了一个被操纵的变量(即自变量)以外,在所有其他变量上都尽可能是均质的。如在教学方法对学生学习成绩的影响这个研究中,教学方法是自变量,因变量则是学生的学习成绩,研究者已经把教学方法确定为影响学生学习成绩的自变量了,那么可能对因变量造成影响的其他变量,如班级规模、学生性别、教师性别、教师年龄、教师的性格、每天上课时间、周上课时数等,这些就是无关变量。研究者就要控制这些无关变量,尽量减少它们对因变量的影响程度,以保证学生的学习成绩的变化主要是教师的教学方法不同造成的。因此,比如为了控制教师性别和年龄对因变量的影响,研究者可以选择三位性别相同年龄相仿的教师任教,这是采用恒定变量的方法来消除无关变量的影响,关于无关变量的控制方法,后面还会详细阐述。

(三)教育实验研究的优缺点

1. 教育实验研究的优点

教育实验研究相对于其他形式的研究方法而言,具有如下优点:① 教育实验研究法是社会科学研究中建立因果关系的最好方法;② 能够得到自然条件下遇不到的或不易遇到的情况,这样可以扩大研究的范围;③ 可以重复验证;④ 有助于准确地、精细地、分别地研究事物的各个组成部分,比较容易地观察某种特定因素的效果;⑤ 可以有计划地控制现象和环境,创造便于精确测量和运用机械方法记录的条件,使研究更为精确。

2. 教育实验研究的缺点

教育实验研究也有自身的不足,主要表现在:① 需要花较多的人力、物力和财力。有时往往受到实验设置,以及其他实验条件的限制;② 控制现象和环境比较困难。因为教育实验的对象是活生生的人,要像自然科学的实验室那样实行严格的控制是不可能的;③ 对参加实验研究人员的要求较高。

二、教育实验研究的基本程序

一般,教育实验研究可以分为三个阶段。

第一阶段,教育实验的准备阶段(实验研究设计)。具体包括:① 选定课题,形成假说;② 明确目的,确定指导理论框架;③ 确定自变量;④ 选择研究工具和统计方法;⑤ 选择设计类型,确定控制无关因素的措施,提高效度。

第二阶段,教育实验的实施阶段。具体包括:① 变革措施(实验处理);② 观察(观测);③ 记录。

第三阶段,教育实验的总结推广阶段。具体包括:① 数据分析处理;② 检验假设;③ 科学结论;④ 撰写实验研究报告。

第二节 教育实验的基本类型

根据不同的维度,教育实验可以划分为如下类型。

一、实验室实验与自然实验

按实验条件控制的程度,教育实验可分为实验室实验与自然实验(或称实地实验)。实验室实验的特点是无关变量可得到严格控制,有计划地操纵自变量,以观测因变量的变化。实验室实验常用来研究学校情境中人的心理现象,需要在实验室里控制影响心理活动的条件,以观测学生心理活动的变化,探究活动条件变化与心理活动变化间的依存关系,从而寻找人的心理活动规律。自然实验指在日常的实际的教育情境中进行的实验,这种实验突出了实验的自然性,即让被试处于日常活动的环境中,尽量不让被试受到实验的干扰,以便获得被试日常的真实表现。与实验室实验相比,自然实验的内在效度通常不如实验室实验高,但是由于它是在自然情境下实施的,所以具有较高的外在效度。自然实验在教育研究中得到广泛的应用。

二、探索性实验与验证性实验

按实验研究的目的,教育实验可分为探索性实验与验证性实验。探索性实验是指研究者在从事开创性的研究工作时,为探寻未知事物或现象的性质以及规律所进行的实验,目的是探究研究对象的未知属性、特征以及与其他因素的关系,具有预测、超前和创新的特点。一般常用在建立新的教育概念和规律、生产新的教育知识的研究中。验证性实验是指研究者已经对研究对象有了一定了解并形成了一定认识或提出了某种假说,为验证这种认识或假说是否正确而进行的一种实验,目的是为了验证研究对象的已知属性、特征以及与其他因素的关系,从而可以获得应用和推广,这种类型的实验具有可重复性特点。

三、单因素实验与多因素实验

按实验操纵的自变量的个数,教育实验可分为单因素实验(或称单因子实验)与多因素实验(或称多因子实验)。单因素实验是指实验中只操纵一个自变量并观测其对因变量的影响的实验。多因素实验是指实验中同时操纵两个或两个以上自变量并观测它们对因变量的影响的实验。

四、前实验、准实验与真实验

按实验中无关变量控制程度或实验被试分配的随机化程度,教育实验可分为前实验、准实验与真实验。

前实验通常是一种自然描述,用来识别自然存在的临界变量及其关系。它不是严格意义上的实验,但它却是真实实验设计的组成部分或重要元素,所以称为前实验。前实验通常只有一个实验组,没有对照组(比如单组后测设计、单组前后测设计),对无关变量无法控制,但可以操纵变化自变量,内外效度都不高。

准实验是在教育实际情境中进行的,研究者常常无法采用随机化方法分配被试,所以,它无法做到像真实验那样完全控制无关变量,只能部分控制无关变量。这也是准实验与真实验的最大区别。但是,准实验具有一定的外在效度,教育实验大多属于准实验。

真实验是能够随机分配被试,完全控制无关变量,系统地操纵自变量的真正意义上的实验。真实验设计都有一个对照组,被试被随机选择和随机分配到实验组和对照组,被试具有较好的代表性,因此,真实验具有较高的内在效度和外在效度。

第三节 教育实验研究的效度

一、教育实验研究效度的含义

效度是实验设计能够回答要研究的问题的程度,涉及实验研究的准确性和普遍性。准确性衡量的是实验研究的内在效度,普遍性则是衡量实验研究的外在效度的标准。也就是说,评价一项实验研究,要从内在效度和外在效度两个方面进行。

内在效度指自变量与因变量的因果联系的真实程度,内在效度决定了实验结果解释,内在效度表明的是因变量 Y 的变化在多大程度上来自自变量 X。

外在效度涉及的是教育实验研究结果的概括化、一般化和应用范围问题,表明实验结果的可推广程度(generalization),研究结果是否能被正确地应用到其他非实验情境、其他变量条件及其他时间、地点、总体中去的程度。外在效度又可以分为总体效度和生态效度。总体效度指实验结果从特定的研究样本推广到更大的被试群体中去的适用范围;生态效度指实验结果从研究者创设的实验情境推广到其他教育情境中去的范围。

二、影响教育实验研究内在效度的因素

下面将影响实验内在效度的因素进行简要解释。

1. 差异性选择

这一因素有时也称被试选择(subject selection)或被试特征(subject characteristics)。无论怎样称谓,这一影响因素对实验因变量产生影响的根本原因在于实验组和对照组的被试选择存在较大差异(differential selection),没有做到被试选择的随机化,结果造成两组之间存在系统性差异。被试特征主要指被试的性别、年龄、知识、智力、能力、性格等。实验中,如果实验组和对照组的被试不是随机化获得的,则两组被试在特征上会有很大差异,从而影响对实验结果的解释。

2. 被试流失

被试流失(subject attrition)是指在实验过程中被试的更换、淘汰或中途退出,或者因其他原因造成被试材料丢失,结果会造成两个组不等,从而影响实验结果。

3. 测验效应

如果实验中使用前测,且前测与后测相似或这两个测验在时间上距离很近,那么,实验参与者在后测中显示出的进步可能仅仅是因为他们在前测中的经验,并非是实验处理的真实结果,也就是说,前测对后测产生了影响。如果两次测验时间间隔很长,比如说一年或更长,则实验参与者对前测的记忆不足以影响他们在后测中的表现。因此,控制测验效应(testing effect)的方法通常是在实验设计中引入对照组,前测对两个组的影响是同样的,这样有利于控制测验效应。再者,如果是在实验允许的情况下,可尽量加大前后测时间间隔。

4. 历史效应

实验过程中可能出现一些影响被试的意外事件,这些事件通过对实验参与者的影响而影响实验结果,且往往超出研究者所能控制的范围。或者说,"历史效应"(history effect)是指在实验进展过程中没有预料到的影响因变量的事件的发生。例如,研究者让教师使用一种新的教学方法进行教学实验,目的是检验这种新的教学方法对于学生学习成绩的提高有多大效果,但是在实验过程中,可能有的学生参加个别辅导,从而使实验后测得分较高,这样就会影响实验的内在效度。历史因素可以通过恒定其他条件的方式加以控制。

5. 成熟效应

成熟效应(maturation effect)主要指在一个较长时间的实验过程中,随着学生年龄、知识、能力、经验的增长,生理和心理的发展,或者由于产生厌倦而对实验丧失兴趣、变得焦虑等,这些发生在被试身上的变化可能与实验自变量发生作用而影响到因变量的结果,从而降低实验的内在效度。例如,研究者进行了一项针对学习困难学生的阅读计划实验,通过阅读测验,选择阅读存在困难的50名学生参与这一计划,一学年之后,这些学生再次接受阅读成绩测验。实际上,在阅读计划实验实施的一年中,学生们不但在计划内进行阅读,而且还参加学校课程的学习以及其他课外活动,在身体、社会性认知和智力等方面都有所发展,这样就会出现下列情况:可能是学生某方面的成熟,而不仅仅是阅读计划本身使他们克服了自己的阅读障碍,从而在后测中取得好的成绩。控制成熟因素的方法是使被试选择与分组尽可能随机化,并设立对照组。

6. 态度效应

态度效应(attitudinal effect)是指实验中如果任何一组被试意识到自己受到了任何种类的"特别关注",态度就会产生影响,被试或者积极配合(乃至迎合),或者消极应对,这样会影响到后测分数。例如,如果参与实验组的被试均为自愿者,而对照组均为非自愿者,那么实验组较高的实验动机可能导致实验结果的失真,从而失去与对照组比较的意义。这一因素也可以看做是"差异性选择"因素的内容。

7. 统计回归

统计回归(statistical regression)现象是指在有前测和后测的实验情况下出现的一种效应现象,如果被试的前测成绩特别好,那么他在后测中成绩就会有所下降,如果被试在前测时成绩特别差,那么他在后测中成绩就会有所回升。这种成绩向中间靠拢的现象不是因为实验处理的结果,这就是统计回归现象。这种现象有时会造成研究者对实验结果的误读,误认为是实验处理造成的。因此,在分析实验结果时,要考虑到统计回归效应而加以排除。为了避免这种效应产生,实验中最好不采用两极端的被试或在实验设计中将两极端被试单独分组,注意结果的差异。

8. 工具效应

工具效应(instrumentation effect)是指前后测使用的测验工具或手段不统一所造成的对实验结果的影响。换句话说,从前测到后测可以观察到的明显的学习成果可能是测量工具的性质发生变化导致的。例如,假设在上述阅读计划实验中,学生所参加的阅读成绩后测比他们参加的前测简单,那么我们所看到的阅读成绩的提高就可能是由测量工具的差异而不是由实验处理导致的。另外,参与实验的人员的能力、态度等差异,比如不同教师在能力、对待实验的态度和方法等方面也会存在很大差异,这些都可能影响后测分数。控制工具效应的措施是需要研究者严格选编测量工具、规范测量过程、统一评价标准、提高实验研究人员能力以及做好实验设计。

9. 差异性选择与其他因素的交互作用

"差异性选择"这项因素会与其他因素如"成熟效应""历史效应""测验效应"等产生交互作用(interactions between differential selection and other factors),其中"差异性选择"与"成熟效应"的交互作用最为普遍。这意味着如果实验组和对照组是不等组,其中的一组可能因为成熟效应、历史效应或测验效应等因素,而在实验处理过程中表现出更加适合(或不适合)这种处理而获得高分数(或低分),这样就无法判断因变量的变化到底是实验处理导致的,还是其他因素(成熟效应、历史效应、测验效应)的影响导致的,以致无法给出一个清楚明确的答案。要避免这些交互作用的影响,首先需要从被试选择上下功夫,尽量做到被试选择和分配的随机化;再者,需要在实验设计上尽量控制和减小成熟、历史和测验等效应的影响。

三、影响教育实验研究外在效度的因素

下面对影响实验外在效度的因素进行简要解释。

1. 差异性选择与实验处理的交互作用效应

这种效应产生的根本原因还是来自于取样的代表性差,致使实验结论不能推广到更为一般的情境,造成实验外在效度低。例如,研究某地区学生参与阅读计划的效果,如果实验是在该地区城市学校进行的,那么,实验的结论就不能推论到该地区农村学校,更不能推论到其他地区。

2. 前测与实验处理的交互作用效应

在有前测的实验设计中,前测可能会使被试对实验处理更具敏感性,或者使被试注意到实验处理的本质,进而影响实验结果。在这种情形下,实验处理的影响可能会与未实施前测的研究结果不同;换句话说,在有前测的实验设计中,其结果未必能直接推论到没有前测的情境。要避免这种效应对外部效度的影响,研究者可以根据情况采取没有前测的实验设计,或者采取随机化所罗门四组设计。

3. 被试对实验的反应效应

被试因知道自己是实验的一部分而可能会在实验中做出不同于他们真实生活中的反应。这样得到的实验结果就很难推广到常态情境。"霍桑效应"(Hawthorne effect)就是一种"反应效应"(response effect)。20世纪20年代后期,在美国芝加哥西方电力公司霍桑厂进行了一项工作条件、社会因素与生产效率关系的研究。实验期间,不管引进任何实验处理,工人的生产率都有所提高。原因在于工人们受到各方面的关注,形成参与实验的感觉,并且认为自己是公司的重要部分,从而导致提高生产率(因变量)的自变量已经不是当初规定的照明度等工作条件,而是工人受重视和关注的程度。相关的反应效应还有"新奇效应"(novelty effect)、"要求的特征"(demand characteristics)等。"新奇效应"指被试受到新奇事物的影响,或者是被试对实验感到新奇,而影响其原本的行为,但此影响会随时间淡化。"要求的特征"是指被试可能发现一些与实验目的或假说有关的线索,为了取悦研究者,他们改变原有的行为以符合他们认为研究者想获得的结果。

4. 多重实验处理的干扰

如果被试连续接受两种或两种以上的实验处理,由于前面的实验处理所产生的效果不会完全消退,而使后面的实验处理受到干扰,从而产生练习效应或疲劳效应。为了避免这个因素对实验外在效度的影响,研究者可以适当拉长两次实验处理之间的时间间隔。

第四节 教育实验中无关变量的控制

控制无关变量是提高实验效度的关键,实验研究中,研究者必须采取有效可行的方法,尽量控制除了实验处理(自变量)以外所有可能影响研究结果的因素(无关变量)。最常用的方式有随机化、恒

定变量法、将变量纳入实验设计中、配对法、被试内设计、对照组平衡法和协方差分析等。

一、随机化

这是保证无关变量得以控制的理想方法，这点在实验研究的基本特征一节已有叙述。

二、恒定变量法

这种方法的基本思想是通过从研究中排除一个变量来消除它的可能影响。也就是说，如果研究者能够预测某一无关变量可能对因变量产生较大影响，那么，可在实验设计时，设法将该无关变量完全排除，以确保对其的控制。例如，如果研究者怀疑性别会影响到研究的结果，他就可以通过在研究中去掉所有的男性被试，将被试限定在女性，来控制性别这一变量。也就是说，性别已经被恒定了。然而，这种控制对于研究的可概括化程度有一定程度的损害。

三、将变量纳入实验设计中

这种方法的思想是，将可能影响结果的变量纳入实验设计中，并对该变量的作用进行评估。这种方法与恒定变量法的思想恰好相反，恒定变量法是通过设计排除某个变量，而将变量纳入实验设计中的方法则是将该变量考虑进实验设计中。例如，针对上例，研究者会把男性和女性都包括在研究的设计中，并分析性别和方法这两个变量对因变量的效果。

四、配对法

这种方法有助于保证两组被试间的个别差异尽量小，通常的做法是，成对匹配被试，使被试在重要特征上一对一地基本相同，从而使每一对的两个被试间的差异保持平衡，然后将其随机分配到两个组。

五、被试内设计

被试内设计是指每组被试均接受所有自变量水平的实验处理的真实验设计。例如，让两个组均接受探究法和讲授法教学。被试内设计消除了被试的个体差异对实验的影响。但是，这种设计也带来了前面一种实验处理对后面一种实验处理的干扰问题。

六、对照组平衡法

实验设计中使用对照组，对照组在被试特征方面与实验组尽量同质，也就是说，对照组与实验组除了在实验处理这一个条件上不同之外，其他各方面条件均相同。这样，影响实验内部效度的因素在两个组上的作用机会就可能相同，这些影响因素对两个组的因变量的影响程度也可能相同，从而平衡掉这些因素对实验因变量的影响。要做到对照组与实验组等组，最理想的办法就是采用随机化取样和分配获得两个组的被试。

七、协方差分析

这种方法的思想是通过将实验组与对照组的整个变量测量出来，使用协方差分析这种统计的方法，把两组的最初差异予以排除（比如，排除两极端的分数），这样，每一组被试的后测分数都将得到相应的调整，尽可能反映真实客观情况。

第五节　教育实验研究设计格式

好的实验设计对许多影响内在效度的因素进行了控制，而不好的实验设计则只控制其中的部分因素。一个实验的质量就在于，它对影响内在效度的各种因素控制得如何。下面，我们介绍几种常见的实验研究设计格式。

一、单组后测设计

单组后测设计，实验中只有一个组，即实验组，没有对照组，实验组被试接受一种实验处理，研究者对因变量进行观察（测量）。这种设计的图示如图8-1。

$$X \qquad\qquad O$$

实验处理　　　　　　观察

图8-1　单组后测设计格式

图中，符号X表示这个组接受了实验处理，O表示对自变量的观察（测量）。符号从左到右的位置表示它们所代表的事件发生的先后顺序，这里，我们可以看到，实验组先接受了实验处理，之后对实验对象进行观察（测量）。

例如，我们想研究一种新的化学教材是否能够提高初中学生对于化学实验的兴趣，研究者会让初三学生在第一学期使用新教材（X），然后再使用态度量表测量学生的兴趣（O）。这个例子图示如图8-2。

$$X \qquad\qquad O$$

新教材　　　　使用态度量表测量学生对化学实验的兴趣

图8-2　单组后测设计示例

这个实验设计虽然很简单，但是缺点也很明显，就是很难确定实验的效果是否是由使用了新教材引起的，原因主要在于它没有设计可以比较的参照。该设计既没有对照组也没有使用新教材前的对化学实验兴趣的测量数据，所以难以下结论说因变量的变化是由自变量引起的。因此，严格来说，这种设计的实验算不上真正的实验，在性质上，它属于前实验，多用于真正实验前的探索性研究。鉴于它的明显缺陷，所以，在教育研究中，很少使用这种实验设计。

二、单组前后测设计

单组前后测设计，实验中也只有一个组，即实验组，没有对照组。但是，与单组后测设计不同的是，在接受实验处理前后，均对实验组进行观察（测量），即有前测和后测。这种设计的图示如图8-3。

$$O_1 \qquad\qquad X \qquad\qquad O_2$$

前测　　　　　实验处理　　　　　后测

图8-3　单组前后测设计格式

图中，符号O_1表示实验组在接受实验处理前的因变量观察值，O_2表示实验组在接受实验处理之后因变量观察值。下面我们看一个这种设计的例子。

> **案例 8-1**
>
> 我们仍然考察一种新的化学教材是否能够提高初中学生对于化学实验的兴趣这样一个问题,研究者采用单组前后测设计格式。实验在初三上学期进行,在使用新教材之前,研究者运用态度测量量表对初三学生进行一次化学实验兴趣测量,在学生使用新教材进行一学期的教学之后,研究者再次使用态度测量量表对这些学生进行化学实验兴趣测量。这个例子可以用图8-4表示。
>
> O_1 $\qquad\qquad$ X $\qquad\qquad$ O_2
>
> 前测 $\qquad\qquad$ 实验处理 $\qquad\qquad$ 后测
>
> 学生完成态 $\qquad$ 使用新教材 $\qquad$ 学生完成态
> 度量表测题 $\qquad$ 一学期教学 $\qquad$ 度量表测题
>
> 图 8-4 单组前后测设计示例
>
> 这种设计要优于单组后测设计,它增加了对实验组的前测,以便能够比较实验处理前后因变量的差异。但是,这种设计依然存在许多其他因素影响后测的可能,比如,测验效应、历史、成熟、统计回归、被试态度和实验实施等,这些都会影响研究者无法得知前后测间的差异究竟是来自实验处理,还是来自于这些因素的影响。如果要在设计上避免这些干扰,就要加入一个不接受实验处理的对照组,这样,当前后测的态度有一定差异时,研究者就有理由相信这种差异是由实验处理导致的。

三、非随机分配对照组后测设计

非随机分配对照组后测设计,有一个实验组和一个对照组,并且这两个组都是自然组(比如教学自然班),因为这两个组不是通过配对形成的,属于非随机分配。所以,非随机分配的实验设计(包括前述单组实验设计)不属于真实验,这种设计属于准实验(在实际的教育情境下进行,使用两个教学自然班)。其中,实验组接受实验处理,对照组不接受实验处理或者接受另一种实验处理,两个组均有后测,且都没有前测。这种设计格式如图示8-5表示。

图 8-5 非随机分配对照组后测设计格式

图8-5中的两种表示方式(1)和(2),均属于非随机分配对照组设计格式。其中前一种情况突出只对实验组进行实验处理X,对照组不接受实验处理;后一种情况在教育中比较常见,比如,以化学新教材使用对于初中学生对化学实验的兴趣影响来说,实验的实际情况通常是选做实验组的一个自然班使用新教材,选做对照组的另一个自然班仍然使用原教材,而不会让对照组什么教材也不使用。所以,就把使用新教材作为实验处理X_1,仍然使用原教材作为实验处理X_2对待。图中"虚线"表示:被虚线隔开的上下两个组(实验组和对照组)是自然组,也就是说,两个组的被试不是通过随机化分配得

到的,属于非随机分配组,因此,虚线又叫不等组线。

这种设计对于历史、成熟、测验效应和回归统计等因素进行了较好的控制,但是对于被试的流失、被试的特征等因素却无法控制。另外,这种设计尽管消除了测验效应的影响,却因为缺少前测,无法对实验处理效果的程度进行组内比较。

四、非随机分配对照组前后测设计

非随机分配对照组前后测设计与非随机分配对照组后测设计的差别仅在于,在这种设计中对两个组都要进行前测。这种设计如图 8-6 所示。

```
实验组    O₁    X     O₃              实验组    O₁    X₁    O₃
------------------------     或        ------------------------
对照组    O₂          O₄              对照组    O₂    X₂    O₄
         (1)                                    (2)
```

图 8-6 非随机分配对照组前后测设计格式

这个设计是通过分析实验组和对照组中每个被试后测分数减去前测分数的差,这种对被试改变量的分析有助于一定程度上减小被试特征的影响,但是仍然不能完全排除被试特征的影响。因为改变量的多少可能会依赖于被试的初始表现,即在前测中得分高的组可能提高得更多。再者,设计中加入了前测,很可能产生测验效应。

五、随机分配对照组后测设计

把被试随机分配到各组是真实验设计的一个必不可少的条件。如前所述,随机分配是一种有效地控制被试特征对实验内在效度影响的方法。在教育研究中,主要的考虑就是如何控制这些影响研究内在效度的因素。

随机分配对照组后测设计,有一个实验组和一个对照组,这与非随机分配后测设计相同,但是两者的关键区别在于,这里的两个组的被试是通过随机分配得到的。这也是真实验与准实验、前实验最根本的区别。随机分配对照组后测设计中,实验组接受实验处理,对照组不接受实验处理或者接受另一种实验处理,两个组均进行后测,没有前测。这种设计如图 8-7 所示。

```
实验组 R₁        X     O₁              实验组 R₁    X₁    O₁
------------------------     或        ------------------------
对照组 R₁              O₂              对照组 R₂    X₂    O₂
         (1)                                    (2)
```

图 8-7 随机分配对照组后测设计格式

图中,符号 R 表示实验组和对照组的被试是随机分配的;两组之间的"实线"表示实验组和对照组是通过配对随机获得的等组,因此实线又叫等组线。

这种设计,一方面,通过随机分配被试,能够对被试特征、成熟和统计回归这些影响实验结果的因素进行很好的控制;另一方面,由于所有被试都接受一次测试,所以也不存在测验效应问题。

这种设计仍有不足之处。一是实验过程中被试的流失。由被试的流失而导致两个组的被试特征不再同质,从而影响实验结果;二是可能存在实验实施、数据收集者偏见、地点和历史等因素的影响。

下面举一个这种设计的例子来加深理解。

案例 8-2

假设我们想研究阅读训练对于高中生阅读水平的影响,研究者首先从一所学校的所有高一学生中随机选择 100 名作为被试,然后根据被试特征,将它们随机分配到两个组,一组接受为期两个月的专门阅读训练,另一组不接受专门阅读训练,两个月之后,采用合适的阅读测验对两组进行后测。这个例子可以用图 8-8 表示:

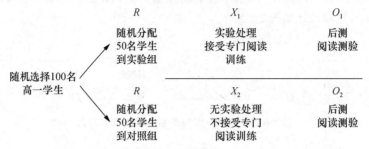

图 8-8 随机分配对照组后测设计示例

图 8-8 中,之所以把对照组无实验处理用 X_2 表示,是因为对照组学生虽然不接受专门阅读训练,但是他们仍然在接受着原来的阅读练习。

六、随机分配对照组前后测设计

随机分配对照组前后测设计与随机分配对照组后测设计的差别仅仅在于它使用了前测。实验采用两个组,一个实验组,一个对照组,两个组是通过随机分配形成的。每个组都接受两次测量或观察,第一次测量作为前测,第二次测量作为后测。两个组的测量都是同时进行的。实验组接受实验处理,对照组不接受实验处理。这种设计如图 8-9 所示。

$$
\begin{array}{ll}
\text{实验组} R & \underline{O_1 \quad X \quad O_3} \\
\text{对照组} R & O_2 \qquad\quad O_4
\end{array}
\quad \text{或} \quad
\begin{array}{ll}
\text{实验组} R & \underline{O_1 \quad X_1 \quad O_3} \\
\text{对照组} R & O_2 \quad X_2 \quad O_4
\end{array}
$$

(1) (2)

图 8-9 随机分配对照组前后测设计格式

这个设计增加了前测,这对于想要评价一段时期内被试的变化是十分必要的。当然,因为有了前测,可能会产生测验与实验处理之间的交互作用。因为实验组的被试可能会受到提示或暗示,从而在后测中比对照组表现得更好或更差。

仍以专门阅读训练对高中生阅读水平的影响为例,采用随机分配对照组前后测设计进行实验研究的效果如下。

案例 8-3

研究者首先从一所学校的所有高一学生中随机选择 100 名作为被试,然后用合适的阅读测验(阅读测验 A)对他们进行前测,之后根据前测成绩及被试特征,将它们随机分配到两个组,一组接受为期两个月的专门阅读训练,另一组不接受专门阅读训练,两个月之后,再次用与前测同等水平的另一阅读测验(阅读测验A')对两组进行后测。这个例子可以用下面图 8-10 表示。

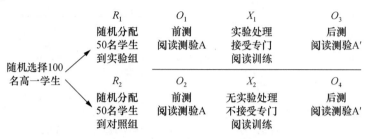

图 8-10　随机分配对照组前后测设计示例

七、随机化所罗门四组设计

所罗门四组设计的目的是减少前测所可能导致的影响,同时避免因缺少前测而无法考察变化量的缺陷。

在这种设计中,被试被随机分配到四个组中去,其中两个组接受前测,另两个组不接受前测。对其中一个接受前测的组和一个没有接受前测的组进行实验处理,另外两个组不接受实验处理,对所有四个组都进行后测。这种设计如图 8-11 所示。

实验组 R	O_1	X	O_3		实验组 R	O_1	X_1	O_3
对照组 R	O_2		O_4	或	对照组 R	O_2	X_2	O_4
实验组 R		X	O_5		实验组 R		X_1	O_5
对照组 R			O_6		对照组 R		X_2	O_6
(1)					(2)			

图 8-11　随机化所罗门四组设计格式

随机化所罗门四组设计也可以看做是随机分配对照组后测设计与随机分配对照组前后测设计的组合,这种设计把两种设计的思想结合在一起,是一种理想但较复杂的实验设计。这个设计的例子如图 8-12 所示。

上述 7 种实验设计中,前两种属于前实验,如前所述,它们算不上实验研究,因为它们在控制影响实验内在效度的因素方面几乎无所作为;第 3、4 种设计属于准实验,因为它们的被试分配是非随机的。由于这两种设计引入了对照组(控制组),所以他们在控制测验、历史、成熟这些影响内在效度的因素方面能够起到部分控制作用,尽管这些因素仍然可能对因变量产生影响;后面三种设计属于真实验,因为它们的被试是随机分配的。由于被试的随机分配,加上引入了对照组,这三种实验设计能够有效地控制被试特征、成熟、统计回归这三种影响内部效度的因素,另外,随机化所罗门四组设计还能够有效控制被试流失和测验的影响。为了清晰地比较上述 7 种设计在控制影响实验内部效度因素方面的效果,我们将其列表说明(如表 8-1 所示)。

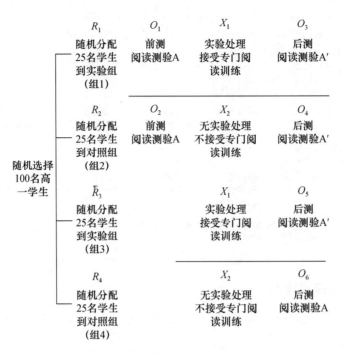

图 8-12　随机化所罗门四组设计示例

表 8-1　各种实验设计在控制影响实验内部效度因素方面的效果比较

实验设计＼影响因素	被试特征	被试流失	测验	历史	成熟	态度	统计回归
单组后测设计	—	—	—	—	—	—	—
单组前后测设计							
非随机分配对照组后测设计	—	—	＋	＋	＋	—	＋
非随机分配对照组前后测设计	＋	—	—	—	＋	—	＋
随机分配对照组后测设计	＋＋	＋	＋＋	＋	＋	＋	＋＋
随机分配对照组前后测设计	＋＋	＋	—	＋	＋＋	＋	＋＋
随机化所罗门四组设计	＋＋	＋＋	＋＋	＋	＋＋	＋	＋＋

注：＋＋强控制，影响不太可能发生；＋部分控制，影响可能发生；—弱控制，影响很可能发生。

八、多因素实验设计

　　以上介绍的 7 种教育实验研究设计是比较简单的，因为它们涉及的自变量只有一个，属于单因素设计。如果涉及的因素（自变量）较多，则属于多因素设计。

　　如果在一个实验中，同时观察两个或两个以上的自变量对一个因变量的影响作用，那么这就属于多因子实验设计(factorial design)。如果实验设计中含有两个自变量，就称为"二因子实验设计"，如果含有三个自变量，则称为"三因子实验设计"。根据自变量的数量以及所操纵的每个自变量的水平的数量,多因子实验设计的形式可以表示为2×2、2×3等。

所谓2×2设计,是指实验设计中包括两个自变量,第一个自变量包括两种水平或层次,第二个自变量也包括两种水平或层次。例如,我们要研究学生的学习成绩与不同教学方法、学生智力水平的关系,这里就涉及两个自变量,即教学方法和智力水平,因变量是学生的学习成绩。其设计形式如表8-2所示。

表8-2 双因子(2×2)实验设计示例

自变量2	自变量1	教学方法	
		讨论法	讲授法
智力水平	高智商	(高智商×讨论法)第1组	(高智商×讲授法)第2组
	低智商	(低智商×讨论法)第3组	(低智商×讲授法)第4组

这个设计中,就会产生四个被试组(如表8-2所示)。这样,我们就可以结合上述单因素设计的几种格式进行更为细化的实验设计了。

本章小结

实验研究是操纵自变量以引起因变量的变化,从而确定变量间因果联系的研究方法,它是研究者在探究变量间因果关系时能够使用的一种最有效的研究方法。实验研究的基本特征主要表现在下面几个方面:有实验组和对照组,操纵自变量,对被试进行随机选择和随机分配(随机化)、控制无关变量。

根据不同的维度,教育实验可以划分为若干类型。教育实验多属于自然实验、准实验。效度是实验设计能够回答要研究的问题的程度,涉及实验研究的准确性和普遍性,准确性衡量的是实验研究的内在效度,普遍性则是衡量实验研究的外在效度的标准。也就是说,评价一项实验研究,要从内在效度和外在效度两个方面进行。影响实验研究内在效度的主要因素有八种,影响实验研究的外在效度的主要因素有四种。

控制无关变量是提高实验效度的关键,最常用的控制无关变量的方式有七种。根据实验设计中操纵的自变量的个数,可将实验研究设计类型分为单因子实验和多因子实验两类;根据实验设计中无关变量控制程度或被试随机化程度,可将实验研究设计类型分为前实验、准实验和真实验三类。单组后测设计和单组前后测设计属于前实验,非随机分配对照组后测设计和非随机分配对照组前后测设计属于准实验,随机分配对照组后测设计、随机分配对照组前后测设计和随机化所罗门四组设计属于真实验。这七种实验设计格式均属于单因子实验,因为它们只有一个被操纵的自变量。

思考与练习

1. 在下面这些研究中,应该使用什么设计(注意:每个例子都可以有不止一种设计)?
(1) 比较教一年级学生拼写的两种教学方法。
(2) 每周一次的家教对于三年级学生阅读能力的效果。
(3) 比较同一所高中分别使用讨论法和讲授法来教授第三学期高中英语的两个班的数学效果差异。
(4) 强化对减少有口吃这一言语缺陷的学生的口吃的效果。

(5) 学习方法对学生学习历史的兴趣的可能效果。

2. 在下面两项研究中,你发现了什么缺点?

(1) 一个教师将班级分成两个组,并使用不同的方法对这两个组进行拼写教学。每个组在等待教学时都旁听教师对另一个组的讲授。

(2) 一个研究者对一个第三学期英语班和一个第五学期化学班进行比较,比较他们在各自学科上的兴趣。英语班采用讨论法进行教学,化学班采用讲授法进行教学。

3. 有研究者开展了一项"合作训练对幼儿合作水平影响的实验研究"。该研究利用教育实验的研究方法,通过教育干预,对研究对象施加影响,考察合作训练对幼儿合作水平的影响。

研究者选取某省某幼儿园的两个中班,一个班为实验班作为干预对象,一个班为控制班不进行干预。每班幼儿40名,平均年龄为4.5岁,男女幼儿各20名。实验开始前,两个班均进行了前测,三个月后,两个班均进行了后测。

采用的幼儿合作训练的内容有以下几个方面:商量、处理争吵、建议和劝说、在群体中作决定、尊重他人的观点、分享、容纳他人。每周一和周四进行一次教学干预,每项内容进行3个课时的训练,共21课时的集体教学,同时在日常生活和其他课程中也要进行随机合作教育,干预时间为3个月。

实验结果如下表8-3所示。

表8-3 实验班和控制班幼儿合作水平前测和后测成绩比较

测 验	班 别	M	SD	t	P
前测	实验班 控制班	1.89 2.00	1.27 1.05	-0.28	0.784
后测	实验班 控制班	3.81 2.37	1.05 1.63	3.42	0.002**

注:** $P<0.01$。

根据上述材料,回答问题:

(1) 写出该教育实验研究的自变量和因变量。

(2) 写出该教育实验对幼儿实施的教育干预的内容。

(3) 写出该教育实验设计的名称和格式。

(4) 写出该教育实验设置前测和控制班的作用。

(5) 判断该教育实验的效果如何,说明理由。

参考文献

[1] 风笑天.社会学研究方法(第二版)[M].北京:中国人民大学出版社,2005.

[2] [美]维尔斯曼(W. Wiersma).教育研究方法导论[M].袁振国,译.北京:教育科学出版社,1997.

[3] 潘慧玲.教育研究的取径:概念与应用[M].上海:华东师范大学出版社,2005.

[4] 裴娣娜.教育研究方法导论[M].合肥:安徽教育出版社,1995.

[5] 杨小微.教育研究的理论与方法[M].北京:北京师范大学出版社,2008.

[6] 张红霞.教育科学研究方法[M].北京:教育科学出版社,2009.

第九章 个案研究

> **学习目标**
>
> 1. 了解个案研究与其他研究的关系及个案研究的特点。
> 2. 理解和区分个案研究的四种类型。
> 3. 掌握个案研究的要素及实施过程。
> 4. 了解保证个案研究信度和效度的方式。

本章重点介绍个案研究的概念及特点,个案研究的四种类型,个案研究的要素和实施步骤,以及保证个案研究信度和效度的方式。本章最后提供了个案研究的实例。

第一节 什么是个案研究

个案研究也被称为个案研究法、案例研究或案例研究法。追溯其发展历程,个案研究早在19世纪30年代就被运用在社会学研究领域,但直到20世纪60年代,个案研究才得以进一步的发展,并在之后的几十年中得到广泛应用。现今个案研究也被越来越多地应用于教育学领域,研究者主要运用个案研究对教师、学生个体、学校、机构或者产生的教育事件等进行深入了解和分析。

一、什么是个案研究

大家普遍认为个案不单指一个人,也可以指一个学校、机构或者家庭、团体等,也就是说个案的研究对象是一个整体的社会单位,它可以代表一个事实、一组事件,能够提供一个或一连串的问题引起研究者思考,并尝试去解决。斯德柯(Stake)强调个案作为研究对象的独特之处在于它是一个有界限的系统(a bounded system),即有时间和空间上的范围,而不是一个过程。① 比如一个教育改革方案可以是一个个案,但这个教育改革方案的效果不能作为一个个案来研究;一个老师可以作为个案,但这个老师的教学活动不能成为个案;一个教育机构可以是研究个案,而这个机构的运作过程不能作为个案。

学者们对个案研究的定义不尽相同,如以下的几种阐述:

个案研究是为了决定导致个人、团体或机构之状态或行为的因素,或诸因素之间的关系,而对该研究对象做深入研究(Gay,1992)。

个案研究是指对特别的个人或团体,搜集完整的资料之后,再对其问题的前因后果做深入地剖析(叶重新,2001)。

个案研究法是对单一的人或事进行深入具体研究的方法,且所研究探讨的人或事可能具备或呈现出某种典型,也可能不具备任何典型(《教育百科辞典》)。

个案研究是通过对单一或若干个案进行研究,借由多元资料的搜集及多重的比较分析,以期找出规律性的东西,寻求解决问题的方法或途径。②

---

① R. E. Stake (1998). Case studies [C]. In N Dezin & Y Lincoln (Eds.), Strategies of qualitative Inquiry [A]. CA: Sage. 86—109.
② 陈姿伶. 个案研究法. (2015-03-15)http://www.docin.com/p-568486211.html.

殷(Yin)认为定义个案研究需要先界定其研究范围,他对已有的定义进行了批判分析,指出个案研究的核心需要把握两个要点:第一,个案研究是在不脱离现实生活环境的情况下,研究当前正在进行的现象;第二,个案研究所要研究的现象,和它所处的环境背景之间,没有十分明显的界限。这两个要点将个案研究与其他的研究方法区别出来,与实验法相比,个案研究的不同在于它不需要对事件进行控制,而实验研究需要控制很多变量;与调查研究相比,两者针对的研究问题不同;与档案记录相比,除了研究问题不同之外,档案分析不一定必须研究当前发生的事件;与历史研究相比,其所探讨的事件都是已经发生过的。由此就为我们明确了个案研究是针对为什么和怎么样的问题,对事件不加以控制,且是当前正在发生的事情(如表9-1所示)。

表9-1 个案研究与几种研究方法的比较

	研究问题	是否需要对事件进行控制	是否当时发生
实验法	怎么样,为什么	是	是
调查研究	什么人,是什么,在哪里,有多少	否	是
档案记录分析	什么人,是什么,在哪里,有多少	否	是/否
历史研究	怎么样,为什么	否	否
个案研究	怎么样,为什么	否	是

资料来源:引自 Case study research (4th ed). by R. K. Yin,2009,CA:Sage。

二、个案研究的特点

(一)全面性

个案研究的任务是对个案进行全面、通盘的理解,因此需要研究者对个案进行多方面深入地观察、调查,期望能借助不同的角度增加对研究对象的认识。相应的,个案研究如果只能反映其某一个或某几个方面的问题,而对其他方面有所忽视,研究的结果将会招致很多质疑,研究信度会大打折扣。比如研究的对象是一个有网瘾的中学生,研究者不仅需要呈现他的网瘾有怎样的表现,可能是逃学或者放学之后多少时间上网等,还需要呈现他个人的感受、他所处的环境,比如学校、家庭的情况,以及老师、同学、朋友或者其他人对他的认识和看法。这样才能揭示研究个案存在的问题、产生问题的原因,较全面地呈现个案所处的状态。

(二)数据资料的多元化

个案研究的资料来源是多方面的,研究者需要尽可能多渠道地搜集研究数据。根据研究需要,个案研究的数据收集方式可以是观察、访谈、问卷调查、文件资料、档案、个人记录等。如研究一个教师个案,需要通过课堂观察了解他的教学实践情况,通过参与式或非参与式观察,了解他如何与学生相处,也需要借助访谈,从他的同事、学生或学校领导口中,了解别人对他教学工作的看法,借助他个人的教案或教学反思,更多了解他对教学问题的理解等。只有这样多方调查和搜集资料,才能尽可能详细地反映出个案对象的全貌。

(三)研究结论不能类推

研究个案的结果只能代表个案,不能推广,结论不具有类推性。个案研究者经常面临一个严重的质疑:你的研究只有一个个案,如何能将你的结论推及其他个案,这不是以偏概全吗?殊不知这一质疑本身是站不住脚的。因为个案研究的结论从来都是不可以类推的。个案研究只涉及对象选择的问题,不需要考虑抽样问题,因为"个案不是统计样本,所以它并不一定需要代表性,由个案研究得出的一般结论只适合于某一类现象,即与所研究的个案相类似的其他个案或现象。但是这一类现象的范围有多大?它包含多少个体?则是不清楚的"。或者说个案研究不需要弄清楚这一类现象的边界在哪里。①

(四) 是大型研究的起点

很多大型研究都是从个案研究开始的。由于个案研究可以深入探讨个案内部的状况,所以经常可以启发研究者找到新的研究焦点,或者更新已有的观点,从而发现新的研究角度,扩大研究数量,进行大型的研究。

三、个案研究需要注意的问题

(一) 个案研究不是举例子

有人认为,个案研究就是简单地以个例来佐证自己对一件事的看法。这种认识是把个案研究和学校中经常采用的案例教学混淆在一起。进行教育个案研究需要遵循一定的研究程序进行,不是随意地举一两个例子就完成的,而教学案例一般是针对教学研究中的问题,选取典型的教学实例,帮助教师改进课堂教学效果。比如"从两个教学个案,看教师角色的定位"②,列举两个数学教师的课堂教学实例,来说明教师需要转变自己在课堂中的角色,但不属于真正的个案研究。

案例 9-1

教师如果不放下"师道尊严"的架子,完全按照自己的传统思维模式进行教学,就很难被学生所接受。怎样面对新基础教育所带来的挑战呢?笔者认为,教师的角色转换是至关重要的。下面以两个教学个案,剖析教师角色的定位。

个案一:……教者能较深刻地理解教材如此编的寓意,能充分利用和挖掘教材中的有利因素,教学中,能较好地处理好自己的角色,使学生真正成为学习中的主体。教学中教师是这样做的:(教学实录略)

从这个个案看,学生在教师的点拨下,积极探索,大胆发言,课堂气氛非常活跃,是一堂成功的开放型的课。

个案二:一位老师在上平行四边形、三角形、梯形面积的复习课时,有两个片段做得很好。

(教学片断略)

从这两个个案中,教师出色的表现,绝不是一日之功,而是因为教者充分认识自身的角色,在教学中按照现代素质教育的要求,对教育的角色进行恰当定位的结果。

(二) 个案研究是一种研究策略,不是单一的研究方法

本书之所以没有采用"个案研究法"这个概念,是因为这种说法经常和一些数据搜集的方法并列,而造成一种误解,认为个案研究和观察法、实验法等一样只是研究方法的一种,但实际上,个案研究是一种研究策略,不是一种单一的研究方法,实施个案研究需要采用多种方式搜集数据。比如"初中阶段满足不同需求学生的教育个案研究"③,研究者罗列的方法有:个案研究法、观察法、调查法、比较法

---

① 王宁. 代表性还是典型性?——个案的属性与个案研究方法的逻辑基础[J]. 社会学研究,2002,5,123—125.
② 从两个教学个案,看教师角色的定位. http://www.najyw.net/wzyd.asp? NewsID=4693. [2015-03-18]
③ 初中阶段满足不同需求学生的教育个案研究. http://dezx.news.tcedu.com.cn/art/2012/1/13/art_40185_264516.html. [2015-03-18]

等,但实际的研究中,观察和调查都是围绕个案展开的。因此这一研究其实主要采用的是个案研究策略,其搜集研究数据的方法是观察和调查。在案例9-2个案研究过程中,会对有关问题进行详细阐述。

> **案例9-2**
>
> 研究方法:
> (1) 个案研究法。本课题的主要研究方法,重点是宣传六个左右的研究个案,进行为期2年的观察和研究。
> (2) 观察法。主要用于对个案日常生活、学习中与课题相关数据的获得,如学生精神状态的变化。
> (3) 调查法。主要采用其中的访谈法,通过访谈了解学生及家长的人生规划、初中阶段的学习、发展目标,以确定研究个案,在课题研究期间,也要定期、不定期与学生进行谈话,获取与课题相关的数据。
> (4) 比较法。在个案观察结束后,将进行了一定干预的研究个案与事先设定的没有进行特别干预的学生进行比较,发现干预手段对学生发展的作用。

(三) 研究者不干扰研究对象与事件的过程

研究者在对个案进行观察和调查时,虽然也需要进行深入交流,来查明事实的真相,但需要时刻提醒自己不能过多介入以至于干扰个案原本的状态,不然会影响所期望发现的结果,因为研究者所调查到的现象可能会由于研究者的参与而发生改变。具体应该注意的问题将在个案研究的信度和效度章节阐述。有些研究者对个案研究的过程有类似的看法:

个案研究的程序:确定研究对象、收集个案资料、分析并整理资料、个案的发展指导、追踪研究、撰写个案研究报告。[1]

个案研究的基本步骤与具体操作:选择研究对象、收集个案资料、分析个案资料、实施个案指导、进行追踪研究、撰写研究报告。[2]

以上两种观点认为,个案研究包括对个案的指导,且需要在指导之后追踪个案的发展情况。本书认为个案研究不需要经历这两个研究阶段。研究者应保持自己的旁观者立场,且尽可能避免对个案对象及其所处的场境产生影响和干扰。

第二节 个案研究设计的类型

个案研究设计如果按照简单的分类标准,即包含个案的数量,可以分为单一个案研究和多个案研究两大类。根据殷(Yin)的观点,个案研究设计还需要考虑一个重要的因素:分析单位,不论个案的数量多少,分析单位必须是个案研究者要仔细思考的问题。作为个案研究的专家,殷(Yin)认为:当研究者准备对所要研究的问题进行更精确的分析时,就开始面临选择合适的分析单位的问题。如果此时研究者无法决定何种分析单位优于其他分析单位时,那就表明研究者要研究的问题要么太过模糊,要么数量太多。将个案数量和分析单位一并考虑,个案研究设计可以分为四种类型:整体性独立个案

---

[1] 杨晓萍主编. 教育科学研究方法[M]. 重庆:西南大学出版社,118—125.
[2] 周东明,熊淳主编. 教育科研方法基础[M]. 武汉:华中师范大学出版社,108—116.

研究、嵌入性独立个案研究、整体性多个案研究、嵌入性多个案研究[①],如图9-1所示。

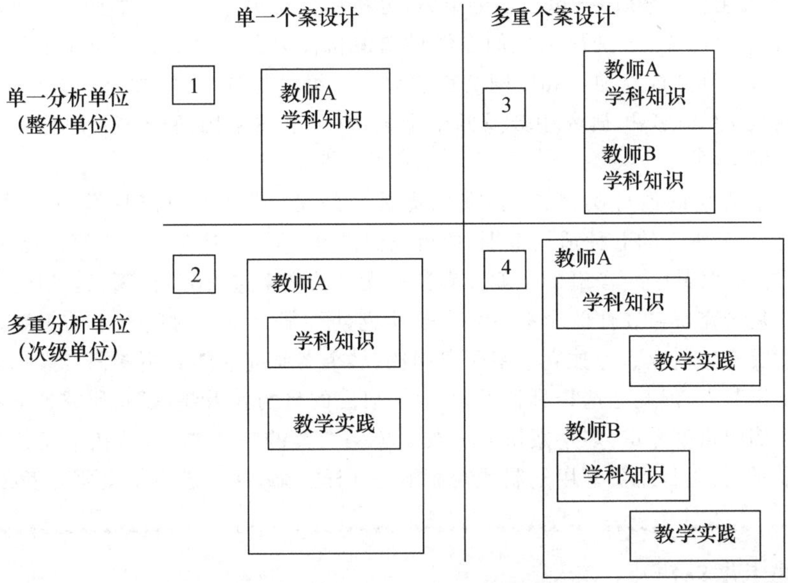

图 9-1 个案研究设计的类型及举例

类型一 整体性独立个案研究,以一个个案作为研究对象,且将之作为整体分析单位来对待。一所学校、一位教师或者一个学生都可能被作为研究的个案,而研究的焦点也是集中在个案在某一个方面的整体表现,比如研究一位个案教师的学科知识拥有状况。一位成功的随班就读数学教师的个案研究[②]就属于这一类型。该研究选取一位数学教师作为个案对象,以他担任随班就读的经历作为一个整体的分析单位,通过深入访谈得出研究结论。

类型二 嵌入性独立个案研究,包含多重分析单位。这类研究属于单一个案设计,但是它有多重的分析单位,例如同样是研究一个教师个案,除了深入调查他的学科知识之外,还将他的教学实践作为研究的焦点,在这个研究中,就包含了两个分析单位:学科知识和教学实践。这类的研究还可以一所学校为个案对象,同时挑选该学校的几个班级作为次级分析单位。在"课程改革与学校文化重建"的研究中,研究者选取了一个学校作为个案,其分析单位很明显包括两个:课程改革和学校文化。研究主要介绍了这所学校实施课程改革的情况,比如如何组织教师备课、评课,师生交往的状况和学校管理的方式等,重点讨论了学校文化对课程改革产生的影响。[③]

类型三 整体性多个案研究,包含多个个案,分析单位只有一个。还是以对教师的学科知识研究为例,进行这类个案研究设计应该选取一位以上的教师作为对象,但都是以学科知识作为分析单位,而不涉及教师在其他方面的表现。比如"从教学反思的水平看教师专业成长"的研究[④],研究者分别选取了四位教师作为个案对象,分别搜集他们的个人教学反思若干篇,分析他们的反思水平。其分析单位是"教学反思",即将每位教师的教学反思作为一个整体,从四位教师的反思文本分析中,找出

---

① R. K. Yin. Case study research: Design and methods[M]. (4th Ed.). Thousand Oaks,CA: Sage,2009.
② 杨希洁. 一位成功的随班就读数学教师的个案研究[J]. 中国特殊教育,2005,55(1),43—49.
③ 马延伟,马云鹏. 课程改革与学校文化重建——一所学校的个案研究[J]. 教育研究,2004,290(3),62—66.
④ 赵明仁,陆春萍. 从教学反思的水平看教师专业成长——基于新课程实施中四位教师的个案研究[J]. 课程·教材·教法,2007,27(2),83—88.

其具有的特征。

类型四 嵌入性多个案研究,包含多个个案,分析单位也多于一个。如图9-1所示,研究者选取教师A和教师B两个个案,分别研究他们在学科知识和教学实践两个分析单位上的表现,就属于这类研究。有研究者分别选取新加坡和中国的小学数学特级教师各一位,重点分析他们对数学学科的认识以及对有效教学的认识①,研究中涉及两个个案,每个个案采用两个主要的分析单位,也属于嵌入性多个案设计的类型。

在区分了个案研究的四种类型之后,我们更关心的是,何时采用何种类型的设计更恰当。殷(Yin)归纳了独立个案研究的五种适用范围,值得我们借鉴:第一,是对一个大家都已接受的理论进行批驳或检验;第二,是对某一个极端的个案或者独一无二的个案进行分析;第三,是研究典型的有代表性的个案;第四,是研究有启发性的个案;第五,是研究处于某个特殊时间点上的个案,这通常需要考察个案的纵向发展变化情况。与独立个案研究相比,多个案研究显然是更多研究者的首选,因为它的结论似乎更具有说服力,但究竟选择哪种类型,要看研究的目的和需要,以及研究者本身拥有的资源,因为从时间和经济的角度考虑,多个案研究一般比单一个案的花费要多,而在个案的选择上,也需谨慎。选择多个案研究,通常需要采用复制法则而不是抽样法则,这是进行个案研究者必须谨记的。

知识小卡片 9-1

在个案研究中采用抽样法则是完全错误的。

首先,个案研究并不是考察某一特定现象发生频率的最佳方法。

其次,由于个案研究既需要研究现象本身,又必须研究现象的前后关联,这将会生成很多变量。涉及的变量越多,需要考察的个案就越多,结果将会导致研究方案过于复杂,难以实施(Yin,2009)。

第三节　个案研究的过程

一、个案研究的要素

个案研究包括四个主要元素:个案、理论假设、分析单位、研究数据,以下分别阐述其含义。

(一)个案

任何个案研究都需要首先选择和确定个案对象,可以是一个,也可以是多个。个案可以是人比如校长、教师、学生或其他身份的个人,也可以是学校、机构、企业或公司等。研究者需要解释为什么采用个案研究策略,以及选取个案的理由,比如个案是否有一个明确界限(封闭的),有怎样的独特之处等。确定了个案之后,研究者还需要进一步明确研究的问题,如果从探索性的、描述性的,以及解释性的角度来分析,探索性问题通常处理"是什么"的问题范畴,描述性问题包括"什么人"或者"什么地点/地方"等,解释性问题则指"怎样"或者"为什么"等类型,而个案研究通常探究的是解释性的问题。

(二)理论假设

通常情况下研究者对这一要素并不看重,甚至会忽略,但如果不能提出明确的理论假设,将会直

---

① 范良火,沈丹丹.中国大陆与新加坡小学数学特级教师个案比较研究[J].台湾数学教师电子期刊,2008,14.1—12.

接影响后续的所有研究环节。提出理论假设之后,研究才能有更明确的方向。比如研究者打算研究处于不同发展阶段的教师对学科知识的拥有程度,先假设新手教师和资深教师之间是有差异的,沿着这一方向,研究者可以先调查两个教师的学科知识有怎样的表现,然后探讨产生这些差异的原因。如果一开始并没有清晰的方向,只是感觉到不同资历的教师表现出很多差异,就开始进行调查的话,在研究过程中可能遭遇很多来自不同概念的困扰,比如教师说他们接受了怎样的培训、如何参与教研活动,或者学校如何对教师进行评价等。研究者陷入一堆杂乱无章的数据之中,就很难理出一个头绪。

(三) 分析单位

在本章第二节有关个案研究设计类型的讨论中,我们提到了分析单位这个概念,明确分析单位,是个案研究的一项重要任务。在上文的例子中,假如研究者在选取了两个教师的个案之后,也提出了自己的研究假设,即假定新手教师和资深教师之间有很多差异,在这个时候研究者需要进一步确定,自己将从哪一个或几个维度来探讨差异的表现和存在的原因。在这一阶段研究者需要借助文献检索和综述,帮助自己决定选用怎样的分析单位。研究者可能发现,目前很多研究都已经探讨过资历不同的教师在教学策略方面的不同,或者他们在班级教学管理策略上的差异,但较少探讨他们在学科知识拥有方面分别有怎样的表现,这时研究者就可以将学科知识作为分析单位,或者将其与教学实践等一起作为多重分析单位,进行嵌入性个案设计。总之,分析单位是研究者必须考虑的重要因素之一。

(四) 研究数据

研究数据这一要素包括两方面的内容:数据收集和数据分析。个案研究的数据收集方式很多,比如实地观察、访谈、文件档案、个人反思、日记等文本资料,或者实物数据,比如照片、海报、艺术作品等,一些大型的个案研究,比如某个大的改革方案,或者针对团体或机构的调查,还可能用到问卷调查。数据收集方式的多元化,导致数据分析方式的多样性。对于个案研究者来说,数据分析是一项相当有挑战性的任务。

二、个案研究的过程

(一) 准备

对研究者来说,从事个案研究比其他研究需要更多的准备,而不是像一般研究者想象中的那样,进行个案研究就是简单地选一个个案对象,把研究者看到的听到的阐述出来就可以了。首先需要预备的是对个案研究规范的了解,先找几本介绍个案研究的书,对它的要素、程序以及如何保证研究信度和效度等都有较全面的把握。然后研究者需要知道更详细的内容,比如如何确定研究的问题,提出个人的假设,如何选定分析的单位,收集和分析数据时应该注意哪些问题等。这是进行个案研究的基本条件。

(二) 计划

在开始进行个案研究时,研究者需要先确定研究的问题,这并不是一个容易的任务,研究者需要先考虑清楚,为什么选择个案研究而不是其他研究方法,有关依据可以参考表9-2,可以从三个方面来对照:① 个案研究一般面对的是"怎么样"和"为什么"的问题;② 研究者无法对研究对象进行控制;③ 研究对象处于当前正在发生的环境。在确定自己需要采用个案研究之后,还需要考虑研究所具备的优势和不足,在进行计划时就应该考虑自己可能达成怎样的目标,并对可能具有的研究限制有所准备,因为没有一个研究是完美的。

表 9-2　个案研究的问题准备

问　　题	备　　注
1. 你将进行的个案研究所处的环境或背景怎样？（如规模、地理位置、谁需要个案的报告等）	
2. 目前个案表现出的问题是什么？（了解个案，并用你自己的话总结你对个案的情况、问题或风险的基本了解）	
3. 是哪些方面的问题或指示，让你对个案有上述分析？	
4. 你将采用何种分析工具？（心智图、SWOT、PEST 或其他分析软件）	
5. 你还知道哪些关于个案的这种状况或问题。	
6. 你还需要了解哪些？	
7. 你将如何报告研究结果？（时间、篇幅、报告方式研讨等）	

（三）设计

设计个案研究的环节包含几个分支步骤。

1. 选取和决定个案对象

如果研究者打算进行个案研究，首先要考虑接触个案对象的现实条件，获得个案对象的同意是第一步，研究者要把研究的意图阐述清楚，对方同意并给予提供数据的支持后，才能开始研究。假如研究者是以教师为个案，那么不仅需要教师本人的首肯，还需要得到所在学校的同意，不然后续研究无法进行。

2. 明确研究问题，确定分析单位

接下来研究者需要细致考虑要研究什么问题，个案研究不等于面面俱到，把个案的所有方面都调查清楚既是不可能的，也是不需要的，而且没有明确的问题，研究将会失去方向。这个阶段需要查阅大量文献，一来可以了解已有研究都有哪些经验和不足，二来借助文献可以为自己寻找可靠的理论支撑，从而建构起自己的理论框架。经历了以上的步骤，才能确定研究采用何种分析单位。

3. 确定个案研究类型

前文提到，个案研究根据研究对象和分析单位的多少可以分为四种类型。究竟选用何种类型，要根据实际条件和预期的目标决定。在前面两个步骤的基础上，确定研究类型就不再是困难的事情了。但需要注意的是，在研究的计划阶段，研究者还是要进行多种准备，以备研究对象由于某些原因产生变化，而导致研究终止。虽然这是最坏的状况，但却不是没有可能发生。在计划之初，考虑多种方案还是非常必要的。

4. 计划更详细的研究程序

在确定了研究类型之后，研究者就需要为接触和了解个案做详细准备，甚至需要和研究对象协商在什么时间以及进行为期多久的实地观察，所以这个时候最好列一个详细的任务清单，把时间、地点、任务、参与者一一写在计划表里，方便对照实施。以一个教师个案为例，可能用到的研究程序包括访谈、观察，以及收集工作中的文件资料等（参见表 9-3）。另外，如果属于比较大型的研究，研究者还需要培训一些研究员，让他们熟悉计划的流程和要求。

表 9-3 个案研究计划清单样例

	时　　间	地　　点	参与者	备　　注
访谈 1			个案	
访谈 2			同事	三角验证数据可靠性
观察 1		办公室		获取更多数据
观察 2		教室		
实物收集				教学资料等
……				

(四) 收集数据

搜集研究数据时,需要把握几个原则,这些原则既和各类的来源密切相关,也有助于提高个案研究的效度和信度。

(1) 保证资料数据来源的准确性。在收集数据时,多考查是不是第一手数据,如果数据多是第二手数据,就要多方验证其是否能准确反映事实。比如一些文件资料,尤其是现今繁多的网络资料,需要研究者通过各种方式判断数据的真实性才能使用,不然有可能得到虚假的信息。

(2) 通过多种途径收集资料。数据来源的多样性是个案研究的一个重要特征,因为研究者需要从不同的角度考察个案对象存在的场景,并尽可能真实地呈现,所以在收集数据阶段利用不同证据进行三角验证是必要的,这可以减少可能存在的偏见或误差,从而提升数据的准确性,保证研究的信度。

(3) 运用策略管理研究数据。研究者通常会收集较多的数据,这需要专门的管理技术对数据进行分门别类的整理和保存。假如研究者选择了多个案研究,就更有必要加强数据的管理。首先要建立数据库,甚至运用一些管理软件,将资料信息进行录入、排序,详细呈现数据的信息,也可以用列联表或其他方式分类整理数据。另外如果数据收集的过程较长,研究者需要及时更新数据资料,并做好备份。最后,研究者需要妥善保存原始资料,直到研究结束才能销毁一些资料,比如访谈录音,在对录音资料转录到文字稿之后,不能立即删除,因为在数据分析阶段,有可能需要核对原始数据。

表 9-4 中对六种常见的个案数据的详细对比可以帮助我们了解各类不同数据的优缺点。

表 9-4 六种数据的优缺点比较

数据种类	优　　点	缺　　点
文件	(1) 稳定:可以反复阅读 (2) 自然:不是特意为个案研究的结果而建立的 (3) 确切:包含事件的名称、参考资料和一些细节 (4) 覆盖面广:时间较长,包括多个事件和场景	(1) 较难检索到 (2) 如果收集不完整,会造成偏见 (3) 文件本身可能具有偏见 (4) 可能由于某些原因获取不到
档案记录	(1) 与文件类相同 (2) 精确、可量化	(1) 与文件类相同 (2) 由于涉及隐私而不被同意使用

续表

数据种类	优 点	缺 点
访谈	(1) 直接针对研究的个案 (2) 见解深刻,可以提供一些因果解释	(1) 因问题设计不当造成偏见 (2) 回答可能带有偏见 (3) 因回忆困难不能提供确切信息 (4) 被访者猜测访谈者意图而提供想要的答案
直接观察	(1) 真实,包含实际发生的事件 (2) 包含事件发生时的情境	(1) 需花费更多时间和精力 (2) 只能观察到某些部分 (3) 被观察者可能因为研究者在场产生不自然的表现
参与式观察	(1) 与直接观察类相同 (2) 深入体察人际间的行为和动机	(1) 与直接观察类相同 (2) 由于观察者的介入而产生观察结果的误差
实物证据	(1) 对文化特征有深刻理解 (2) 对技术操作有深刻理解	(1) 经过了人为筛选 (2) 较难获取

(五) 分析数据

个案研究对分析者的能力要求是相当高的,因为个案研究数据的多样性,研究者不仅要熟悉分析质性数据的过程和方法,也要能够处理量化数据。从宽泛意义上来讲,分析数据不是等所有数据都收集完之后才可以开始的。在收集数据的过程中,一路伴随着数据整理和分析的任务,尤其是一些持续时间比较长的个案研究更是如此。假如研究者调查一个教师的学科知识拥有情况,收集了访谈、课堂观察、教案、教学日志等数据,那么研究者将经历哪些分析过程呢?首先,对于访谈数据,需要对访谈转录稿(假定对访谈全程录音)进行编码,可以先提取出几个核心的词句,对访谈内容进行归类,比如整理之后发现个案教师一共提到四类学科知识,另外他提到了对这些知识的理解,也许还谈到他自己认识上的一些变化等。研究者可以根据这些内容对访谈整理出一个大概的结构图。其次,是课堂观察数据。这类数据一般是听课笔记,或者是对讲课录像的文字整理稿,整理时最大的困难是如何抓住数据的焦点,因为课堂观察提供的信息是立体化的,不仅有教师的教学行为,还有学生的反应,以及师生、学生之间的互动。分析这类数据一定要紧扣分析单位,经常提醒本人回到研究问题上去,思考本人为什么要进行课堂观察,通过课堂观察得到的数据怎样和研究主题呼应。教案和教学日志类数据,同样要结合分析单位进行,在理论框架的指引之下,对资料进行梳理和重新组合。另外,质性数据的分析,是一个反复过程,分析的结果与研究者对数据的熟悉程度和全局性把握密切相关,是不大可能一两次就完成的。研究者需要有足够的耐心,并能掌握数据分析的方法。量化数据的分析比如调查问卷的处理,可参考第五章的内容。

另外有一些个案数据分析的策略,供个案研究者参考:[①]

1. 根据时间发展的序列,找出事件或现象的纵向变化

这一方法借鉴了实验研究中对时间变量的分析。在个案研究时,这一方法和管理数据的策略直接相关,研究者事先应该对数据进行时间编码。

[①] R. K. Yin. Case study research: Design and methods[M]. (2nd, 3rd, 4th Ed.). Thousand Oaks, CA: Sage, 1994, 2003, 2009.

2. 确定和利用分析单位和次级分析单位,对数据进行归类

前文提到,个案研究的理论架构至关重要,该项研究策略即关照和映射到研究架构方面。研究者可先从框架中的单一概念入手,探讨研究单位与概念的关系。这种方法也可以用到前测研究(pilot study)中,提供研究可行性方面的证据。

3. 提炼并总结数据中产生的模式

使用这一策略的前提是,研究者对资料已经进行了全面和详细的关键词、短句或概念类别的编码。需要注意的是,提炼模式是一个反复的过程,开始得出的模式可能不能直接对应研究问题。

4. 先发展一个个案的详细分析

这种策略适用于多个案研究的数据,研究者可以先从中挑选一个作深入探究,发展出一个相对成熟的分析框架,然后对其他的个案进行重复式描述。

5. 采用不同方式和类型的编码

研究者在最终的报告中,通常只呈现一种固定的分析结构,包括如何确定关键词或分析单位等。但实际上,在分析的过程中,会尝试运用多种不同的编码方式,提炼出的关键词或文本主题也会经过多次修订。研究员在分析过程中,会更清晰地把握自己研究的问题,以及发现它们和数据之间的关系,最终决定哪种编码是最恰当的。

第四节 个案研究的信度和效度

一、个案研究的信度和效度

保证个案研究的信度和效度是研究者的重要任务,因为这直接影响到研究结果是否经得起检验。在不同的研究环节,研究者可采用不同的策略。

(一)个案研究的信度

信度讨论的是研究结果的正确程度,信度是指个案研究的每一个步骤都应该具有可重复性,达到若能重复这一研究,就能得到相同结果的效果,因此有人认为质性的数据很难进行信度评估。但这对个案研究者来说是个更好的提醒,他们需要通过更多途径,来保证研究值得信赖。对个案进行信度检验,研究者要在每个研究的环节都设想自己在接受监督,从而自我检测研究数据是否经得起检验。另外对数据进行科学管理,也是提高信度的一个方法。

(二)个案研究的效度

殷认为个案研究的效度分为外在效度、建构效度、内在效度三种。

个案研究的外在效度是指研究结果应用到其他情境的程度。研究者可以通过可转换性来检验,即当前对个案的研究过程是否可以在其他个案上套用。尽管个案研究的结果是不能类推的,但其归纳和得出结论的过程应该是可以复制的。

个案研究的内在效度,是研究者尤其需要关注的问题。内在效度是指研究者的发现和得出的结果,是否和事实相符合,或者换句话说,研究者如何证明所看到的事实就是最终希望得到的真相。学者们建议提高个案研究内在效度的方式归纳如下:

1. 研究者需阐明自己的立场

进行研究和调查之前,研究者的首要任务是反思自己的身份、背景,以及价值观倾向。这不仅可以提醒研究者本人,尽量减少对研究对象的主观人为的影响,也帮助读者了解研究者的观念可能存在

的偏见。

2. 三角验证法

这可以从多个角度来实现：角度一是数据来源，尽量搜集多种类型的数据，比如报纸、会谈记录、个人文稿或者官方文件等；角度二是调查对象，比如教师、家长、学校行政人员等；角度三是搜集数据的方式，访问、直接观察或者非正式的交谈等；角度四是分析资料的方法，研究者整理过观察或访问文本之后，可邀请研究对象进行检视并给反馈意见，看得到的结果是否准确表达出他们的原意；角度五是对整个研究的把握和监督，可以邀请有经验的专家或同伴担任审查者，他们需从局外人的角度，对研究设计、搜集和分析数据等过程，进行全盘的审视，以他们的眼光看待整个研究，并给出判断和意见。

3. 延长搜集数据的时间

一方面可以进一步与研究对象建立信任，另一方面可减小搜集数据的误差。①

二、个案研究的优点和限制

（一）个案研究的优点

个案研究虽然受到很多批评，但也被越来越广泛地用在社会科学的诸多领域，全面、客观地认识其利弊，可以发挥它应有的价值和作用。其优点表现在：

1. 深入问题，深刻体验，掌握个别差异

个案研究的主要目的在于对个案进行深入的了解，"深入性"是个案研究最大的特色亦为其优点。虽然个案研究的个案数目很少，不能作普遍化的推论，但深度、详尽、连贯地描述，可帮助相关人士充分掌握个案的特殊性。

2. 研究者可选取多样的研究方法

与其他类型的研究相比，个案研究者在选取研究对象、实施研究过程及资料搜集方式等方面，都有较大的选择空间。

3. 对个案本身产生价值

个案研究需要在实际的情境中，尽量维持其本来的面貌，但研究者与个案事实上是有相互作用的。个案本身不可避免会进行反思，进而觉识其所经历的事情背后的意义，这对个案本身的发展是具有价值的。

（二）个案研究的限制

1. 研究者本身能力的限制

个案研究中，研究者实际深入研究现场与个案互动，而后对个案进行诠释工作。然而，在诠释的过程中，难免会加入研究者本身主观意识的认定，这是个案研究被质疑的最大原因。个案研究依赖大量的数据，而数据搜集的范围相当广，研究者搜集、管理和分析资料的技巧都需要经过严谨的训练或长期练习。

2. 研究结果很难作科学的类推

很多研究都被期望得到普遍性的结论，而这是个案研究不具备的，因此个案研究经常受到关于代表性的批评。但这并不表明个案研究无法保证较好的信度和效度。

---

① 谢锡金. 怎样进行语文教育研究[M]. 北京：北京师范大学出版社，2013.

个案研究举例

研究题目：小学数学教学计划的专家—新手比较的个案研究[①]

一、问题的提出

自舒尔曼提出知识的分类，阐述其对于教学的重要性之后，研究者们在各个学科领域内分别探讨了各类教师知识对于教学的影响，如莱因哈特研究了教学常规对于数学教学的影响，威尔逊等研究了学科知识对于历史教学的影响，还有国内上海青浦实验研究所研究了学科教学法知识对于数学教学的影响等，但在现实教学中，不是一种知识，而是多种知识相互作用、相互联系共同对教学产生影响。不足的是，此类研究甚少。为了更好地揭示各类知识对于有效教学的作用，本研究探讨现实情境中一对专家教师与新教师的教学计划过程，以发现两者在计划过程中知识提取数量、种类，以及知识组织上的差异，最终为教师专业培养提供理论依据与实践指导。之所以选择教学计划，其一在于教学计划是正式教学的预演，它可以预测教学过程的有效与否；其二，根据加涅的观点，教学计划是策略性知识，是可以通过有效的方法揭示出的，其表征为：IF-THEN，其中 IF 主要是目的与各种概念性的知识，THEN 是计划的结果，如教学目标、教学内容、教学活动等。

二、研究方法

1. 研究对象

专家教师是全国特级教师，教龄 26 年，发表过学术著作、论文若干，获得过多项国家、省、市、校级的教学、教研奖项。新教师是刚毕业的师范生，教龄不足半年，但品学兼优，在师范院校学习期间获得多次奖学金。

2. 研究任务

结合他们所在的年级、教学进度选择了学生学习困难的新知教学任务"九加几"（一年级）。

3. 数据收集的方法

运用出声思维法和随意访谈法来收集教师教学计划过程中的言语数据。在教师进行出声思维时，研究者尽可能不干扰，但如果停顿时间较长，将予以提示；如有模糊不清之处，研究者可以在出声思维结束后通过随意性访谈法予以明确；在正式教学之前，研究者通过随意访谈法来了解教师有无对先前的教学计划进行变动，何处变动，为什么变动（被试很少对教学计划进行变动）。

4. 数据分析的方法

本实验根据加涅的知识分类，参照皮特森、佛格梯的编码方案开发了三套编码方案：

（1）教师的教学计划组成部分的编码方案。由教学目标(O)、教学内容(S)、教学活动(A)、教学材料(M)、其他组成。

（2）教学活动目的的编码方案。包括促进学生参与(O1)、促进学生心理(O2)、学科内容学习(O3)、促进学生理解(O4)、促进学生一般能力(O5)、其他。

（3）教师知识提取的编码方案。包括学科知识：学科信念(SK1)、新知识(SK2)、相关学科知识(SK3)；学科教学法知识：学科教学信念(PCK1)、学科教学策略(PCK2)、学生学科知识(PCK3)；学生

[①] 杨翠蓉,吴庆麟. 小学数学教学计划的专家-新手比较的个案研究[J]. 心理研究,2008,1(5). 70—75.

知识：学生信念(TK1)、学生能力(STK2)、学生兴趣(STK3)、学生注意(STK4)。根据上述编码方案对原始数据进行分段、编码、分析，最终得出结果。

三、研究结果

本研究把教师每一次计划作为一个分析事件转化为产生式，然后对产生式进行量与质的分析，得出以下结果。

1. 专家教师与新教师在教学计划的数量及内容的差异

根据教学计划的编码方案，发现两者在计划的量上和内容上存在着差异，如表9-5所示：

表 9-5　专家教师与新教师教学计划的差异比较

	O	S	A	M	合 计
E	11	4	18	3	36
N	0	0	16	2	18

专家教师与新教师在：

(1) 教学计划的总量上存在着差异，前者36次，而后者只有18次。

(2) 计划的内容上存在差异。

前者均计划教学目标(包括教学活动的目的)、教学内容、教学材料与教学活动，但主要是对教学活动与教学目标的计划，而后者主要计划教学活动、教学材料，而无教学目的、教学内容，正如他所说："每次备课，我都习惯于把教师的参考用书和备课手册打开，因为首先我是新教师，对教学没有什么经验，所以希望它们给我一点帮助，特别是教师的教学用书上面，它能够让我了解教学目的……应该说对我是很有帮助的。"

2. 专家教师与新教师计划教学活动时目的提取量的差异

根据教学活动目的的编码方案，发现他们在教学活动目的的提取上存在着差异，如表9-6所示：

表 9-6　专家教师与新教师在教学活动目的提取上的差异比较

	O1	O2	O3	O4	O5	合 计
E	2	1	12	5	0	20
N	1	0	5	2	2	10

从数据中发现，专家教师与新教师：

(1) 教学活动目的提取的总量上存在着差异。前者20次，后者10次。

(2) 在各教学活动目的提取的量上的差异表现为：O3(促进知识讲解)与O4(促进学生理解)的提取上，前者要明显多于后者，但是新教师提取了O5(维持学生注意)2次，而专家教师无。

3. 专家教师与新教师计划教学活动时知识提取量的差异

根据教师知识的编码方案，发现他们计划时知识提取上存在着差异，如表9-7所示：

表 9-7 专家教师与新教师在知识提取上的差异比较

	SK1	SK2	SK3	PCK2	PCK3	STK2	STK3	STK4	合 计
E	1	3	2	10	11	5	2	1	35
N	0	0	1	5	5	3	2	3	10

从数据中发现,专家教师与新教师:

(1) 知识提取的总量上存在着差异。前者 35 次,后者 19 次。

(2) 两者提取知识最多的是教学法-内容知识(PCK),其次是学生知识(TK),最后是学科内容知识(SK)。

(3) 各类知识提取上存在着量的差异,尤其是 PCK2(已有教学策略)、PCK3(学生学科知识)上,前者要明显多于后者。

4. 专家教师与新教师教学活动计划的质的差异

通过上述比较,发现专家教师与新教师在计划的总量、教学活动目的与知识提取的量上存在着差异,接下来本研究通过分析两者计划教学活动中的事件(产生式),以发现他们每一次计划事件时教学活动目的、知识提取的量与质的差异。

表 9-8 专家教师与新教师教学活动计划的产生式比较

	E1	N1
情境引入	1.IF：教学目标一是算法的多样化； O3 教学目标二是主导性算法； O3 THEN：呈现问题情境　A 2.IF：问题情境(与凑十有关) 知识"十加几" SK3 THEN：教学内容：凑十法　S 3.IF：知识观 SK1 THEN：教学内容：凑十的算理和算法　S 4.IF：学生的能力认识 STK2 学生的已有学科知识的认识 PCK3 THEN：学生可能列出的算式：连数；数 9 后面的桃子 凑十法：直接报出得数； PCK3 5.IF：目标是算法多样化 O3 教材中已有的问题 学生可能列出的算式 PCK3 提取已有教学策略 PCK2 THEN：教学策略：学生列算式、交流算法　A 6.IF：目标是算法多样化 O3 学生报告算法只要正确 THEN：给予肯定反馈　A 7.IF：分析教材呈现：算式二 THEN：教学内容：凑十的算理　S 8.IF：教学目标：凑十的算理 O3 目标：促进学生社会发展 O2 提取教学策略：比较、体验 PCK2 THEN：教学活动：学生体验、比较　A	1.IF：目标：锻炼学生提问能力　O5 书上呈现提问 THEN：提问　A 2.IF：认为学生往往没有提问能力 STK2 THEN：教师回答　A 3.IF：目标：锻炼学生的观图能力 O5 书上给出信息 THEN：学生观图　A 4.IF：目标：算法多样化 O3 已有教学策略 PCK2 THEN：学生列算式、讨论算法　A 5.IF：学生的能力认识 STK2 THEN：学生可能出现的算法：数数；凑十法　直接报出得数 PCK3 6.IF：教学目标：凑十法 O3 学生如果回答凑十法 THEN：表扬　A

续表

	E1	N1
试一试	1. IF：知识观　SK1 THEN：目标：形成凑十的算法　O 2. IF：目标：凑十的算理　O3 学生思维：形象思维、动作思维　STK2 THEN：相应的教学策略　A 3. IF：试一试题目的分析 THEN：目标：圈十　O 4. IF：学生已有学科知识　PCK3 THEN：学生可能出现的圈十的方法：九凑十；七凑十　PCK3 5. IF：目标：圈十　O3 只要学生圈十的方法对 THEN：给予肯定反馈　A 6. IF：教学目标：九加几　O3 学生出现其他圈十方法 提取已有教学策略　PCK2 THEN：比较、体验　A	1. IF：学生不识字　T2 THEN：教师读题　A 2. IF：目标：巩固凑十法　O3 学生往往直接报出得数　PCK3 THEN：提醒学生　A 3. IF：学生粗心　STK4 THEN：提醒学生　A
题目一	1. IF：题目一的分析 THEN：目标：九凑十的方法　O 2. IF：目标：九凑十的方法　O3 题目一的呈现 提取已有教学策略　PCK2 THEN：学生观察　A	1. IF：学生粗心　STK4 THEN：教师提醒　A 2. IF：学生知道凑十的算法　PCK3 已有教学策略　PCK2 THEN：学生报告算法　A
题目二	1. IF：题目二的分析 THEN：目标：九凑十的方法　O 2. IF：目标：九凑十的方法　O3 "十加几"的知识　SK3 学生思维特点　STK2 学生已有的学科知识　PCK3 THEN：学生摆小棒　A	IF：教学目标：凑十法　O3 已有教学策略　PCK2 THEN：学生报告：圈十　A
题目三	1. IF：题目三的分析： 题目呈现形式 题目呈现内容："十加几"　SK4 "九加几"　SK2 THEN：目标一：提高学生语言表达能力　O 目标二：理解凑十法　O 2. IF：目标：理解凑十法　O4 "十加几"的知识　SK4 "九加几"的知识　SK2 已有教学策略　PCK2 THEN：学生比较　A 3. IF：目标一　O5 目标二　O4 已有教学策略　PCK2 THEN：学生相互报告　A	1. IF：学生有"十加几"知识：　PCK3 学生有"九加几"知识　PCK3 THEN：学生独立计算；对答案　A 2. IF：教学目标：理解凑十法　O4 THEN：学生探究、报告　A

续表

	E1	N1
题目四	IF：学生掌握凑十法　O3 课的性质：第一节新授课 提取已有教学策略　PCK2 THEN：学生先说出算法,再说出得数　A	IF：目标：巩固和理解规律　O4 已有教学策略　PCK2 THEN：学生探究、报告　A
题目五	IF：题目五"游戏"的分析 学生掌握"九加十"的凑十法　PCK3 已有教学策略　PCK2 THEN：学生之间竞赛活动　A	IF：学生合作完成题目　PCK2 学生注意力分散　STK4 THEN：教师监督、提醒　A
题目六	1.IF：题目六的分析 所有的"九加几"的算式　SK2 THEN：目标：理解算法,探索规律　O 2.IF：目标：理解算法、探索规律　O4 学生注意分配的认识　STK4 THEN：改变题目编排顺序　A 3.IF：目标：理解算法、探索规律　O4 提取已有教学策略　PCK2 THEN：学生探究、报告　A 4.IF 学生能力认识　STK2 学生已有学科知识　PCK3 THEN：学生的可能回答　PCK3 5.IF：学生能探索　STK2 学生已有学科知识　PCK3 提取已有教学策略　PCK2 THEN：表扬　A 6.IF 目标：理解算法、探索规律　O4 提取已有教学策略　PCK2 THEN：追问　A 7.IF 教学时间充足 THEN：写家庭作业　A	IF：学生喜欢的活动：竞赛　STK3 THEN：竞赛　A

　　从表中可看出,无论是计划整体教学过程还是计划每一教学事件,专家教师都表现出更多的深思熟虑。主要是：专家教师不仅计划数量多,而且所计划的各个教学事件之间相互联系,形成一完整的教学活动。如题目一、题目二、题目三、题目四各自是较完整的教学活动,但它们又成为实现"让学生形成算法"这一更大的教学活动的组成部分。新教师即使有多个计划事件,但是各计划事件之间联系较少,是独立的,如"试一试"中的两个计划事件,新教师只是在这个环节考虑到学生有可能分别出现的问题：学生注意力、学生学习能力,从而采取相应的对策,两者之间无联系。

　　就一个计划事件来看,专家教师几乎都考虑了计划的目标,且多着眼于知识的讲解和学生的理解,而新教师较少考虑目标。

　　在每一个计划事件中,专家教师为实现目标同时提取了较多的知识,有学生知识、学生学科知识、学科教学策略,而新教师提取的知识较少,大多是学生知识或学科教学策略。这说明专家教师的各类知识之间是相互联系的,是关于学生学科学习的知识,新教师的知识联系不紧密。

　　对"学生知识"质的分析也可看出专家教师和新教师的差异,专家教师的"学生知识"除了有本班学生的特点(实践知识),还更多地考虑该阶段学生的一般特点(理论知识),而新教师往往着眼于本班学生的特点。说明专家教师对学生有深层的、本质的认识。不仅如此,专家教师的"学生知识"更多的是与学生学习有关的能力,而新教师没有,说明专家教师认识学生时也与他们的学习紧密相连。对"学生学科知识"质的分析也可看出专家教师和新教师的差异。专家教师对学生已有的学科知识了解更全面,更多,新教师刚了解较少。如专家教师提取了学生可能的算法,有四种:分别数、连数、凑十、直接算出得数;新教师只有两种:连数;凑十。在凑十时,专家教师不仅想到学生会九和一凑,也会七和三凑,而新教师没有。

从每一计划事件的结果来看,专家教师往往更多地考虑某一教学活动,如学生探究、学生讨论等,而新教师则更多地考虑教学的细节,如学生粗心采取何种教学策略;学生不识字采取何种教学策略。说明专家教师是对主要教学活动的计划,而新教师则更着眼于具体的教学步骤。

四、讨论

1. 专家教师的计划是有效的教学活动的计划,而新教师只是具体教学步骤的计划

专家教师不仅计划了主要教学活动,还计划要实现的教学目标、教学内容及其中的教学重点、难点,且教学活动的计划也考虑了活动的目的,他的计划是周密的,也是有效的。新教师主要是对具体教学步骤进行计划,忽略了教学目标、内容,从而他们的计划结果并无助于学生的学习,只是顺利完成教学。而国外研究表明专家教师的计划简洁扼要,主要对教学活动进行计划。作者认为这一差异可能由国内外教育的不同引起的,因为国外小学教师往往担任一个班级所有学科的教学,他们也许没有时间计划教学,而国内教师是学科专任教师,且国内学校都非常重视教师备课,强调教师备课时要做到备学生、备内容。本研究所选择的被试,其所在学校都要求教师要有书面教案,并规定了教案的格式,甚至会把教师的教案放在校园网上进行交流。

2. 教学计划的差异在于专家教师有着更多的相互联系的知识与经验,而新教师甚少

专家教师有着更多的教学经验,由此他们只需对教学活动进行计划,而新教师几乎没有教学经验,为了顺利地进行教学,他们只能够对每一教学步骤进行计划;专家教师的教学知识与经验是相互联系的,他们不仅有着学生的一般性知识,还了解学生平时的学习情况,积累更多的教学策略,从而他们能预测学生的学习表现,提取相应的策略,做出有效的计划。而新教师的教学经验较少,尤其是关于学生学习的认识及相应的教学策略,即使他们有一定的抽象的教学知识,如,学生兴趣与能力,但是这种知识没有与实践经验相结合,所以他们仍难以做出有效的计划。与此相似的是,香港地区的研究者徐碧美在对专家教师玛丽娜教学计划的研究中发现专家教师的计划是有效的,其原因在于提取了更多的知识,如在计划教学材料时,专家教师"运用了语言学、语言传意教学、写作教学和语言学习,以及有关学生及其学习环境的知识"。

五、研究结论

本研究结论是:与新教师相比,专家教师的教学计划更周密、更有效,这是因为他提取了更多的相互联系的知识与经验。当然本研究所得出的结论部分验证了国内外的研究,但它毕竟只是一个个案研究,有待于今后进一步地进行更广泛的研究探讨。

本章小结

个案研究是一种研究策略,研究对象是一个有界限的封闭系统。个案研究的核心需要把握两个要点:一是个案研究是在不脱离现实生活环境的情况下,研究当前正在进行的现象;二是个案研究所

要研究的现象,和它所处的环境背景之间,没有十分明显的界限。个案研究有如下特点:全面性、数据资料多元化、研究结果不能类推、为大型研究做铺垫和预备。根据个案和分析单位的数量,个案研究设计可以分为四种类型:整体性独立个案研究、嵌入性独立个案研究、整体性多个案研究、嵌入性多个案研究。个案研究包括四个主要元素:个案、理论假设、分析单位、研究数据。个案研究的过程可分为准备、计划、设计、收集数据、分析数据等步骤。为保证个案的信度,研究者要在每个研究的环节都设想自己在接受监督,从而自我检测研究数据是否经得起检验,对数据科学管理也是保证信度的方式。个案研究的效度又分为外在效度、建构效度和内在效度。可以通过可复制性、阐明自己的研究立场、数据的三角验证,以及延长数据收集时间等方式来提高。个案研究的结果只能针对个案进行较具体、全面的描述或分析,不可以用来进行推论,这是特别需要注意的一点。

思考与练习

1. 请仔细阅读第五节的个案研究举例,分析其所包含的四个主要元素:个案对象、理论假设、分析单位和所收集的研究数据。

2. 请选取一个你感兴趣的话题,设计一个个案研究方案,根据个案研究的过程,详细阐述需要经历的研究步骤:准备、计划、设计、收集数据、分析数据。

3. 请查阅图书或期刊文章,检索有关个案研究的文献资料,并与本章内容对比,整理并陈述你的收获。

参考文献

[1] 陈姿伶. 个案研究法. 2015 年 3 月 15 日下载自 http://www.docin.com/p-568486211.html

[2] 范良火,沈丹丹. 中国大陆与新加坡小学数学特级教师个案比较研究[J]. 台湾数学教师电子期刊, 2008, 14.1—12.

[3] 马延伟,马云鹏. 课程改革与学校文化重建——一所学校的个案研究[J]. 教育研究, 2004, 290(3), 62—66.

[4] 谢锡金. 怎样进行语文教育研究[M]. 北京:北京师范大学出版社. 2013.

[5] 杨翠蓉,吴庆麟. 小学数学教学计划的专家-新手比较的个案研究[J],心理研究,2008,1(5). 70—75.

[6] 杨希洁. 一位成功的随班就读数学教师的个案研究[J]. 中国特殊教育,2005,55(1),43—49.

[7] 杨晓萍主编. 教育科学研究方法[M]. 重庆:西南大学出版社, 118-125.

[8] 王宁. 代表性还是典型性?——个案的属性与个案研究方法的逻辑基础[J]. 社会学研究. 2002,5,123—125.

[9] 赵明仁,陆春萍. 从教学反思的水平看教师专业成长——基于新课程实施中四位教师的个案研究[J]. 北京:课程教材教法,2007,27(2),83—88.

[10] 周东明,熊淳主编. 教育科研方法基础[M]. 武汉:华中师范大学出版社,108—116.

[11] R. E. Stake (1998). Case studies [C]. In N. Dezin & Y. Lincoln (Eds.), Strategies of qualitative Inquiry [A]. CA: Sage. 86—109.

[12] R. K. Yin. Case study research: Design and methods[M]. (4th Ed.). Thousand Oaks, CA: Sage, 2009.

第十章 行动研究

学习目标

1. 了解行动研究的发展历程。
2. 理解行动研究的特征,能够区分出行动研究,了解其分类。
3. 理解行动研究五种模式的内涵。
4. 掌握行动研究的步骤及应注意的问题。
5. 能根据所学的知识进行简单的行动研究实践。

本章简要回顾行动研究的发展历程,并介绍学者们对行动研究的定义,阐述行动研究的主要特征及分类方式,重点介绍行动研究的五种模式,详细阐述行动研究的六个步骤,并列举行动研究需要注意的事项,最后提供一个行动研究实例。

第一节 概　　述

有学者认为,美国著名的哲学家和教育家杜威(J. Dewey,1859—1952)的哲学思想奠定了行动研究(action research)的理论基础,正是由于他对经验的重视,以及强调理论与实践的结合,才引发了科学界对行动、反思和经验的关注。[1] 追溯行动研究的确切开端并不容易,20 世纪 30 年代后期,社会心理学家和人类学家开始转向对实践者(practitioner)的关注,学界普遍认为,寇勒和勒温是行动研究发展过程中的两个关键人物。1933—1945 年,社会工作者和人类学家寇勒(John Coller)担任美国联邦政府(罗斯福总统)印第安人事务局局长,他和同事一起,致力于研究如何改善印第安人与非印第安人之间的关系,他认为最好的研究方法,就是让该局内的同仁把自己当作学生,向局外的人士学习,并共同进行合作研究,他将这种研究方法称为"行动研究"。

1946 年美国著名的犹太裔学者勒温(Kurt Levin,1890—1947)发表的文章《行动研究和少数民族问题》被认为是行动研究的正式开端,[2]他被称为"社会心理学之父",他的著名观点是,你若想去深入理解一个已有的系统,最好的办法就是尝试去改变它(It is impossible to understand a system if you do not try to change)。他带领学生研究不同人种之间的人际关系,激发受访群体和研究者的互动,并通过计划、行动和评估的循环过程,通过参与者发生的改变来探究社会关系的诸多议题。

考瑞(Stephen M. Corey)最先将行动研究介绍并推广到教育领域,1953 年他出版专著《改进学校实务的行动研究》,至今这本书在学界还保持着很高的引用率。他在担任哥伦比亚大学师范学院院长时,积极地将行动研究引介到行政管理、课程和教学等多个方面,来解决相关的实际问题,并对行动研究的理论基础、特点、实施原则和程序以及注意事项都进行了详细探讨。

20 世纪 70 年代,英国课程学者斯腾豪斯(L. Stenhouse,1926—1982)倡导"教师即研究者"运动,将行动研究推向新的发展阶段。1967—1972 年他主持英国著名的"人文课程研究计划"(The Hu-

---

[1] Jelena MaKsimovic. Historical development of action research in social sciences. Philosophy, Sociology, Psychology and History Series. FACTA University. 2010,9(1): 119—124.

[2] K. Levin. Action research and minority problems. Journal of Social Issues. 1946,2(4): 34—46.

manities Curriculum Project),坚持教师的专业自主性,认为教学研究应当由教师而不是专业研究者开展,教学的提高要以教师对自己行动的研究为基础。与斯腾豪斯同时参与人文课程研究计划的埃利奥特(J. Elliott)是另外一位积极推动和倡导"教师成为行动的研究者"的重要人物。在 1967—1983 年间,他共参加或主持了三项重要的教师"行动研究"项目,他所在的东安吉利尔(East Anglia)大学,在他的组织和领导下,目前已成为国际教师教育领域教育行动研究的中心之一。英国学者柯尔(W. Carr)和澳大利亚学者凯米斯(S. Kemmis)正式使用"教育行动研究"这个概念,[1]后来凯米斯返回澳大利亚进一步发展行动研究,使澳洲一时成为行动研究的发展重地。与前人相比,凯米斯更主张批判式行动研究。[2] 1993 年,《教育行动研究》期刊在美国创刊,美国学者麦克纳于 1996 年出版《课程行动研究》一书,[3]至此行动研究在欧、美、澳洲及中国台湾地区受到高度重视。

早在 1984 年,杭州大学的陈立先生就已将行动研究的概念引入中国,但直到 20 世纪 90 年代末期,国内基础教育领域才掀起行动研究的热潮,不少中小学教师从自身实际出发,也开始思考教育问题,学做教育行动研究。这一时期代表性的研究成果有顾泠沅在上海青浦县开展的初中"数学教改"实验;华东师范大学与上海打虎山第一小学共同合作开展的"教育志愿者组合"专项课题;还有首都师范大学"全面提高北京市初中教育质量"的研究课题等。然而,在 21 世纪以前,教师教育行动研究在我国的发展以高校教师为主体,中小学教师自主开展的教育行动研究非常少见。[4]

学者们从不同视角对行动研究进行了定义,比如:

行动研究指实务工作者为实务问题在实务情境中进行的研究(S. Grundy & S. Kemmis)。

行动研究是社会情境的研究,是以改善社会情境中行动质量的角度来进行研究的研究取向(J. Elliott)。

行动研究指探索实践,为实际工作者所执行,其结果并符合实际工作者目的的专业活动(S. Noffke)。

行动研究是由行动及研究两个词所组成的,意指在实际工作中去尝试各种策略,以作为改善实务的一项方法(陈伯璋)。

行动研究是由实务工作者所进行的系统性探究活动,其目的在于理解实务、发展批判性的行动、改善学校环境、提升学生学习效果,它是一种教师为自己所进行的研究(Mills)。

McNiff 等人认为,行动研究是实务工作者(practitioner)所做的,因为需要对自己的行为详细思考,也被称为自我(反思)研究,自我反思是行动研究最重要的概念。行动研究是人们对自己进行探究的工作,伴同的其他人是研究的参与者或者批判学习的伙伴。[5]

进行行动研究的教师,其角色和身份是:教师是反思的实务工作者、教师是研究者、教师是研究型的专业人士。[6]

柯尔和凯米斯认为,行动研究有两个主要的目的:改进和参与。改进主要指向三个方面:实践本身、实践者对行动的理解,以及实践的场所和环境。参与则是指研究者亲临整个过程,包括计划、实施

---

[1] W. Carr and S. Kemmis. Becoming Critical: Education,Knowledge and Action Research [M],Brighton: Falmer Press,1986.
[2] S. Kemmis, R. McTaggart & R. Nixon. The action research planner: Doing critical participatory action research [M]. Singapore: Springer. 2013.
[3] J. McKernan. Curriculum action research: A handbook of methods and resources for the reflective practitioner [M]. London: Kogan Page,1996.
[4] 王安全,刘飞. 中小学教师教育行动研究中的问题及其消解[J]. 教育科学研究,2013(4):73—77.
[5] J. McNiff & J. Whitehead. Action Research: Principles and Practice[M]. (2nd Ed). London;New York: Routledge Falmer,2002. 朱仲谋(译). 行动研究原理与实作,台北:五南,2004.
[6] Costello,J. M. Patrick. Action Research[M]. London;New York: Continuum,2003:15.

行动、观察以及反思等等。[1]

Sagor 认为,行动研究需要具备三个条件:焦点在专业的行动;自己有权利根据研究结果调整未来的行动;行动研究的结果,应该是能够改进自己的工作。[2]

我国学者陈向明认为,教师行动研究是:教师作为研究的主体,研究的问题(困惑)来自他们自己的日常工作,研究的目的是解决问题,提高教师改善自己生存状态的意识和能力。与纯粹的学术研究不同(其目的主要是求真),行动研究走的是行动科学的路线,即当行动者面对真实的困境时,采用积极干预的方式对自己所处的社会文化场域进行批判性反思,寻找合适的解决之道,创造实用的知识。教师行动研究的主要旨趣是求善,而不仅仅是求真。[3]

第二节 行动研究的特征

一、行动研究不同于一般研究

行动研究与一般研究相比有很多不同,这表现在对研究者的要求、研究的目的、问题、假设等诸多方面。

(一)研究者的要求

行动研究对研究者在专业方面的训练要求并不苛刻,具备一些基本的统计学和研究方法的训练即可。一般的教育研究则需要研究者在测量、统计学和研究方法方面接受严格的方法训练。

(二)研究目的

行动研究的目的主要有两个:获取知识并直接应用于当时的工作情境;帮助参与者实施在职的训练和进修,以促进个人的专业发展。一般研究的目的是要获取知识并将之普遍应用于更大的母群体;或为了发展并检验某个理论。

(三)研究问题的指向

教师在行动研究所指向的问题,一定是在学校的情境中,引起研究者困惑,或影响到教学的某些方面,有待解决的问题。一般研究的问题不需要研究者亲身涉入,而是通过其他方式决定要研究什么。

(四)检索文献

参与行动研究的教师需要检索并阅览一些有用的间接资料,来了解所在研究领域的一般情况,通常不需要探讨直接的数据。一般研究则要求研究者广泛查阅直接资料,并充分了解该研究领域现有的知识状况,以寻找所要进行研究的价值和创新所在。

(五)抽样方法

教师进行行动研究时,通常以自己所带班级的学生作为被试对象。而一般研究需要采用严谨的抽样方式,从母群体中抽取随机或无偏差的样本作为研究对象。

(六)研究设计

行动研究在开始之前,要依照一定的程序进行,很少关注实验条件的控制或错误的防范,有时会产生因参与者的涉入而存在的偏见。一般研究在开展之前,要进行详细的计划和程序设计,需要对无

---

[1] W. Carr, S. & Kemmis. Becoming critical: Education, Knowledge, and action research[M]. Philadelphia, PA: Falmer Press, 1986: 165.
[2] R. Sagor. 行动研究实作指引[M]. 郑博真,译. 台北: 华腾出版社, 2008.
[3] 陈向明. 行动研究对一线教师意味着什么[J]. 教育发展研究, 2014(4): 1.

关变量进行控制,从而降低错误或偏见。

(七) 测量工具

教师进行行动研究一般对测量工具的评价不太严格,因为教师缺乏系统的测量训练,所以可邀请相关专业人员协助,进行工具的设计和检验。一般研究对测量工具有严格的信度和效度考量,而且需要进行试测检验工具的有效性。

(八) 资料分析

行动研究强调实用的显著性而非统计的显著性,参与者的主观意见通常更受到重视,对资料的分析不必太详尽。一般研究需要对数据资料进行科学、系统的分析,并强调统计上的显著性。

(九) 研究结果的运用

教师行动研究的结果可以立即应用到自己的工作情境中,而且经常会带来持久的改良效果。研究的结果一般只适用于研究者所在的范围。一般研究的结果可产生普遍的应用效果,但一些有用的发现,有时不能立即应用到教育的实际场景。

(十) 报告的形式

行动研究对报告的方式较为宽泛,不拘泥于某种形式。但一般研究则强调合乎严谨的学术规范。

二、行动研究的特征

1. 蔡清田(台湾地区学者)曾总结了行动研究的十个主要特征

(一) 以实务问题为主要导向。

(二) 重视实务工作者的研究参与。

(三) 从事行动研究者的人就是应用研究结果的人。

(四) 行动研究情境就是实务工作情境。

(五) 行动研究过程重视协同合作。

(六) 强调问题解决的立即性。

(七) 行动研究的问题具有情境特定性。

(八) 行动研究的计划是属于发展性的反省弹性计划。

(九) 行动研究所获得的结论,只适用于特定实务工作情境的解放,其目的不在于做理论上一般的推论。

(十) 行动研究的结果,除了可改进工作情境之外,同时也可以使实际工作人员获得解决问题的经验,促进专业成长。[①]

2. 谢锡金(香港地区学者)从研究者、研究问题、研究过程等方面,总结的五个主要特征

(一) 研究者即是行动的实践者,是应用研究结果的人。行动研究的参与者有外部人士,比如教学专家、同事或者研究助理,但必须由实践者本身去实施行动。

(二) 研究问题是自己日常工作中的问题。教师作为行动研究者,研究主题就是自己的教学实践,比如说试验新的教学方法,深入探查班级中存在的问题,或者根据自己的兴趣,解决一些特殊的教学问题等。

(三) 行动研究是一个循环的过程。简单来说,就是"看—想—做—看—想……"继续的过程。循环性对行动研究者来说非常关键。行动研究的过程不是线性发展,由计划开始,到反思结束,而是需

---

① 蔡清田. 教育行动研究 [M]. 台北:五南图书公司,2000.

要不断总结,预备开始下一轮的实践。行动紧随批判反思之后:做什么?不做什么?有哪些收获?下次行动应该有哪些改进?这种循环是检验行动必须经历的。

(四)行动研究强调合作。行动研究是共同合作的活动,研究团队持有融洽关系很重要,因为整个过程都需要与其他教师一起讨论、协商、分享等。

(五)行动研究强调反思。执教者的反思和团队成员的集体反思同样重要,都是为了实现参与者共同的专业发展。[1]

三、行动研究的分类

赵明仁和王嘉毅从参与者和教育行动研究的水平两个角度对教育行动研究进行了分类。按照参与者可以分为独立式、支持式和协同式行动研究;按照研究水平可以分为技术的、慎思的和解放的行动研究。[2]

(一)按照参与者分类

1. 独立式行动研究

教师或其他教育者独自对教育实践中的问题进行系统探究,并发展出具体策略,从而改善实践。比如许多专家型教师在成长过程中,经常善于发现实践中的问题,并寻求解决的方法,就属于这类独立式的行动研究。

2. 支持式行动研究

教育行动研究通常需要不同群体人员的共同参与,比如同事、家长、学校领导、教育行政人员或者学科专家等。支持式行动研究指除教师外,校内或校外的相关人员帮助开展咨询,比如协助澄清学校的情境,发现问题,提供参考意见,在实施中给予支持,对行动过程提供评价或反思的建议等,但并没有共同参与行动,这类就属于支持性行动研究。

3. 协同式行动研究

上述校内或校外人员,与教师一起共同参与到行动中,并对研究过程负有相当的责任,两者是平等协商的关系,属于协同式行动研究。

(二)按照教育行动研究水平分类

根据行动者在教育行动研究中自主性的获得程度,可以把教育行动研究分为技术的、慎思的和解放的行动研究。在技术的行动研究中,行动者主要诉诸外在的权威和权力,通过外在的强制性影响力改变实践。在慎思的行动研究中,行动者主要通过行动者的深入反思获得对实践情境的理解和改造能力。在解放的行动研究中,行动者不仅对实践情境保持深度的理解,而且认为当下的实践情境具有压迫性,行动者要对这种压迫性保持觉醒并怀有突破的意识和勇气。

1. 技术性行动研究

技术性行动解究也被称为科学性行动研究或技术-科学性行动研究。它受到了19世纪末20世纪初关于"教育科学化运动"和一些心理测量的影响。这种方法的研究目标是在既有的具体理论框架基础上检验特殊的实施方法。研究者与合作者的特征是技术的、促进的。研究者确定问题和实施方法,实践者参与并同意方法实施中的帮助。这种研究形式的交流是以促进者和群体之间为主的,研究由一名或多名专家指示进行,研究的目的是为获得更有效的实施方法,研究活动以成果为中心,在现有的条件、限制范围内进行工作。在现代行动研究的理论和实践中,人们广泛认为技术的行动研究只

---

[1] 谢锡金. 怎样进行语文教育研究[M]. 北京:北京师范大学出版社,2013.
[2] 赵明仁,王嘉毅. 教育行动研究的类型分析[J]. 高等教育研究,2009,30(2),49—54.

是形式上的而非实际的行动研究,它只关心"科学工具""统计方法",而不尊重行动者的主动性和创造性,专家与行动者之间的关系。[①]

2. 慎思性行动研究

知识的作用在于促进教学生活的转化。教师通过对行动情境,对自己作为教师的意象和对习以为常的教学假设的重建来进行经验的重建。此外,在慎思的行动研究中,还需要教师在日常的专业生活中以持续成长,改进教育质量的进取态度,明察工作中存在的不足,然后实事求是地分析原因,提出改进的策略,进而尝试性地改进实践,并持续地反思整个过程。其实,这也是许多专家型教师在实践探索中从新手走向能手的日常方式。

3. 解放性行动研究

解放性行动研究认为教育实践不仅负载着价值,而且这些价值由于社会、政治、文化和历史的原因而被扭曲,具有压迫性。主张行动研究在检视和解释所依据的价值系统和公平概念基础上,必须批判意识形态,寻求揭示具有压迫性和支配性的事物,并且要把批判性的意识付诸行动,教育目的不能仅仅依赖于外在的权威,实践者具有自我决定性。[②]

运用这种方法的研究者有两个目的,一是提高在特殊情境中实践者面对的实际问题和用于解释和解决这些问题的理论联系的密切性。第二个目的是通过提高他们的合作意识帮助实践者确认和详述问题的基本原理。研究中研究进程由小组人员自行安排,目的是发展新的实施方法,或者改进现存的意识或制度的限制,这种类型的行动研究需要激进的改革意识。如果运用于教育中就会成为使教育摆脱传统的理论和政策限制的一种研究方式。它需要一批判断能力强、有激进改革意识的参与者在长时间共同工作的情况下才能发生。因其有着"批判"的特征,有人把它称之为"批判性行动研究"。在一些独立性的行动研究中,都是由实际工作者本人或在教师团体的努力下进行的研究。

第三节　行动研究的模式

一、勒温的螺旋循环模式

勒温首先将行动研究的历程加以模式化描述,他将行动研究的进行过程描述为一种螺旋循环的步骤,每一个螺旋步骤中包含了计划、行动、观察、反思四个环节。勒温认为行动研究是由许多循环所形成的反省性螺旋(reflective spirals),其中每一个循环都包含计划、事实数据探索或侦察以及行动等步骤,每一个"研究-行动"循环会导致另一个"研究-行动"循环的进行。由此可知,勒温将行动研究建构在一个连续且不断演进的历程。螺旋模式是在实施的过程中,首先由一个待改进或需改变的议题开始。而这个欲改进的议题是全体成员所共同关心而且是已经察觉到的。所以,团体是在"关心共同主题"的前提下一起工作的。

二、凯米斯的自我反思螺旋模式

凯米斯的基本理念源自于勒温概念,但在某些方面作了修正。凯米斯则将行动研究理念运用在教育行动研究上。他将勒温系统修改为一个螺旋式的进程,就是经过计划、行动、观察、反思后发觉,计划需修订改进,以便进行第二阶段的修改计划。和勒温不同的是,凯米斯采用了自我反思(self-re-

---

[①] 马云鹏,孔凡哲(主编). 教育研究方法[M]. 长春:东北师范大学出版社,2006.
[②] 赵明仁,王嘉毅. 教育行动研究的类型分析[J]. 高等教育研究,2009,30(2),49—54.

flective)螺旋设计的计划、行动、观察、反思、再计划的构想为解决问题的策略(Kemmis & McTaggart，1988)。

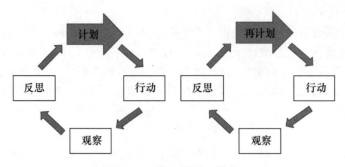

图10-1　勒温的循环模式

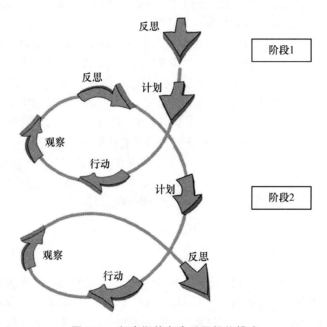

图10-2　凯米斯的自我反思螺旋模式

三、埃利奥特的精密化螺旋模式

埃利奥特非常支持推广"教师即为研究者"的观念，他曾经和同伴实际到教室现场做研究；他们并不只是观察，而是和老师一起共同研究，他们的目的是：

(1) 当教师尝试着用一些方法来解决和探索问题时，可能在现实与理想中会有落差，他们会协助、引导教师，来缩短这其中的落差。

(2) 当教师要解决班级问题时，帮助教师建立行动研究的问题起点。

埃利奥特所提出的行动研究螺旋模式，基本上也是由凯米斯的模式下发展出来的，他同意凯米斯在螺旋模式中所提"行动反思"这个步骤，不过埃利奥特的模式架构更精密，有更大的弹性，令行动研究发展进入一个新的发展空间，如图10-3所示。

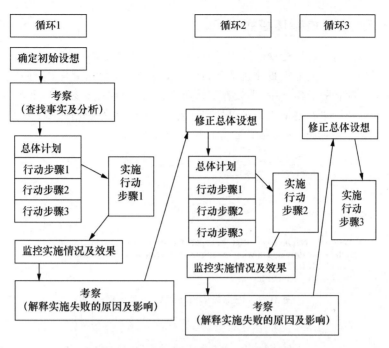

图 10-3 埃利奥特的精密化螺旋模式

四、埃伯特的可回复性历程模式

埃伯特（Eubbtt）批评凯米斯和埃利奥特的模式过于理想化，也批评凯米斯的监控行为只发生在可发现的事实上。在实际情况里，很多阶段的问题是隐而不见的，或做不下去的。所以有些行动策略是可重新开始的。埃伯特的主要特色就是允许循环次序的回复（looping back），以及循环内与循环间的关系。

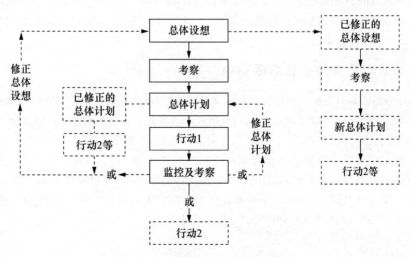

图 10-4 埃伯特的可回复性历程模式

五、麦尼夫的衍生性螺旋循环模式

麦尼夫(McNiff)提出衍生性行动研究的概念,是希望寻求更为实际的模式,以代替井然有序但却脱离实际的螺旋循环。所以麦尼夫批评凯米斯和埃利奥特的模式仅具简化、描述功能,但不具解释的功能。麦尼夫认为教师在教学实际中(即教育行动研究进行中)往往必须同时面临许多问题,而且必须在兼顾教学活动的持续进行之下立即予以处理。麦尼夫衍生性螺旋循环模式所呈现的是在主螺旋架构中,会产生许多"分枝螺旋"(spin-off spiral),如图10-5所示。

Action Research should offer the capacity to deal with a number of problems at the same time by allowing the spirals to develop spin-off spirals.
(Jean McNiff,1988)
http://www.jeanmcniff.com

图10-5 麦尼夫的衍生性螺旋循环模式

第四节 行动研究的步骤

一、确定研究题目

在进行行动研究之前,教师在日常的教学经验中其实已经积累了一些想要深入探讨的问题,或者是学习了某些新的教育、教学理论,想要应用到教学实践中去,这些都是研究题目的来源。教师首先要认为有加以改变的必要,而且有一些改进方向的初步想法,这些可以作为行动研究的起点。研究题目的确定包括:问题的情境说明、研究者想要进行改变的行动方向两个主要部分。此时的考虑可能涉及的方面包括:个人对某个方向的研究兴趣、题目本身的重要性、研究可能需要的时间、困难程度、需要的资金,以及研究道德等。

二、发展行动策略并安排于教学活动中

此阶段的任务是针对研究所指向的行动进行详细的计划,包括明确自己的研究问题和假设,决定采用哪种研究方法,搜集哪些类型的数据等。参与行动研究的人员此时都已明确自己的任务分工。

陈述研究问题也需要一些技巧,不要让人一看到问题就已经回答"是"或"否",比如"学生的阅读成绩和他每天花多少时间进行课外阅读有关系吗?"如果修改成"学生的阅读成绩和他每天花多少时间进行课外阅读有什么样的关系?"就会让人产生探究的愿望,事实上也值得去深入探讨其中的真相。另外研究问题不要先下判断:"写博客在多大程度上提高学生的写作水平?"修改为"写博客对学生写作水平有多大程度的影响?"问题就开放得多,也客观得多。

行动策略最重要的内容包括:
(1) 哪些事情要着手去做?
(2) 什么时候做?
(3) 进行时要注意什么?

这阶段最好运用表格来陈述,既方便阅读,也容易保存。比如以下的样例:

表 10-1 行动研究计划清单

活动内容	数据类型	活动时间	参与者	完成情况
学生调查	问卷	日期 所用时间	学生 教师	
教学	课堂观察 课堂录像 课堂练习	日期 所用时间	执教教师 教师(观课) 教师(观课) …	
集体备课	观察记录	日期 所用时间	教师(记录) 教师 …	
……				

三、探索行动的真相

"好的研究题目"一般都是倾向于教师的价值与直觉,探查主要澄清问题是否存在,问题的性质是什么,与此问题相关联的因素是什么,现象与问题的起因为何。探查真相是对情境中的事实状况作深入的描述与解释,应包括:

(1) 对于情境的相关事实可能的原因提出解释。

(2) 收集资料来描述情境中的事实状况。常见的收集数据方法有写反思性日志、观察、问卷或非正式访谈。

教师经常感觉自己每天忙忙碌碌,但并没有太多精力和时间进行有意义的反省。持续一段时间,通过写反思片段或日志,可以让自己的想法更加清晰和系统。日志一般持续的时间比写反思片段要长一些。建议每天写,不超过两星期;每天写 10 到 15 分钟;每天响应相同的话题,比如"今天在班上发生的什么事情对我是重要的(哪些运作得好,哪些差,什么让我惊讶,以及一天结束有哪些问题)?[①]"

访谈通常是参与者轮流讨论个人关注的问题,可以每个人 15 分钟来交流各自的想法。要保证受访者有充分的表达机会。观察可以帮助发现学生的表现,以及教学实施过程中的问题,这类数据与反思、访谈等互相对照,使研究焦点更为集中、具体。

四、行动以及评估成效

行动研究中,常常需同时兼顾行动与评估,经验是行动主要的研究内涵,没有经验的行动研究将无法协助教师成长。行动策略协助教师将计划转化为具体的行为,而评估包括收集资料与教师反省。

研究资料分为量化和质化两大类。量化资料比如教师、学生或家长的问卷,学生的测试卷等。质化研究数据类型很多,包括访谈记录、讨论或会议记录、日志、教学设计、课堂观察记录等。这些数据几乎包括了学校里持续发生的每一件事情,具体需要哪些刚需要进行一些筛选,[②]可以根据信度和效度的考虑,来决定如何筛选和使用。

分析数据的过程经常会经历多次的反复,一个重要的原则是,不断对照研究的问题,使数据聚

---

① R. Sagor. 行动研究实作指引[M]. 郑博真,译. 台北: 华腾出版社,2008.
② R. Sagor. 行动研究实作指引[M]. 郑博真,译. 台北: 华腾出版社,2008.

焦到最能够解释问题的范围内。量化数据一般借助统计软件来分析。质化数据同样可以借助软件来分析，对质化数据进行编码、确定分析的关键词，是非常重要的环节。不管哪种分析方式，都要保证忠实于研究数据，不可以进行人为的删改、甚至歪曲。不同数据的三角验证可以保证研究的信度。

五、修正行动策略、归纳想法

第一次初步计划完成后，教师根据行动经验修正行动的好题目，归纳想法。我们建议教师可以参考外部信息促进反省，包括文献、伙伴分享，并且可以初步整理经验，撰写研究报告（请参考"行动研究的报告"）。

与周围人交流和分享自己的行动发现，请他们审视研究资料，检验研究发现，向你提出同意或反对的意见，这都有益于修正研究工作。这也是提高行动研究方法严谨程度的必要做法，是帮助教师产生新的教学实践知识的重要历程。[①]

六、循环行动

循环（cyclical）行动[②]是行动研究的另一个特征，教师从第一次循环获得的经验、知识，产生修正后的行动动机，教师可以在不同的班级、不同的单元或者不同的题目之下，持续进行行动研究以改进教学。若教师持之以恒，将改善其教学工作，并获得最佳的教学事业发展。

第五节 行动研究应注意的问题

随着行动研究在我国基础教育研究领域的广泛应用，研究者对这一研究方法越来越熟悉，但也暴露出一些值得关注的问题。钟柏昌和李艺曾分析了45篇教育类核心期刊发表的行动研究类论文，指出当前有关行动研究的论文，存在一种"去理论化"的倾向，将"行动研究"等价为"行动"，认为教育行动研究最贴近实践，无需理论指导，也不需要理论提升，而常常陷入"主观臆想式"或"拍脑袋式"的研究状态，将科学意义上的"研究"庸俗化。[③] 文章总结了行动研究论文常见的六种问题。

一、有行动，无问题定义

常见的情况是，实践者并没有明确研究问题，而是直接从实践中选择一项阶段性的工作或者任务作为研究对象，或者选择的问题是个体解决不了的"宏大问题"，或者是似是而非的"假问题"，抑或是力不从心的"理论问题"（如"教学过程中谁为主体谁为客体"之类的"行动研究"）。在样本中，一些教师声称自己在做行动研究，但所做的却都是常规的教育教学工作，最后的"研究成果"其实是一份工作总结。

二、有问题，无原因分析

有了原因分析，才能根据行动者的能力提出有针对性的行动方案，否则，只有问题没有原因分析的行动将失去方向，甚至"南辕北辙"，研究的有效性无从谈起。

---

① J. McNiff & J. Whitehead. 行动研究原理与实作[M]. 朱仲谋，译. 台北：五南，2004：124.
② G. Hitchcock & D. Hughes. Research and the teacher: A qualitative introduction to school-based research[M]. (2nd Ed.). New York, NY: Routledge, 1994.
③ 钟柏昌，李艺. 行动研究应用中的常见误区——基于过去6年教育类核心期刊论文的评述[J]. 现代远程教育研究，2012，119(5)，31—35.

三、有计划，无方案论证

常见的情况是，在行动研究过程中，常常看不到行动计划的制订过程，缺少必要的分析论证。行动计划沦为领导的意志或者主观的想象，成为先在之物，而不是研究的产物。事实上，对于行动研究而言，原因分析和方案论证是最能体现"研究"色彩的环节，产生问题的原因是什么？打算如何解决？为什么要这样做而不是那样做？有没有依据？只有做了这样的分析，行动的合理性才能令人信服，研究的结果才可能有效。

四、有方案，无动态变通

行动研究是在千变万化的教育实践中进行的。为保证研究能够真正解决实际问题，同时弥补一线工作者在进行方案论证时存在的不足，在行动研究过程中变化与调整方案是非常正常的，而且需要研究者根据实际情境随时检讨、即时修正。相反，没有动态地调整研究方案则是不正常的。换句话说，在研究过程中，教育教学实际情境的变化、师生关系的调整、教师个人时间精力的重新分配、学校管理者管理行为的转变、新问题的出现等，都会成为研究方案重新制定的重要动因。可以说，行动研究方案是以过程中生成、在动态中拟定、在研究中更新作为主要特点的。

五、有观察，无评价反思

评价与反思是在行动和观察之后进行的，它既是行动研究第一个循环的结束，也意味着新的行动研究循环的开始。研究者不仅要依据观察到的现象、数据、案例等材料对行动的实际效果进行评估，以确认行动是否有效、有效程度如何、问题是否得以解决，还要对有关现象和原因做出分析和解释，找出计划与结果的不一致性，进而确定原有的研究问题、研究计划和下一步的计划是否需要做出修正，以及需要做出哪些修正。没有评价反思的行动研究是不完整的。

六、有反思，无阶段循环

研究者在分析中发现，竟然有86.7%的论文存在这类问题，是六个问题中比例最高的一种。大部分的行动研究需要经历确定问题、制订计划、采取行动、实施考察、进行反思的循环。尽管每轮循环的环节数量会有差异，但行动研究强调研究过程的循环递进、逐步求真的特点是显而易见的。有无多轮的行动研究，通过查阅研究报告很快就能做出判断。但更容易引起人们混淆的是，有多轮的行动就是行动研究主张的"循环递进"吗？行动研究的循环是螺旋上升式的，下一轮的行动方案可以是针对相同的问题而采取的不同于前一轮的行动方案，也可以是针对在前一轮研究中发现的新问题而调整的新方案。但是，如果同一个研究问题分成若干个解决问题的环节进行顺序研究，或者将一个完整的研究任务分割成多个子任务进行分块研究，并不符合"持续不断反省的循环"的本意。所谓的"多轮循环"，只能称之为"伪循环"。

陈红兵对195篇行动研究论文的元分析结果也发现，研究者能够提供两轮以上行动方案汇报的只有28%，约14%论文反思了最初方案的不足或提出修改要点，但未呈现进一步实施行动；有近5成论文仅指出所列方案的有效性得到验证，没有反思不足或对原行动方案进行任何调整；还有约8%论文中只有行动方案而没有实施及效果的呈现。对于研究报告中反思的详细程度进行分析，结果表明，报告中呈现了详细或简要的过程和结果反思的占到大约30%，而只呈现了针对研究结果的反思的报告约50%，在报告中几乎未见反思的有20%。

1) 研究者归纳出行动研究应用过程中需要注意的问题

(1) 研究主体"我"的呈现有待加强。仍有相当比例的研究报告没有对研究主体给予必要和充分说明,行动研究是实践者的自我研究,研究主体的背景、观点、思考、行为以及不同参与者所承担的角色和互动关系,都构成了研究中不可缺少的组成部分,主体身影的模糊或隐去,与行动研究的根本特征相悖,影响到研究过程的充分和深入展开,在很大程度上影响到读者对研究的理解和借鉴。

(2) 研究过程的动态性需有所保证和在报告中充分呈现。在分析的研究报告中真正呈现动态多轮次探索过程的比例不高,较少报告提供了详细的过程性反思。作为指向改善实践而非验证预定假设的研究,绝大多数行动研究的过程将面临修正和改变,而且这些修改调整的过程正构成了探索成果的组成部分。

(3) 研究成效的证据系统性需提高。质化数据在行动研究中占据主导,所分析的报告多数采用间接表述的方式呈现这些质化数据,数据空泛不具体,很难使读者看到研究成效有令人信服的证据支持,因此,在为研究成效收集和呈现质化数据时,需提供必要的一手质化数据,以保证证据具体细致和充分可信。[①]

中小学教师采用行动研究,需要建立一些专业伦理规范,基于教师专业知觉、专业精神和专业权力,确立一种合乎行动研究特点的制度规约,搭建便于教师进行行动研究的制度框架——可以做什么、怎样做和不可以做什么、怎样做。

2) 道德指导策略

英国 20 世纪 90 年代推行学校改进运动所提出的"反思性行动计划模式"中,就制订出一整套"道德指导策略",包括:

(1) 小组或指导教师间的讨论必须被视为绝对机密的。
(2) 对任何人而言,将小组讨论的事情泄露出去都是不道德的。
(3) 每一份个人档案都应被视为个人财产,其使用权完全属于本人。
(4) 尽管小组成员被要求定期为专业读者提供相应的文章,但他们没有义务将所有论文对校内读者公开。
(5) 在撰写评价性材料时,小组成员应避免识别个人成员或学生。
(6) 一旦个人因其背景而被识别出来,作者就应在资料生动性和公开性方面达成一致。
(7) 小组成员有权对当今事实和政策提出批判性分析。

"合作策略"包括:

① 给成员提供道德上的支持,它"坚定决心,允许分担彼此的脆弱,并帮助人们经历那些在改革起步阶段相伴而生的错误与沮丧"。
② 提供支柱性力量,它帮助我们战胜职业和个人生活中每况愈下的生活情境。
③ 提供管理改革的方法,在经验和资料共享的情况下,允许批评性观点。

教师在行动研究中,应将自己的专业理想、人生旨趣和行为准则内化为一种具有自主、自律乃至自动功能的专业荣誉、专业尊严、专业责任与专业精神,并整合成一种充满内心道德自由的专业工作方式及其专业生活方式。在德性伦理的调节下,教师根植于教育价值以及人类的终极关怀,以高度的专业自律来处理和建立行动研究中的伦理关系,转化为一种充满自由与善的道德实践智慧。[②]

[①] 陈红兵. 中小学教育行动研究的元分析[J]. 教育研究与实验,2014(6),15—19.
[②] 阮成武. 教师行动研究的专业伦理及其建构[J]. 安徽师范大学学报(人文社会科学版),2010,38(1),13—17.

行动研究举例

研究题目：初中英语翻转课堂教学行动研究[①]

一、研究背景

新课改的全面展开给初中英语教学提出了一系列新要求、新挑战。新课改使初中英语教学无论从内容、形式还是思想、理念上都发生了巨大的变化。近年来随着改革的持续深入，初中英语教学在取得一些显著成就的同时，也暴露出了诸多问题，比如学生自主学习能力薄弱、合作探究能力欠缺，教师专业素养不高、教育理念固化等。作为一种新的课堂教学模式和组织形式，翻转课堂为教育改革提供了新的思路和灵感。翻转课堂更加强调学生学习兴趣的激发、注重自主学习能力和协同创新能力的培养。翻转课堂的这些特点与初中英语新课改的要求不谋而合，因此，开展初中英语翻转课堂行动研究，具有深刻意义。

二、研究内容

本研究立足于初中英语教学现状及翻转课堂的潜在优势，尝试开展初中英语翻转课堂教学行动研究，旨在通过初中英语教学中实施翻转课堂教学，设计初中英语翻转课堂教学模式；探索初中英语翻转课堂教学设计和实施策略；进而为解决初中英语新课改中遇到的问题，优化英语课堂教学效果，提高学生自主学习能力和协作能力提供新的途径。

本研究选取＊＊市某中学某班英语教学作为实施翻转课堂教学的研究对象，研究内容主要包括以下几个方面：

(1) 设计初中英语翻转课堂教学模式。
(2) 初中英语翻转课堂教学的教学设计方案和实施策略。
(3) 课前学习材料的设计与开发。
(4) 探讨初中英语翻转课堂教学的实施效果。

三、教学现状调查

初中英语新教材课程引入教学过程中后，在一定程度上对学生的学习和未来发展起到了积极作用，但调查发现，在英语教学的过程中存在很多问题，不能很好地达到新课改的新要求。其问题主要反映在教师教学和学生学习两方面。

教师教学方面：教师在教学方式、教学内容等方面缺乏合作；老师上课方式过于传统，上课缺乏与学生互动；对教学方式的改革没有很大积极性。

学生学习方面：英语学习积极性不高，学生主体是以完成作业为主的被动学习；课堂气氛较差，学生课堂上睡觉、走神的人较多；很少参与课堂互动交流；课下家长监督学生学习的情况很少。

以上问题的存在严重制约了学生英语综合能力的提高，不利于新课改对学生学习英语的新要求。

[①] 林才英.初中英语翻转课程教学行动研究[D].南宁：广西师范大学，2014.

四、教学流程设计

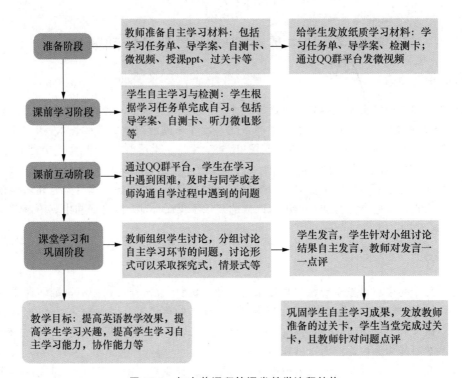

图 10-6　初中英语翻转课堂教学流程结构

本次研究开展三轮行动,每轮在翻转课堂的教学流程下按照行动研究的步骤进行。

教师准备工作:教师做好前期相关准备,例如确定主题,设计教学案例,撰写行动研究方案;做好相关学习者特征分析;做好评价量表、问卷调查表以及访谈表等;确定每轮行动研究的时间、目的、教学内容,并对教学过程遇到的困难做必要的预设。在行动研究过程中,教师要善于观察,及时反思,评价量表、调查问卷以及访谈表的使用要适时适当。最后,教师要始终围绕行动研究的目的开展教育教学工作,在学生进行翻转课堂学习的过程中做好必要的指导工作,并把握参与程度。

学生准备工作:在规定的时间内完成相关学习任务。学生要按照老师要求,充分利用老师提供的教学资源,完成课前学习、课堂讨论、自主发言等任务。

最终在师生共同努力下,完成本学期的初中英语翻转课堂教学行动研究任务。

表 10-2　行动研究时间安排

行动研究	研究内容	时间	研究对象	研究目的
第一轮行动	My family	2013年10月8—23日	钦州高某中学某班	初步在英语教学运用翻转课堂观察各个阶段中存在的问题
第二轮行动	My school day	2013年10月25—30日	钦州高某中学某班	反思第一轮行动研究中出现的问题,完善教学设计和操作策略
第三轮行动	A trip to the zoo	2013年11月2—17日	钦州高某中学某班	进一步完善教学设计和操作流程,总结流程设计图、实施策略,研究翻转课堂教学在实践中的应用效果

1. 第一轮行动

第一轮行动中将初步运用设计的教学流程结构、教学设计实施翻转课堂教学,研究翻转课堂实施过程中,各个阶段中可能存在的问题。

1) 计划

首先确定合宜的教学内容,其次撰写规范的教学设计,与此同时精心准备课前学习材料,如纸质导学案、自测卡、过关卡、微电影、PPT演示文稿等,最后按照我们设计的翻转课堂教学流程结构开展教学。其中,学习材料是学生自主、探究学习的载体,需要精心筛选,认真制作,具体包括如下内容:

导学案:由于 My family 一课与学生生活密切相关,因此导学案的制作需要特别激发学生的家庭观念,以家庭生活为主线,把短语、词汇、句型等知识点融入其中。

首先向学生展示一个普通家庭的组织结构图,然后请学生结合直观示意图描述自己的家庭,展示自己生活成长的环境,最后对学生的展示作出公允评判。

制作微视频 Simba's family,微视频围绕课程词汇、句型、语法等知识点,通过 Simba 家庭的介绍,初步掌握知识点。

自测卡:在导学案确定的范围内,有选择、有重点、有针对性地设计检测题目,保证检测效果客观、公正、科学,力求符合学生最近发展区。

过关卡:根据学生课前的自测结果,归纳出学生容易犯错的共性问题,经过耐心细致讲解后,再重新检查学习效果。

制作好课前材料之后,就需要对教学内容进行系统深入的设计和规划,第一轮研究选取初一英语 My family 单元作为翻转课堂教学的研究主题。

制订好教学设计后,设计完整的观察提纲,本轮行动将重点观察学生课前学习阶段和课堂互动阶段的行为表现。

2) 行动

教师和学生按照行动研究的目标和教学设计的任务,开始本次行动研究的实验。在实验过程中,教师要耐心指导学生完成课前材料的学习,组织学生积极参与课堂互动谈论和交流,落实教学内容,监督学生的过关卡测验情况,记录教学过程中遇到的困难和问题,观察学生在整个研究过程中的行为表现。学生要积极配合老师,按照要求完成各个环节的学习任务。

3) 观察

本轮行动过程中,重点观察教学过程中学生在各个阶段中的学习情况,详细观察和记录学生在课前学习、课堂学习中的行为表现,通过本课题10天的详细观察。

4. 反思

对第一轮行动中出现的若干问题,笔者进行了以下深层次的思考和分析。

(1) 在课前学习过程中,不能顺利完成学习材料的学习与检测,主要表现为部分学生在自学过程中不看前面的为自学准备的内容,微视频等自主学习材料,直接完成自测卡,导致自测卡错误较多;其次就是部分学生看了自主学习材料,但是材料难度较大,无法自己完成。材料难度大的原因一方面是因为学生基础不是很好、无法完成;一方面是制作的学习材料比较杂乱,重点不突出,学生感觉无从下手。

(2) 分组学习过程中,部分学生学习积极性不高,主要是有的学生坐一起聊天不讨论相关内容;其次是在小组讨论过程中,各成员对自主学习材料完成程度不一样,对自己的责任也不是很明确,导致他们在小组学习中显得盲目和迷茫。

（3）学生在自主发言阶段，小组代表较少；原因可能为小组汇报的内容和形式没有统一的要求；其次可能是传统的课堂下学生发言机会少，学生没有足够的自信和勇气来表达自己的观点。

（4）学生对教师存在较大依赖性，一方面是传统教学模式以教师为主，长期形成的学习习惯，另一方面是由于教师没有大胆"放权"，仍然将自己扮演成课堂"控制者"的角色。

（5）教师不能很好地组织课堂秩序，对学生提出的问题教师应接不暇。一方面是教师对课堂教学中可能会出现的问题没有做提前的预测，导致教师在指导过程中出现无从下手；一方面是由于受传统教学观念的影响，教师对于这种新的教学模式尚未达到驾轻就熟的程度。

（6）课前学习材料整合力度不够。首先表现为部分学生对材料不感兴趣，没有很好完成课前学习，在学习材料中不能很快把握到自己需要的内容。其次由于学生水平差异，有的学生无法独立完成课前学习材料。

鉴于以上存在的问题及原因，笔者对翻转课堂教学设计进行了如下的改进：

关于课前学生自学效果不好问题的改进。学生课前学习效果差的原因，一方面是学生自学能力差、学习动机不明确，一方面是课前学习材料不能引起学生的兴趣。对此笔者采取了以下改进措施：

在课前学习中加入学习任务单，引导学生独立学习。"学习任务单"，就是教师设计的帮助学生在课前明确自主学习的内容、目标和方法，并提供相应的学习资源，以表单为呈现方式的学习路径文件包。好的学习任务单必须首先是确保每个学生能够根据个人需求安排学习进度，即满足每个学生依据自己的时间安排学习，获得真正的学习成效。

课前学习材料，考虑每个学生的自身情况，内容不要过于简单或过于复杂，要难易结合，使学生自主学习过程中有一个循序渐进的过程；对课前学习材料做深层次挖掘，提炼出课堂知识的精华，以简练的方式表示授课内容，形式可以尽量多样化。

采用QQ群平台开展课前学习交流，通过QQ群平台，教师可以分享微视频、PPT、微电影等课前学习资料；负责群内消息的健康合法，监督学生完成学习过程中问题的分享与交流；收集、整理学生课前学习过程中遇到的问题，在课堂互动阶段，对普遍存在的问题加以分类，做统一讲解。学生通过QQ群，提前分享课前学习中遇到的各类问题。

课前学习阶段中做一些硬性要求，并作为学习考量的一个标准，比如必须有课前学习笔记、必须认真完成课前学习材料等。

关于课堂活动组织问题的改进。在课堂组织活动中出现的问题主要为以下两点，一方面是学生在讨论中表现不是很积极；一方面是学生在成果分享阶段不能主动发言。笔者采取了以下措施来完善该阶段的教学。

采取创设情景，选取探究式题目开展小组讨论。课堂组织过程中，不能单纯地只给学生一个题目，然后让学生自己去讨论，而应该选取探究式的题目，创设探究式学习的语境，小组一起进行协作整体探究。这就要求教师根据授课内容和学生在课前学习中提出的疑问，总结有探究价值的问题。学生根据自身特点选择感兴趣的题目。

采取组长责任制，即各组讨论由小组长组织。每个小组选出小组组长，明确小组长责任。小组长的任务是配合老师完成课堂互动交流，监督小组成员参与讨论，选出小组代表发言。

教师可以进一步明确小组长的责任，培养小组长组织和管理的能力，加强和规范小组的建设。

对学生在自主发言阶段做一定的硬性要求，如在本次学习过程中至少每组2人代表发言；明确小组汇报的内容、形式及汇报的关键点；通过语言或肢体动作等方式对学生取得的进步及时给予鼓励。

2. 第二轮行动

基于第一轮行动观察和反思，第二轮行动主要考虑以下几个问题：一是如何提高学生课前的学习效率;二是如何提高学生自主学习的能力,激发学习的动机;三是如何组织好课堂互动,使得每一个学生都有畅所欲言的机会。

1) 计划

根据第一轮行动观察中出现的问题,对课程实施过程、操作程序做必要修改,按新方案设计教学。

制定访谈表,对课前学习材料的内容、QQ群平台使用情况和学生课堂学习情况进行访谈。

准备、剪辑、选取微视频,围绕学校一天的生活主题,把本课的词汇、句型和语法融入该视频中,设计一天的学校生活。

制定本次行动观察内容。本轮除了对第一轮行动中所观察的内容观察外,还要特别关注经过第一轮行动改进后,在第一轮行动中存在的问题是否在第二轮行动中得以避免或是改善或是衍生出新的潜在的问题。本轮要加强学生课前学习的表现,通过QQ群平台分享。

学习过程中遇到问题的情况,课堂上参与互动的情况。通过以上课堂观察,发现教学过程中存在的不足,并总结、分析和反思,提出进一步的改进措施。

2) 行动

针对第一轮行动出现的新情况,此轮行动开展前,要深入了解学生的具体情况。所以要开展一次学生访谈活动,访谈的目的是了解学生的个性、特点、思想和兴趣,以便顺利开展实验研究。活动开始前教师要认真组织学生参与到QQ群平台的交流与讨论上来,收集他们遇到的困难和疑惑,提前谋划好解决的对策。课前及时发放学习清单,让学生对学习的内容有清晰明白的认识;课上要精心组织好讨论的议题和活动的主题,根据多变的课堂实际及时调整预设的思路和计划,重点观察后进生在课堂上的行为举动。

3) 观察

本次行动持续15天。我们发现第一轮行动出现的问题,经过我们的反思及修改后,在本次行动中基本上得到了改进。比如,通过学习任务单的引导,学生课前自学效果有了明显改观;课上学生遇到困难,通过QQ群平台与老师的及时沟通,提高了学生的学习进度;在探究式讨论中,小组成员在合作中表现较为积极;学生在自由交流阶段也比较积极主动。总的来说,第一轮出现的问题在本轮行动中大部分得以改进,且各个阶段较上一轮明显易于控制。但是在本次深入观察和访谈中,我们依旧发现以下一些问题:课前学习过程中,有些同学还是无法独立完成自学材料的学习;课前QQ群平台交流过程中,学生参与积极性不高,很多学生没有及时反馈课前学习遇到的困难,影响了学生的自主学习效果。

课堂互动阶段,学生在探究式讨论过程中,讨论主题不够明确,没有把握整体要点;学生在自由发言阶段表现不够好,不能有效地表达出自己的观点。

4) 反思

经过对本轮行动中出现的问题进行改进,我们发现,整体上本轮行动课前学习、课堂互动过程中老师和学生的表现都明显好于第一轮。课前学习阶段,学生对材料的学习,对自测卡的完成情况都比较好,对遇到的困难做了认真记录;通过课前学习任务单的指引、QQ群平台的使用,学生在课前的学习情况有了很大改变,学生通过任务单的指引,根据自己需要,一步步完成学习任务,同时在自学中遇到的疑惑通过平台及时和老师进行沟通交流、提高了学习效率;课堂上,在小组长负责下,开展情景设置和探究式讨论,这种通过对问题的探究的讨论形式,极大提高了学生讨论积极性,发言阶段也都表现得比较主动。但是就行动过程而言,通过我们观察还是发现有一些问题的存在。首先是对QQ群平台的应用还比较欠缺,教师应该通过平台提前收集整理学生问题,以便在课堂上明确学生讨论内容。其次对于学生提前交流遇到的困难时不是很积极这一问题,我们认为可能是由于学生刚开始接触这种方式,有些不易上手,为此教师应该在固定时间和学生在平台进行讨论,提高学生的积极性。

学生在情景学习和探究讨论中,不能很好地把握自己角色,讨论过程中部分学生表现出缺乏积极主动地参与协作学习的意识,缺乏倾听他人意见和共享学习成果的意识,可能是因为学生经历的这种机会较少,教师在课堂活动中应该细化小组分工,增加讨论主题,细化教师帮助指导策略,加强小组评价机制,同时在学生发言过程中做适当引导,且对学生的进步做表扬。

总之,通过两轮的行动,基本完善了翻转课堂的教学流程结构,且学生对这种新的教学模式也都比较接受,积极性较高。但是在课前学习阶段和课堂互动阶段中依旧存在着学生学习目标不明确,自学学习能力依旧欠缺等一些问题。

提高学生课前学习效率和完善课堂互动环节,除进一步探索加强学生自学效果和课堂协作学习的方法外,在课前学习和课堂互动中,有必要加入一些评价机制,因此,下一轮实验笔者将关注学生的评价问题。

3. 第三轮行动(略)

五、行动研究效果评价

为了更好地评价每一轮行动,了解行动研究过程中存在的问题。笔者除了在行动研究过程中对学生的行为采用观察法之外,还结合行动研究中发现的问题,设计了各种评价量表、问卷调查、访谈表等。笔者借助这些评价工具反思行动研究的过程,分析存在的问题,并提出每个问题改进的方案。最后总结出基于翻转课堂的初中英语教学流程结构图以及教学方案设计,对初中英语翻转课堂教学的实施情况和实施效果等进行了分析。

六、研究结论与反思

(一)教学流程结构

教学流程结构是一项系统工程,通过三轮的行动,经过对准备阶段、课前学习阶段、课前互动阶段、课堂学习和巩固阶段反复推敲和实践尝试,认为初中英语翻转课堂教学可以按照以上四个阶段进行。其中教学准备阶段关键是教师负责课前学习材料的开发与设计,学习材料设计要注意使用问题引导式和学习任务单的方法;课前学习阶段是以学生为主,自主学习课前学习材料,该阶段应注意督促学生通过QQ群平台交流分享课前学习中的问题,教师监督学生完成课前学习和解决学生遇到的问题;课堂互动阶段是教师要以设计好课堂组织形式,通过探究式讨论、游戏化学习等方法完成学生对知识的内化为主;课堂学习和巩固阶段是教师针对课前和课堂出现问题,设计一些针对性题目并完成检测。

(二)翻转课堂初中英语教学组织策略

1. 学习材料制作策略

1) 学习材料的制作

课前学习材料包括导学案、自主听力材料、相关小电影、音乐、教师授课PPT。制作学习材料以引导学生独立完成为原则,以"激发学习兴趣"为目的,设计形式要新颖、有创意、多样化,以满足不同认知风格的学习者。

导学案:呈现内容为词汇、语法、句型,导学案制作以问题解决课型为主线,将知识点转变为探索性的问题点、能力点(以问题形式设计成题组)。

微视频、微电影：呈现内容为听力和表达，选择和课程内容相关的微电影或者教师根据要求制作微视频，微视频应突出和强调主题、重点与要点，录制情感丰富、生动活泼的教学视频。

教学 PPT：呈现教学内容为写作内容，教师根据选题，选择合适的题材，制作授课 PPT，内容要能够包括本课的所有词汇、语法、句型。一方面锻炼学生写作能力，一方面对学生课前的自学做检测。

2）学习任务单

教师要提出学习结构图任务，使学生在自主学习中逐步学会提纲挈领，在结构的梳理中有效地从整体上把握学习内容。学习任务单设计中要以问题设计为主，教师要把传统的知识点深挖、掌握，然后根据教学重难点，把知识点转化为一个个问题提出来，使学生在课前学习阶段，在解决问题的过程中，把握教学重难点或其他知识点，培养学生自主学习和运用知识解决问题的能力。

制作要求：以问题探究式为主。

3）任务驱动

学生中最受欢迎的教学理念是新课程标准中提倡的"玩中学，学中玩"。因此，课前学习过程中，根据教学内容可以采取一些任务驱动的自学方式，比如我们第三轮行动中课前加入制作海报的任务后，学生的自学效果有了明显的提高。

设计要求：根据教学内容制作合适的任务。

2. QQ 群平台使用策略

QQ 群平台是学生在课前与同学、教师互动的平台，学生在家通过 QQ 群内的电子邮件、群聊天与私聊工具、视频会话聊天工具、论坛等与教师或同学进行互动交流，分享自主学习过程中的学习收获，探讨在课前学习及自测卡练习过程中遇到的疑惑，互相解答。但是在研究过程中，学生在使用过程中出现了不少问题，诸如有的学生对 QQ 群平台不是很熟悉，不知道如何操作；有的学生把 QQ 群用来当做聊天的工具、而不是用来分享交流成果等，这些不仅没有对课前学习起到好的影响反而制约了学生的课前学习效率，笔者为此采取了一些相应的措施，首先是技能培训，使每个学生都熟练掌握常用的 QQ 群聊天技能；其次在使用过程中，教师定期发布消息，组织学生在群内讨论学习；最后要求学生家长监督学生使用。

使用要求：教师组织引导，学生使用，家长监督。

3. 教学活动组织策略

1）开展协作式课堂探究讨论

在行动研究的开始阶段，课堂互动实施过程中出现了较多问题，甚至有时无法进行下去。通过总结出现的问题，笔者认为应根据学生特点采取异质分组，且在每组中选出一个组长，教师分配给每个小组探究式题目，小组长负责各小组的探究活动。小组成员都要积极地参与到探究活动中，随时提出自己的观点和想法，通过交流、协作共同完成学习任务。在此过程中，教师要注意观察每个小组的探究活动并及时加以指导和点评。通过改进，随着研究的不断深入，效果一轮优于一轮，为此我们认为课堂互动阶段的讨论应遵循以下策略。

组织策略：问题探究式讨论，话题讨论等形式。

2）游戏学习法

行动研究过程中，笔者发现在讨论阶段，随着研究的持续进行，由于讨论形式的单一性，在讨论过程中学生出现注意力不集中等现象。为此笔者认为应该探求更为丰富、形式新颖的课堂学习方法。游戏化学习是教师在进行教学设计时融合游戏的设计策略，通过游戏化的学习方式创设轻松愉快的学习环境，使学习者借助这种游戏化的学习方式完成学习内容，有利于培养学习者主动性、协作性和创造性。笔者采取了游戏化学习的方法，在翻转课堂的课堂上可以采取设计一些游戏，使学生在游戏过程中学习,游戏结束后分组讨论游戏中的一些问题。

组织策略:游戏与学习内容需紧密结合。

七、问题与展望

(一)研究的不足

本研究对翻转课堂在初中英语教学过程中的操作流程、教学设计、实施策略、教学效果方面进行了一定的探索研究,受到了学生和教师的欢迎,研究表明该教学模式在提高学生学习英语兴趣,提高学生的协作交流能力等方面都有一定的优势,但是由于个人能力、教学环境等多种原因,本研究存在着不足的地方。

1. 对翻转课堂教学模式的理论研究不够深入

笔者利用半年的时间收集资料,收集了国内外关于几乎所有关于翻转课堂的文献和研究资料,现有研究大多集中在模式探讨、理论引进等方面,而对翻转课堂的理论研究相对缺乏。导致在实践应用中缺少一些相应理论指导,这有待在以后的研究中进一步深化。

2. 课前学习材料设计准备不足

翻转课堂中,课前自主学习材料的质量对整个课前学习起着至关重要的作用,如何设计开发有吸引力的供教学使用的教学材料具有很强的挑战性。本研究由于时间仓促、能力有限,课前学习材料相对匮乏,且由于作者技术水平的限制,视频制作等方面也存在欠缺。因此,笔者认为如何设计课前自学材料,学生在课前如何有效使用自学材料都是值得进一步反思的。

3. 翻转课堂教学效果评价体系的不完善

本次研究由于时间、人力等原因,对研究前设想的评价体系,未进行很好实施。只是在行动研究过程中,教师通过表扬等方式对学生课前自学情况和课堂讨论参与积极性的学生做了激励。想要探究其评价效果仍需进一步做更多研究。

(二)展望

翻转课堂是对传统教学固有模式的颠覆,是现代信息技术发展条件下教学改革的重大突破。翻转课堂已经得到很多一线实践教师的认可,近些年国内对翻转课堂模式应用于教学实践中的案例也逐渐增多,中国式"翻转课堂"已经有了很多实践经验,如山西省运城新锋的"自学-展示模式"、江苏洋思中学的"先学后教,当堂练习"、山东杜郎口的"三三六模式"、南山卓越课堂模式等。这些实践探索取得了很好的成效,学校的教学质量也明显提高。但是中国式"翻转课堂"运用起来或多或少出现了一些问题,比如学校硬件软件的欠缺,教师专业技能偏低,课前学习材料设计的不足等。

在翻转课堂实施过程中仍旧存在一些问题需要进一步研究,如何设计课前学习材料,如何有效安排课前学习,如何提供学习材料质量,如何组织课堂活动等。我们需要通过更多的实践把握这种新的教学模式,在实践中理解、反思、修正、发展,把翻转课堂在实践中不断地完善改进。使中国式"翻转课堂"彻底改变我们的课堂,使学生真正受益于翻转课堂教学。

注:因篇幅限制,本行动研究举例有删节,如需要了解更多内容请查阅原文。

本章小结

行动研究肇始于20世纪30年代,源于社会心理学和人类学家对实践的关注,自20世纪50年代开始应用于教育领域。香港学者谢锡金从研究者、研究问题、研究过程等方面,总结了五个主要特征:①研究者即是行动的实践者,是应用研究结果的人;②研究问题是自己日常工作中的问题;③行动研究是一个循环的过程；④ 行动研究强调合作；⑤ 行动研究强调反思。按照参与者可以分为独立式、支持式和协同式行动研究；按照研究水平可以分为技术的、慎思的和解放的行动研究。

行动研究的模式主要有五种：勒温的螺旋循环模式、凯米斯的自我反思螺旋模式、埃利奥特的精密化螺旋模式、埃伯特的可回复性历程模式、麦尼夫的衍生性螺旋循环模式。

行动研究的步骤包括：确定研究题目、发展行动策略并安排于教学活动中、探索行动的真相、行动以及评估成效、修正行动策略并归纳想法、循环行动。

进行行动研究应避免出现以下问题：有行动无问题定义、有问题无原因分析、有计划无方案论证、有方案无动态变通、有观察无评价反思、有反思无阶段循环。中小学教师采用行动研究，需要建立一些专业伦理规范，确立一种合乎行动研究特点的制度规约，加强道德指导和合作，有助于行动研究的顺利进行。

思考与练习

1. 请详细阅读第六节"初中英语翻转课堂教学行动研究"，阐述行动研究的主要特征。
2. 请从学术论文期刊网（如 CNKI 或万方论文数据库），检索一篇与你专业相关的行动研究学术论文，用图表或表格的形式，表示其所经历的研究步骤，并对照第四节的内容，对该行动研究进行评价。

参考文献

[1] 蔡清田. 教育行动研究[M]。台北：五南图书公司，2000.

[2] 陈向明. 行动研究对一线教师意味着什么[J]. 教育发展研究，2014(4)：1.

[3] 陈红兵. 中小学教育行动研究的元分析[J]. 教育研究与实验，2014,(6),15—19.

[4] 马云鹏，孔凡哲（主编）. 教育研究方法[M]. 长春：东北师范大学出版社，2006.

[5] 林才英. 初中英语翻转课程教学行动研究[D]. 南宁：广西师范大学，2014.

[6] 阮成武. 教师行动研究的专业伦理及其建构[J]. 安徽师范大学学报（人文社会科学版），2010,38(1),13—17.

[7] 王安全，刘飞. 中小学教师教育行动研究中的问题及其消解[J]. 教育科学研究，2013(4)，73—77.

[8] 谢锡金. 怎样进行语文教育研究[M]. 北京：北京师范大学出版社，2013.

[9] 赵明仁，王嘉毅. 教育行动研究的类型分析[J]. 高等教育研究，2009,30(2),49—54.

[10] 钟柏昌，李艺. 行动研究应用中的常见误区——基于过去6年教育类核心期刊论文的评述[J]. 现代远程教育研究，2012,119(5),31—35.

[11] W. Carr and S. Kemmis. Becoming Critical：Education，Knowledge and Action Research [M]，Brighton：Falmer Press，1986.

[12] Costello，J. M. Patrick. Action Research [M]. London；New York：Continuum，2003：15.

[13] G. Hitchcock & D. Hughes. Research and the teacher：A qualitative introduction to school-based research[M]. (2nd Ed.). New York，NY：Routledge，1994. S. Kemmis.

[14] Jelena MaKsimovic. Historical development of action research in social sciences. Philosophy，Sociology，Psychology and History Series. FACTA University. 2010，Vol. ，9，No. 1，119—124.

[15] K. Levin. Action research and minority problems. Journal of Social Issues. 1946，2（4）.

34—46.

[16] J. McKernan. Curriculum action research: A handbook of methods and resources for the reflective practitioner [M]. London: Kogan Page,1996.

[17] J. McNiff & J. Whitehead. Action Research: Principles and Practice[M]. (2nd Ed). London; New York: RoutledgeFalmer,2002. 朱仲谋,译. 行动研究原理与实作[M]. 台北:五南,2004.

[18] R. McTaggart & R. Nixon. The action research planner: Doing critical participatory action research [M]. Singapore: Springer. 2013.

[19] R. Sagor. The Action Research Guidebook: a Four-step Process for Educators and School Teams[M]. Thousand Oaks,Calif.: Corwin Press,2005. 郑博真,译. 行动研究实作指引,2008. 台北:华腾,2008.

第十一章 SPSS 在教育研究中的应用

> **学习目标**
>
> 1. 了解 SPSS 软件的功能。
> 2. 理解描述统计和推断统计的相关知识。
> 3. 掌握 SPSS 在描述统计和推断统计中的应用,并能应用于实际研究。

SPSS 软件是一款具有多方面功能的统计学软件,并在教育领域中有了广泛的应用。教育的统计学知识在教育研究方法中占据着重要的地位,是教育研究不可或缺的部分,掌握教育研究的基础,必须学习教育统计的相关知识。本章主要介绍了 SPSS 软件在教育统计中的应用,包括描述统计和推断统计的相关理论知识,以及 SPSS 在描述统计和推断统计中的具体操作步骤和结果解释。

第一节 SPSS 概述

一、SPSS 介绍

SPSS,原称为"社会科学统计软件包"(Statistical Package for the Social Sciences)。随着 SPSS 产品服务领域的扩大和服务深度的增加,SPSS 公司于 2000 年正式将英文全称更改为 Statistical Product and Service Solutions,译为"统计产品与服务解决方案"。

SPSS 是世界上最早、应用最为广泛的统计分析软件之一,1968 年由美国斯坦福大学的三位研究生研究开发成功,并于 1975 年成立了 SPSS 公司。1984 年 SPSS 总部首先推出了世界上第一个统计分析软件微机版本 SPSS/PC+,开创了 SPSS 微机系列产品的开发方向,极大地扩充了它的应用范围,并使其能很快地应用于通讯、医疗、银行、证券、保险、制造、商业、市场研究、科研、教育等多个领域。2009 年 SPSS 公司被 IBM 公司收购。迄今,SPSS 已有 40 余年的成长历史。

SPSS 是为非专业人士设计的一款统计分析软件,因此具有操作简单、好学易懂等特点,深受非专业人士的喜爱。除此以外,SPSS 主要针对社会科学领域,更适合于教育科学研究,因此是国内外教育科学研究领域最为常用的一款数据分析工具。自 1988 年,我国高等教育学会首次推广了这款软件以来,SPSS 在我国的应用愈加广泛。

SPSS 的功能极为强大,集数据录入、数据管理、统计分析、结果显示、图表制作等功能于一身,囊括了教育统计学中的所有项目,如描述统计中的集中量数、差异量数、相关系数,推断统计中的独立样本 T 检验、单因素方差分析、卡方检验、皮尔逊相关等。除此之外,SPSS 还可以进行因子分析、主成分分析、信度和效度检验,等等。SPSS 采用类似 Excel 表格的方式输入和管理数据,能方便地从其他数据库中读入数据。

SPSS 应用十分广泛,操作非常方便,并且在教育研究和统计中发挥着重要作用,所以,本书特地介绍了 SPSS 在教育统计中几种常用的分析方法和步骤,用实际数据和操作图解为读者清晰地展示了 SPSS 的应用过程,希望对读者在使用 SPSS 进行教育统计分析时有所帮助。

> **知识小卡片 11-1**
>
> TIMSS 是国际数学与科学测评趋势的缩写，是一项由国际教育成就评价协会组织和发起的国际教育评价研究和评测活动，主要测评四年级与八年级学生的数学与科学成绩，以及达到课程目标的情况。

本章中使用了两个数据库。数据库一是来自刘淑杰、孟令奇《用 TIMSS 2003 数据对学生数学自我概念工具结构的再检验》一文。调查对象为八年级学生，样本大小分别为日本 4856 人、中国香港地区 4972 人，中国台湾地区 5379 人和美国 8912 人。所用工具为问卷，包括 12 个涉及学生对数学感受的条目：[1]① 我的数学很好。② 我会在选课时多选数学课程。③ 我班大多数同学认为数学难学。④ 我享受学习数学的过程。⑤ 如果我开始对某些数学问题弄不明白，那么我将不会花功夫弄明白这些问题。⑥ 数学不是我的强项。⑦ 我对数学内容掌握的很快。⑧ 我认为数学对我日常生活有帮助。⑨ 我需要用数学来学习其他学科知识。⑩ 为了考大学我需要学好数学。⑪ 我将来会选择一项能够用到数学的工作。⑫ 我需要学好数学并用此专长来找工作。这些条目在 TIMSS 的使用指导书中被划分为两个维度。第一个被称作"爱好数学"，包含上述条目的前 7 个。第二个被称为"认可数学的价值"，包含上述条目的后 5 个条目。这些条目采用四级记分的方法，1 代表参与者"非常赞同"，2 代表参与者"比较赞同"，3 代表参与者"不太赞同"，4 代表参与者"很不赞同"。数据库二是本章作者编制的某校高二 30 名学生的数学和物理成绩。男生 11 人，其中文科 3 人，理科 8 人；女生 19 人，其中文科 14 人，理科 5 人，本书会利用这些数据，为读者展示如何在教育研究统计中使用 SPSS 进行相关数据分析。

二、数据的输入与处理

以数据库一的数据输入为例。打开 SPSS 软件以后，会弹出 SPSS 数据编辑窗口，如图 11-1 所示。

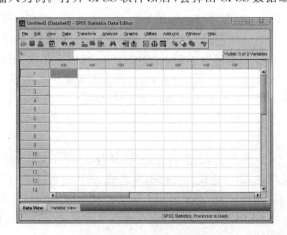

图 11-1　数据编辑窗口图

---

[1] Shujie Liu & Lingqi Meng(2010). Re-examining factor structure of the attitudinal items from TIMSS 2003 incross-cultural study of mathematics self-concept. *Educational Psychology*, 30：6, 699—712.

(一) 定义变量

输入数据首先要定义变量及其属性。单击数据编辑窗口左下角的 Variable View(变量视图),如图 11-2 所示,在此窗口中可以定义变量及其属性。窗口中,每一行属于一个变量的定义信息,包括:Name(名称)、Type(类型)、Width(宽度)、Decimals(小数)、Label(标签)、Values(值)、Missing(缺失)、Columns(列)、Align(对齐)、Measure(度量标准)。

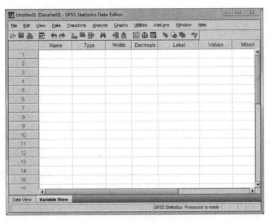

图 11-2 变量视图

1. 变量名称、变量标签、变量值

(1) 当变量名称过长或比较繁琐时,用户可以根据自己的需要定义变量名称,如本案例中第一个变量名为"idcntry"(国家或地区)。

(2) 定义完变量名称之后,要在变量标签内对变量进行标记,以防忘记。在此案例中,第一个变量"idcntry"的变量标签为"学生所在国家或地区"。

(3) 变量值则是对变量的每个取值的进一步描述,当变量是称名或顺序时,更需要对其进行进一步描述。定义变量值的操作如下:

① 单击图 11-2 中 Values 一列下方的单元格,再单击单元格右侧的 ▓ 按钮,弹出 Value Label 对话框,如图 11-3 所示。其中 Value 为变量值,Label 为变量值标签,大空白区显示已定义完的值标签。在本案例中,变量为"idcntry"学生所在地区及国家,其中值"158"代表 Taiwan of China、"344"代表 Hong Kong of China、"392"代表 Japan、"840"代表 U.S.。

② 在 Value 栏中输入 158,在 Label 栏中输入 Taiwan of China,此时下方"Add"按钮被激活,单击"Add"按钮,将定义完的值标签添加到大空白区内。再在 Value 栏中输入 344,在 Label 栏中输入 Hong Kong of China,单击"Add"按钮。定义完所有值标签后,如图 11-4 所示,单击 OK 按钮,返回图 11-2。

图 11-3 变量值标签图

图 11-4 定义完的变量值标签图

在实际输入数据时,会遇到诸如性别、民族、城乡等类似的称名变量,一般会用值“1”代表一种情况,值“2”代表另一种情况。如果一个变量划分3种情况以上,可以用值“3”“4”代表,以此类推。

知识小卡片 11-2

值得注意的是,在我们输入采用等级记分的调查问卷时,要将变量定义为顺序变量,但在实际计算时,可看成连续变量。

2. 宽度、小数、缺失、列、对齐、度量标准

“Width”宽度,系统默认8位;“Decimals”小数,系统默认2位;“Columns”列,系统默认8位;“Align”对齐,系统默认右对齐,以上变量属性,读者可根据需要自行定义。“Missing”缺失值,读者需根据实际数据的情况进行定义;“Measure”度量标准,有三种:度量、有序、名义,分别对应:连续变量、顺序变量、称名变量,读者需根据实际情况进行选择。

变量数量的多少是根据问卷题目的设计决定的,本案例变量定义完成后如图11-5所示,其中“idcntry”为学生所在国家(地区),“item1～12”为问卷本身的部分题目,“math_ave”为数学成绩,“lowandhigh”为数学成绩所在等级,分上、中、下三等,“Factor1_attitude”(数学自我概念)和“Factor2_value”(数学重要性)是通过SPSS进行主成分分析后自动生成的变量,在此不作过多说明。

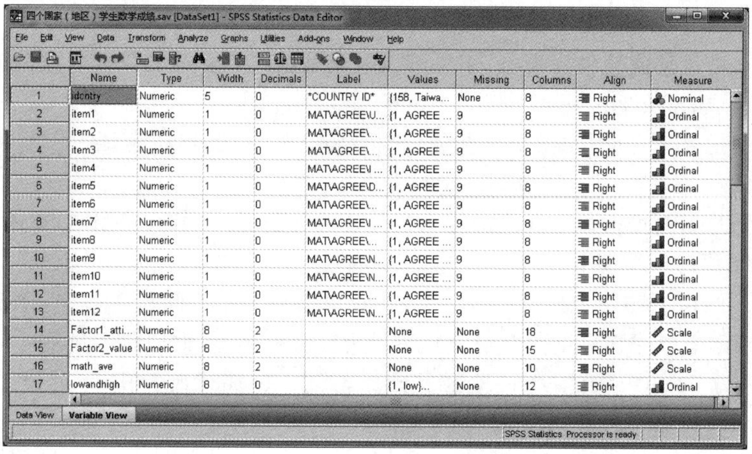

四个国家(地区)学生数学成绩.sav [DataSet1] - SPSS Statistics Data Editor

	Name	Type	Width	Decimals	Label	Values	Missing	Columns	Align	Measure
1	idcntry	Numeric	5	0	*COUNTRY ID*	{158, Taiwa...	None	8	Right	Nominal
2	item1	Numeric	1	0	MAT\AGREE\U...	{1, AGREE ...	9	8	Right	Ordinal
3	item2	Numeric	1	0	MAT\AGREE\...	{1, AGREE ...	9	8	Right	Ordinal
4	item3	Numeric	1	0	MAT\AGREE\...	{1, AGREE ...	9	8	Right	Ordinal
5	item4	Numeric	1	0	MAT\AGREE\I ...	{1, AGREE ...	9	8	Right	Ordinal
6	item5	Numeric	1	0	MAT\AGREE\D...	{1, AGREE ...	9	8	Right	Ordinal
7	item6	Numeric	1	0	MAT\AGREE\...	{1, AGREE ...	9	8	Right	Ordinal
8	item7	Numeric	1	0	MAT\AGREE\I ...	{1, AGREE ...	9	8	Right	Ordinal
9	item8	Numeric	1	0	MAT\AGREE\...	{1, AGREE ...	9	8	Right	Ordinal
10	item9	Numeric	1	0	MAT\AGREE\N...	{1, AGREE ...	9	8	Right	Ordinal
11	item10	Numeric	1	0	MAT\AGREE\N...	{1, AGREE ...	9	8	Right	Ordinal
12	item11	Numeric	1	0	MAT\AGREE\...	{1, AGREE ...	9	8	Right	Ordinal
13	item12	Numeric	1	0	MAT\AGREE\N...	{1, AGREE ...	9	8	Right	Ordinal
14	Factor1_atti...	Numeric	8	2		None	None	18	Right	Scale
15	Factor2_value	Numeric	8	2		None	None	15	Right	Scale
16	math_ave	Numeric	8	2		None	None	10	Right	Scale
17	lowandhigh	Numeric	8	0		{1, low}...	None	12	Right	Ordinal

Data View　Variable View

SPSS Statistics Processor is ready

图 11-5　输入完成的变量视图

(二) 输入数据

变量定义完成后,单击左下角的Data View,回到数据视图,此时定义完的变量已显示在数据视图的变量栏内。在数据视图中,每一行代表一个样本的基本信息,每一列代表一个变量的基本信息。在本案例中,“idcntry”(学生所在国家或地区),“item1～12”(问卷本身的部分题目),“math_ave”(数学成绩),“lowandhigh”(数学成绩所在等级),这四个变量需要进行数据输入。Factor1_attitude(数学自我概念)和Factor2_value(数学重要性)不需要输入。其中“item1～12”问卷本身的部分题目,是根据调查问卷的回答情况进行输入的,选择“非常赞同”的,输入“1”,选择“比较赞同”,输入“2”,选择“不太赞同”,输入“3”,选择“很不赞同”,输入“4”。输入完成的数据视图如图11-6所示。

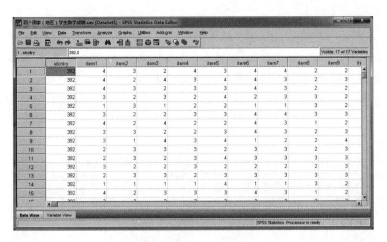

图 11-6　输入完成的数据视图

(三) 保存数据

SPSS 结果的初次保存和 Word、Excel 一样,单击工具栏内的 按钮,会弹出一个"Save Data As"对话框,选择要存储的位置和文件名称。或者直接关闭软件,这时 SPSS 会自动弹出对话框,提醒"关闭数据编辑窗口会退出 SPSS,是否继续",单击"Yes",这时会再次弹出提醒保存数据的对话框,单击"Yes",即回到"Save Data As"步骤。在本案例中,我们将文件名保存为"四个国家(地区)学生数学成绩"。

第二节　SPSS 与描述统计

描述统计是指通过归纳、整理大量数据,来说明数据的全貌,它既可以是对局部或一组数据的说明,也可以是对调查研究的整个数据的说明。通过描述统计,可以使凌乱的数据系统化,清晰化,明了化,以显示数据所包含的事物特征。描述统计的具体内容包括:统计图表、集中量数、差异量数、相关系数。

一、统计图与统计表的制作

收集来的原始数据大多是杂乱无章的,只通过这些数据很难发现数据的分布特点和其中所包含的事物特征,所以要对原始数据进行归纳整理。统计图和统计表就是通过对数据进行初步整理分析后,以图表的形式显示出来的一种非常直观有效的方法。它可以方便研究者从整体上把握数据,为进一步深入分析做准备。统计图表具有简单明确、生动直观、整洁美观的特点,因此是研究过程中不容忽视的一个重要部分。

(一) 统计图

统计图是利用点、线、面、体等绘制成几何图形,以表示各种数量间的关系及其变动情况的工具。在统计学中把利用统计图形表现统计资料的方法叫做统计图示法。其特点是:形象具体、简明生动、通俗易懂、一目了然。教育研究中常用的统计图有直方图、条形图、扇形图等,其中直方图用于表示连续变量,而条形图和扇形图用于表示间断变量,如称名变量和顺序变量。读者要根据实际研究中数据的特点选择正确的统计图。

1. 直方图

直方图，又称柱状图、质量分布图，是一种统计报告图，使用长方形的面积表示连续变量中各组数据的频数分布，一般用横轴表示数据类型，纵轴表示分布情况。本案例中，四个国家(地区)的学生数学成绩属于连续变量，要反映和分析数学成绩，应该选择直方图。由于数据过多，在此只制作"香港地区学生的数学成绩直方图"，具体操作步骤如下：

(1) 打开数据文件"四个国家(地区)学生数学成绩.sav"，依次选择"Graphs→Legacy Dialogs→Histogram"，如图 11-7 所示。

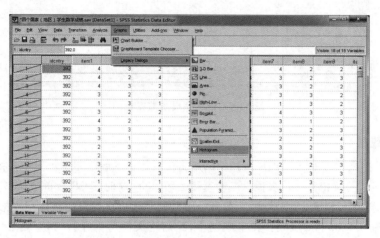

图 11-7　四个国家(地区)学生数学成绩图

(2) 弹出 Histogram 对话框，选择左侧源变量中"math_ave"，单击 按钮，将其放入右侧"Variable"变量框内。如果需要显示数据正态分布曲线，则选择"Display normal curve"，如图 11-8 所示。

(3) 如果要给图表加标题和脚注，单击"Titles"按钮，弹出 Titles 对话框，在"Title"栏中输入标题名称，在"Footnote"栏中输入脚注信息。本案例中，定义表的标题为"香港地区学生数学成绩直方图"，如图 11-9 所示。

(4) 完成后单击"Continue"回到 Histogram 对话框，单击"OK"，完成直方图制作。

(5) 生成的直方图会显示在浏览器中，如果需要使用图表，则在浏览器中选中图表，单击鼠标右键，选择"导出"，自己选择结果的存放位置，完成后结果将以 Word 的形式导出。本案例中图表导出后如图 11-10 所示。

图 11-8　Histogram("直方图"对话框)

图 11-9　Titles("标题"对话框)

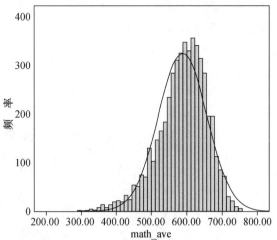

图 11-10　中国香港地区学生数学成绩直方图

从图 11-10 中,我们清楚地看到,横坐标为数学成绩的分组,纵坐标为每组数据的频数。香港地区学生数学成绩呈正态分布,样本总数 N 为 4972 个,学生的数学成绩大多数集中在 500 分到 700 分之间,其均值为 588.06,标准差为 68.204。

2. 条形图

条形图,也叫长条图、直条图或条形统计图,是用一个单位长度表示一定的数量,根据数量的多少画成长短不同的直条,然后把这些直条按一定的顺序排列起来。从条形统计图中很容易看出各种数量的多少,便于比较。条形统计图又分为简单条形统计图和复式条形统计图,复式条形统计图由多种数据组成,用不同的颜色标出。条形图的分类变量一般为间断变量,如称名变量或顺序变量。本案例中,用"学生所在地区"和"数学成绩等级"为分类变量,制作"四个国家(地区)学生数学成绩等级"条形图。具体操作步骤如下:

(1) 打开数据文件"四个国家(地区)学生数学成绩.sav",依次选择"Graphs→Legacy Dialogs→Bar",如图 11-11 所示。

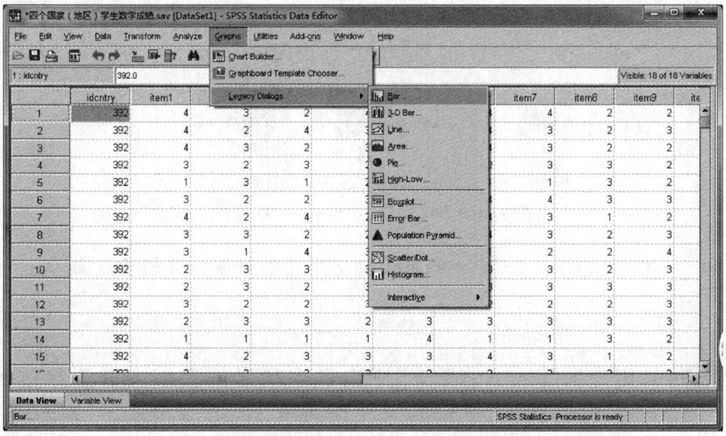

图 11-11　"四个国家(地区)学生数学成绩"对话框

(2) 弹出 Bar Charts 对话框,选择第二个"Clustered"复式图,单击"Define"按钮,如图 11-12 所示。

(3) 弹出 Define Clustered：Summaries for Groups of Cases 对话框。其中"Bars Represent"(条的表征)复选框中选择"N of cases"个案数。然后选择左侧源变量中"idcntry"变量,单击 按钮,放入右侧"Category Axis"分类轴栏内,选择左侧源变量"lowandhigh",单击 按钮,放入右侧"Define Clusters by"定义聚类栏内,如图 11-13 所示。

(4) 单击右侧"Title"按钮,给图形添加标题和脚注,同直方图,在此不显示过程。

(5) 最后单击"OK",完成条形图制作。生成的条形图会显示在浏览器中,输出图表如图 11-14 所示。

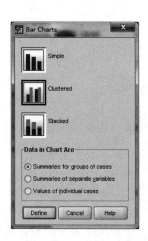

图 11-12 "条形图"对话框

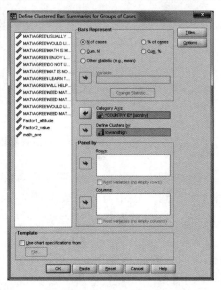

图 11-13 "定义复式条形图：个案组摘要"对话框

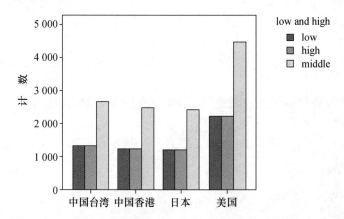

图 11-14 美、日和中国港台地区学生数学成绩等级条形图

3. 扇形图

扇形图,又称饼图,是用整个圆表示总数,用圆内各个扇形的大小表示各部分数量占总数的百分比。扇形面积越大,圆心角的度数越大,表示所占比例越大；扇形面积越小,圆心角的度数越小,表示所占比例越小。扇形所对圆心角的度数与百分比的关系是：圆心角的度数=百分比×360°。通过扇

形统计图可以很清楚地表示出各部分数量同总数之间的关系。本案例中,用扇形图制作美国、日本和中国港台地区样本分别占总数的比例。具体操作如下:

(1) 打开数据文件"美国、日本和中国港台地区学生数学成绩.sav",依次选择"Graphs→Legacy Dialogs→Pie"如图 11-15 所示。

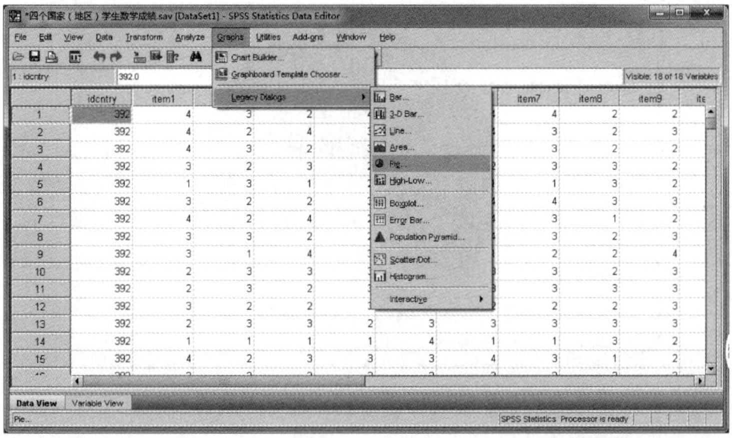

图 11-15 "美国、日本和中国港台地区学生数学成绩"对话框

(2) 弹出 Pie Charts 对话框,选择 Summaries for Groups of Cases,然后单击"Define"按钮,如图 11-16 所示。

(3) 弹出 Define Pie:Summaries for Groups of Cases 对话框。其中"Slices Represent"(分区的表征)复选框中选择"N of cases"个案数。然后选择左侧源变量中"idcntry"变量,单击按钮,放入右侧"Define Slices by"定义分区栏内,如图 11-17 所示。

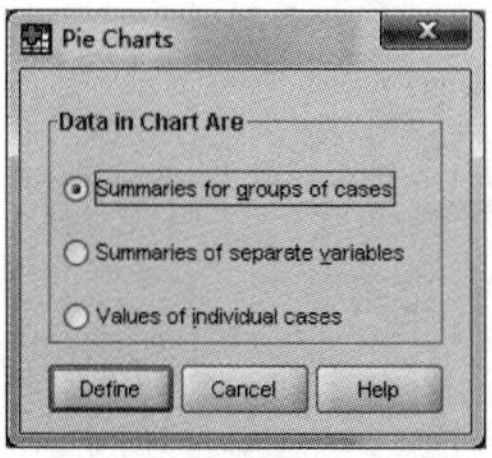

图 11-16 "扇形图"对话框   图 11-17 "定义扇形图:个案组摘要"对话框

(4) 单击右侧"Title"按钮,给图形添加标题和脚注,同直方图,在此不显示过程。

(5)最后单击"OK",完成扇形图制作。生成的扇形图会显示在浏览器中,如图 11-18 所示。

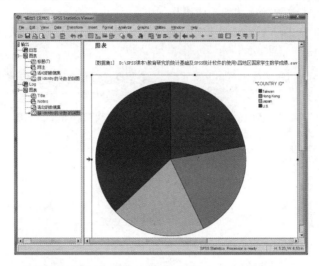

图 11-18　美、日和中国港台地区样本数量扇形图

(6)扇形图的编辑。双击浏览器中的扇形图,弹出"Chart Editor"对话框,依次选择"Elements→Show Date Labels",数据将自动显示在扇形图中,如图 11-19 所示。

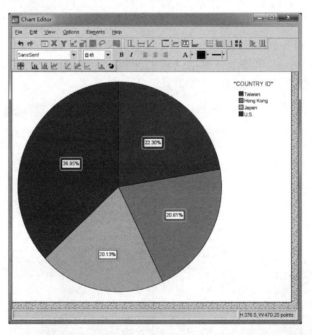

11-19　编辑后的美、日和中国港台地区样本数量百分比图

从图中,我们可以看出,美、日和中国港台地区的样本数量,U.S. 最多,占 36.95%,其次是 Taiwan of China,占 22.30%,第三是 Hong Kong of China,占 20.61%,最后是 Japan,占 20.13%。

(二)统计表

统计调查所得来的原始资料,经过整理,得到说明社会现象及其发展过程的数据,把这些数据按一定的顺序排列在表格中,就形成统计表。统计表是表现数字资料整理结果的最常用的一种表格,是通过用纵横交叉线条所绘制的表格来表现统计资料的一种形式。本书将展示两种比较重要表格的制作步骤,一是制作美、日和中国港台地区学生数学成绩的基本情况统计表;二是制作某一题项的各选项被选情况统计表。

1. 美、日和中国港台地区学生数学生成绩的基本情况统计表

(1)打开数据文件"美、日和中国港台地区学生数学成绩.sav",依次选择"Analyze→Reports→Case Summaries"如图11-20所示。

(2)弹出Summarize Case对话框,选择左侧源变量"math_ave",单击按钮,放入右侧"Variables"变量框内,选择左侧源变量"idcntry",单击按钮,放入右侧"Group Variables"分组变量框内,如图11-21所示。

(3)单击"Statistics"统计量按钮,弹出Summary Report:Statistics(摘要报告:统计量)对话框,如图11-22所示。在此对话框中,左侧为Statistics统计量,包括:Mean(均值)、Median(中位数)、Grouped Median(组内中位数)、Std. Error of Mean(均值的标准误)、Sum(合计)、Maximum(最大值)、Minimum(最小值)等,读者可根据自己的需要选择统计表需要显示的统计量。本案例中选择Number of case、Mean、Maximum、Minimum。单击"Continue"按钮,返回图11-21。

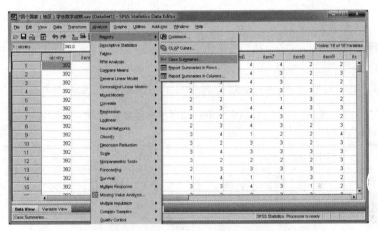

图11-20 "美、日和中国港台地区学生数学成绩"对话框

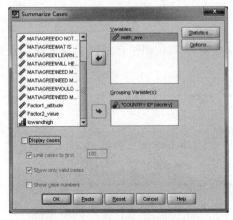

图11-21 "个案总结"对话框

（4）单击"Options"选项按钮，弹出选项对话框，可以给表格加标题和脚注，本案例中定义表的标题为"美、日和中国港台地区学生数学成绩基本情况"。

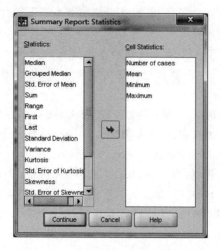

图 11-22 "统计报告：统计量"对话框

（5）在图 11-21 Summarize Case 对话框下方，有"Display cases"（显示个案）复选项，在此为了使表格简单，不选择。

（6）单击"OK"完成表格制作，生成的统计表会显示在浏览器中，表格导出如表 11-1 所示。

表 11-1　美、日和中国港台地区学生数学成绩基本情况

math_ave

* COUNTRY(REGION) ID *	N	均　值	极小值	极大值
Taiwan of China	5379	587.3441	265.40	830.70
Hong Kong of China	4972	588.0618	291.30	751.51
Japan	4856	568.8561	274.34	832.85
U.S.	8912	504.1934	253.06	738.06
总　　计	24119	553.0455	253.06	832.85

从表 11-1 中可以清晰地看出美、日和中国港台地区学生的样本数量，数学的平均成绩以及成绩的极大值和极小值。

 知识小卡片 11-3

　　三线表是国际通用的一种学术文章规范表格，表的上下边界各有一条横线，宽度为 1.5 磅；表内标题栏和内容之间有一条横线，宽度为 1 磅。

这里需要注意的是，研究结果中的表格，有其自身的规范格式，国际通用表格格式是三线表。若将以上表格应用到研究当中，其规范格式如表 11-2 所示，制作步骤如下：

（1）在已导出的 Word 文档中，选中原始表格，右键，选择"边框和底纹"。

(2)弹出"边框和底纹"对话框,该对话框中有三个可选界面,分别是"边框""页面边框""底纹",系统默认呈现"边框"界面。在该界面中,"设置"选择"自定义";"线型"选择"实线";"颜色"选择"自动";"宽度"选择"1.5磅";在"预览"中,单击预览表格中的内容分隔线以及两条竖边线,保留上下边界线,点击确定,如图11-23所示。

图11-23　边框和底纹编辑图1

(3)选中表格的第一行,右键,选择"边框和底纹",重复步骤2;但"宽度"选择"1磅";"预览"中,只单击预览表格的下边界,点击确定,如图11-24所示。编辑后的表格形式如表11-2所示。

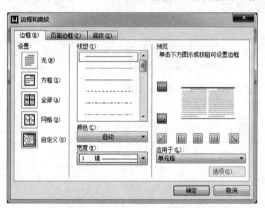

图11-24　边框和底纹编辑图2

表11-2　编辑后的美、日和中国港台地区学生数学成绩基本情况

* COUNTRY(REGION) ID *	N	均　值	极小值	极大值
Taiwan of China	5379	587.3441	265.40	830.70
Hong Kong of China	4972	588.0618	291.30	751.51
Japan	4856	568.8561	274.34	832.85
U.S.	8912	504.1934	253.06	738.06
总　计	24119	553.0455	253.06	832.85

2.某一题项的各选项被选情况统计表

(1)打开数据文件"美、日和中国港台地区学生数学成绩.sav",依次选择"Analyze→Descriptive

Statistics→Frequencies"如图 11-25 所示。

知识小卡片 11-4

当所分析题项存在缺失值的情况下,最后结果呈现的各选项百分比应是有效百分比。

（2）弹出 Frequencies（频率）对话框,选择左侧源变量"USUALLY DO WELL IN MATH",单击按钮,放入右侧"Variable(s)"变量框内,其他不变,如图 11-26 所示。

（3）单击"OK"完成表格制作,生成的统计表会显示在浏览器中,导出后,经过表格编辑,规范的表格形式如表 11-3 所示。

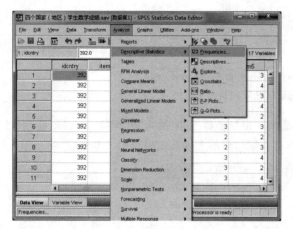

图 11-25 "美、日和中国港台地区学生数学成绩"对话框

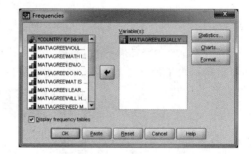

图 11-26 "频率"对话框

表 11-3 条目 1——USUALLY DO WELL IN MATH 各选项选择情况

		频 率	有效百分比	累积百分比
有效	AGREE A LOT	4650	19.4	19.4
	AGREE A LITTLE	8946	37.4	56.8
	DISAGREE A LITTLE	7451	31.1	87.9
	DISAGREE A LOT	2889	12.1	100.0
	合 计	23936	100.0	
缺失	OMITTED	102		
	系统	81		
	合 计	183		
	合 计	24119		

二、描述统计量

(一) 集中量数

描述一组数据集中趋势的量数,称为集中量数。集中量数是统计总体各统计事项某一数量标志的代表值,概括说明总体某一数量标志的综合特征,反映研究对象在一定时间、地点、条件下的一般水平。常用的集中量数有:平均数、中位数、众数等。在这里,只为大家简单介绍平均数和中位数,以及如何用 SPSS 计算一组数据的平均数和中位数。

1. 平均数

平均数可分为算数平均数、调和平均数以及几何平均数。其中,算术平均数是集中量数中最常用、最重要的测度值。一组同质数据值的总和,除以数据总个数所得的商称为算术平均数(average),又称为均值(mean)。统计学中常用 μ(读作"谬")表示总体平均数,用 $\overline{X}$(读作"X 杠")表示样本平均数。

计算方法如下。

1) 计算原始数据算术平均数

原始数据平均数又称简单算数平均数,是将各个样本的观测值相加,除以样本个数,所得的商就是样本的平均数。公式如下:

$$\overline{X} = \frac{\sum_{i=1}^{N} X_i}{N}$$

式中,$\overline{X}$ 为一组样本数据的算术平均数,$\sum_{i=1}^{N} X_i$ 表示从 X_1 到 X_N 连续相加的和,N 表示这组样本数据的个数。

2) 计算次数分布表中数据的算术平均数

数据已经整理成次数分布表的形式,可根据下面的公式来计算算术平均数。

$$\overline{X} = \frac{\sum f X_c}{N}$$

式中,$\overline{X}$ 表示对次数分布表中数据计算的算术平均数,X_c 表示各组的组中值,f 表示各组对应的次数,N 表示总次数。

2. 中位数

将一组数据按照递增或递减的顺序排列起来,处于数列中间位置的数值就叫做这组数据的中位数(Median),用符号 M_d 表示。它是一种位置代表值,所以不会受到极端数值的影响,具有较高的稳定性。[1]

计算方法如下。

1) 对原始数据计算中位数

数据个数为奇数时的步骤:① 将数据按大小顺序排列

② 计算中间位置序号,公式:$\frac{N+1}{2}$

③ 找出中间位置对应的数据值

数据个数为偶数时的步骤:① 将数据按大小顺序排列

② 取数据中间两个数

③ 计算中间两个数的均值

---

[1] 杨晓明. SPSS 在教育研究中的应用(第二版)[M]. 北京:高等教育出版社,2012:78.

2) 对次数分布表数据计算中位数

如果一组数据已经列成了次数分布表,那么处在 50%(即 $N/2$)这个点上的数值就是中位数。中位数是次数分布的二等分点,有一半数据在中位数之上,另一半数据在中位数以下。其计算公式为:

$$M_d = L_b + \frac{\frac{N}{2} - F_b}{f} \cdot i$$

式中,M_d 表示中位数;L_b 表示中位数所在组的精确下限;F_b 表示中位数所在组下限以下累积次数;f 表示中位数所在组对应的次数;i 表示组距;N 为总次数。

(二) 差异量数

差异量数是对一组数据的变异性,即离中趋势的特点进行度量和描述的统计量,也称为离散量数。按照有无实际单位,差异量数可分为绝对差异量数和相对差异量数,绝对差异量数包括全距、四分位差、百分位差、平均差、标准差与方差等;相对差异量数如差异系数。在本书中,只对教育研究中经常使用的方差和标准差进行讲解。

1. 方差

方差是总体各单位变量值与其算术平均数的离差平方的算数平均数。[①] 总体方差用符号 σ^2 表示,样本方差用符号 S^2 表示。定义公式:

$$S^2 = \frac{\sum (X - \overline{X})^2}{N}$$

式中,S^2 表示所求的方差,X 表示每一个数据值,$\overline{X}$ 表示数据的平均数,$\sum$ 表示连加,N 表示数据的个数。

2. 标准差

离差平方之算术平均数的算术平方根称为标准差,即方差的算术平方根。总体标准差用符号 σ 表示,样本标准差用 S 符号表示。定义公式为:

$$S = \sqrt{\frac{\sum (X - \overline{X})^2}{N}}$$

式中,S 表示所求的标准差,X 表示每一个数据值,$\overline{X}$ 表示数据的平均数,$\sum$ 表示连加,N 表示数据的个数。

(三) 描述统计量的 SPSS 操作

1. 方法一

统计不同国家(地区)学生数学成绩的平均数、中位数、方差和标准差

(1) 打开数据文件"美、日和中国港台地区学生数学成绩.sav",依次选择"Analyze→Compare Means→Means",如图 11-27 所示。

(2) 弹出 Means 对话框,在此对话框中包括"Independent List"(自变量列表)和"Dependent List"(因变量列表),其中自变量列表可分为多层。在本案例中,以"idcntry"国家或地区为自变量,以"math_ave"数学成绩为因变量,仅定义一层自变量。选择左侧源变量中的"idcntry",单击按钮,放入右侧"Independent List",选择左侧源变量中的"math_ave",单击按钮,放入右侧"Dependent List",如图 11-28 所示。

(3) 单击 Means 对话框中的"Options"按钮,弹出 Means:Options 对话框,其中左侧选项框内为

[①] 陈胜可. SPSS 统计分析从入门到精通[M]. 北京:清华大学出版社,2010:80.

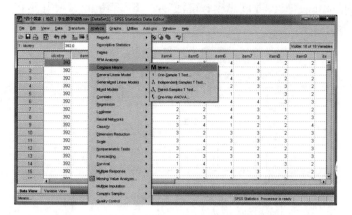

图 11-27 "美、日和中国港台地区学生数学成绩"对话框

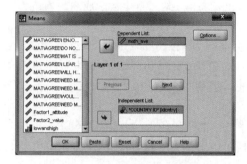

图 11-28 "平均数"对话框

描述统计量,如 Mean、Median、Sum、Standard Deviation、Variance、Maximum、Minimum 等。研究者可根据个人需要选择描述统计量放入右侧"Cell Statistics"中,在本案例中选择 Mean、Median、Standard Deviation、Variance,如图 11-29 所示。

图 11-29 "平均数:选择"对话框

(4) 然后单击"Continue"按钮,回到图 11-28,单击"OK"按钮,结果将显示在浏览器中,如图 11-30 所示。

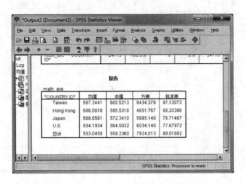

图 11-30　描述统计量结果图

从结果我们可以直观地看出,Taiwan 地区学生数学成绩的均值为 587.3441,中位数为 600.5213,方差为 9434.379,标准差为 97.13073;Hong Kong 地区学生数学成绩的均值为 588.0618,中位数为 595.5318,方差为 4651.767,标准差为 68.20386;Japan 学生数学成绩的均值为 568.8561,中位数为 572.3410,方差为 5885.140,标准差为 76.71467;U.S. 学生数学成绩的均值为 504.1934,中位数为 504.5032,方差为 6034.140,标准差为 77.67972。

2. 方法二

所有国家(地区)学生数学成绩的平均数、方差和标准差。

(1) 打开数据文件"美、日和中国港台地区学生数学成绩.sav",依次选择"Analyze→Descriptive Statistics→Descriptives",如图 11-31 所示。

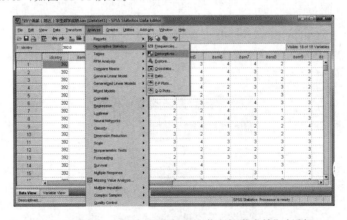

图 11-31　"美、日和中国港台地区学生数学成绩"对话框

(2) 弹出 Descriptives 对话框,将左侧源变量中的"math_ave"变量,单击按钮,放入右侧 Variable(s) 变量框内,如图 11-32 所示。

(3) 单击 Descriptives 对话框中的"Options"按钮,弹出 Descriptives:Options 对话框。在此对话框中,有三个复选框,分别为:"Dispersion"(离散)、"Distribution"(分布)、"Display Order"(显示顺序)。本案例中,选择 Mean(均值)、Std. Deviation(标准差)、Variance(方差),其他的不变,如图 11-33 所示。

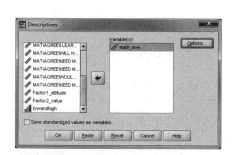

图 11-32 "描述统计"对话框　　　　图 11-33 "描述统计：选择"对话框

(4) 单击"Continue"按钮，返回图 11-32，单击"OK"按钮，结果将显示在浏览器中，如图 11-34 所示。

在浏览器显示的结果中，我们可以看出，美、日和中国港台地区所有学生数学成绩的样本数为 24119，均值为 533.0455，标准差为 89.01692，方差为 7924.013，这与第一种方法中"总计"的结果一致，见图 11-30。值得注意的是这种方法中无法计算中位数。

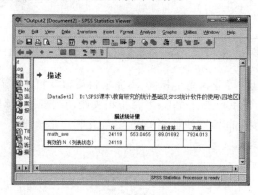

图 11-34 描述统计量图

三、相关系数

(一) 相关的概述

1. 相关的概念

相关是指事物之间的相关关系，即一种事物发生变化，常引起另一事物也发生较大的变化。相关关系至少存在于有联系的成对的两列变量之间。

2. 相关的分类

(1) 根据相关因素的多少，可分为简相关和复相关。简相关指两个变量之间的相关关系；复相关指两个以上变量之间的相关关系。

(2) 根据变量分布形态，分为直线相关和曲线相关。直线相关指变化趋势稳定，两个变量有直线关系或拟合直线关系，即由两变量成对的观测值描出的点能在坐标轴内呈现直线趋势。曲线相关指变化程度和趋势不稳定,当一种变量发生较大变化时,另一变量并不总是随之发生变化,可能变化很大,也可能变化很小,前后变化不一致。在坐标轴内由两变量成对的观测值描出的点呈曲线趋势。

(3) 根据变量变化的方向,可分为正相关和负相关。正相关指两列变量发生变化的方向一致,即一种变量增加或减少,另一变量也随之增加或减少;负相关指两列变量发生变化的方向相反,即一种变量增加或减少,而另一种变量减少或增加。

(4) 根据变量的相关程度,可分为完全相关、不完全相关和零相关。完全相关指两个变量成对的观测值在坐标系内描出的点都在一条直线上;不完全相关指两列变量成对的观测值在坐标系内所描的点呈椭圆形;零相关指两变量间没有线性相关关系,变化无一定规律。

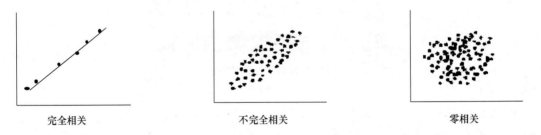

3. 相关系数

相关系数(coefficient of correlation)是描述两个变量间相关程度的数量表现形式,是两个变量之间的变化方向和程度的数量化指标,表明变量间相互伴随变化的趋势。常用的相关系数主要有Pearson相关系数、点二列相关系数、Phi系数。

(二) Pearson 相关系数

1. 概念

Pearson 相关也称积差相关,是由英国统计学家皮尔逊提出的。Pearson 相关系数说明了两个数据集合是否在一条线上面,主要用来衡量连续变量之间的线性关系,即如果随机变量 X、Y 的联合分布是二维正态分布,X_i 和 Y_i 分别为 n 次独立观测值,①则两变量之间的相关关系可用 Pearson 相关表示。样本的相关系数用 r 表示,总体的相关系数用 ρ 表示。

2. 公式

$$r = \frac{\sum xy}{NS_X S_Y}$$

式中,x、y 分别为 X 变量和 Y 变量的离差,S_X、S_Y 分别为 X 变量与 Y 变量的标准差,N 为成对观测值的个数。

r 具有如下性质:

(1) $-1 \leqslant r \leqslant 1$,$r$ 的绝对值越大,表示两变量之间的相关程度越大。
(2) 若 $0 < r \leqslant 1$,表示两变量呈正相关,如 $r=1$,表示两变量呈完全正相关。
(3) 若 $-1 \leqslant r < 0$,表示两变量呈负相关关系,若 $r=-1$,表示两变量呈完全负相关。
(4) 如 $r=0$,表示两变量无线性相关关系。

3. 适用范围

(1) 两变量都应是来自正态或接近正态总体分布的连续性变量。
(2) 数据必须是成对的,且不同数据对之间是相互独立的。
(3) 两变量之间呈线形关系。
(4) 样本容量应较大,一般 $N \geqslant 30$。

4. Pearson 相关的 SPSS 操作步骤

在本案例中,研究者想研究高中生数学成绩和物理成绩有无相关关系,所以使用数据库二。

(1) 打开数据文件"文理科男女数学物理成绩.sav",依次选择"Analyze→Correlate→Bivariate"如图 11-35 所示。

图 11-35 "文理科男女数学物理成绩"对话框

(2) 弹出 Bivariate Correlations 对话框,选择左侧源变量"数学成绩"和"物理成绩",单击按钮,放

---

① 陈胜可. SPSS 统计分析从入门到精通[M]. 北京:清华大学出版社,2010:216.

入右侧变量框内。下方的"Correlation Coefficients"相关系数复选框内,选择 Pearson,其他不变,如图 11-36 所示。

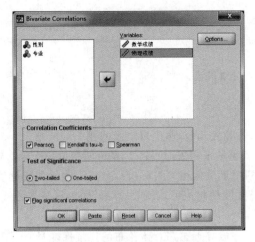

图 11-36 "双变量相关"对话框

(3) 单击 Bivariate Correlations 对话框中的"Options"按钮,弹出 Bivariate Correlations:Options 对话框,研究者可根据需要选择统计量,在本案例中,选择均值和标准差,其他不变,如图 11-37 所示。

图 11-37 "双变量相关:选择"对话框

(4) 单击"Continue"按钮,返回 Bivariate Correlations 对话框,单击"OK",结果将显示在浏览器中,如图 11-38 所示。

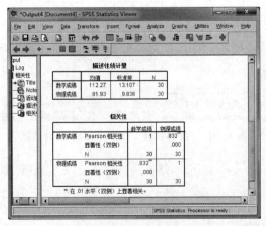

图 11-38 数学成绩与物理成绩的 Pearson 相关结果

Pearson 相关的结果将在第三节"推断统计"中解释。

（三）点二列相关系数

1. 概念

如果两列变量中，其中一个变量是正态连续变量，而另一个变量是二分称名变量（即按照事物某一性质划分为两类的变量，如性别：男与女），或者不清楚二分变量来自的总体是否是正态连续变量，这种情况下，描述这两个变量之间相关程度的方法称为点二列相关，得出的结果称为点二列相关系数，用符号 r_{pb} 表示。例如描述性别与数学成绩的相关关系则用点二列相关。

2. 公式

$$r_{p}b=\frac{\overline{X}_P-\overline{X}_q}{S_t}\sqrt{pq}$$

式中，p 与 q 分别为二分变量中各自占总体的比例，$p+q=1$；$\overline{X}_P$ 为连续变量中与 p 对应部分的平均数；$\overline{X}_q$ 为连续变量中与 q 对应部分的平均数；S_t 为连续变量全部观测值的标准差。

3. 适用范围

（1）一个称名变量，一个连续变量。

（2）常用于检验一个测验中，二分称名变量对连续变量的影响，是考试质量分析的重要方法，多用于是非题测验时评价测验内部的一致性，鉴定试卷题目的区分度，评价测验中某一问题与测验总成绩之间是否具有一致性等。

4. 点二列相关的 SPSS 操作步骤

（1）打开数据文件"文理科男女数学物理成绩.sav"，依次选择"Analyze→Correlate→Bivariate"，如图 11-39 所示。

图 11-39 "文理科男女数学物理成绩"对话框

（2）弹出 Bivariate Correlations 对话框，选择左侧源变量中的"性别"和"数学成绩"变量，单击按钮，放入右侧变量框内。下方的"Correlation Coefficients"相关系数复选框内，选择 Pearson，其他不变，如图 11-40 所示。

（3）单击 Bivariate Correlations 对话框中的"Options"按钮，弹出 Bivariate Correlations：Options 对话框，研究者可根据需要选择统计量，在本案例中，选择均值和标准差，其他不变，如图 11-41

所示。

(4) 单击"Continue"按钮,返回 Bivariate Correlations 对话框,单击"OK"按钮,结果将显示在浏览器中,如图 11-42 所示。

图 11-40 "双变量相关"对话框

图 11-41 "双变量相关:选择"对话框

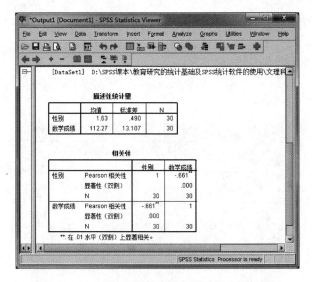

图 11-42 性别与数学成绩点二列相关结果图

点二列的结果将在下一节"推断统计中"进行解释。

(四) Phi 相关系数

1. 概念

当两个变量均为二分变量时,描述这两个变量之间的相关关系用 Phi 相关系数,用符号 r_ϕ 表示。

2. 公式

$$r_\phi = \frac{ad-bc}{\sqrt{(a+b)(c+d)(a+c)(b+d)}}$$

式中,a、b、c、d 各代表列联表中每格的实际次数,列联表的形式如表 11-4 所示:

第十一章　SPSS 在教育研究中的应用

表 11-4　列联表的形式

	Y1	Y2	∑
X1	a	b	$a+b$
X2	c	d	$c+d$
∑	$a+c$	$b+d$	$a+b+c+d$

3. 适用范围

使用 Phi 相关系数描述变量间的相关程度，要求将同一组数据分成不同质的两类变量，每一变量下面只包含两点值，表明变量的某种属性，如将调查对象按性别和专业分成两类，性别包括男、女；专业包括文科、理科，并把资料整理成 2×2 列联表的形式。

4. Phi 相关的 SPSS 操作步骤

（1）打开数据文件"文理科男女数学物理成绩.sav"，依次选择"Analyze→Descriptive Statistics→Crosstabs"，如图 11-43 所示。

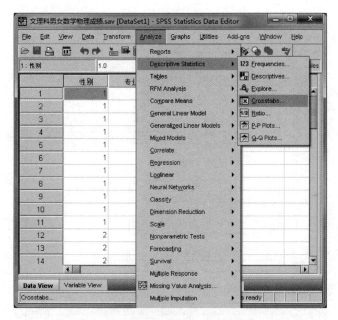

图 11-43　"文理科男女数学物理成绩"对话框

（2）弹出 Crosstabs 对话框，选择"性别"变量，单击按钮，放入右侧 Row(s)栏内，选择"专业"变量，单击按钮，放入右侧 Column(s)栏内，如图 11-44 所示。

（3）单击 Crosstabs 对话框右侧的"Statistics"按钮，弹出 Crosstabs：Statistics 对话框，在这里我们只求 Phi 系数的值，所以选择"Nominal"复选框中的"Phi and Cramer's V"，如图 11-45 所示。

（4）单击"Continue"按钮，返回 Crosstabs 对话框，单击"OK"按钮，结果将显示在浏览器中，如图 11-46 所示。

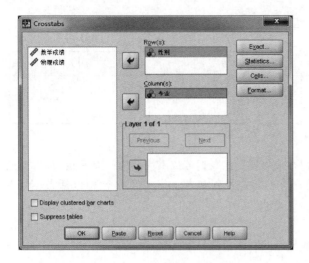

图 11-44 "交叉表"对话框

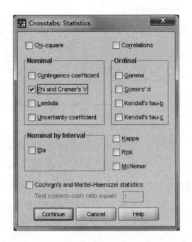

图 11-45 "交叉表:统计量"对话框

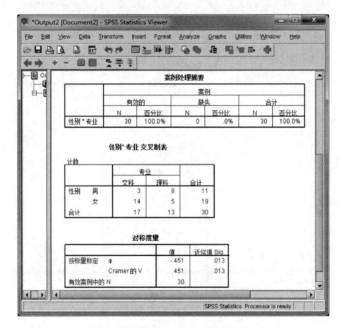

图 11-46 性别与专业的 Phi 相关结果

在结果中,我们可以看出,Phi 值为 -0.451,其结果将在下一节"推断统计"中解释。

第三节 SPSS 与推断统计

推断统计(Inferential Statistic)是研究如何根据样本数据的特征去推断总体数量特征的方法。它是在对样本数据进行描述分析的基础上,对统计总体的未知数量特征做出以概率形式表述的推断。在数理统计学中,统计推断问题常表述为如下形式:所研究的问题有一个确定的总体,其总体分布未知或部分未知,通过从该总体中抽取的样本,来作出与总体未知分布有关的某种结论。本章介绍四种推断统计方法,分别为独立样本 t 检验、积差相关、卡方检验、单因素方差分析。

一、独立样本 t 检验

(一)独立样本 t 检验的概述

独立样本 t 检验通常用于检验两个独立样本的均值是否相等,或者说两个独立样本的均值差是否为零,以此推断两个样本是否来自同一总体,目的是通过对样本的检验,来推断总体的特征。

进行独立样本 t 检验的条件:

(1)样本数据必须包括两个变量,一个是通过测量得到的检验变量,一般是连续变量(如成绩);另一个是用来区分样本的分组变量,一般是二分变量(如性别)。

(2)两组样本的数据值必须服从正态分布或近似正态分布。

(3)两组样本必须是从总体中随机抽取的,且两组样本互相独立。

(4)两组样本数据值的方差要具有齐次性。SPSS 会同时给出方差齐性和不齐性时的结果。

(二)独立样本 t 检验的过程

1. 研究案例

随机选取某省某高中二年级学生 30 人,进行内容和难度相同的数学和物理测验,并对学生的性别、专业、数学成绩、物理成绩进行了统计,其中数学成绩满分 150,物理成绩满分 100。统计结果如表 11-5 所示:

表 11-5 某高中二年级学生数学和物理成绩统计表

学生编号	性别	专业	数学成绩	物理成绩	学生编号	性别	专业	数学成绩	物理成绩	学生编号	性别	专业	数学成绩	物理成绩
1	男	理	120	96	11	男	理	127	93	21	男	理	136	95
2	男	理	131	94	12	男	文	112	89	22	男	理	143	97
3	男	文	113	89	13	男	理	108	85	23	男	理	134	94
4	男	文	106	87	14	男	理	128	92	24	女	文	106	88
5	女	文	102	75	15	女	文	95	65	25	女	理	120	87
6	女	文	104	76	16	女	文	90	72	26	女	理	109	77
7	女	文	114	84	17	女	理	99	68	27	女	文	100	70
8	女	文	111	82	18	女	理	120	90	28	女	文	102	71
9	女	理	119	70	19	女	理	98	70	29	女	文	103	77
10	女	理	101	71	20	女	文	110	78	30	女	文	107	76

2. 研究问题

不同性别学生的数学成绩之间是否差异显著?

3. 检验步骤

1)建立假设

这是正式检验的第一步,在独立样本 t 检验中,首先要建立原假设和备择假设,分别用符 H_0 和 H_1 表示。原假设:不同性别学生的数学成绩之间不存在显著差异;备择假设:不同性别学生的数学成绩之间存在显著差异。其中备择假设有三种表示法,这里采用双尾检验,即

$$H_0: \mu_1 = \mu_2$$

$$H_1: \mu_1 \neq \mu_2$$

2)计算 t 值和自由度 df

$$t = \frac{\overline{X_1} - \overline{X_2}}{\sqrt{\frac{s_p^2}{n_1} + \frac{s_p^2}{n_2}}} \qquad s_p^2 = \frac{n_1 s_1^2 + n_2 s_2^2}{n_1 + n_2 - 2} \qquad df = n_1 + n_2 - 2$$

其中,$\overline{X_1}$、$\overline{X_2}$ 分别为两组样本检测数据的平均数;n_1、n_2 为两组样本检测数据的个数;S_1、S_2 为两组样本检测数据的标准差。

> **扩展阅读**
>
> 独立样本 t 检验的详细笔算讲解请参照张厚粲、徐建平的《现代心理与教育统计学》。

3)得出并解释结果

根据自由度 df,查 t 值表,一般为查双侧表。

(1)如果计算结果 $|t| < t_{0.05(df)}$,则 $p > 0.05$,说明在 $\alpha = 0.05$ 的水平上差异不显著,则接受原假设,拒绝备择假设,即不同性别学生的数学成绩之间不存在显著差异。

(2)如果计算结果,则 $p < 0.05$,说明在 $\alpha = 0.05$ 的水平上差异显著,则拒绝原假设,接受备择假设,即不同性别学生的数学成绩之间存在显著差异。

(3)如果计算结果 $|t| > t_{0.01(df)}$,则 $p < 0.01$,说明在 $\alpha = 0.01$ 的水平上差异显著,则拒绝原假设,接受备择假设,即不同性别学生的数学成绩之间存在较显著差异。

(三)独立样本 t 检验的 SPSS 操作

以上述研究案例和研究问题为例,数据已经录入 SPSS 中,并在第二节"相关系数"中使用过,所以这里不再介绍数据的录入,读者可参考第一节第二部分"数据的输入与处理"进行数据输入。

(1)打开数据文件"文理科男女数学物理成绩.sav",依次选择"Analyze→Compare Means→Independent-Samples t Test",如图 11-47 所示。

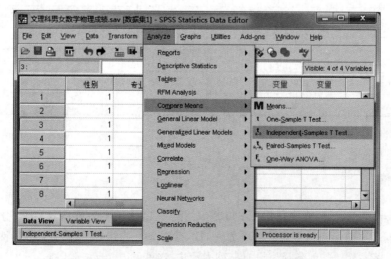

图 11-47 "文理科男女数学物理成绩"对话框

（2）弹出 Independent-Samples t Test 对话框，从左侧源变量栏中，选择要检验的变量，单击 按钮，放入右侧"Test Variables"检验变量栏内；选择分组变量，单击 按钮，放入右侧"Grouping Variable"分组变量栏内，如图 11-48 所示。

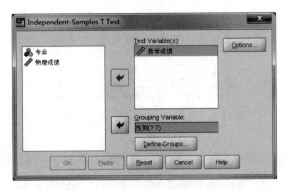

图 11-48 "独立样本 t 检查"对话框

（3）选中"Grouping Variable"栏中的分组变量"性别"，此时，其下方的"Defined Groups"按钮被激活，单击按钮，弹出 Defined Groups 对话框，需要对分组变量进行定义。"性别"是一个二分变量，所以我们选择第一项"Use specified values"使用指定值，在 group 1 框内输入数字"1"，表示组 1；在 group 2 框内输入数字"2"，表示组 2。第二项"Cut point"割点，一般用于当分组变量是连续变量时。输入完成后，如图 11-49 所示。单击"Continue"按钮，返回 Independent-Samples T Test 对话框。

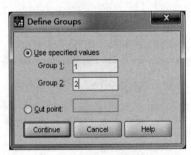

图 11-49 "定义组"对话框

（4）单击 Independent-Samples t Test 对话框。右上角"Options"按钮，弹出 Independent-Samples T Test：Options 对话框，如图 11-50 所示，其中"Confident Interval"置信区间系统默认 95％，读者可根据研究需要自己输入一个置信区间。"Missing Values"中有两个选项，一是"Exclude cases analysis by analysis"按分析顺序排除个案；二是"Exclude cases listwise"按列表排除个案，系统默认第一个。本案例中选择系统默认，单击"Continue"按钮返回。

（5）单击"OK"按钮，结果将显示在浏览器中，如图 11-51 所示。

（6）结果解释

从浏览器中结果来看，我们得到两组数据，一组是组统计量，另一组独立样本检验。

① 组统计量给出的是样本数据的描述统计量，其中我们可以看出，在容量为 30 的样本中，男生有 11 人，数学成绩的均值为 123.45，标准差为 12.396，均值的标准误为 3.738；女生有 19 人，数学成绩的均值为 105.79，标准差为 8.404，均值标准误为 1.928。从这些数据中我们可以了解样本的基本

信息,并且可以得知男生的数学成绩高于女生。如表 11-6 所示。

图 11-50 "独立样本 t 检验:选择"对话框

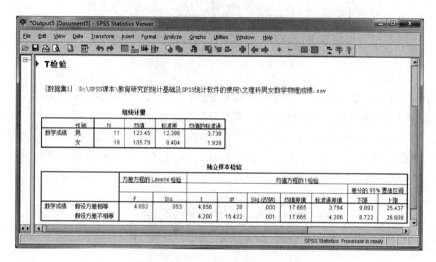

图 11-51 独立样本 t 检验结果图

表 11-6 独立样本 t 检验-组统计量表

组统计量					
	性　别	N	均　值	标准差	均值的标准误
数学成绩	男	11	123.45	12.396	3.738
	女	19	105.79	8.404	1.928

 知识小卡片 11-5

在 SPSS 的结果中,Sig 值就是 p 值,若 Sig>0.05,说明 p>0.05;若 Sig<0.05,说明 p<0.05;Sig<0.01,说明 p<0.01;Sig=0.000,说明 p<0.001。

② 独立样本检验表格给出的则是独立样本 t 检验的结果。
首先,判断方差齐性。我们看第二列"方差方程的 Levene 检验"中的"Sig"值,如果 Sig>0.05,则

$p > 0.05$ 说明方差相等,即总体方差具有齐次性,那我们就看第一行的结果数据;但如果 Sig<0.05,则 $p < 0.05$,说明方差不相等,即总体方差具有非齐次性,那我们需要看第二行的结果数据。本案例中,"方差方程的 Levene 检验"中的 Sig=0.053, $p > 0.05$,所以我们看第一行结果数据。

其次,判断 p 值。在判断了我们需要看第一行结果数据之后,我们需要看的另一个重要数据就是第三列"均值方程的 t 检验"中的"Sig.(双侧)"值,此处的 Sig.(双侧)值就是 p 值。

a. 如果 Sig(双侧)>0.05,则 $p > 0.05$,说明在 $\alpha = 0.05$ 的水平上差异不显著,即不同性别学生的数学成绩之间不存在显著差异。

b. 如果 $0.05 \leqslant$ Sig(双侧)<0.01,则 $p < 0.05$,说明在 $\alpha = 0.05$ 的水平上差异显著,即不同性别学生的数学成绩之间存在显著差异。

c. 如果 Sig(双侧)≤0.01,则 $p < 0.01$,说明在 $\alpha = 0.01$ 的水平上差异显著,即不同性别学生的数学成绩之间存在较显著差异。

d. 如果 Sig(双侧)=0.000,则 $p < 0.001$,说明在 $\alpha = 0.001$ 的水平上差异显著,即不同性别学生的数学成绩之间的差异极其显著。

表 11-7 独立样本 t 检验-独立样本检验表

		方差方程的 Levene 检验		均值方程的 t 检验						
									差分的 95% 置信区间	
		F	Sig.	t	df	Sig.(双侧)	均值差值	标准误差值	下限	上限
数学成绩	假设方差相等	4.092	.053	4.656	28	.000	17.665	3.794	9.893	25.437
	假设方差不相等			4.200	15.422	.001	17.665	4.206	8.722	26.608

知识小卡片 11-6

本书为了向大家更好地解释结果,使用的是 SPSS 的原始表格,但是,我们进行实际研究,并在文章中展示 SPSS 结果时,不能将原始表格直接复制,只需要提取原始表格中的有用信息即可,如提取该表中的 t、df、Sig(双侧)。

在本例中,$t_{(28)0.001} = 4.656$, $p < 0.001$,说明在 $\alpha = 0.001$ 的平上差异显著,即不同性别学生的数学成绩之间的差异极其显著。

(四) 独立样本 t 检验与点二列相关的关系

点二列相关是计算样本变量之间的相关系数,其侧重点在样本的关系;而独立样本 t 检验是在点二列的基础上进行的检验,目的是通过对样本的检验,来将样本推断到总体,即判断如果样本具有某些特征,那总体是否也具有同样的特征。

我们回过头去看点二列的 SPSS 结果,如表 11-8 所示:

表 11-8　点二列相关结果表

相关性		性　　别	数学成绩
性　　别	Pearson 相关性	1	−.661**
	显著性(双侧)		.000
	N	30	30
数学成绩	Pearson 相关性	−.661**	1
	显著性(双侧)	.000	
	N	30	30

注：**表示在.01水平(双侧)上显著相关。

该表中,我们看到性别与数学成绩的相关系数为−0.661**,"*"表示相关程度,一个"*"表示在 $\alpha=0.05$ 的水平上显著,两个"*"表示在 $\alpha=0.01$ 的水平上显著,SPSS 不会在 $\alpha=0.001$ 的水平上的检验。显著性(双侧)Sig=0.000,则表示 $p<0.001$,说明在 $\alpha=0.001$ 的水平上显著相关,即不同性别学生的数学成绩之间显著相关。这与我们通过独立样本 t 检验的结果一致。

二、Pearson 相关系数的显著性检验

(一) Pearson 相关系数显著性检验的概述

Pearson 相关系数显著性检验即样本相关系数与总体相关系数的差异性检验。通过 Pearson 相关计算出来的样本相关系数 r 不为零时,因为抽样误差的存在,总体的相关系数却无法确定,这时就需要进行相关系数检验,来判断总体特征是否与样本特征一致。

Pearson 相关系数显著性检验的要求：

(1) 两变量都应是来自正态或接近正态总体分布的连续性变量。

(2) 数据必须是成对的,且不同数据对之间是相互独立的。

(3) 两变量之间呈线性关系。

(4) 样本容量应较大,一般 $N \geqslant 30$。

(二) Pearson 相关系数显著性检验的过程

1. 研究案例

Pearson 相关检验所用的研究案例同独立样本 t 检验所用研究案例相同,在此就不再重复。

2. 研究问题

高中学生的数学成绩和物理成绩之间是否显著相关？

3. 检验步骤

(1) 建立假设。同独立样本 t 检验一样,Pearson 相关系数显著性检验的第一步也是建立原假设和备择假设,分别用符号 H_0 和 H_1 表示。原假设：高中学生的数学成绩和物理成绩之间不存在显著相关关系；备择假设：高中学生的数学成绩和物理成绩之间存在显著相关关系。即

$H_0: p=0$ 无关

$H_1: p \neq 0$ 有关

(2) 判断显著性水平

① 方法一,查积差相关系数临界值表

第一,用积差相关公式计算相关系数 r。

第二,计算自由度 $df=n-2$。

第三,根据自由度查积差相关系数临界值表,确定显著性水平。

第四,解释结果。

例如:利用公式,计算得 $r=0.770, df=8$ 时,查积差相关系数临界值表。

表 11-9 积差相关系数临界值表(部分)

df \ $α$	$α=0.10$	$α=0.05$	$α=0.02$	$α=0.01$	$α=0.001$
8	0.549	0.632	0.716	0.765	0.872

经查表,我们发现 $α=0.01$ 一列对应的临界值为 0.7646,$r=0.770$ 大于 $α=0.01$ 对应的临界值,小于 $α=0.001$ 对应的临界值,所以我们可以确定显著性水平位 $α=0.01$,$p<0.01$,拒绝原假设,接受备择假设,也就说明相关性非常显著。

扩展阅读

完整的积差相关系数临界值表参见张厚粲、徐建平《现代心理与教育统计学》,第 469 页。

② 方法二,查 t 临界值

第一,用积差相关公式计算相关系数 r。

第二,计算统计量 t,公式:

$$t=\frac{r\sqrt{n-2}}{\sqrt{1-r^2}}$$

式中,r 为相关系数,n 为成对观测值的个数。

第三,计算自由度 $df=n-2$。

第四,根据自由度查 t 临界值表。

第五,结果解释同独立样本 t 检验相同。

(三) Pearson 相关系数显著性检验的 SPSS 操作

(1) 打开数据文件"文理科男女数学物理成绩.sav",依次选择"Analyze→Correlate→Bivariate",如图 11-52 所示。

(2) 弹出 Bivariate Correlations 对话框,选择左侧源变量中的"数学成绩"和"物理成绩",单击 ➡ 按钮,放入右侧变量框内。下方的"Correlation Coefficients"相关系数复选框内,选择 Pearson,其他不变,如图 11-53 所示。

(3) 单击 Bivariate Correlations 对话框中的"Options"按钮,弹出 Bivariate Correlations:Options 对话框,研究者可根据需要选择统计量,在本案例中,选择均值和标准差,其他不变,如图 11-54 所示。

(4)单击"Continue"按钮,返回 Bivariate Correlations 对话框,单击"OK"按钮,结果将显示在浏览器中,如图 11-55 所示。

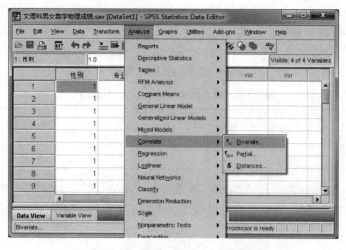

图 11-52 "文理科男女数学物理成绩"对话框

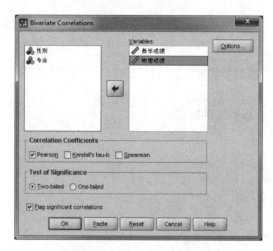

图 11-53 "双变量相关"对话框

图 11-54 "双变量相关:选择"对话框

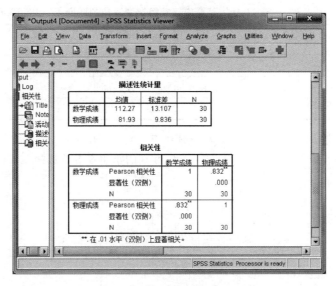

图 11-55　Pearson 相关系数显著性检验的结果图

（5）结果解释。Pearson 相关系数显著性检验的结果给出了两组数据表格，一是描述性统计量表；二是相关性表，其中相关性表中的数据是我们主要看的数据。在相关性表中，我们看到数学成绩和物理成绩的 Pearson 相关性和显著性，以及样本总数。

本案例中，数学成绩和物理成绩的 Pearson 相关系数为 0.832^{**}，显著性显示为 0.000，说明 $p<0.001$，即在 $\alpha=0.001$ 的水平上相关性显著，也就是说数学成绩和物理成绩的相关性极其显著。

三、卡方检验

（一）卡方检验的概述

卡方检验又称列联表分析或交叉表分析，是用来检验按属性分类的计数资料的实际观察次数分布与理论次数分布是否一致，或是否有显著差异的统计方法，它是非参数检验中应用较为普遍的检验方法，也是检验计数资料最常用的方法，用希腊字母 χ^2 表示。其中实际观察次数指实验或调查中的计数数据；理论次数指根据概率原理计算出来的次数，也称期望次数。卡方检验在教育研究中的主要用途有两个：一是用于按一个分类标志分类的资料，检验各类实际观察次数与理论次数是否相符合，即吻合性检验；二是用于按两个分类标志分类的资料，检验这两个分类标志（或因素）之间是否独立，即独立性检验。对于交叉列联表中行列变量的关系分析，一般采用卡方检验，这也是本书主要讲解的内容。

（二）卡方检验的检验过程

1. 研究案例

卡方检验所用的研究案例同独立样本 t 检验所用研究案例相同，在此就不再重复。

2. 研究问题

不同性别的学生在专业选择上是否存在显著差异？

3. 检验步骤

将案例中的原始数据整理成 2×2 列联表的形式，如表 11-10 所示：

表 11-10　某高中二年级学生专业列联表

性别＼专业	文	理	合 计
男	3	8	11
女	14	5	19
合 计	17	13	30

(1) 建立假设。建立原假设和备择假设,分别用符 H_0 和 H_1 表示。原假设 H_0：不同性别的学生在专业选择上不存在显著差异;备择假设 H_1：不同性别的学生在专业选择上存在显著差异。即

$$H_0: f_0 = f_e$$
$$H_1: f_0 \neq f_e$$

(2) 确定理论次数 f_e。

$$f_e = \frac{\text{某格所在行的和} \times \text{某格所在列的和}}{\text{总次数}}$$

(3) 求 χ^2 值和自由度 df

$$\chi^2 = \sum \frac{(f_0 - f_e)^2}{f_e}$$

$$df = (\text{行的个数} - 1)(\text{列的个数} - 1)$$

其中 f_0 是实际次数,f_e 是理论次数。

扩展阅读

完整的 χ^2 分布表参见张厚粲、徐建平《现代心理与教育统计学》,第 475 页。

(4) 查 χ^2 分布表,确定显著性水平,解释结果。

① 若 $\chi^2 < \chi^2_{0.05(df)}$,则 $p > 0.05$,接受原假设,拒绝备择假设,说明不同性别的学生在专业选择上不存在显著差异。

② 若 $\chi^2_{0.05(df)} < \chi^2 < \chi^2_{0.01(df)}$,则 $p < 0.05$,拒绝原假设,接受备择假设,说明不同性别的学生在专业选择上存在显著差异。

③ 若 $\chi^2 > \chi^2_{0.01(df)}$,则 $p < 0.01$,拒绝原假设,接受备择假设,说明不同性别的学生在专业选择上差异较显著。

(三) 卡方检验的 SPSS 操作

1. 方法一

(1) 打开数据文件"文理科男女数学物理成绩.sav",依次选择"Analyze→Descriptive Statistics→Crosstabs"如图 11-56 所示。

(2) 弹出 Crosstabs 对话框,选择左侧源变量中"性别"单击按钮,放入右侧"Row(s)"框内,为行变量;选择左侧源变量中"专业"单击按钮,放入右侧"Column(s)"框内,为列变量,如图 11-57 所示。

(3) 单击 Crosstabs 对话框中的"Statistics"按钮,弹出 Crosstabs：Statistics 对话框,选择"Chi-square"卡方检验,其他不变,如图 11-58 所示。单击"Continue"按钮,返回 Crosstabs 对话框。

(4) 其选项为系统默认值,单击"OK"按钮,结果将显示在浏览器中,如图 11-59 所示。

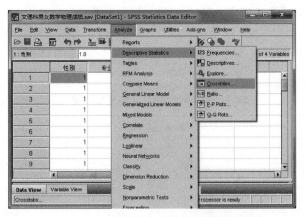

图 11-56 "文理科男女数学物理成绩"对话框

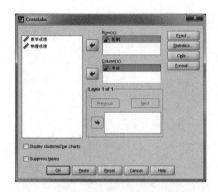

图 11-57 "交叉表"对话框

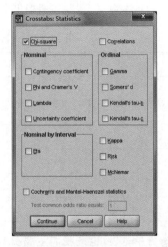

图 11-58 "交叉表:统计量"对话框

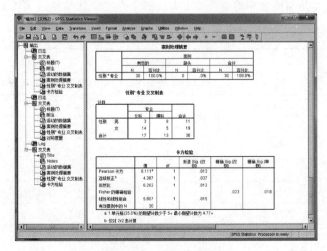

图 11-59 卡方检验结果

(5) 结果解释。从浏览器的输出结果,我们看到三个表格。

第一个是案例处理摘要表,在这个表中我们可得知测试样本中有效样本数为30,占总样本的比例为100%;缺失样本数0,占总样本的比例0.0%;合计样本数30,比例100%。如表11-11所示:

表11-11 卡方检验-案例处理摘要表

	案例处理摘要					
	案　　例					
	有效的		缺失		合　　计	
	N	百分比	N	百分比	N	百分比
性别 * 专业	30	100.0%	0	.0%	30	100.0%

第二个是性别 * 专业交叉制表,也就是列联表。如表11-12所示:

表11-12 卡方检验-性别 * 专业交叉制表

性别 * 专业 交叉制表				
计数				
		专　　业		
		文科	理科	合　　计
性别	男	3	8	11
	女	14	5	19
	合计	17	13	30

第三个是卡方检验表,也是我们主要分析的表。该表中我们主要看的数据是第一行 Pearson 卡方,其中卡方值为6.111,自由度 $df=1$,渐进 Sig(双侧)为 0.013,则 $p=0.013<0.05$,说明在 $\alpha=0.05$ 的水平上差异显著,也就是不同性别的学生在专业选择上存在显著差异。如表11-13所示。

表11-13 卡方检验表

卡方检验					
	值	df	渐进 Sig.(双侧)	精确 Sig.(双侧)	精确 Sig.(单侧)
Pearson 卡方	6.111[a]	1	.013		
连续校正[b]	4.367	1	.037		
似然比	6.262	1	.012		
Fisher 的精确检验				.023	.018
线性和线性组合	5.907	1	.015		
有效案例中的 N	30				

注:a. 1 单元格(25.0%)的期望计数少于 5。最小期望计数为 4.77。
　　b. 仅对 2×2 表计算。

2. 方法二

如果例题给出的是 2×2 列联表的形式，如表 11-14 所示：

表 11-14　某高中二年学生专业列联表

专业　性别	文	理	合　计
男	3	8	$a+b$11
女	14	5	19
合　计	17	13	30

（1）创建一个新的 SPSS 数据编辑窗口，在变量视图下输入三个变量，分别是"性别""专业""总计"，其中"性别"变量中"1"代表"男"，"2"代表"女"；"专业"变量中"1"代表"文"，"2"代表"理"。变量输入完成后如图 11-60 所示。

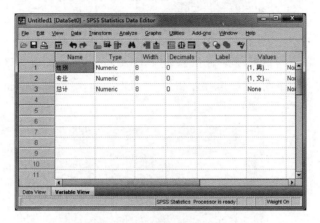

图 11-60　SPSS 变量编辑窗口图

（2）在数据视图中将表格中的数据输入，例如第一格数据，性别"1"，专业"1"，总计"3"。数据输入完成如图 11-61 所示。

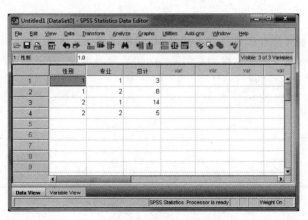

图 11-61　数据输入完成图

（3）分别选择"Date→Weight Cases(加权个案)"，如图 11-62 所示。

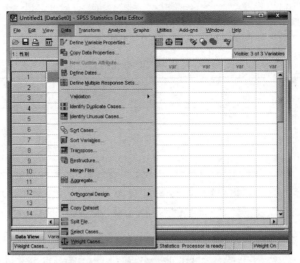

图 11-62　列联表数据输入完成图

（4）弹出 Weight Cases 对话框,此时系统默认"Do not weight cases"请勿对个案加权,我们选择第二个"Weight cases by"加权个案,然后选择左侧的"总计",单击 ➡ 按钮,放入右侧"Frequency Variable"中。如图 11-63 所示,单击"OK"返回图 11-61。

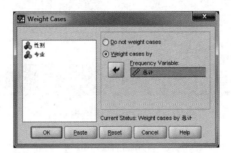

图 11-63　"加权个案"对话框

（三）卡方检验与 Phi 相关系数的关系

Phi 相关系数是计算样本相关性程度的统计量,其结果是一个数值,通过数值的大小来看变量相关程度的高低,而卡方检验则是假设检验的过程,目的是通过检验,来说明总体的特征。卡方检验是在 Phi 相关系数的基础上进行的。

我们回看 Phi 相关系数的 SPSS 结果,如表 11-15 所示:

表 11-15　Phi 相关系数结果表

对称度量			
		值	近似值 Sig.
按标量标定	φ	−.451	.013
	Cramer 的 V	.451	.013
	有效案例中的 N	30	

从该表中我们看到，φ值为-0.451，渐进 Sig 为 0.013，则$p=0.013<0.05$，说明在$\alpha=0.05$的水平上显著相关，也就是不同性别的学生在专业选择上存在显著性相关，这与卡方检验的结果一致。

四、单因素方差分析

（一）单因素方差分析的概述

单因素方差分析也称一维方差分析，用于分析单个控制因素取不同水平时，因变量的均值是否存在显著性差异。单因素方差分析基于各观测变量来自于相互独立的正态样本和控制变量不同水平的分组之间的方差相等的假设。单因素方差分析将所有的方差划分为可以由该因素解释的系统性偏差部分和无法由该因素解释的随机性偏差，如果系统性偏差显著地超过随机性偏差，则认为该控制因素取不同水平时因变量的均值存在显著差异。[①]

单因素方差分析的要求：

（1）样本必须是从总体中随机抽取，且因变量相互独立。

（2）因变量在各个水平上都呈正态分布或近似正态分布。

（3）因变量在各个水平上的方差具有齐次性。

（二）单因素方差分析的过程

1. 研究案例

此处的研究案例使用的依旧是刘淑杰、孟令奇在《用 TIMSS 2003 数据对学生数学自我概念工具结构的再检验》中使用数据库"美、日和中国港台地区学生数学成绩.sav"。数据库包括：样本 24119 人、数学成绩、成绩等级、12 个条目，以及通过主成分分析得出的两个变量。

2. 研究问题

美、日和中国港台地区学生的数学成绩是否存在显著差异？

3. 检验步骤

（1）建立假设。建立原假设和备择假设，分别用符H_0和H_1表示。原假设H_0：四个地区及国家学生的数学成绩不存在显著差异；备择假设H_1：美、日和中国港台地区中至少两个地区学生的数学成绩存在显著差异，即

$$H_0: \mu_1 = \mu_2 = \mu_3 = \cdots = \mu_n$$
$$H_1: \mu_1, \mu_2, \mu_3, \cdots \mu_n 不全相等$$

（2）计算SS_A、SS_E

$$SS_A = \sum n_i (x_{ij} - \bar{x})^2$$
$$SS_E = \sum_{i=1}\left[\sum_{j=1}(x_{ij} - \bar{x}_i)^2\right]$$

其中，i表示第几组，j为组内第几个观测值，x_{ij}表示第i组第j个数值，n_i表示组内观测值的数量，$\bar{x}$表示所有观测值的总平均数，$\bar{x}_i$表示组内观测值的平均数。

（3）计算自由度df和F值

$$df_{组间} = r - 1$$
$$df_{组内} = N - r$$

[①] 陈胜可. SPSS 统计分析从入门到精通[M].北京：清华大学出版社，2010：187.

$$F = \frac{SS_A/(r-1)}{SS_E/(N-r)}$$

其中,r 表示组数,N 表示样本数量。

 扩展阅读

完整 F 值表请参照张厚粲、徐建平的《现代心理学与教育统计学》,第 459 页。

(4) 确定显著性水平并解释结果。

先取 $\alpha=0.05$,查 F 值表,得 $F_{0.05(r-1,N-r)}$。

① 若 $F<F_{0.05(r-1,N-r)}$,则 $p>0.05$,说明在 $\alpha=0.05$ 的水平上差异不显著,则接受原假设,拒绝备择假设,即四个地区及国家学生的数学成绩不存在显著差异。

② 若 $F_{0.05(r-1,N-r)}<F<F_{0.01(r-1,N-r)}$,则 $p<0.05$,说明在 $\alpha=0.05$ 的水平上差异显著,则拒绝原假设,接受备择假设,即美、日和中国港台地区学生的数学成绩存在显著差异。

③ $F>F_{0.01(r-1,N-r)}$,则 $p<0.01$,说明在 $\alpha=0.01$ 的水平上差异显著,则拒绝原假设,接受备择假设,即四个地区及国家学生的数学成绩存在较显著差异。

(三) 单因素方差分析的 SPSS 操作

(1) 打开数据文件"四个国家(地区)学生数学成绩.sav",依次选择"Analyze→Compare Means→One-Way ANOVA"如图 11-64 所示。

图 11-64 "美、日和中国港台地区学生数学成绩"对话框

(2) 弹出 One-Way ANOVA 对话框,选择左侧源变量中的"idcntry"变量,单击 按钮,放入右侧"Factor"因子框内,选择左侧源变量中的"math_ave"变量,单击 按钮,放入右侧"Dependent List"因变量列表框内,如图 11-65 所示。

(3) 单击 One-Way ANOVA 对话框中的"Contrasts"按钮,弹出 One-Way ANOVA:Contrasts 对话框,该对话框的作用是设置均值的多项式比较。

"Polynomial"多项式按钮,定义是否在方差分析中进行趋势检验,在其右侧的"度"下拉菜单中包括:Linear 线性、Quadratic 二次、Cubic 三次、4th 四次、5th 五次。

"Coefficients"系数按钮,可以精确地进行某些组间平均数的比较。

本案例中选择"Polynomial"→"Linear"线性,如图 11-66 所示。单击"Continue"按,返回 One-Way ANOVA 对话框。

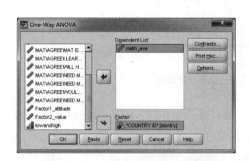

图 11-65 "单因素方差分析"对话框

图 11-66 "单因素方差分析:比较"对话框

(4)单击 One-Way ANOVA 对话框中的"Post Hot"按钮,弹出 One-Way ANOVA:Post Hot Multiple Comparisons 对话框,该对话框用于在假设方差齐性或不齐性的情况下选择进行两两比较的方法。其中,"Equal Variances Assumed"假设方差齐性复选框中比较常用的是"Tukey";"Equal Variances Not Assumed"假设方差不齐性复选框中比较常用的是"Tamhane'sT2"本案例中也选择这两项,其他不变。如图 11-67 所示。单击"Continue"按钮,返回 One-Way ANOVA 对话框。

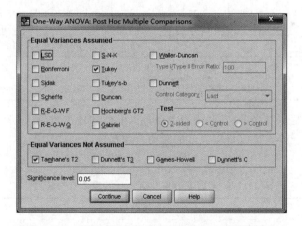

图 11-67 "单因素方差分析均值两两比较"对话框

(5)单击 One-Way ANOVA 对话框中的"Options"按钮,弹出 One-Way ANOVA:Options 对话框。在"Statistics"统计量复选框中,选择"Descriptive"描述统计量和"Homogeneity of variance test"进行方差齐次性检验。其他不变,如图 11-68 所示。单击"Continue"按钮,返回 One-Way ANOVA 对话框。

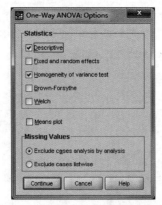

图 11-68 "单因素方差分析:选择"对话框

(6) 单击""OK 按钮,结果将显示在浏览器中,因表格较多,在此为大家一一讲解。

① 描述统计量表

表 11-16 单因素方差分析——描述统计量表

描述								
math_ave								
					均值的 95% 置信区间			
	N	均值	标准差	标准误	下限	上限	极小值	极大值
Taiwan of China	5379	587.3441	97.13073	1.32436	584.7478	589.9404	265.40	830.70
Hong Kong of china	4972	588.0618	68.20386	.96726	586.1655	589.9580	291.30	751.51
Japan	4856	568.8561	76.71467	1.10088	566.6978	571.0143	274.34	832.85
U.S.	8912	504.1934	77.67972	.82285	502.5805	505.8064	253.06	738.06
总　数	24119	553.0455	89.01692	.57318	551.9220	554.1689	253.06	832.85

从表中我们可以清楚地看出美、日和中国港台地区学生的样本数量、数学成绩的均值、标准差、极大极小值等描述统计量。读者可以根据自己的需要对数据进行处理使用。

② 方差齐性检验表

表 11-17 单因素方差分析——方差齐次性检验

方差齐性检验			
math_ave			
Levene 统计量	df1	df2	显著性
272.695	3	24115	.000

因为我们在操作步骤第五步中选择了"Homogeneity of variance test"进行方差其次性检验,所以结果给出了一个方差齐性检验表。SPSS通过 Levene 进行方差的齐次性检验,我们主要看最后一个数据"显著性"为.000,也就是 $p<0.001$,说明方差具有非齐次性。

③ 单因素方差检验表

表 11-18　单因素方差分析——ANOVA

ANOVA							
math_ave							
			平方和	df	均方	F	显著性
组间	（组合）		3.491E7	3	1.164E7	1796.311	.000
	线性项	加权的	3.311E7	1	3.311E7	5110.826	.000
		偏差	1801434.220	2	900717.110	139.053	.000
组内			1.562E8	24115	6477.487		
总数			1.911E8	24118			

知识小卡片 11-7

表 11-18 中，平方和数值中的 E 表示 10 的几次方，E 后面的数表示次数，如 3.491E7，表示 3.491×10^7。

在该表中，我们可以看到，方差检验的 F 值为 1796.311，显著性 Sig＝.000，表示 $p<0.001$ 说明各组在 $\alpha=0.001$ 的水平上具有显著性差异，也就说明美、日和中国港台地区学生数学成绩存在极其显著的差异。在这种情况下，要在各组之间进行两两比较，进一步判断哪两组之间差异显著。

④ 多重比较表

表 11-19　单因素方差分析——多重比较

多重比较							
因变量：math_ave							
	(I) * COUNTRY ID * (J) * COUNTRY ID *		均值差（I-J）	标准误	显著性	95% 置信区间	
						下限	上限
Tukey HSD	Taiwan of China	Hong Kong	−.71768	1.58335	.969	−4.7857	3.3503
		Japan	18.48803*	1.59315	.000	14.3949	22.5812
		U.S.	83.15063*	1.38962	.000	79.5804	86.7209
	Hong Kong of China	Taiwan	.71768	1.58335	.969	−3.3503	4.7857
		Japan	19.20571*	1.62379	.000	15.0338	23.3776
		U.S.	83.86832*	1.42465	.000	80.2081	87.5285
	Japan	Taiwan	−18.48803*	1.59315	.000	−22.5812	−14.3949
		Hong Kong	−19.20571*	1.62379	.000	−23.3776	−15.0338
		U.S.	64.66261*	1.43553	.000	60.9744	68.3508
	U.S.	Taiwan	−83.15063*	1.38962	.000	−86.7209	−79.5804
		Hong Kong	−83.86832*	1.42465	.000	−87.5285	−80.2081
		Japan	−64.66261*	1.43553	.000	−68.3508	−60.9744

续表

Tamhane	Taiwan of China	Hong Kong	−.71768	1.63998	.999	−5.0334	3.5980
		Japan	18.48803*	1.72217	.000	13.9560	23.0200
		U.S.	83.15063*	1.55917	.000	79.0475	87.2537
	Hong Kong of China	Taiwan	.71768	1.63998	.999	−3.5980	5.0334
		Japan	19.20571*	1.46544	.000	15.3493	23.0621
		U.S.	83.86832*	1.26991	.000	80.5266	87.2101
	Japan	Taiwan	−18.48803*	1.72217	.000	−23.0200	−13.9560
		Hong Kong	−19.20571*	1.46544	.000	−23.0621	−15.3493
		U.S.	64.66261*	1.37441	.000	61.0458	68.2795
	U.S.	Taiwan	−83.15063*	1.55917	.000	−87.2537	−79.0475
		Hong Kong	−83.86832*	1.26991	.000	−87.2101	−80.5266
		Japan	−64.66261*	1.37441	.000	−68.2795	−61.0458

注：*. 均值差的显著性水平为 0.05。

因为之前我们已经确认各组方差具有非齐次性，所以在此表格中我们只需看 Tamhane 部分。表格显示了每一个国家(地区)与其他 3 个国家(地区)的比较，其中显著性一列，说明了国家(地区)之间的关系。在该表中，除了 Taiwan 和 Hong Kong 的显著性 $p=0.999>0.05$，说明在 $\alpha=0.05$ 的水平上差异不显著，即这两个地区学生数学成绩不存在显著差异之外，其他国家(地区)均显著性 $p<0.001$，说明各组在 $\alpha=0.001$ 的水平上具有显著性差异，这些国家(地区)学生数学成绩存在极其显著的差异。

本章小结

本章最大的特点是基于教育统计学的理论知识，为大家详细介绍了 SPSS 这一重要软件在教育统计学中是如何应用的。本章的第一节 SPSS 概述让大家整体了解了该软件的重要性和主要功能。第二、三节介绍了描述统计中的集中量数、差异量数、相关系数；推断统计的独立样本 t 检验、皮尔逊相关、卡方检验、单因素方差分析等的基础知识，并在此基础上，结合图表的形式为大家详细展示了 SPSS 的操作步骤，以便于读者的学习、操作和理解。

SPSS 软件的功能极为强大，本章中并没有完全向大家展示，而是结合学习的需要，为大家讲解了教育统计学中的应用较为广泛和比较重要的部分，读者可结合 SPSS 软件的其他相关书籍进一步学习。

思考与练习

1. 直方图、条形图、扇形图分别适用于什么样的变量？
2. 描述统计量的 SPSS 操作方法有几种，步骤是什么？
3. 描述统计与推断统计有什么区别和联系？
4. 独立样本 t 检验的适用条件和 SPSS 操作步骤？

参考文献

[1] 陈胜可.SPSS统计分析从入门到精通[M].北京:清华大学出版社,2010:80.

[2] 丁国盛,李涛.SPSS统计教程——从研究设计到数据分析[M].北京:机械工业出版社,2005:11.

[3] 杨晓明.SPSS在教育研究中的应用(第二版)[M].北京:高等教育出版社,2012:14.

[4] 张厚粲,徐建平.现代心理与教育统计学[M].北京:北京师范大学出版社,2004:10.

[5] Shujie Liu & Lingqi Meng(2010). Re-examining factor structure of the attitudinal items from TIMSS 2003 incross-cultural study of mathematics self-concept. Educational Psychology,30:6,699—712.

第十二章 教育研究成果的表述

> **学习目标**
>
> 1. 了解教育研究成果表述的概念、要求、意义、类型及其表现形式。
> 2. 掌握量化研究、质化研究、混合研究、思辨研究成果的表述规范。

教育研究成果的表述是教育研究中非常重要的一个环节,任何教育研究最终都要以一定的方式呈现出来。不同类型的研究有着不同类型的成果表现形式,不同类型的成果表现形式又有着各自的特点和要求。本章主要介绍不同类型的教育研究成果及其表述的规范性要求,以及成果表述写作中的格式和规范。

第一节 教育研究成果表述概述

一、教育研究成果表述的概念

教育研究成果表述指研究者对某一问题或现象,通过调查、观察、实验、分析、总结等方式进行研究活动,得出研究结论,并将研究目的、研究过程、研究结果以文字、图表等形式表示出来,形成书面材料的过程。教育研究成果表述并不是研究的最后阶段,它贯穿于整个教育研究过程,是体现研究价值的重要环节。教育研究成果表述的系统、规范、严谨、到位,不仅能提高研究的质量、体现研究的价值,更能促进研究成果的交流与应用,因此研究成果的表述是研究成败的重要体现。

二、教育研究成果表述的要求

在进行教育研究成果表述时,为了研究结果能更好地呈现、交流和使用,不仅需要研究者对研究过程进行系统严谨的思考、分析和总结,同时需要一定的行文规范和要求。

(一)教育研究成果的表述要真实、科学

研究的目的是探寻事实,研究的结果要反映事实,真实性是任何研究的首要前提。因此,研究成果的表述必须要遵循实事求是的基本原则,以事实为依据,通过充足的论据,严密的论证,可靠的资料,如实地表达研究的过程以及研究的结果。

(二)教育研究成果的表述要严谨、规范

不同的写作题材有着不同的行文规范,科学研究领域也是如此。虽然由于研究类型的不同,研究成果表述的规范也不同,但总体来讲,研究成果表述的写作用语要专业、严谨,写作格式要规范、统一。一篇严谨规范的研究成果报告,不仅能很好地呈现研究的结果,更能提高研究的质量,体现研究的价值。

(三)教育研究成果的表述要直观、可读

研究成果的表述不仅是对研究者自己工作的总结,同时也为领域内学者们的交流和学习,提供了参考所以研究成果的表述一定要具有可读性。这就要求研究成果的表述一定要在言简意赅的基础上,反映研究过程的重要信息,切忌冗长繁琐。

三、教育研究成果表述的目的和意义

教育研究的目的是为了解释教育现象,揭示教育的规律,教育研究成果的表述则是研究目的和研究价值的具体体现。通过研究成果的表述,不仅能提高研究者自身的思考与表达能力,同时也能促进教育领域科研成果的交流与学习,从而丰富教育理论,指导教育实践,推动教育事业的发展。

(一)教育研究成果的表述可以锻炼研究者个人的逻辑思维能力和语言表达能力

教育研究成果的表述需要研究者不断地分析研究资料、反思研究过程、总结研究结果,并最终将整个研究成文。这就需要研究者具备敏锐的观察能力、深刻的思辨能力、清晰的表达能力等各方面研究所必备的素质。所以,通过分析、综合、抽象、概括,并以文字的形式将研究结果呈现出来,这一严谨的思维过程,有利于锻炼研究者的思辨能力和语言运用能力。

(二)教育研究成果的表述能够体现研究过程并深化研究的价值

教育研究成果的表述不只是对研究结果的呈现,而是对整个研究的表述,包括研究目的、研究计划、研究过程、研究结果等。研究的价值在于对规律的揭示,对实践的指导,但是再有价值的研究,如果不能呈现出来,也是一种无用功。一篇高质量的教育研究成果表述不仅能体现整个研究过程,同时也是对研究价值的深化。

(三)教育研究成果的表述能够丰富教育理论,指导教育实践,促进学术交流,推动教育事业的发展

丰富教育理论,指导教育实践,推动教育事业的发展是每项教育研究的终极目标,但是只有通过研究成果表述这一有形的方式,教育理论才能形成体系,教育实践才能有章可循,教育事业才能不断发展。

第二节 教育研究成果的类型

一、教育科学研究成果的类型

根据不同的划分方法,教育科学研究成果的类型也多种多样。

(一)根据研究方法分类

根据研究方法进行分类,教育科学研究成果的类型主要可以分为量化研究成果、质化研究成果、理论研究成果、混合研究成果。

1. 量化研究成果

量化研究指以具有数量化信息的资料为分析对象,运用统计方法进行数学分析,通过对大量数据进行逻辑推理运算,发现数据背后所具有的事物本身的特征和规律。量化研究成果则指从大量数据中抽取出对研究问题具有一定意义的数据,经过运算、分析、解释、概括,赋予其一定的价值,并以图形、表格、数据的形式表现出来,而形成的教育研究结果。所以量化研究成果中通常包含大量的数字和统计表格。

2. 质化研究成果

质化研究是以研究者本人为研究工具,在自然情境下采用多种资料收集方法对社会现象进行整体性探究,是用归纳法分析资料和形成理论,通过与研究对象互动对其行为和意义建构获得解释性理

解的一种活动。① 质化研究的数据形式多样,包括访谈资料、观察资料、日记、杂志等。质化研究成果就是通过对事物的质的描述性资料进行分析之后形成的研究结果。

3. 理论研究成果

教育科学的理论研究,是在已有的客观现实材料及思想理论材料基础上,运用各种逻辑的和非逻辑方式进行加工整理,以理论思维水平的知识形式反映教育的客观规律。② 理论研究与质化研究不同,质化研究侧重于对反映事物质的规定性的描述性资料的分析,而理论研究则是通过研究者的理论思辨得出研究结果。

4. 混合研究成果

混合研究指在研究中综合运用量化和质化研究方法。混合研究的侧重常常因研究问题的不同而不同:侧重于定性部分,侧重于定量部分或定性定量部分同时侧重。其研究成果的表述也因为侧重点的不同而有所不同。

(二) 根据研究的目的和功能分类

1. 基础性研究成果

基础性研究是通过收集相关资料,并对资料进行抽象、概括分析,将大量感性认识上升为理性认识,从而获得有关现象的本质和规律的研究,其目的是丰富和发展理论。所以基础性研究成果通常表现为一定的理论结果。

2. 应用性研究成果

应用性研究最主要的目的是解决实际问题,其价值在于提出实际问题的解决方案或相关知识。应用性研究成果往往是对教育教学实践中出现的问题进行反思、研究而得出的结论,可以直接运用于教育教学的实际工作当中。

3. 发展性研究成果

发展性研究的目的在于提出能促进学校或教育发展的有效策略,它强调策略的具体性、实际性和操作性,比应用性研究成果更具计划性和长远性。

4. 预测性研究成果

预测性研究的主要目的是研究某一事物未来的发展趋势和情境,它不提出有关的解决方案,而只是回答了"未来会怎样"的问题。

5. 评价性研究成果

评价性研究是指通过各种方式收集相关资料,通过分析资料,对教育目的或教育活动等现象做出价值判断的过程,它回答了"怎么样"的问题,其研究成果通常表现为对某一现象的好坏利弊进行分析的过程。

二、教育研究成果的表现形式

(一) 教育研究报告

教育研究报告,又称教育科研报告,是研究者呈现研究工作阶段性结果或最终结果的一种文体形式。根据资料收集方式的不同,研究报告可以分为调查报告、实验报告等;根据研究方法的不同,研究报告可分为定性研究报告和定量研究报告。

---

① 陈向明.质的研究方法与社会科学研究[M].北京:教育科学出版社,2000:12.
② 裴娣娜.教育研究方法导论[M].安徽:安徽教育出版社,2010:313.

(二) 教育学位论文

教育学位论文是研究者(通常指学士学位以上学生)以某一教育现象、教育问题或教育理论等为研究对象,通过一系列系统、严谨、专门的研究过程,提出新的观点和结论的一种研究型文章。学位论文不仅是获得学位的一种方式、它更是一种科研成果,因此需要符合科学研究的相关规范。在中国知网上可以查到全国各个高校的硕博论文,不同的院校对论文的要求也不尽相同。

(三) 教育期刊论文

教育期刊论文是教育科研成果的一个重要表现形式,也是目前数量最多的一种科研成果类型。期刊论文指发表在学术期刊上的,具有一定研究价值和研究成果的文章。期刊论文的类型多种多样,可以说包括任何类型的研究。

(四) 教育专著

教育专著是研究者对某一教育领域进行专业的研究和分析之后进行的比较系统深刻的论述。教育专著的篇幅较长,因此可能是围绕较大的复杂问题做深入细致探讨和全面论述,具有内容广博、论述系统、观点成熟等特点,一般是重要科学研究成果的体现,具有较高的学术参考价值。

第三节　不同类型教育研究成果表述的规范性

一、量化研究

(一) 基本表述框架

量化研究有着相对稳定的基本表述框架,写作格式统一,表现出严谨、客观、注重事实呈现的特点,而不过分强调语言的润色和辞藻的华丽。一般来讲,量化研究主要包括 8 个组成部分,分别是:题目、关键词、摘要、引言和文献综述、研究方法、研究结果、结论与讨论、参考文献与附录。

1. 题目

研究题目,也称为研究的标题,不管是量化研究、质化研究、混合研究还是思辨研究,题目都是第一组成要素。一个好的研究题目应该能简单、精确、概括地表明研究问题,让读者在看到题目的一瞬间就明白该研究的研究方向。所以,研究题目是对研究内容的高度概括,研究题目的字数一般不超过 20 个字,题目中不应使用过多修饰词语,避免华而不实。如果题目字数过多,研究者可以考虑使用二级标题的方式,例如,案例研究中通常在一级标题下,使用二级标题:"以＊＊＊为例",如《新课改背景下课程整合的实践探索——清华大学附属小学"1＋X课程"育人体系建构的案例研究》[1]。

2. 关键词

文章关键词的主要作用是为了方便其他学者检索、阅读文章。关键词一般选用与研究关系最为密切的专业词汇,能集中反映研究涉及的领域和方向。如刘淑杰、周晓红的《国外教师绩效工资实施效果评价的研究进展及其启示》[2],此文使用的关键词为"教师绩效工资""绩效评价""实施效果",从关键词中可以明显看出此文章的内容主要是围绕着"教师绩效工资和评价"展开的。

---

[1] 窦桂梅.新课改背景下课程整合的实践探索——清华大学附属小学"1＋X课程"育人体系建构的案例研究[J].教育研究,2014,2:154—159.

[2] 刘淑杰,周晓红.国外教师绩效工资实施效果评价的研究进展及其启示[J].外国教育研究,2013(4):44—52.

3. 摘要

摘要是学术研究文章的有机组成部分,虽然摘要同样是对研究内容的高度概括,但是与题目和关键词相比,摘要的内容更丰富一些。一般来讲,摘要是一段文字,总体上应包括研究的背景、研究问题、研究方法、研究结论、研究启示,但是根据研究的实际情况,其内容可有所变化,所以说摘要并没有严格的要求,但是必须要反映出研究的主要内容,让读者通过阅读摘要就能对研究有大体的掌握,并决定是否进一步阅读。

发表在规范学术杂志的汉语定量研究文章的摘要一般要求包括中英文两版,英文摘要的内容与中文版的相对应。汉语摘要放在正文和关键词之前,英文摘要一般放在汉语关键词之后或参考文献之后。

英文刊物中的定量研究文章的摘要一般只要求英文,个别国际杂志也要求二到三种语言的摘要(例如,英文、法文或德文)。摘要的字数要求从150字到250个英文单字不等。美国《APA格式写作手册》(第6版)明确提出摘要应该具备简明性、准确性、非评价性、连贯性和可读性。对于定量研究应该包括五方面内容:研究问题、被试、研究方法、基本发现以及结论/应用。

4. 引言和文献综述

在汉语的量化研究中,引言和文献综述往往出现在文章正文的第一部分。引言,又称前言,主要阐述研究的背景,体现研究的意义和价值。文献综述则是对研究领域中以往研究的综述。文献综述的写作具有一定的技巧,写作视角也多种多样,不同的人可以有不同的综述视角。一般而言,文献综述应该选择与本研究具有密切关系的其他研究进行综述。文献综述的目的主要有两个:

(1) 阐述相关领域中缺少与本研究类似的研究,或者研究视角不同,或者研究方法不同等,从而表明本研究的创新性、深化研究价值。

(2) 阐述相关领域中虽有类似研究,但所得结论不同,为本研究的结论做铺垫。

5. 研究方法

研究方法部分,有的文章中也称为研究设计,是量化研究的重要组成部分,也是量化研究与质化研究在基本表述框架中最大的不同。量化研究需要收集大量的相关数据,并对数据进行分析处理,才能得出研究结果,这就涉及统计学的相关知识,例如,样本的选择、数据的分析等。所以,量化研究必须对研究方法进行说明,一般来讲,研究方法部分主要包括:研究假设、研究工具、样本的选择方法、样本的介绍、数据的收集过程、数据的分析工具等。

美国《APA格式写作手册》(第6版)建议研究方法应该分成两部分进行详细叙述。第一部分是描述被试,第二部分是描述研究过程。在描述被试时,应该对其人口统计学特征如年龄、性别、种族、教育程度、社会经济地位等给予呈现。如果应用了测量工具,则通常先对工具进行一般描述,它包括目的、(问卷)条目的数量、问卷格式、条目的属性以及计分的办法;然后是工具效度的信息。理想情况下,最好将工具和所用的指定模型放在一起,为读者提供变量和研究的理论基础。对每个工具的描述以信度的信息结束,其中包括在本研究中用样本计算出的信度值。

6. 研究结果

研究结果是数据分析结果的呈现,要求客观真实,一般采用直观、精确的数据、文字、图表等方式表述。按照量化研究的习惯,在研究结果部分,首先呈现描述统计结果,一般包括均值、标准差、百分比等,然后呈现推断统计结果,例如相关性检验、回归分析等,但具体内容应该根据研究的实际情况定夺。需要注意的是,该部分并不是简单的数据堆积,而是通过呈现数据分析的结果,进一步说明数据背后所反映出来的事实情况。研究结果中数据的呈现方式有其规范性要求,在下一部分将对此详细阐述。

7. 结论与讨论

结论与讨论也是量化研究中必不可少的部分,严格来说,结论和讨论是两个相对独立的部分,但是如果这两部分内容较少,可以合并为一个部分进行阐述。研究结论与研究结果不同,研究结果是数据分析结果,要求客观呈现,而研究结论是在数据分析结果的基础上进一步分析,可以说结论部分是整个研究最终得出的结论,它要求研究者具有一定的归纳概括能力。研究的讨论部分则需要研究者具备一定的思辨能力,该部分可以是对结论的讨论,也可以提出建议和启示。

8. 参考文献与附录

参考文献是任何类型的研究都必备的部分,具有严格的写作格式。参考文献的内容是该研究所参考的相关研究,参考文献所列举文章的质量往往就可以体现一个研究的质量和高度。所以,我们的研究应该尽可能地参考一些高质量的文章。

附录只要包括研究所使用的工具和部分原始资料。例如,调查问卷、访谈提纲、调查表格等。

(二)统计表述规范性要求

关于统计检验的理论知识及 SPSS 操作过程已在本书的第十一章为大家详细讲解。但是,只有相关理论知识以及 SPSS 操作结果是不够的,因为我们的科研成果最后要通过文章的形式呈现出来,因此,还必须掌握统计检验结果表述的规范性要求。为便于理解,关于统计表述规范性要求的案例仍使用前面相对应章节的案例。

1. 独立样本 t 检验

1) 研究案例

随机选取某省某高中二年级学生 30 人,进行内容和难度相同的数学和物理测验,并对学生的性别、专业、数学成绩、物理成绩进行了统计,其中数学成绩满分 150,物理成绩满分 100。统计结果如表 12-1 所示:

表 12-1 某高中二年级学生数学和物理成绩统计表

学生编号	性别	专业	数学成绩	物理成绩	学生编号	性别	专业	数学成绩	物理成绩	学生编号	性别	专业	数学成绩	物理成绩
1	男	理	120	96	11	男	理	127	93	21	男	理	136	95
2	男	理	131	94	12	男	文	112	89	22	男	理	143	97
3	男	文	113	89	13	男	理	108	85	23	男	理	134	94
4	男	文	106	87	14	男	理	128	92	24	女	文	106	88
5	女	文	102	75	15	女	文	95	65	25	女	文	120	87
6	女	文	104	76	16	女	文	90	72	26	女	文	109	77
7	女	文	114	84	17	女	理	99	68	27	女	文	100	70
8	女	文	111	82	18	女	理	120	90	28	女	文	102	71
9	女	理	119	70	19	女	文	98	70	29	女	文	103	77
10	女	理	101	71	20	女	文	110	78	30	女	文	107	76

2) 研究问题

不同性别学生的数学成绩之间是否差异显著?

通过 SPSS 操作,我们已得出独立样本 t 检验的结果。但是 SPSS 结果非常详细复杂,其中很多信息是没必要在文章中呈现的,还有些信息是需要从不同表格中进行合并的。在独立样本 t 检验的结果表述中,需要呈现的信息一般为 6 个,分别是"变量""均值""标准差 SD""t 值""自由度 df"和"显著性 p 值"。表 12-2 为根据 SPSS 结果制作的"不同性别学生的数学成绩独立样本 t 检验表"。规范格式如下:

表 12-2　不同性别学生的数学成绩独立样本 t 检验表

变量	男		女		t	df	p
	M	SD	M	SD			
数学成绩	123.45	12.396	105.79	8.404	4.656	28	.000***

注:* 表示在 0.05 水平上差异显著,** 表示在 0.01 水平上差异显著,*** 表示在 0.001 水平上差异显著。

根据表格的数据,规范的结果写作方式如下:

本研究使用了独立样本 t 检验的方法,对不同性别学生的数学成绩进行了差异性分析,结果如表 12-2 所示。表 12-2 表明,不同性别学生的数学成绩之间存在显著性差异($t_{(28)}=4.656, p<0.001$),其中,男生数学平均成绩高于女生数学平均成绩。

2. 单因素方差分析

1) 研究案例

此处的研究案例使用的依旧是刘淑杰、孟令奇在《用 TIMSS 2003 数据对学生数学自我概念工具结构的再检验》[1]中使用数据库"四个国家(地区)学生数学成绩.sav"。数据库包括:样本 24119 人、数学成绩、成绩等级、12 个条目,以及通过主成分分析得出的两个变量。

2) 研究问题

美、日和中国港台地区学生的数学成绩是否存在显著差异?

单因素方差分析的相关理论知识和 SPSS 操作步骤及结果已在第十一章详细讲解。值得注意的是,当单因素方差检验结果显示变量之间存在显著性差异时,则需进一步进行检验,看看哪几组之间存在显著性差异。根据 SPSS 结果制作而成 APA 规范表格如下所示:

表 12-3　美、日和中国港台地区学生的数学成绩的单因素方差分析表

	数学成绩			
	M	SD	F	P
Taiwan of China	587.3441	97.13073	1796.311***	.000
Hong Kong of China	588.0618	68.20386		
Japan	568.8561	76.71467		
U.S.	504.1934	77.67972		

注:* 表示在 0.05 水平上差异显著,** 表示在 0.01 水平上差异显著,*** 表示在 0.001 水平上差异显著。

扩展阅读

蔺秀云等.《流动儿童歧视知觉与心理健康水平的关系及其心理机制》[J].心理学报,2009,41(10).

---

[1] Shujie Liu & Lingqi Meng (2010). Re-examining factor structure of the attitudinal items from TIMSS 2003 in cross-cultural study of mathematics self-concept. Educational Psychology,30:6,699—712.

根据表格的数据,规范的结果写作方式如下:

单因素方差分析的结果表明,四个国家(地区)学生的数学成绩存在显著性差异($F_{(3,24115)}=1796.311, p<.001$)。由于在方差齐次性检验中,发现方差具有非齐次性,所以采用 Tamhane'T2 判别法进行事后检验,事后检验的结果表明,除了中国台湾与中国香港学生的数学成绩之间不存在显著性差异之外,其他国家两两之间均存在显著性差异。

3. 相关

1) 研究案例

这里使用的案例与进行独立样本 t 检验使用的案例相同,在此不再赘述。

2) 研究问题

高中学生数学成绩和物理成绩有无相关关系?

由于相关的类型有多种,本书将以 Pearson 相关为例,为大家详细讲解。根据第十一章中,Pearson 相关的 SPSS 操作结果,制作表格"高中学生数学成绩和物理成绩的相关分析表"。根据表格 12-4 的数据,规范的结果写作方式如下:

本研究采用 Pearson 相关分析了数学成绩和物理成绩的关系。从表 12-4 中可以看出,数学成绩和物理成绩之间在 0.001 的水平上相关显著($r=.832, p<0.001$),说明两者存在较强的相关关系,且为正相关关系。

表 12-4 高中学生数学成绩和物理成绩的相关分析表

	物理成绩
数学成绩	.832***

注:* 表示在 0.05 水平上差异显著,** 表示在 0.01 水平上差异显著,*** 表示在 0.001 水平上差异显著。

在进行实际研究时,可能不止进行两变量的相关分析,这时需要将所有进行分析的变量相关结果整合到一个表中,具体格式请参见蔺秀云等.《流动儿童歧视知觉与心理健康水平的关系及其心理机制》[J].心理学报,2009,41(10).

4. 卡方检验

1) 研究案例

卡方检验所用的研究案例与独立样本 t 检验所用研究案例相同,在此就不再重复。

2) 研究问题

不同性别的学生在专业选择上是否存在显著差异?(或性别与专业选择是否相关?学生性别对学生专业选择是否有影响?)

根据 SPSS 的操作结果,制作表 12-5,规范格式如下:

表 12-5 不同性别的学生专业选择的卡方检验表

	Pearson 卡方值	df	p
性别与专业选择	6.111*	1	.013

注:* 表示在 0.05 水平上差异显著,** 表示在 0.01 水平上差异显著,*** 表示在 0.001 水平上差异显著。

扩展阅读

卢尚建.《城乡教师教学水平差距的现状调查及分析——基于对浙江省城乡教师的调查研究》[J].全球教育展望,2013,42(6).

根据表格的数据,规范的结果写作方式如下:

通过对性别和专业选择进行卡方检验发现,不同性别的学生在专业方向的选择上存在显著性差异($x^2_{(1)} = 6.111, p<0.05$)。

(三)结论与讨论

结论部分有许多组织方法,这种组织由常识和可读性决定。一个有用的方法就是根据研究问题或研究假设来组织结论部分。对于特定的分析类型,结论部分的组织要根据分析步骤进行。讨论和启示的写法有多种组织方式:有的学者将讨论和启示放在一起阐述;有的学者先进行讨论部分的写作,然后是启示部分;也有的学者建议,讨论和启示部分以对研究的简短总结和研究的最重要发现开始,应包括导致研究结果的原因(即为什么发现了所发现的)以及研究发现的意义。具体地讲应该强调以下几点:

第一,讨论原因和启示应当在所用的研究理论框架中讨论,应该首尾呼应,使研究结果和文献综述中所述的内容联系起来。一旦对研究结果作了充分的报告,就要开始讨论所做研究的重要性,同时把新发现与更广泛的问题联系起来。一个常见的错误就是讨论部分写得非常简短,不足以将研究报告和更广的专业领域相联系,从而不能使研究发挥出它应有的贡献。另一方面,不要过分地推测,要使讨论与研究目的保持一致,同时又要和前面的每一部分保持一致。避免偏题太远,避免得出没有足够数据支撑的结果的启示,避免超出研究发现的任何推断,避免得出与研究目的无关的结论。

第二,当写到研究结果的意义和启示时,运用试探性语言(可能支持、建议、似乎)是很重要的。如果研究结果和其他人的结果一致,就该加强语气(这个证据说明……这些研究结合在一起显示……)。

第三,不要在讨论部分报告新数据。

第四,讨论和启示部分至少应该包含一段关于本研究的局限与不足。如果研究者能考虑内部效度(研究本身的效度,包括测量)和外部效度(研究结果的推广)是很有用的。研究者要批判性地对待他们自己的研究。然而,过于批评自己的作品、不强调自己研究的长处也是不应当的。因此,最好先指出该研究的局限,然后指出该研究对本领域的贡献和影响。讨论和启示部分通常以对未来研究的建议结束。

二、质化研究

(一)基本表述框架

1. 题目、摘要、关键词

质化研究的题目、摘要、关键词等部分的要求与量化研究相似,在此就不再阐述。

2. 引言

质化研究中引言部分的写作的目的与量化研究是一样的,应该包括研究背景,说明研究在一个什么样的大背景下进行的,突出该研究具有的意义和价值,并在该部分提出本研究的研究问题。研究问题是研究的核心所在,任何研究都要以研究问题为中心,研究目的是为了解决问题,研究过程是为了验证问题,研究结果是为了说明问题。

3. 研究设计

质化研究中的研究设计部分与量化研究中的研究方法部分有所不同。由于质化研究要采取一定的工具和方法来收集相关描述性资料,所以质化研究的研究设计部分一般包括:研究方法、研究工具、抽样方法、样本信息等。

4. 研究结果

研究结果是对所收集来的资料进行分析的过程。但与量化研究不同的是，质化研究所分析的资料是事物的描述性资料，一般情况是文字资料。对资料进行定性分析首先要确定分析的维度，然后将资料进行归纳整理分类，确定不同分类之间的关系，进而对资料进行深入分析。常用的分析方法主要有：因果分析、归纳分析、比较分析、情境分析。因果分析指确定事物之间是否具有因果关系，即一事物是不是另一事物产生的原因。归纳分析指从个别事物出发，归纳事物的共有特征，推导出一般性的结论和理论。比较分析指将不同类别的资料进一步在不同维度上进行比较，发现其异同点，并说明原因。情境分析是指按照故事发生的时序对有关事件和人物进行描述性分析。① 根据资料分析的方法，该部分资料写作的方式主要有：① 类属叙述，通过对资料的分析，将研究所使用的理论框架或新的理论框架不断填充、丰富和完善。② 故事叙述，像讲故事一样，按照事情发生的过程逐一叙述出来，故事叙述强调事情发生情境和背景的细致描述。③ 综合叙述，将类属叙述和故事叙述结合起来。

5. 结论、讨论与建议

质化研究的结论一般应该在讨论部分之后进行。因为，经过讨论研究者才能最终发现研究的重要信息和价值，所以，研究结论其实是研究结果和研究讨论的进一步总结。得出研究的最终结论，往往需要根据研究结论，为教育实践或以后研究提出具有建设性的意见。这种结论和建议的提出和量化研究有很大不同，一般量化研究的结论具有推广性，而质化研究的结论往往不具有推广性，这是撰写质化研究结论部分应该注意的。

6. 参考文献及附录

参考文献及附录的要求与量化研究的要求类似，其中质化研究的附录一般是访谈的提纲、观察计划等。

（二）表述规范性要求

1. 访谈结果的规范性表述

1）访谈报告

访谈报告是指研究者围绕某一专业领域或问题进行访谈之后，将研究者和被访者的谈话过程以文字的形式完整呈现出来。这类研究一般是访问在某一领域中具有很高学术成就的权威。访谈报告要求研究者掌握较高访谈技巧，所询问的问题要紧扣研究主题。访谈报告的特点是并不需要研究者对被访者的回答做出评价，而只需要将两者的对话进行概括整理，在保持原意不变的基础上，使语句通顺，方便读者阅读。例如，钟启泉教授曾对日本学者梶田叡一就中小学教育中的教育评价问题进行了访谈，并整理成访谈报告《教育评价：为了学生的学习与成长——日本教育学者梶田叡一教授访谈》。该报告共有三部分：① 教育评价的作用；② 形成性评价的意义；③ 学生的自我评价与自我教育。可见，该访谈主要围绕这三方面进行。② 下面是该访谈报告第一部分中的节选：

钟启泉：那么，就教师而言，"教育评价"从什么意义上说，是有用的和必要的呢？

梶田叡一：归纳起来，可以指出两点。第一，理解指导的对象。通过评价，可以了解指导的对象——学生的实际，获得理解的线索。从教的侧面看，不把握教育的对象理解到什么程度，学会了哪些，是没有办法开展有的放矢的指导的。在评价活动中往往会出现"全神贯注、炯炯有神"之类的词汇，但是，这不过是外在的印象，单凭学生的面孔，是难以了解其理解的程度的。例如，有的学生长着一副聪明伶俐的脸庞；有的学生则对任何问题都能爽快回答。但其成长的状态究

---

① 朱德全，李姗泽.教育研究方法[M].重庆：西南师范大学出版社，2011：246.
② 钟启泉.教育评价：为了学生的学习与成长——日本教育学者梶田叡一教授访谈[J].全球教育展望，2007，6：3—86.

竟如何,未必像其外表那样,不能一概而论。第二,确认教育目标的实施状态,并琢磨其充分地实施的新的手段。教师借助评价,可以确认通过教育活动期望学生实现的目标究竟实现了多少。当然,倘若明确了尚未实现的目标,就得基于评价结果去思考和实施新的措施。倘若教师对于所期望的教育目标是否在学生身上得到实现也不管不问的话,那是极其不负责任的。教师不能满足于完成了教学计划,就心安理得。教育,唯有当学生实现了一定的教育目标之时,才具有意义。

在该访谈报告中,并未见访谈者对被访谈者的回答进行评价,或在被访谈者回答的基础上发表访谈者的观点。

2)基于访谈的研究

基于访谈的研究是指以访谈为收集资料的方法,并对访谈资料进行分析,得出研究结论的一种研究。该类型的研究与访谈报告的区别在于,它不仅仅是对访谈资料的呈现,而是要对访谈资料进行深度分析,然后得出研究结论。

基于访谈的研究属于质化研究的一种,是以研究为目的的,而访谈只是收集数据的工具,所以其写作方式需符合质化研究的相关规范,包括题目、摘要、关键词、引言、研究设计、研究结果、结论、讨论与启示。研究者要对访谈资料进行一系列整理、分类、提取、分析、总结活动。访谈结果的呈现与作者所应用的分析方法有直接关系。下面分两种情况进行说明。

首先,应用质化数据分析软件进行分析的访谈结果表述应该有完整的表现形式,包括应用软件分析细节及信度检验等。下面以李曼丽、胡欣的《优秀工程师成长历程中的关键阶段及其影响因素:一个质化研究》为例来说明。[①]该文是通过对27名参加过国家重大项目的铁路工程师进行深度访谈而形成的。该研究应用了NVivo8软件对访谈数据进行了分析。NVivo8是国际上通用的质性资料分析软件,其全名为Non-numerical Unstructured Data by Techniques of Indexing Searching and Theorizing。在研究表述中,除了需要介绍27个访谈对象的基本信息外,还需要详细表述数据是如何进行输入软件和分析的。

第一步,阅读文本。我们首先认真阅读了存储在NVivo8中的每一份转录文本,并反复审读文本。

第二步,编码和分析,这是至关重要的一步。笔者在熟悉了原始资料中的全部内容后,开始对资料进行编码,试图找出被研究者叙述的情境中重要和突出的主题。编码的标准是相关词语或者内容出现的频率。如果某个主题或概念在文本中屡次出现,并且形成了一定的意义模式,那么这些主题则是我们关注的焦点。比如,在27份转录的文本中,有23位工程师都重点反复谈到了自己成长过程中6至18岁时的经历和体会,因此我们便使用"职业启蒙期"这个主题作为一个码号,在资料中寻找与工程师在大学前的经历相关内容,将这些内容编码至"职业启蒙期"这个主题下。再比如,多数工程师都谈到了自己所在学校对其的帮助和影响,因此我们提炼了"学校"这一主题因素,将资料中涉及小学、中学以及大学教育的内容编码至"职业准备期"这一主题中。另外,为了使日后的分析更加有效深入,在每次编码的过程中,我们经常写分析型备忘录。

第三步,理论建构。借助NVivo8的矩阵编码功能,以已经编好的资料作为查询的目标,分析概念间的逻辑关系,搜寻出同时符合两两概念间查询条件的编码内容,进而深入了解两者之间是怎样相互作用和相互影响的。我们在反复查询时发现,优秀工程师的成长历程呈现出阶段性特征,而且每一阶段都有相对重要的影响因素。因此,我们将"成长阶段"及"重要影响因素"两个概念做交集进行搜寻,矩阵编码结果如表2至表8所示。表2中"行"表示优秀工程师的成长阶段,"列"表示工程师成长阶段中出现的重要影响因素。……(此处相关表格略)

[①] 李曼丽,胡欣的. 优秀工程师成长历程中的关键阶段及其影响因素:一个质化研究[J]. 清华大学教育研究,2010,3:80—89.

第四步,信度检验。为了保证研究信度,产生严谨、科学的研究结果。本研究采用两名编码者针对同一文本独立编码的方式来构建编码表,并运用 NVivo8 中的"编码比较"查询功能,对两名编码者的编码内容进行比较,通过计算"一致百分比"来衡量原始资料编码的一致程度。运行结果如表 1 所示。通常认为,信度在.07 以上时,具有可靠性。表 1 显示 11 个节点的"一致百分比"均大于 80%,表明两个编码者之间的编码一致性较高,编码结果具备必要的研究信度,所设编码具有较高的可操作性(此处相关表格略)。

以上的表述能够使读者清楚研究者的数据是如何分析和提取不同类别的主题的。同时也展示了数据分析的相对客观性,即信度检验。按照这样的分析方式,研究者总结出了优秀工程师成长的六个阶段作为研究发现而单独写成一节。在表述这些发现时,研究者充分利用了前面分析过程的细节来展示每一个阶段的数据来源。例如,在影响因素"家庭"中,其材料来源是 23,参考点是 59,这些代码的陈述举例是:

a. 家人教育我从小养成责任感、好习惯、并给我创造一定的学习氛围,有助于我的学习和立业。

b. 我们家是铁路系统的,然后也就想从事这个行业。

c. 我选专业都是亲朋好友、父母共同商量规划好的。

注意,这样的细节可以在研究发现或结果中呈现,但一般不在最后的讨论中出现。

其次,没有应用质化数据软件进行分析时,在其表述中应该清楚说明分析者是如何"手工"发现主题,并说明这些主题,然后又如何再回到数据中进行演绎归纳。在表述这类发现时,很多文章趋向于直接引用被访谈者的话语作为佐证,但并不对其进行分类标号。例如,贾雪玲,杨昌勇的《未婚同居大学生婚恋观的质化研究》[①]便是一个典型的例子。研究者总结出同居与婚姻没有关系这个主题,在文章中直接进行如下引用方式进行表述:

"我们现在合适所以住在一起,以后是否结婚那是以后的事情。"

"现在离婚的那么多,还不如同居呢,不合适就分开,没有那么多麻烦。"

"婚姻是爱情的坟墓,我不想自掘坟墓,现在同居很好,很自由,我只对自己的青春负责,人生苦短,为何不及时享受青春?"

扩展阅读

胡姝婧,江光荣等. 当事人对领悟的看法:质化分析[J]. 心理学报,46(7):960—975.

如上介绍的两类表述方法均可应用在质化研究的写作中。第一类表述方式较为规范,其数据呈现给人以饱和感。但由于我国教育研究者对质化分析软件的掌握还没有普及,在实际研究中往往有一定的局限性。第二类表述方式虽然不如第一类严谨,但实用性和操作性较强。

2. 观察结果的规范性表述

观察法同访谈法一样,在资料的整理、分析和写作方面具有很强的灵活性。作为教育学术研究的一种,其表述也要符合一般的学术要求。由于观察到的资料是一种处于自然状态下的零散事实,而且由于观察者的不同,所收集的资料也多种多样。所以,基于观察进行的研究必须对观察资料进行深入

---

① 贾雪玲,杨昌勇. 未婚同居大学生婚恋观的质化研究[J]. 教育研究与实验,2013,2:58—62.

的分析,抽象概括出资料背后所反映的教育规律。研究者在对观察资料进行分析之后,得出观点,引用观察的原始资料对观点进行佐证,使观点的论据充足。

例如,研究者对北京农民工随迁子女教育进行了田野观察,来研究家庭教育与学校教育互动的文化机理。其描述过程如下:

面对扑面而来的诸多家庭教育活动,我们将家庭教育实践分为干预性教育行为、非干预性教育行为和情境性教育行为。在从鲜活的田野素材中对以上三种家庭教育实践进行描述的同时,寻求这些家庭教育实践与学校教育实践、诉求之间的关联。

强化与共生——干预性教育行为

这里的干预性教育行为是指家长为实现教育目的,对孩子言行进行明确、有意识的规范。它包括正向鼓励、支持和负向约束、惩戒。这类家庭教育实践,表现出和学校教育规范、诉求较强的一致倾向,特别是针对完成作业、学习习惯培养、荣誉感培养等。比如,在入户进行田野工作的ZH学校所有学生家庭里,无论住房多么简陋、凌乱,都可以看到墙壁上张贴着孩子在学校获得的奖状,奖状上写着"奖励**同学在**学期考试中成绩优秀""授予**同学优秀学生干部""奖励**同学运动会表现突出"。张贴奖状的行为,可以理解为家庭教育对学校教育活动及其标准的认可,并将其纳入家庭环境的一部分,对孩子起到潜移默化的影响。或者,家长通过惩戒,追寻着学校教育的规范与要求,如有这样的记录:

一年级,我那次……把拼音作业本弄湿了还是撕坏了,我忘了。然后我一边写作业一边哭,我爸就生气了,拿皮带抽我,那次特别狠。后来,我再也不敢了。

(响亮,男,四年级,农民工子弟,ZH小学)

此片段引自刘谦,冯跃等的《家庭教育与学校教育互动的文化机理初探——基于对北京市农民工随迁子女教育活动的田野观察》。① 研究者首先表明了理论观点,然后从观察资料寻求事实证据的支持,并直接呈现了观察资料。

扩展阅读

Miles & Huberman. 质性资料的分析:方法与实践[M]. 张芬芬,译. 重庆:重庆大学出版社,2008.

上述提及的访谈及观察的规范性表述只是质化研究中的最基本的写作要求。由于目前对质化研究的分类还有很大的争议,建议读者应该以建构主义观点来认识质化研究的表述,即应该把其看做是正在发展中的并不断建构和完善的一个研究领域。为此,读者应该多读国内外权威的教育及心理学杂志上的质化研究文章并不断学习其写作规范。

三、混合研究

混合研究指研究者在同一研究中,围绕研究问题,综合运用量化与质化方法所进行的研究。混合研究兼备了量化和质化研究方法的优点,因此越来越受到国内外研究者的青睐。由于混合研究综合运用了量化和质化研究方法,其不同部分的表述应与所使用的研究方法相一致,在此就不过多赘述。

---

① 刘谦,冯跃,生龙曲珍.家庭教育与学校教育互动的文化机理初探——基于对北京市农民工随迁子女教育活动的田野观察[J].教育研究,2012,7:22—28.

有兴趣的读者可以阅读唐海华译的《混合方法论:定性方法和定量方法的结合》。①

四、思辨研究

思辨研究是指研究者根据实践经验和已有知识,对研究问题进行概念思辨、逻辑推理,将感性知识上升到理性知识,进而形成理论观点的一种研究类型。思辨研究的类型有两种,一种是基于理论的研究;另一种是基于实践的研究。基于理论的研究又包括对理论的推演和对理论的评价;基于实践的研究主要是对实践的评价与总结。

该研究类型对研究者有着较高的要求,既要求研究者有着丰富的科学理论知识和实践经验,又要求研究者具备较为成熟的逻辑思维能力。

思辨研究的成果表述非常具有灵活性,与量化研究和质化研究不同,思辨研究没有客观事实材料的分析与总结,它是研究者个人思考的结果,研究成果与研究者有着密切的直接关系。虽然没有内容上的硬性规定,但作为学术研究的一种,其基本表述框架应符合学术要求,包括:题目、摘要、关键词、研究背景、正文、结论与讨论。思辨研究与其他研究最大的不同就是其成果表述特别强调思维的逻辑性和缜密性。

五、不同类型教育研究之应用

(一) 教育研究报告

教育研究报告的类型也多种多样,主要形式包括教育调查报告、教育实验报告。教育研究报告的基本表述框架主要包括以下几部分:

1. 题目

简明扼要地说明研究问题,可加副标题。

2. 前言

开宗明义地说明研究背景、研究目的和意义、研究方法及文献综述。

3. 正文

正文是研究报告的主体部分,相当于量化与质化研究的研究结果部分,即对资料或数据进行分析呈现的过程。该部分的要求是资料翔实可靠,分析有理有据,结果客观有效。

4. 结论与讨论

在对整个研究内容进行定性和定量分析的基础上,概括出事物背后的内在规律,得出研究的最终结论。不管是对已有理论的补充,实践的评价,还是提出新的观点、新的理论,所得出的结论必须引自研究的事实,要全面考虑各方面因素,谨慎、严肃地得出结论并给出建议。

5. 参考文献及附录

(二) 学位论文

学位论文的表述具有比较严格的要求,从封面到封底,以及目录、字体、页码等都有其标准的格式。

1. 封面

学位论文的封面是由学位授予单位自定,一般必须包括论文题目、论文作者。

2. 题目页

包括学位授予单位、论文题目、论文作者、学科专业、研究方向、导师信息、论文完成时间、学校代

---

① Abbas Tashakkori,Charles Teddlie. 混合方法论:定性方法和定量方法的结合[M]. 唐海华,译. 重庆:重庆大学出版社,2010.

码、分类号等。

3. 摘要与关键词

学位论文的摘要和关键词单独一页。摘要分为中英文两版。摘要中不宜使用注释、引用、公式、图表等。

4. 绪论

绪论主要涉及研究的起源、选题意义、概念界定、文献综述、研究计划等。

5. 论文主体部分

论文的主体部分是论文的核心内容，没有固定的格式，根据研究的内容而定。

6. 参考文献与附录

参考文献与附录有其标准格式，这两部分的格式一般要符合国际社会科学领域的 APA 格式。

（三）期刊文章

期刊论文根据其研究类型不同，具体的写作要求也不同。一般包括题目、作者、摘要、关键词、正文、参考文献。其中正文的写作规范，根据研究类型确定，例如，量化研究的正文包括研究背景、研究方法、研究结果、结论与讨论。由于期刊文献的篇幅不宜过长，所以一般不需要添加附录。

（四）教育专著

一般无固定格式，不同的出版社会有不同的出版要求。

六、引用、参考文献及注释的规范性写作问题

"引用"是每篇文章都不可避免的，既然引用了别人的观点，就必须要在文章中标注出来，否则就有抄袭之嫌疑。教育领域关于引文、参考文献和注释的写作规范手册主要有美国心理协会编制的《APA 格式：国际社会科学学术写作规范手册》[①] 和《中国学术期刊检索与评价数据规范》。下面列出的仅仅是规范写作的一部分内容，欲了解更为详细的内容需参考这两部参考书。

（一）引用的规范

引用分为直接引用、间接引用和转引三种，其中最常见的引用类型是直接引用。

1. 直接引用的要求

直接引用优点是直接展示原文，完全还原原作者的观点，避免了因概括转述而造成的意思曲解等弊端。直接引用时要注意以下几点：

（1）直接引用的原文要加引号，并以脚注的方式说明原文出处。

（2）若引用的文章有多个版本，要选择公认的比较权威的版本，以保证引用的质量。

（3）直接引用要具有针对性，不能随意应用，引用篇幅要适量，不能过多。

（4）引用要完整，不能断章取义，如果中间有所省略，应用省略号"……"代替，并用括号或在注释处说明"对原文有所省略"。

2. 间接引用

间接引用是指将原文进行概括说明，并用自己的话重新表述出来。间接引用的优点是避免了原文中不需要的信息，使信息表达更加清楚明确。间接引用的注意事项有：

（1）尽量高度还原作者原意，不可曲解和夸张。

（2）即使是间接引用，也要在引用后用注释的方式加以说明。

---

① 美国心理协会.APA 格式：国际社会科学学术写作规范手册[M].席仲恩，译.重庆：重庆大学出版社，2011.

(3) 可以直接用作者姓名,或"有人说""有人认为"等词语作为间接引用的引导语。

3. 转引

学术写作过程中应尽量避免使用转引,只有当各种方法都找不到原始文章的时候才可以使用转引。转引时应该注明引自何处,正确的方式是"原始文献,转引自……"。

(二) 参考文献和注释的规范

参考文献作为任何研究成果的必要组成部分,有其自己的写作规范,按照学术界的要求,凡是在文中引用别人已发表过的观点,或引用作者自己发表过的观点,都要在文中引用的地方标识出来,并在文章后面以参考文献的形式加以说明。至于参考文献的写作顺序,可以根据作者的姓氏字母或笔画排序。在 APA 的标准中,是按照作者的英文名顺序排列的。

不同的文献类型及其表示方式也不同,表 12-6 是不同文献类型的字母标识。

表 12-6 不同文献类型的字母标识

文献类型	专著	会议论文	报纸	期刊文章	学位论文	研究报告	标准	档案
字母标识	M	C	N	J	D	R	S	B

除以上文献类型外,对于专著、论文集中的析出文献采用单字母"A"标识,其他未说明的文献类型,例如文学作品、字典采用字母"Z"标识。

1. 专著

1) 引用国内专著

格式:作者. 书名[M]. 出版地:出版社,出版日期:页码.

例子:陈向明. 质的研究方法与社会科学研究[M]. 北京:教育科学出版社,2000:12.

注:当有多个作者时,作者名之间用逗号","隔开。

2) 引用翻译版国外专著

格式:作者. 书名[M]. 译者名,译. 出版地:出版社,出版日期:页码.

例子:美国心理协会. APA 格式:国际社会科学学术写作规范手册[M]. 席仲恩,译. 重庆:重庆大学出版社,2011.

3) 引用国外专著的某一章节

格式:章作者姓,名首字母缩写.(年份). 章名称. In 编者名首字母缩写. 姓(Ed.). 书名. 出版地:出版社.

例子:

Stronge,J. H. (1997). Improving schools through teacher evaluation. In:J. H. Stronge (Ed.) Evaluating teaching:a guide to current thinking and practice.

Califomia:Thousand Oaks,CA. Corwin Press,Inc.

注:当章节作者或书的编者有多个人时,中间用","隔开,编者后面用(Eds);书名用斜体。

2. 期刊文献

1) 国内期刊

格式:作者. 文章名称[J]. 期刊名称,出版年份(卷期):页码.

例子:刘淑杰,周晓红. 国外教师绩效工资实施效果评价的研究进展及其启示[J]. 外国教育研究,2013(4):44—52.

注:当文章有多个作者时,作者名称之间用","隔开。

2) 国外期刊

格式：作者姓，名首字母.(出版年份).文章题目.期刊名称,卷次号,页码.

例子：

Gallagher，H. A. (2009). Vaughn Elementary's innovative teacher evaluation system：Are teacher evaluation scores related to growth in student achievement? Peabody Journal of Education，79（4），79-107.

注：当有多个作者是，中间用","隔开；期刊名称用斜体.

3. 学位论文

格式：作者名字.论文题目[D].学位授予单位所在地：学位授予单位名称,学位获得年份.

例子：严玉萍.中美教师评价的比较研究[D].上海：华东师范大学,2008.

4. 报纸文献

格式：作者名字.文章题目[N].报刊名称,出版年份-月-日.

例子：陈如平.校长发展在美国[N].中国教育报,2004-04-13.

5. 网络文献

1) 中文文献

数据库的载体类型和标志为[DB/OL]；电子公告的载体类型和标志为[EB/OL]；网上期刊的载体类型和标志为[J/OL]。

格式：公告名称[EB/OL](发表年份)[引用年份].网址.

例子：义务教育学校校长专业标准[EB/OL](2012)[2015]. http：//www.moe.gov.cn/publicfiles/business/htmlfiles/moe/s6197/201212/146003.html.

2) 外文网络期刊文献

格式：作者姓，名首字母.(发表年份).文章名称.期刊名称,卷(期). Retrieved from 网址.

例子：

Luekens，M. T. ，Lyter，D. M. ，& Fox，E. E. (2004). Teacher attrition and mobility：Results from the teacher follow-up survey,2000-01. Education Statistics Quarterly,6(3),retrieved from http：//nces.ed.gov/programs/quarterly/vol-6/6-3/3-5.asp.

本章小结

不同类型的教育研究成果其表述的格式和规范不同,掌握教育研究成果表述的格式和规范,不仅有助于研究者清晰明确地将研究成果呈现出来,提高研究的规范性,还能够便于学术界的交流讨论,促进相关领域的研究进一步深入和发展。

思考与练习

1. 教育研究成果表述的要求是什么？
2. 教育研究成果表述的表现形式有哪些？
3. 独立样本 t 检验和单因素方差的表述要求？
4. 从权威的教育或心理学杂志上选择最新的5篇质化研究的文章,评判其研究表述的优缺点。

参考文献

[1] 陈向明.质的研究方法与社会科学研究[M].北京：教育科学出版社,2000：12.

[2] 窦桂梅.新课改背景下课程整合的实践探索——清华大学附属小学"1＋X课程"育人体系建构的案例研究[J].教育研究,2014,2：154—159.

[3] 刘淑杰,周晓红.国外教师绩效工资实施效果评价的研究进展及其启示[J].外国教育研究,2013(4)：44—52.

[4] 刘谦,冯跃,生龙曲珍.家庭教育与学校教育互动的文化机理初探——基于对北京市农民工随迁子女教育活动的田野观察[J].教育研究,2012,7：22—28.

[5] 李志峰,杨开洁,易静,施佳璐.高等教育强国发展战略中质量与水平的若干基本问题——基于高等教育界40名学者的访谈概述[J].高教发展与评估,2009,5：97—124.

[6] 美国心理协会APA格式：国际社会科学学术写作规范手册[M].席仲恩,译.重庆：重庆大学出版社,2011.

[7] 裴娣娜.教育研究方法导论[M].合肥：安徽教育出版社,2010：313.

[8] 朱德全,李姗泽.教育研究方法[M].重庆：西南师范大学出版社,2011：246.

[9] 钟启泉.教育评价：为了学生的学习与成长——日本教育学者梶田叡一教授访谈[J].全球教育展望,2007,6：3—86.

[10] 朱晓民,张虎玲.教育实习对高师生教育学知识发展的影响研究[J].教师教育研究,2010,3：10—15.

[11] Shujie Liu & Lingqi Meng (2010). Re-examining factor structure of the attitudinal items from TIMSS 2003 in cross-cultural study of mathematics self-concept. Educational Psychology,30：6,699—712.

[12] Klingner,J. K. ,Scanlon,D. ,& Pressley,M. （2005）. How to publish in scholarly journals. Educational Researcher,34(8),14—20.

[13] Trusty,J. (2011). Quantitative articles：Developing studies for publication in counseling journals. Journal of Counseling & Development,89,261—267.